이재희

현대미술의 경제학

탑북스

머 리 말

이 책은 현대 미술을 이끌어가는 주체들을 경제적 맥락에서 분석한 것이다.

미술계의 한 쪽에 생산을 담당하는 작가가 있고 다른 한쪽에 소비를 담당하는 수집가와 관람자가 있다 화랑과 아트딜러, 경매회사, 전시제작자, 아트페어, 비엔날레 등 여러 주체들은 유통을 담당하며 생산과 소비를 중간에서 이어주는 구실을 한다. 여기에 각국 정부도 정책적으로 개입하고 이들 주체의 활동에 영향을 미친다.

오랫동안 미술계는 소수의 전문가들에 의해 움직이는 닫힌 회로였다. 하지만 오늘날에는 수많은 사람들이 참가해 미술계를 형성한다. 특히 21세기는 미술의 전 역사를 통틀어 특별한 시대다. 동시대 미술품이 이렇게 많이 유통된 시대는 없었고, 미술로 부호의 반열에 오른 미술가가 이렇게 많은 시대도 없었다. 일반 사람들이 이처럼 큰 관심을 미술에 기울인 적도 없었고, 미술품을 감상할만한 곳이 이처럼 많은 때도 없었다.

오늘날 미술품은 더 이상 작가 혼자서 만들어내는 것이 아니다. 미술품은 작가의 의도와 무관하게 사회적 존재로서 기능한다. 다양한 매개자의 손을 거치면서 새로운 성격을 부여받고 작품의 최종적 의미는 그것을 감상하는 다수의 사람들에 의해 완성된다.

미술의 황금시대라고도 할 만한 오늘날에도 미술과 경제 사이의 대립이 존재한다. 미술의 대중화가 과거 어느 때보다 진전된 시대지만 미술에 대한 경제논리의 침투나 미술 상업화에 대한 부정적 담론은 여전히 유효하다. 다만 신념의 차원이 아니라 학술적 차원에서 분석되고 그 대안이 모색될 필요가 있다. 현대 미술시장의 구조와 움직임을 이해하는 일은 그것을 즐기고 활용하는데도 도움이 되지만 그것의 문제점을 파악하고 새로운 진로를 모색하는데도 필요하다.

이 책의 목표는 현대 미술계 주체들의 행동원리를 이론적으로 분석한 다음 그것에 기반을 두고 국내와 해외 미술계의 구조와 현황을 구체적으로 제시하는 것이다.

누구나 마음먹으면 책을 쓸 수 있는 저술 민주화의 시대가 열렸으나 책 쓰는 일은 점점 힘든 작업이 되고 있다. 과거에는 정보의 부족이 문제였다면 오늘날에는 정보의 과잉이 문제다. 「모나리자」의 작품 크기는 얼마일까? 검색해보면 당장 답은 찾을 수 있지만 그게 정답인지 알 수 없다는 것이 빅 데이터 시대의 불행이다. 거대한 양의 자료가 있으나 검증되지 않은 그리고 검증할 방법이 없는 것이다. 정 궁금하면 줄자를 챙겨 루브르 미술관을 찾아가면 되겠지만 실제 보안장치를 넘어 작품 가까이 줄자를 들이밀 방법은 없을 것이다. 그게 가능하다 하더라도 모든 자료를 그런 식으로 일일이 검토해볼 수 없다.

엄청난 자료더미 속에서 정확성을 기하기 위해 들여야 하는 시간은 책 내용을 기술하는데 들이는 시간 못지않다. 한편으로는 근거가 불충분한 자료라 하더라도 독자들에게 종종 유익한 정보가 될 수 있다는 점도 고려해야 한다. 정확한 정보만 선별해야 하는 연구자로서 의무와 더 많은 정보를 제공해야 하는 발표자로서 요구 사이에는 늘 갈등이 끼어든다. 요즘 학술논문은 연구자 본인과 심사자 세 명만 읽는다는 우스개도 있고 또 어느 정도 사실이기도 하다. 그러나 책은 많은 사람들이 읽기 때문에 틀린 정보는 훨씬 큰 누를 끼친다. 그럼에도 현실적으로 부정확한 자료의 함정에서 벗어날 수 없다. 너무 많은 오류가 없기를 바랄 뿐이다.

책이 출간되기까지 김광식 사장의 독려가 부담이자 큰 힘이 되었다. 늑장 원고를 받고도 차질 없이 진행해준 이신정 주간의 노고에 감사한다. 이 책이 현대 미술의 움직임을 이해하고 새로운 방향을 탐색하는데 다소의 참고가 되기를 기대한다.

전설에 당나라 화가 오도자(吳道子)는 커다란 벽화를 그리고서 그 벽화의 문을 열고 그림 속으로 사라졌다 한다. 책 쓰는 이들의 꿈도 그렇게 냉큼 책 속으로 사라지는 일일 테다.

2016년 2월

이재희 씀

차 례

제3장 미술시장과 가격

제4장 미술소비

제5장 아트마케팅

제6장 미술가

제7장 미술생산

제8장 화랑과 아트페어

제9장 경 매

제10장 미술정책

제1장 미술과 경제학

24 GIANT SIZE PKGS.
New!
Brillo
soap pads
WITH RUST RESISTER
24 GIANT SIZE PKGS.
New!
Brillo
soap pads
WITH RUST RESISTER
SHINES ALUMINUM FAST

1.1. 미술경제학의 의의

미술경제학은 미술을 대상으로 하여 그것의 경제적 측면을 연구하는 학문 분야다. 미술경제학의 연구 대상인 미술은 시각적 방법 또는 조형적 방법으로 미를 표현하는 예술이다. 그러므로 미술을 시각예술visual arts이나 조형예술plastic arts로 부르기도 한다. 시각예술은 시각을 통하여 인식되는 예술을 뜻하며, 조형예술은 공간적으로 재현되는 예술을 가리킨다.

미술은 그 범위를 지속적으로 확장해 왔으며, 그에 따라 상이한 성격과 특성을 지닌 다양한 분야들이 미술이라는 하나의 틀 속에 묶이게 되었다. 그러므로 미술은 특정 기준에 따라 구분하여 접근할 필요가 있는데, 그 중 미술경제학과 관련하여 의미 있는 기준 중 하나는 순수미술fine arts과 실용미술applied arts의 구분이다.

순수미술은 다른 기능이나 용도 없이 오로지 미술가의 사상이나 감정을 표현하는 미술을 말한다. 회화, 조각은 대표적인 순수미술 장르다. 이와는 달리 실용미술은 실제적 기능과 용도를 지닌 미술로서, 응용미술로도 불린다. 건축이 대표적인 장르이며 공예, 디자인도 대체로 실용미술에 속한다.

이러한 순수미술과 실용미술의 구분은 근대 초기인 18세기 유럽의 각 나라 '미술 아카데미'에서 시작했다. 이 시기에 순수미술은 미술을 대표하는 장르이자 미학적으로 실용미술보다 우위에 있는 장르로 간주되었다. 오늘날까지 이 구분이 이어져오고 있고, 순수예술의 대표성 또한 여전히 인정받고 있다.

그러나 20세기 후반부터 순수미술과 실용미술의 경계가 모호해졌고 이러한 구분이 지니는 의의도 그 이전과 비교하면 크게 줄어들었다. 과거 실용미술로 분류되었던 공예, 디자인, 건축 등에서도 기능성보다는 예술성을 앞세우는 성향이 강해지면서 이들 분야와 순수예술 간의 차이가 상당한 정도로 희석되었다.

한편, 근대 과학기술과 경제의 발전으로 미술의 표현 재료나 매체가 끊임없이 확장되어 왔으며, 이를 통해 다양한 분야들이 새롭게 전개되어 왔다. 이러한 새로운 분야들은 순수미술과 실용미술이라는 이분법적 구분을 더욱 모호하게 만들었다. 근대 초기 미술아카데미가 논의한 회화, 조각, 건축 공예, 디자인 등 고전적 분야 외에도 19세기에는 사진, 20세기 후반에는 퍼포먼스아트, 설치미술, 비디오아트와 디지털아트 같은 미디어

〈1-1〉 순수미술과 실용미술

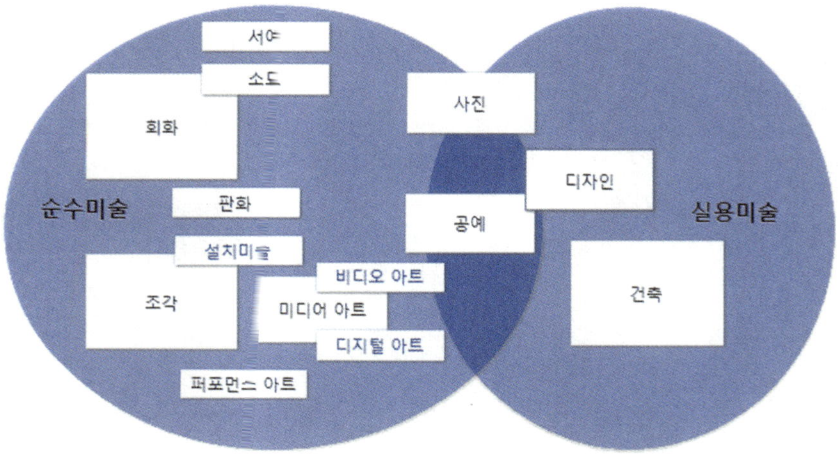

아트 등 분야가 속속 등장했다. 특히 새로운 분야 중에 순수미술과 실용미술이라는 전통적 구획에 벗어나는 것들도 있다.

그럼에도 순수미술과 실용미술로 미술의 양식을 구분하는 것은 미술경제학의 연구 영역과 관련하여 중요한 의미를 지니고 있다. 기능성이 중요하고 상업적, 산업적 성격을 지닌 실용미술은 일반 상품과 마찬가지로 생산 목적이 기업적 이해와 결부되어 있고 일반 시장에서 유통되고 소비된다. 그러므로 실용미술에는 일반 상품에 적용되는 경제이론을 그대로 적용할 수 있다. 특별히 다른 경제이론이 필요하지 않은 것이다.

반면, 순수미술은 생산 목적이 미술가의 예술적 목표와 연관되어 있으며 전문화된 미술시장에서 유통되고 소비된다. 순수미술은 미술가의 개인적 작업으로 생산되어, 화랑 경매장 등 전문 매개자를 통해 유통되고, 개인뿐만 아니라 미술관 등 미술 전문기관에 소장된다.

따라서 순수미술에 대해서는 기존의 일반적인 경제이론을 바로 적용하기 어렵고 그 특성에 맞추어 별도의 이론적 탐구와 구성이 필요하다. 일련의 경제적 과정에 걸쳐 나타나는 순수미술 특유의 성격을 밝히는 것이 미술경제학의 주요 과제라 할 수 있다.

미술경제학 연구는 미술의 여러 영역들 가운데 특히 회화와 조각 등 순수미술에 초점을 두고 진행되고 있다. 또한 미술경제학은 미술의 여러 측면 중에서 예술적, 미학적

〈1-2〉 미술시장의 생산자, 매개자, 소비자와 정부

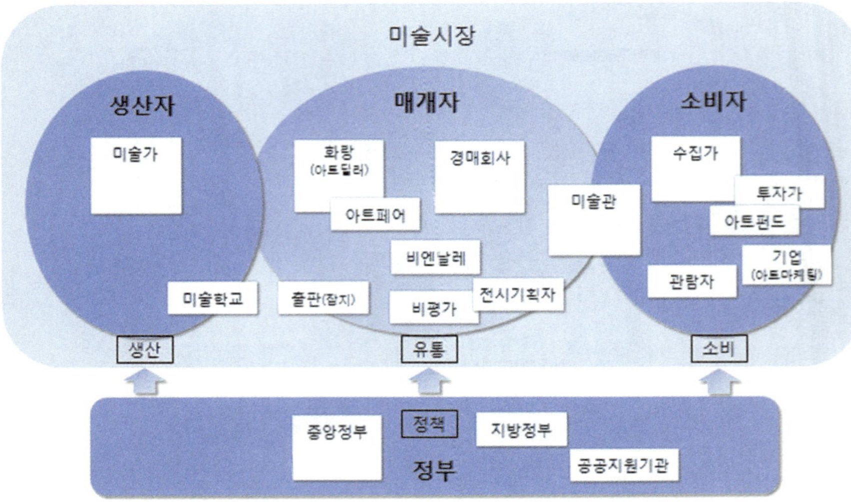

측면이 아니라 경제적 측면을 다룬다. 경제적 측면이란 미술가가 작품을 창조하고 그것이 미술시장에서 가치와 가격을 부여받아 소비자가 그것을 향유하는 일련의 과정이며, 이 같은 과정은 미술시장으로 불리는 곳에서 일어난다. 곧 미술의 경제적 측면이란 미술시장이고, 미술경제학은 미술시장에서 미술의 생산, 유통, 소비와 관련된 이슈를 취급하는 것이다.

미술시장은 미술가 외에 여러 주체들이 참여하여 미술의 흐름을 결정하고 미술작품의 가치와 가격을 결정한다. 미술시장에서 작가는 생산자로서 역할을 담당한다. 개인과 기관들은 소비자의 역할을 한다. 화랑과 아트딜러, 경매회사, 아트페어, 비엔날레, 미술관은 생산자와 소비자를 연계시키는 매개자 역할을 담당한다. 이밖에도 미술시장에 영향을 미치는 요소로서 미술학교, 미술출판사와 잡지사, 비평가 등의 주체들이 존재한다.

미술가가 미술작품을 창조한다 하더라도 그 자체로는 가치를 지니지 않는다. 이 작품들이 화랑, 경매장, 미술관, 미술출판물 등 미술시장 내의 여러 제도들을 순환하고 소비자 도달하는 과정에서 비로소 작품으로서 가치가 부여된다. 작품 생산이란 관람자나 수집가의 소비 행위를 통해 최종적으로 그것의 의미를 인정받는 것이다.

또한 정부의 역할도 중요한 요소다. 정부는 재정적 수단을 통해 미술시장에 개입하고 미술가를 비롯한 미술시장의 주체들의 의사결정과 미술작품의 유통에 영향을 미치고 있다. 특히 1960년대를 기점으로 미국을 비롯한 각국 정부는 미술에 대한 지원의 폭을 넓히기 시작했다.

요컨대 미술경제학에서는 순수미술을 주 대상으로 삼아 그것의 생산자, 매개자, 소비자, 정부가 형성해 나가는 미술시장의 구조와 움직임을 연구하고 그 경제적 원리를 이해하기 위해 노력하고 있다.

1.2. 미술시장의 발전

미술경제학이 다루는 미술시장은 다른 시장과 마찬가지로 근대사회의 산물이다. 물론 전근대사회에서도 미술시장이 부분적으로 존재하긴 했으나 어디까지나 부차적인 역할을 수행했으며 근대사회에서와 같이 미술활동을 전반적으로 움직이고 통제하지는 않았다. 근대사회의 형성과 더불어 미술의 생산을 주도하기 시작한 시장제도는 근대사회의 발전 과정에서 끊임없이 변화를 겪으면서 오늘날의 모습을 갖추게 되었다. 그러므로 현대 미술시장의 성격을 이해하기 위해서는 근대 초기 이후 오늘날에 이르기까지 미술시장이 어떠한 변화를 겪으면서 발전을 해왔는지 그 역사적 발전 경로를 살펴볼 필요가 있다.

1.2.1. 근대 초기

근대사회는 시장을 기초로 하여 모든 경제활동이 이루어지는 사회다. 사람들이 필요로 하는 모든 것들은 시장에서 상품으로 거래된다. 어떤 사람은 상품의 소비자가 되고 어떤 사람은 그 상품의 생산자가 되어 거래에 참여하는 것이다. 이것은 미술활동에서도 마찬가지다. 근대사회에서 미술활동은 전근대 사회의 미술활동 기반이었던 후원제도patronage system의 지속적인 영향 하에 있기 보다는 점차 후원제도를 대신하여 미술활동을 통제하게 된 시장제도market system의 영향을 받게 되었다.

〈1-3〉 후원제도와 시장제도

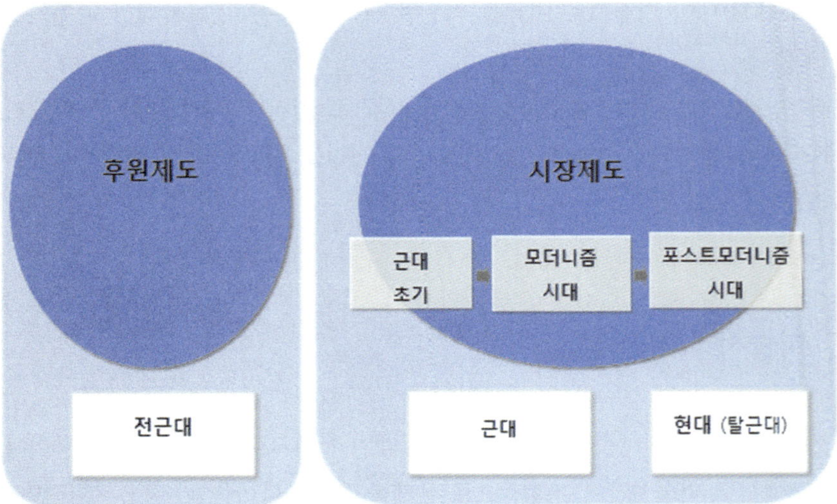

전근대 후원제도

전근대 사회에서 미술가는 왕, 성직자 등 사회적 신분이 높은 귀족 후원자의 주문을 받아 미술품을 제작했다. 궁정과 교회의 귀족들로 이루어진 미술수요자에 비해 미술가는 사회적 지위가 훨씬 낮았고, 미술가의 인격적 가치는 그가 만든 미술품의 가치보다 낮게 평가되었다. 전근대 미술가는 예술가라가 보다는 기술자 또는 기능공으로서 장인craftsman의 지위에 있었고 사회적으로 천대받았다. 후원제도에서 미술가는 후원자의 경제적 지원을 받는 대신, 그가 제작한 미술품은 모두 후원자의 소유가 되었다. 후원자는 작품의 내용과 형식을 구체적으로 지시하며 영향력을 행사했다.

후원자는 흔히 미술가의 작업 전반에 걸쳐 개입했다. 후원자가 미술가의 자율성을 어느 정도 침해했었는지는 르네상스 시대를 대표하는 여성 후원자 이사벨라 데스테Isabella d'Este가 「사랑과 순결의 싸움」 Battle between Love and Chastity, 1505, 160×191cm이라는 작품을 주문하면서 페루지노Pietro Perugino, 1446-1523에게 보낸 주문서에서도 알 수 있다. 이 주문서에는 그림에 등장하는 인물 수와 크기, 옷, 배후 풍경의 세부에 이르기까지 자세한 사항을 기록했다. 페루지노는 어떤 인물도 마음대로 추가해서는 안 되었다.

> 우리의 시적인 구상은…베누스와 큐피드와 맹렬히 싸우는 팔레스와 디아나다.
>
> 팔레스는 큐피드를 정복하여 그의 금 화살을 부러뜨리고 은 활을 발밑에 던져버린 채, 한 손으로는 큐피드의 눈을 가린 띠를 잡고 다른 한손으로는 그녀의 창을 들어 그를 죽이려하는 모습이다. 이에 비해 디아나는 베누스와 더욱 접근해 싸워야 한다. 베누스는 몸의 살갗이나 왕관, 화관 또는 베일에 디아나의 화살을 맞는다. 디아나의 옷은 베누스의 횃불에 그슬렸지만, 누구도 상처를 입어서는 안 된다. 이 4명의 신 이외에 팔레스와 디아나와 연관된 정숙한 님프들은, 당신이 원하는 어떤 자세로 해도 좋지만 파우누스나 사티로스 그리고 수많은 큐피드들과 맹렬히 싸우는 모습이어야 한다....
>
> 팔레스 옆에는 올리브 나무가 있어야 하며, 메두사 머리를 새긴 방패를 들고, 나뭇가지 사이에는 팔레스에게 총명함을 주는 올빼미가 있어야 한다. 그리고 베누스 옆에는 그녀가 좋아하는 상록수가 있어야 한다. 아름답게 하기 위해 강이나 바다 같은 물이 있어야 하고 그곳에서는 파우누스나 사티로스, 작은 큐피드들이 큰 큐피드를 도우며, 어떤 것은 강을 질러 수영하고 어떤 것은 하늘을 날고 어떤 것은 흰 백조를 타고 이 사랑스런 싸움에 동참해야 한다....만일 인물이 너무 많다고 생각되면 원하는 대로 줄일 수 있지만 주요 신 4명은 없애지 말라....그리고 다른 것을 더하지는 말라.

라파엘로Raffaello Sanzio da Urbino, 1483-1520의 스승이기도 한 페루지노는 값비싼 청색 안료 울트라마린ultramarine을 남용하지 않을까 의심하는 다른 후원자에게 붓을 헹군 물까지도 버리지 않고 대야에 모아두었다가 보여주기도 했다.

전근대 미술에서 다룬 주제는 일상생활이 아니라 주로 신화, 종교, 역사 등 초월적 주제였다. 전근대 사회에서 미술을 즐긴 후원자들은 일상적인 경제활동에 종사하지 않는 유한계급이었기 때문에 초월적 주제에 흥미를 가졌다. 초월적 주제의 역사화는 왕실과 귀족이 자기 가문의 역사적 전통과 현재의 위세를 과시하려는 요구와도 부합했다. 또한 역사화를 이해하려면 신화, 종교, 역사 등에 대한 상당한 인문학적 교양과 지식이 필요했기 때문에 전근대 사회에서 가장 고상한 미술로 간주되었다. 풍경화나 정물화는 열등한 장르라고 인식되던 17세기 프랑스에서는 아카데미로부터 인정받고 후원자의 주문을 받기 위해서는 풍경이나 정물 같은 주제를 다루지 않아야 했다, 예를 들어 푸생Nicolas Poussin, 1594-1665은 풍경을 그릴 때 역사적 인물들을 집어넣어 그림의 주제가 단순한 풍경이 아니라 신화적 혹은 종교적인 것임을 내세웠다.

근대 시장제도

근대사회가 탄생하자 미술활동의 기반은 시장제도로 변화되었다. 근대사회에서도 건축 같은 특정 장르에서는 후원자의 주문이 여전히 중요했지만, 대부분의 시각예술에서는 그것이 과거처럼 큰 의미를 지니지 않았다. 주문을 받아 제작하는 작품이 완전히 사라져버린 것은 아니지만 그런 그림은 미술가들의 작품 중 점점 적은 비중을 차지했다. 근대 미술가는 자신의 주관에 따라 작품을 미리 제작하고, 그것을 미술시장에 판매했다. 이전에는 주문을 받고 작업을 하여 주문자가 요구한 주제를 정해진 형태 속에 그려 넣었으나 이제는 화가 자신이 원하는 바를 그릴 수 있게 되었다.

근대 미술시장은 17세기에 네덜란드에서 처음 등장했고 18세기를 전후한 시기부터 유럽의 다른 국가에서도 점차적으로 성장했다. 네덜란드는 세계 역사상 최초로 근대적 시장경제를 성립시키고 중산층이 주도하는 근대사회를 형성했다. 17세기 네덜란드에서 최초의 근대 미술시장이 형성되었는데, 당시 미술수요자는 귀족을 대신해 사회를 이끌어가게 된 중산층의 일반 시민들이었다. 〈1-4〉에서 보듯이 당시 네덜란드에서는 중산층 시민이 전체 미술수요의 83.9%를 차지하고 있었다. 이는 아직 전근대 사회의 굴레를 벗어나지 못한 17세기 유럽의 다른 국가들에서 궁정 귀족과 교회가 미술수요의 94.5%를 차지하고 있던 것과 대조적이다.

이 시기 총인구가 200만 명에 미치지 못한 네덜란드에서, 매년 새로 그려지는 그림만 7만 점에 달했다. 중산층 시민들은 프랑스나 스페인의 왕들처럼 막대한 돈을 미술에 투입할 재력이 없었다. 자연히 건축과 조각 같은 대규모의 기념비적 미술 대신 소규모의 개인적 미술인 회화를 선호했다. 네덜란드 중산층 시민들은 대형 역사화가 아니라 자기 집이나 사무실 벽에 걸어둘 소규모 그림들을 구입했다. 이들은 역사, 신화, 종교 등의 주제를 이해하고 즐길만한 교양이 전근대 귀족층보다 부족했고, 대신 자신들의 일상적 관심사를 반영하는 주제를 선호했다. 미술의 주제가 근대적으로 혁신되어 역사화 대신에 풍경화, 정물화, 풍속화 등 당대의 일상생활을 다룬 그림이 독립된 장르로 등장하여 발전하게 되었다. 17세기 네덜란드에서는 풍경을 비롯하여 현실의 주제를 다루는 화가들이 전체의 77.6%를 차지하고 있었고 역사화가는 12.1%에 불과했다.

〈1-4〉 17세기 유럽 주요 미술가의 수요자 및 장르 분포

미술 수요자

	네덜란드	다른 국가
궁정 귀족	13.2%	68.9%
교회	2.9%	25.7%
중산층 시민	83.9%	5.5%
계	100.0%	100.1%

미술 장르

	네덜란드	다른 국가
역사화	12.1%	49.2%
초상화	10.3%	27.9%
풍경 · 정물 · 풍속화	77.6%	23.0%
풍경화	37.9%	11.5%
정물화	12.1%	6.6%
풍속화	27.6%	4.9%
계	100.0%	100.1%

주: 다른 국가는 이탈리아, 프랑스, 스페인, 영국, 벨기에를 합친 것임.
자료 : 이재희 (2003).

시장제도하의 근대미술은, 미술수요자나 미술생산자 측면에서 후원제도하의 전근대 미술과 성격이 다르다.

첫째, 근대 미술수요자는 특정 후원자가 아니라 불특정 다수로 구성된 시장 소비자들이다. 전근대 미술수요자는 귀족 구성원이지만 근대 미술수요자는 주로 중산층 구성원이다. 이들은 대체로 신화 · 종교 · 역사 같은 초월적 주제에 관심이 없고 잘 이해하지 못했으며 대신 일상생활 주변의 현실에 흥미를 가졌다. 자연히 근대미술에서는 현실적 주제가 중심을 차지하게 되었다.

둘째, 근대미술가는 길드guild같은 전근대적 공동체 조직의 구속을 받지 않는 자유로운 개인이다. 또한 전통적 기술 규범보다 자신의 주관에 따라 작품을 제작하며 작품에 개성과 독창성을 부여하기 위해 노력한다.

이들은 주로 중산층에서 충원되고 따라서 미술수요자보다 사회 · 경제적으로 열등한 지위에 있지 않다. 미술가는 미술수요자와 대등한 지위에 있게 되고 미술가와 미술수요자의 지위 격차도 해소된다.

시장제도는 미술가를 후원자의 구속에서 해방시켰으나 그 대신 미술가들은 자신이 알지 못하는 미지의 수요자에게 선택받기 위해 다른 미술가들과 치열한 경쟁을 벌이게 되었다. 근대사회에서 미술가의 성패는 미술시장의 경쟁으로 판가름 난다. 미술수요자의 취향에 부응한 미술가는 성공하지만 그렇지 못한 미술가는 실패하고 실업 상태로 내몰리게 된다. 미술가가 미술시장에서 치열한 경쟁에 놓이면서 천재미술가artistic genius라는 개

념이 정립되었다. 전통적 보편적 미술 규범이 지배하는 전근대 사회에서는 비록 천재일지라도 개성과 독창성을 발휘할 여지가 제한되어 있었다. 후원자로서도 자신보다 낮은 계층의 미술가를 천재로 떠받들고 숭배할 수는 없는 노릇이었다. 그러나 경쟁에서 승리하기 위해 근대미술가는 자신이 다른 여느 미술가들과 다르다는 것을 내세웠고 남이 모방할 수 없는 개성과 독창성은 경쟁에서 가장 중요한 무기였다.

한편, 근대 시장제도에서는 미술 중개자 혹은 매개자가 등장하게 된다. 전근대 사회에서는 미술생산자와 수요자(후원자)가 서로 잘 아는 사이이므로 이들을 연결해주는 별도의 장치가 필요 없었다. 미술수요자가 익명의 다수 소비자로 바뀌고 미술가와 소비자 사이의 개인적 관계가 단절된 근대 시장제도에서는 이들을 서로 연결해주는 매개자가 필요해진다. 아트딜러art dealer, 전시회, 경매회사, 미술관 등이 그러한 역할을 하는 매개자다. 미술 매개자는 미술소비자에 대해서 공급자의 역할을 하고, 동시에 미술생산자에 대해서 소비자의 취향을 대변하며 미술시장을 형성해주는 역할을 수행했다.

〈1-5〉 미술 매개자의 의의

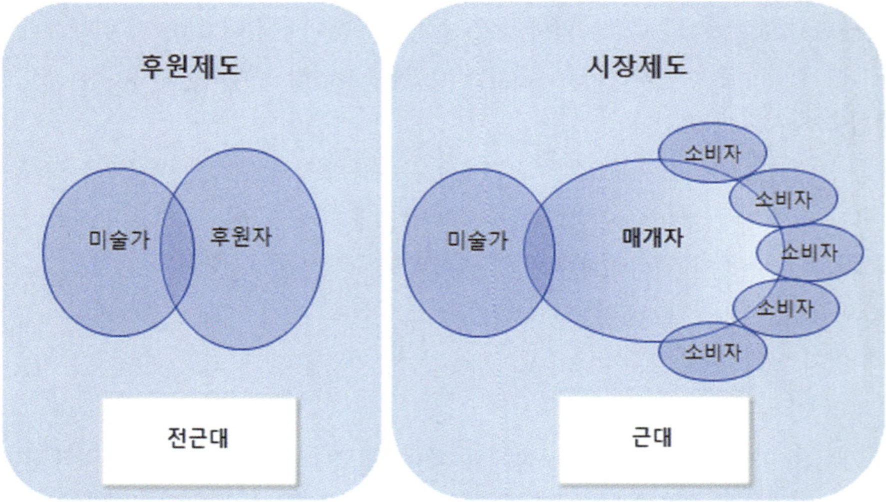

1.2.2. 모더니즘 시대

17세기 네덜란드에서 등장한 근대 미술시장은 19세기 후반에 이르러 프랑스를 비롯한 유럽 전역으로 확대되었다.

19세기 후반 프랑스의 인상주의Impressionism미술가들은 전통적 주제를 벗어나 근대사회의 모습과 그 속에서 생활하는 사람들을 여러 측면에서 관찰하고 묘사했다. 17세기 네덜란드 미술가들의 경우 미술의 주제는 근대적으로 혁신했으나 미술의 기법 면에서는 전통적 방식을 벗어나지 못했는데, 인상주의 미술가들은 주제에서 뿐만 아니라 기법에서도 근대성을 구현했다. 이런 점에서 일부 미술사학자들은 17세기 네덜란드 미술의 근대성을 적극적으로 인정하지 않고 프랑스의 인상주의를 근대미술의 출발점으로 해석하기도 한다.

인상주의는 전통적 회화 기법을 거부하고 색채 자체에 관심을 둔다. 이들은 빛과 함께 시시각각으로 움직이는 색채의 변화 속에서 자연을 묘사하고, 색채나 색조의 순간적 효과를 이용하여 현실 세계를 정확하고 객관적으로 기록하려 했다. 자연을 대상으로 하는 모든 회화는 반드시 '바로 그 현장에서' 마무리해야 한다는 모네Claude Monet, 1840-1926의 생각은 전통적 제작 기법의 혁신을 요구하는 것이어서 기존 미술계의 반발을 불러 일으켰다. 모네의 「인상, 해돋이」Impression, Soleil Levant, 1872, 48×63cm는 인상주의라는 명칭을 탄생시킨 작품이다. 바닷가에서 바라본 해돋이 풍경을 다룬 이 작품은 느낌 즉 '인상'을 중요시함으로써 마치 밑그림 단계에서 작업을 멈춘 것처럼 보이기도 하는데, 숙련된 기교를 드러내는 전통적 회화에 익숙한 전통적 비평가나 관람자로서는 이런 '미완성' 작품을 수용하기 어려웠다.

19세기 후반 급속한 산업화 과정에서 중산층은 경제적으로는 막대한 부를 축적하며 성장했으나 문화적으로는 그것에 상응하는 성장을 이룩하지 못했다. 이 시기 중산층의 미적 취향은 전근대 귀족의 취향을 모방하고 추종하는 것이었다. 중산층은 전통적인 아카데미 미술을 선호했고, 인상주의와 같은 혁신적 미술에 대한 수요 기반은 거의 존재하지 않았다.

그럼에도 19세기 후반 인상주의에서부터 시작된 미술가들의 새로운 성향, 즉 오로지 순수한 예술적 혁신만을 목표로 작업에 종사하는 경향이 20세기 전반까지 지속되었다.

이러한 경향을 모더니즘modernism이라 부른다. 모더니즘 미술은 다른 어떤 목적과 결부되지 않는 미술의 순수한 자율성을 주장하는 점에서 이전의 모든 미술과 구별된다.

20세기에 접어들면서 모더니즘 미술가들은 미술의 자율성을 극단적으로 추구하여 추상미술abstract art을 탄생시켰다. 지금까지 미술은, 그 대상이 현실에 있는 것이든 없는 것이든 모두 구체적 대상을 그대로 모사하고 재현representation하는 것이었다. 그러나 20세기 초에 이르러 야수파 혹은 포비즘Fauvism 미술가들은 종래의 사실주의적 색체 체계에서 벗어나고자 했고, 입체파Cubism 미술가들은 대상을 분해하고 재조합했다. 입체파의 주요 인물인 피카소Pablo Picasso, 1881-1973는 「아비뇽의 아가씨들」Les Demoiselles d'Avignon, 1907, 244×234cm에서 전통적인 직선 원근법을 버리고 복수 시점에서 인물의 형상을 해체하고 기하학적 형태로 변형시켰다. 이후 추상미술은 말레비치Kazimir Malevich, 1878-1935, 몬드리안Piet Mondrian, 1872-1944, 칸딘스키Wassily Kandinsky, 1866-1944 등에 의해 한층 더 진전되었다.

20세기 전반 내내 모더니즘 미술은 점점 더 실험적으로 변모했다. 이 시기 미술가들은 아방가르드avant-garde 미술가로서 예술적 혁신을 추구했다. 아방가르드는 전투할 때 앞장서서 돌진하는 부대를 뜻하는 군사용어다. 과거의 부정을 통해 부단히 새로움을 추구하는 아방가르드 미술가들은 르네상스 시대부터 수백 년간 미술을 지배해 온 조형 원리에서 벗어나 새로운 조형원리와 기법을 창출했다. 그러나 한편으로 아방가르드는 너무 앞서 나간 미술가의 고립상태를 나타낸다. 피카소의 「아비뇽의 아가씨들」은 그 작품을 처음 본 동료 미술가들조차 이해하는데 어려움을 겪었으며, 1916년에 이르기까지 외부에 전시되지 못한 채 피카소의 화실에 그대로 있었다. 전문가들이 아닌 일반 대중은 말할 것도 없었다.

20세기 전반에는 신중산층이 성장하고 대중사회가 성립되면서 문화예술에 대한 수요 기반은 이전보다 확대되었다. 그러나 추상미술을 비롯한 모더니즘 미술은 일반 대중과 소통이 거의 불가능했다. 1913년 미국 뉴욕에서 개최된 아모리쇼Armory Show(공식 명칭은 국제근대미술전International Exhibition of Modern Art)에서 뒤샹Marcel Duchamp, 1887-1968의 「계단을 내려오는 누드 2번」 Nu descendant l'escalier no.2, 1912, 147×89cm이나 마티스Henri Matisse 1869-1954의 「푸른 누드」 Nu bleu, 1907, 92×140cm 같은 당대 유럽의 아방가르드 작품들을 처음 본 관람객들은 커다란 소동을 일으켰다. 모더니즘 미술가들 역시 대중들이 즐기는 대중문화에 대해 비판적이었다. 이들은 대중문화를 '문화산업'으로 취급하며 무시했고, 예술이 아닌 키치kitsch, 즉 싸구려 가짜예술로 간주하고 적대시했다. 비평가 그린버그Clement Greenberg는 1939년 「아방가르드와 키치」Avant-Garde and Kitsch에서 키치는 아방가르드의 숙명적인 적이라고 주장했다.

19세기 후반의 인상주의 미술과 마찬가지로 20세기 전반의 추상미술 또한 수요 기반은 거의 존재하지 않았다. 미술학교 교수 등 다른 직업을 갖지 못한 순수미술가들은 보헤미안으로서 가난한 생활을 해나갔다. 그러나 모더니즘 미술의 수요가 전혀 없었던 것은 아니다. 20세기 전반 추상미술을 옹호한 소수의 엘리트 수요자들이 존재했다. 이들에게 모더니즘 미술은 자신의 교양과 시대를 앞선 취향을 입증하는 상징물이었다. 특히 미국의 중산층 대부호들, 그 부인과 자녀들은 양차 세계대전 사이에 유럽 미술의 주요 수집가로 활동했다. 20세기 전반 모더니즘 수집가로 이름을 남긴 솔로몬 구겐하임Solomon R. Guggenheim, 그의 조카딸 페기 구겐하임Marguerite "Peggy" Guggenheim 등이 그 예다.

1.2.3. 포스트모더니즘 시대

20세기 후반에 접어들어 순수미술의 여건이 크게 변모했다.

첫째, 20세기 전반까지 순수미술 수요자와 대중문화 수요자 사이에 존재하던 경계가 모호해졌다. 과거에 순수미술은 소수 엘리트 계층의 전유물이었으나, 이제는 고등교육 확대로 일반 대중의 순수미술에 대한 이해가 높아졌다. 미술관, 전시회의 관람자로서 미술에 대한 취향을 키워나가는 미술 애호가 수가 크게 늘었다. 이 시기에도 미술품 구매자로서는 대부호가 중요하긴 했으나, 일반 대중의 미술시장 참여는 획기적으로 늘어났다. 미술품 구매는 더 이상 소수 엘리트의 전유물이 아니게 되었다.

대중 수요자가 대부호 중심의 엘리트 수요자와 구별되는 점은 대중문화에 관한 인식이었다. 이들에게 순수미술과 대중문화를 엄격히 구분하고 대중문화를 차별하는 엘리트적 태도는 이해하기 어려운 것이었다. 이들은 어릴 때부터 대중문화에 노출되고 대중매체와 더불어 성장했다. 순수미술에 대해 흥미를 느끼고 있지만 그렇다고 지금까지 즐겨온 대중문화를 멀리하지는 않았다.

둘째, 20세기 전반까지 순수미술가와 대중문화 생산자는 명확하게 분리되어 있었다.

상업적 성공과 예술적 성공은 대립적이었다. 대중문화 종사자는 이류로 인식되었다. 순수미술가로서 자질이 부족한 사람이 대중문화에 종사한다는 생각이 일반적이었다. 그러나 20세기 후반에는 대중문화 종사자의 사회적 지위가 향상되고, 상업적 실용미술가나 순수미술가나 똑같은 고등교육을 받은 사람들로 충원되면서 두 집단의 사회적 지위에 차이를 둘 마땅한 근거가 사라졌다.

20세기 후반에는 그 이전보다 대중문화의 지위가 크게 높아졌다. 영화, 텔레비전 등 대중문화는 사람들의 생활 전반을 지배하게 되었다. 문화적으로도 대중문화는 전체 문화를 이끌어가고 그 방향을 설정하는 지배적 패러다임이 되었다. 순수미술이 더 이상 이전처럼 대중문화를 무시하고 하대할 상황이 아니었다. 오히려 순수미술에게 주어진 고민은 사회적 고립을 유지하며 소수자의 영역으로 존립을 이어갈 것인가 아니면 대중문화가 주도하는 문화적 흐름에 통합되어 새로운 영역을 창출해나갈 것인가에 관한 내용이었다.

20세기 후반에는 순수미술과 대중문화 간의 이질성이 크게 줄었고 대중문화의 영향력은 압도적으로 증가했다. 그 결과 20세기 후반에 이르러, 20세기 전반까지 이어져 왔던 대중문화에 대한 적대적 태도를 수정하고 대중문화 친화적인 새로운 경향성이 순수미술 내부에 등장해 발전하게 되었다. 그것은 순수미술과 대중문화의 경계를 허물고 여러 예술장르를 융합하고자 하는 포스트모더니즘postmodernism 미술이다.

포스트모더니즘 미술은 대중문화의 우세를 기정사실로 받아들이고 대중문화를 적극 활용한다. 포스트모더니즘 미술의 기원은 영국과 미국을 중심으로 1950년대에 형성되어 1960년대에 크게 성장한 팝아트pop art에서 찾을 수 있다.

앤디 워홀Andy Warhol, 1928-1987을 비롯한 팝아트 미술가들은 대중 소비재와 대중매체가 쏟아내는 이미지로 가득 찬 대중사회를 표현 대상으로 삼는다. 앤디 워홀은 1960년대 초 실크스크린silk screen print을 이용해 캠벨수프 깡통, 코카콜라 병, 브릴로 상자 같은 대중 소비재의 이미지나 마릴린 먼로, 엘비스 프레슬리 같은 대중 스타의 이미지를 표현했다.

「브릴로 상자」Brillo Boxes, 1964, 43x43x36.5cm는 앤디 워홀이 제작한 미술 작품이지만 외견상으로는 수퍼마켓에서 상품으로 팔리고 있는 세제 상자와 모습이 똑같다. 그는 '예술 노동자'들을 조수로 고용하여 다량의 작품을 제작했는데, 자신의 작업실을 '팩토리'Factory라 불렀다. 그는 순수미술 우위의 전통적 미학에 도전하고 대중문화를 공공연히 찬미했다.

팝아트 미술가들은 모더니즘 미술가들과 달리 대중문화에 친화적인 태도를 취했고 대중문화와 순수미술의 구분 자체를 거부했다. 20세기 전반의 모더니즘 미술가에는, 대중에게 즐거움을 주고자 하는 오락적 측면은 진지하지 못한 비예술적 요소로서 금기사항이었다. 그러나 20세기 후반 팝아트가 발전하면서 순수미술에서 오락적 측면이 부각되었다. 팝아트 미술가들은 전통적인 예술가의 모습에서 벗어나 대중문화 스타와 비슷한 모습으로 변모했다.

20세기 전반까지 미술시장의 대중적 기반은 상당히 취약했고 소수의 엘리트가 미술시장을 이끌어갔다. 몇몇 수집가나 미술관이 특정한 경향의 미술품을 선별적으로 구매하는 것이 미술수요의 거의 전부였다. 그러나 20세기 후반에는 경제적으로 풍요한 황금시대가 등장했고 미술시장은 팽창했으며 개인, 기업, 국가 등 여러 차원에서 미술수요가 성장했다. 20세기 전반 침체되었던 미술시장이 1960년대부터 확대되기 시작했고, 약간의 기복이 있긴 하지만 확대 추세는 지속되었다. 특히 1980년대부터 미술시장에 많은 돈이 몰려들면서 순수미술의 상업화 현상이 두드러지게 나타났다.

과거 모더니즘 미술가들은 돈을 단순히 미술작업을 계속하기 위한 수단으로 생각했고 적어도 표면적으로는 미술의 상업화와 거리를 두고자 했다. 그러나 새로운 미술가들은 공공연하게 미술을 돈벌이 수단으로 생각했다. 목적이었던 미술이 수단이 되고 수단이었던 돈이 목적이 되면서 스타미술가art star의 시대가 열렸다. 모더니즘 시대에는 아무리 인기가 있어도 미술가에게 대중 문화산업에서 쓰는 스타라는 수식어를 붙일 수 없었다. 그러나 순수미술과 문화산업이 구별되지 않은 20세기 후반부터 수많은 스타미술가가 등장했다. 제프 쿤스Jeff Koons 1955- , 데미안 허스트Damien Hirst 1965- 등은 대표적인 스타 미술가다. 데미안 허스트는 예술과 상품의 경계를 넘나들며 실험적인 작품을 발표했고 그 때마다 엽기적인 충격과 논란을 불러일으키면서 미술시장을 열광시켰다. 초기 작품인 「살아있는 자의 마음속에 있는 죽음의 물리적 불가능성」The Physical Impossibility of Death in the Mind of Someone Living, 1991, 213×518×213cm이 대표적 사례다. 그는 자신의 작품에 대한 마케팅에 철저했다. '예술은 비평가가 아니라 구매자가 필요하다'는 것이 그의 입장이었다.

20세기 말의 포스트모더니즘은 순수미술의 상업화와 맞물려 진행되었다. 해체주의

de-constructivism는 포스트모더니즘 미술에서 핵심이 되는 경향이다. 유명한 옛 거장의 미술작품이나 대중문화를 해체하고 그것의 주제, 구성, 기법, 양식, 이미지 등을 빌려와서 원래의 맥락과 상관없이 자유롭게 활용하는 차용미술appropriation art이다. 해체주의는 과거 예술적 성과에 기대어 의존하는 방식으로, 미래지향적 미술의 흐름과는 거리가 있다. 수많은 미술가들이 저마다의 방식으로 과거로부터 무언가를 가져와 활용하고 있다. 하지만 그것은 개별적이고 고립 분산적 방식으로만 진행되며 상호 연계되어 있거나 응집력을 가진 것이 아니기 때문에, 미래 미술 흐름을 한 방향으로 추동하는 강력한 힘을 형성하지는 못한다. 본질적으로 해체주의의 혼성모방 혹은 패스티시pastiche(파스티슈)는 자신의 미술 언어로 동시대 현실과 주제를 표현할 능력이 고갈되었음을 고백하는 것이다. 그것은 성장과 진보에 대한 자신감을 상실한 서구의 동시대 사회경제적 상황을 그대로 반영한다. 결국 해체주의에서 남는 것은 상업성과 오락성이다. 대중들이 익히 알고 있는 미술 작품이나 대중문화 광고 · 만화 · 잡지 등의 이미지를 차용함으로 즐거운 충격과 오락을 대중들에게 제공하기 위해 노력한다. 20세기 전반의 모더니즘 미술가들은 아방가르드로서 새로운 사회와 문화의 유토피아적 비전을 모색하고 작품을 통해 그것을 형상화하고자 노력했다. 그러나 포스트모더니즘 미술가들에게는 그러한 엘리트적 관점이나 사회이념이 거세되었다.

결과적으로 포스트모더니즘은 과거 순수미술의 신성함을 크게 위축시켰다(Hans Abbing, 2004). 포스트모더니즘을 통해 순수미술은 탈숭고화de-sublimation되고 고급문화로서의 자기정체성은 해체되었다.

포스트모더니즘이 표방한 순수미술의 해체와 공공연한 상업화는 순수미술의 발전적 추세라기보다 오히려 그것이 도달한 막다른 한계를 보여준다. 하지만 이러한 과정에서 시각예술의 여러 장르가 대등한 지위에 오르는 시각예술의 민주화가 진행된 측면도 있다. 팝아트가 물꼬를 트기 전까지 순수미술은 공예, 디자인, 사진 같은 실용적 분야와는 구별되는 '예술'로서의 지위를 독점해왔다. 팝아트 이후의 순수미술은 다른 실용적 장르와 구분이 어려워졌다. 순수미술이 예술적 지위를 독점하는 시기는 막을 내린 대신 과거 예술 이하의 존재로 폄하되었던 공예, 디자인, 사진 등이 예술의 무대 위에 오르게 되었다. 아서 단토Arthur Danto는 뉴욕에서 앤디 워홀의 「브릴로 상자」Brillo Boxes, 1964, 43x43x36.5cm를 보고 '예술의 종말'을 생각했다. 예술에 대한 과거의 객관적 규범은 해체되고, '모든 것'이 예술이 되는 시대가 도래한 것이다.

미술사에는 미술의 미래 흐름을 만들어낸 혁신의 시대가 여럿 존재한다. 20세기만 하더라도 1900년대의 야수파와 입체파, 1950년대-1960년대의 팝아트 등 미술의 큰 흐름을 바꾼 전환기가 존재했다. 그러나 오늘날은 양적 상업성 측면에서는 미술의 황금기라고도 할 만하지만, 질적 혁신성의 측면에서는 지난날 황금기의 유산에 기대어 그것을 활용하고 모방하는 정체기에 해당된다. 포스트모더니즘 미술은 이전 미술사의 성과에 의존하고 단순히 그것에 경의를 표하는 미술이다. 그러나 21세기 들어서 노트북과 스마트폰 등으로 대표되는 디지털 기술이 동시대 사회와 경제를 크게 바꾸고 있으며, 미술에서도 흐름의 변화가 일어나고 있다. 1900년대의 마티스Henri Matisse, 1869-1954와 피카소Pablo Picasso, 1881-1973, 그리고 1950년대-1960년대의 로버트 라우션버그Robert Rauschenberg, 1925-2008와 앤디 워홀Andy Warhol 1928-1987의 뒤를 잇는 혁신자들이 상업화의 그늘에서 벗어난 동시대미술의 새로운 흐름을 형성하기 위한 움직임을 나타낼 것이다.

〈1-6〉 미술시장의 발전

	미술 수요자	미술 생산자	미술 작품
전근대	귀족층	장인 미술가	역사화 (초월적 주제)
근대 초기	중산층	천재 미술가	풍경·정물·풍속화 (현실적 주제)
모더니즘 시대	엘리트 중산층	아방가르드 미술가	인상주의·추상미술 (순수미술)
포스트모더니즘 시대	대중	스타 미술가	팝아트·해체주의 (상업화)

1.3. 미술시장과 미술경제학

시장제도가 미술생산을 주도하면서 근대 이후 오늘날까지 예술로서의 미술과 시장 간에는 긴장관계가 존재해왔다.

시장제도 하에서 항상 가장 뛰어난 미술가가 수요자들에게 선택되는 것은 아니다. 최초의 근대 미술시장이 형성된 17세기 네덜란드만 보더라도, 미술품을 구입하는 중산층 시민들의 심미안은 과거의 후원자만큼 높지 않았고 유행에 따라 선호가 자주 바뀌었다. 상황에 따라 미술시장의 유행을 좇아 작품을 제작하는 미술가는 많은 소득을 올리지만, 자신만의 독자적 예술 세계를 추구하는 미술가는 흔히 수요자로부터 버림받았다. 후대에 17세기 네덜란드의 대표적 미술가로 자리매김할 두 명의 위대한 미술가, 즉 렘브란트 Rembrandt Harmenszoon van Rijn, 1606-1669와 페르메이르Johannes Vermeer, 1632-1675는 모두 경제적 곤란 속에 생애를 마쳤다. 렘브란트는 죽기 13년 전에 이미 파산 선고를 받았으며, 집과 재산을 모두 빼앗기고 급기야 죽은 부인의 무덤까지 팔아야 했다. 페르메이르도 경제적 곤란으로 고통을 당하다 막대한 빚을 가족에게 남긴 채 43세의 나이로 갑작스런 죽음을 맞았다.

19세기 영국의 풍경화가 터너J. M. William Turner 1775-1851는 초기에는 고전적 풍경화를 답습했으나 후기에 이르러 독자적인 화풍의 낭만적 풍경화를 개척함으로써 미술사에 큰 흔적을 남겼다. 그러나 미술시장의 평가는 정반대였다. 그가 새로운 화풍을 선보이자 그를 추종하던 수많은 구매자들이 그를 떠났고 이후 상당한 경제적 곤란에 시달리게 되었다. 단지 러스킨John Ruskin 같은 소수의 비평가만 그의 혁신적인 화풍을 옹호했다.

시장이 미술의 질적 수준을 떨어뜨린다는 생각은 오래전부터 존재해왔다. 미술시장은 수준 낮은 미술품을 생산하도록 만드는가? 그렇다면 시장을 대신할 바람직한 제도가 있는가? 역사적으로 미술 생산을 조절한 장치로는 후원제도와 시장제도가 있었다. 전근대 후원제도로 되돌아갈 수 없기 때문에, 오늘날 그러한 후원제도를 대신할만한 유력한 제도는 아마 국가나 정부가 될 것이다. 그렇다면 국가나 정부가 미술 생산을 조절한다면 좀 더 바람직한 결과를 가져올 것인가?

역사적으로 국가가 미술 생산을 전적으로 통제한 사례는 20세기 전반 러시아와 독일에서 존재했다.

러시아에서는 1927년 스탈린Joseph Stalin이 독재체제를 구축했고, 사회 전 분야에서 획일적인 국가주의 통제를 강화했다. 예술에서도 1932년경 사회주의 리얼리즘socialist realism은 모든 예술창작의 기본 원리로 공식화되었다. 사회주의 리얼리즘은 회화, 조각, 건축 같은 미술 분야뿐만 아니라 문학, 연극, 음악, 영화 등 모든 예술 분야에 적용되었고 이러한 교조적 원리를 따르지 않은 예술은 추방되었다. 말레비치Kazimir Malevich, 1878-1935의 절대주의Suprematism, 로드첸코Alexander Rodchenko, 1891-1956의 구축주의Constructivism 등은 '부르주아 미술'bourgeois art로 지목되어 배척되었다. 그 결과 20세기 초 모더니즘 미술 발전의 중요한 축을 형성했던 러시아 아방가르드Russian avant-garde 미술의 전통은 단절되었다. 절대주의를 주창하며 「검은 사각형」Black Square, 1915, 79.5x79.5cm, 「절대주의 구성, 흰색 위의 흰색」Suprematist Composition, White on White, 1918, 79x79cm 등의 작품을 발표한 말레비치Kazimir Malevich, 1878-1935는 어쩔 수 없이 추상미술을 포기하고 1930년경에 구상미술 대열에 합류했으나 몇 년 안 돼 세상을 떠났다.

한편, 독일에서는 1933년 기업과 군부의 지지 속에 히틀러Adolf Hitler의 나치 정권이 들어섰다. 나치 정권은 표현주의Expressionism를 비롯하여 인상주의 이후 모더니즘 미술 전체를 '퇴폐미술'Entartete Kunst로 낙인찍어 미술계에서 추방했다. 미술관에 소장되었던 1만 6,500점 이상의 작품이 헐값에 처분되거나 불태워졌다. 표현주의 미술가로 「베를린의 거리 풍경」Berliner Straßenszene, 1913, 121x91cm 등을 발표한 키르히너Ernst Ludwig Kirchner, 1880-1938의 작품도 639점이나 추방되었고 일 년 후 그는 절망 속에 자살로 생을 마감했다. 그 대신 나치미술Nazi-Kunst이 득세했는데, 그것은 히틀러 개인의 미학적 관점이 반영된 것이었다. 나치미술에는 슈페어Albert Speer, 1905-1981같은 건축가, 치글러Adolf Ziegler, 1892-1959 같은 화가, 브레커Arno Breker, 1900-1991 같은 조각가 등 많은 미술가들이 참여했고, 혁신적 모더니즘 미술을 추방함으로써 이득을 얻게 된 나머지 전통적 미술가들도 나치 정권의 미술정책에 반대하지 않았다.

〈1-7〉 20세기 전반의 미술과 국가 개입

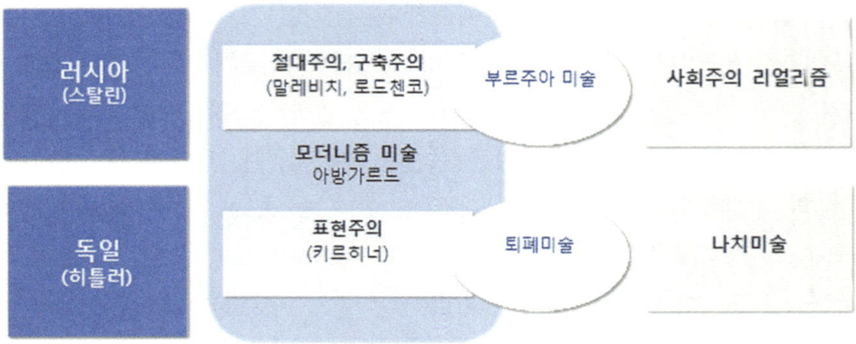

물론 미술 생산에 대한 모든 국가 개입이 스탈린 치하의 러시아나 히틀러 치하의 독일에서와 유사한 결과를 가져오지는 않을 것이다. 그러나 국가 개입이 미술에 적대적인 위협이 될 가능성은 언제나 존재한다.

시장제도에서 가장 우수한 미술가가 수요자들에게 먼저 선택되지 않을 수는 있지만, 그렇다고 시장제도가 열등한 미술가들의 작품만 남게 만든다는 주장도 올바른 것이 아니다.

이론적으로는 시장제도 하에서 수준 낮은 미술품도 생산될 수 있고 그렇지 않은 미술품도 생산될 수 있다. 시장이란 수요에 반응하는 일종의 기구다. 만일 저급 미술에 대한 수요가 존재한다면 그것이 공급될 것이고, 고급 미술에 대한 수요가 존재한다면 그것이 공급될 것이다.

시장제도 하에서 고급 미술에 대한 수요가 존재하지 않거나 줄어들 것이라고 단정해서는 안 된다. 시장은 저속한 취향은 물론이고 고상한 취향을 위해서도, 혹은 다수의 취향뿐만 아니라 소수의 취향에 대해서도 작동한다. 낮은 수준부터 높은 수준까지 다양한 미술수요가 존재할 때 시장제도는 그 모든 수준의 미술생산을 가능하게 한다. 특정 미술만 생산이 가능한 후원제도나 국가통제제도와는 상당히 다르다.

엘리트적 관점에서 볼 때 일반 대중의 취향은 저급하고 시장에서 저급한 상업 미술이 주류를 이루는 것처럼 보일 수 있다. 그러나 시장제도는 대량 소비되는 저급한 미술만이 아니라 소수의 엘리트에 의해 소비되는 고상한 미술에도 작동한다. 일반적으로 시장에는 소수 후원자의 취향만이 아니라 다양한 취향들이 존재하며 이러한 다양성은 시장제도가 지닌 중요한 장점이다.

후원제도보다 시장제도에서 미술가의 자율성이 커지고 비주류 소수자 집단이 미술에 진입하는데 용이한 것은 사실이다. 미술전문가들이 간파하지 못한 혁신적 미술의 움직임에 대해서 시장이 먼저 반응할 수도 있다. 19세기 후반 인상주의가 프랑스의 미술전문가들로부터 전혀 인정받지 못한 시절에도, 모네Claude Monet, 1840-1926의 작품은 미국의 개인 수집가들 사이에 높은 가격으로 거래되고 있었다. 당대의 미술전문가들이 평가하는 것만이 좋은 미술이 아니다. 미술전문가들에게 가치 없는 쓰레기로 평가된 것이 나중에 걸작이 되는 경우도 허다하다. 예술적 가치에 대한 평가는 시간의 흐름에 따라 달라질 수 있는 것이다.

또한, 미술품의 본래적 가치인 예술적 가치aesthetic value와 시장에서 결정되는 경제적 가치economic value가 전혀 무관한 것은 아니다.

경제적 가치 또는 시장 가치는 미술시장에서 평가된 미술품의 금전적 가치인데, 시장에서 미술품의 가격이 얼마에 형성되는가를 기준으로 한 것이다. 이것은 소비자들이 평가한 미술품의 가치로서 그들의 지불의사에 따라 결정된다. 반면, 예술적 가치 또는 미적 가치는 주로 미술계art world의 전문가들이 결정한다. 여기서 전문가란 영향력 있는 미술가, 미술비평가, 미술종사자, 미술수집가 등을 말한다. 예술적 가치는 이들 전문가들의 평균적 평가를 반영한다.

기본적으로 예술적 가치와 경제적 가치는 서로 다른 영역에 속하는 개념이다. 문화자본cultural capital을 보유한 전문가들은 예술적 가치에 영향을 미치고, 경제자본economic capital, 즉 돈과 자산의 보유자들은 미술품의 경제적 가치에 영향을 미친다. 그러므로 양자가 늘 비례하는 것이 아니다. 예술적 가치가 높게 평가되고 시장에서 성공한 작품도 있고, 예술적 가치가 높게 평가됨에도 불구하고 시장에서 실패한 작품도 있다.

제품의 가치를 다수의 일반 소비자가 결정하는 시장을 대중시장이라 하고, 제품의 가치를 돈과 자산이 많은 소수의 부자 소비자가 결정하는 시장을 부자시장deep-pocket market이라 부른다. 경제적 가치와 예술적 가치의 괴리 현상은 대중시장에서는 크게 발생하지만 부자시장에서는 수렴 현상이 강하다(Hans Abbing, 2004). 음반 시장과 같은 대량생산된 대중시장에서 경제적 가치와 예술적 가치의 괴리가 크게 발생한다. 반면 미술시장처럼 부자시장은 예술적 가치와 경제적 가치가 수렴할 가능성이 크다. 미술품의 경우 경제적 가치와 예술적 가치는 상당히 높은 관련을 지니고 있는 것이다.

〈1-8〉 예술적 가치와 경제적 가치

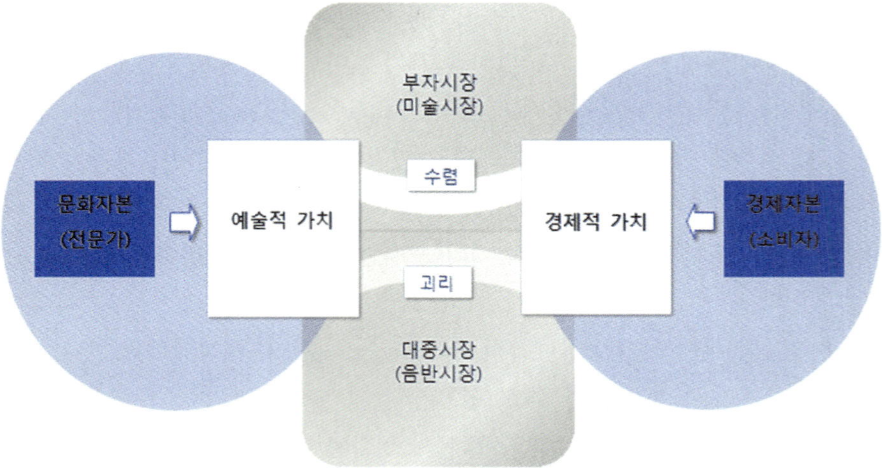

지금까지 시장제도가 이상적으로 작동할 때 지니게 되는 긍정적 측면을 강조했다. 그러나 현실의 미술시장은 제대로 작동하더라도 부작용과 폐해를 지닐 수 있다. 예를 들어 후원제도 하에서는 미술가의 과잉 공급 문제가 사전적으로 조정되지만 시장제도 하에서는 그런 장치가 없다. 시장제도가 최초로 성립된 17세기 네덜란드에서 미술가의 대량 실업 문제도 처음 발생했다. 이 시기 수많은 미술가들이 실업으로 고통을 겪었고 오늘날에도 이 문제는 전혀 해결되지 못하고 있다. 또한 시장수요자들은 극소수의 스타미술가에게 과도한 편향을 보일 수 있다. 이는 일반 미술가들의 운신 폭을 좁히고 경우에 따라서는 예술적 혁신에 장애가 된다. 현실의 시장제도에는 그 나름의 문제점과 폐해가 있으며 그 때문에 국가의 정책적 개입이나 사회적 조정이 불가피하다.

특히 20세기 후반 미술시장의 규모가 크게 성장하고 그로 인해 미술의 상업화 경향이 급속도로 진전되면서 일찍이 볼 수 없던 미술시장의 양상들이 나타나게 되었다. 수집가 대신 투자가가 미술소비의 주축이 되고, 비평가 대신 아트딜러가 좋은 미술에 대한 최종적인 평가자 역할을 하게 되는 상황을 현대미술의 긍정적 변모로 간주하기는 어렵다.

많은 사람들이 미술 상업화에 대한 우려를 갖고 있다. 실제로 미술 상업화가 본격화된 20세기 후반 이래 미술 비평가들은 글로써 현상을 비판해 왔고, 미술가들 역시 다양한 방식의 작품 활동을 통해 미술의 상업화 추세에 대항했다.

미술 작품은 시장에서 상품으로 거래될 수 있도록 유형의 재화로 생산된다. 그러나 20세기 후반, 대략 1960년대를 전후하여 등장한 과정 중심 또는 행위 중심의 다양한 미술 활동은 상품으로서의 미술 생산을 부정한다.

개념미술conceptual art은 완성된 이미지가 아니라 그것을 위한 아이디어 자체를 작품으로 이해한다. 결과 보다는 과정에 중심을 두는 미술이다. 완성된 결과물로서 시각적 이미지가 아니라 설명이나 문자로 제시되는 아이디어만으로 예술작품이 창조되는데 충분하다는 것이다. 예컨대 로버트 라우션버그Robert Rauschenberg 1925-2008의 「이리스 클레르의 초상화」Portrait of Iris Clert, 1961는 이리스 클레르 갤러리에 그가 보낸 '내가 그렇게 말한다면 이것이 이리스 클레르의 초상화입니다'This is a portrait of Iris Clert if I say so라는 전보문이 작품인 셈이다. 개념미술의 등장으로 전통적인 미술가의 존재론적 지위에서 변동이 일어나게 되었다. 미술가의 작업이 비물질화되고 미술가는 어떤 재화를 만들어내는 존재 아니라 단지 그것에 대한 개념을 만들어내는 존재로 바뀌게 되었다.

대지미술land art, earth art은 토지, 암석, 사막, 해변, 강 등 자연적 환경을 소재로 활용하여 작품화하는 미술로서, 성격상 상품으로 사고팔 수 없는 것이다. 로버트 스미스슨Robert Smithson, 1938-1973은 약 6,500톤의 현무암, 진흙, 소금 등을 사용해 코일 모양의 「나선형 방파제」Spiral Jetty, 1970, 4.57x457m를 미국 유타 주에 만들었다. 대지미술은 장소특정site-specific 미술의 성격을 지니고 있고, 미술작품의 생산, 유통, 소비 장소를 실내의 아틀리에, 갤러리, 미술관 등으로부터 벗어날 수 있게 했다. 로버트 스미스슨은 미술가의 역할이란 장소를 드러내고 전시하기 위해 장소를 탐색하는 것이라고 했으며, 그러한 작업을 하던 중 비행기 추락사고로 인해 서른다섯 나이로 세상을 떠났다.

설치미술installation art은 대지미술과 마찬가지로 장소특정 미술이다. 미술작품이 특정 장소에 속하는 속성은 작품의 비이동성과 결부되고 상품화할 수 없는 작품으로서 성격을 지니게 된다. 실제로 설치미술가 중에 장 팅겔리Jean Tinguely, 1925-1991는 스스로 파괴되도록 한 작품 「뉴욕에 대한 경의의 조각」Fragment from Homage to New York, 1960, 204x75x223cm를 만들었고, 로버트 배리Robert Barry, 1936-도 파괴하지 않고는 옮길 수 없는 작품을 만들었다.

퍼포먼스아트performance art는 신체적 행위를 통하여 미를 표현하는 예술로서 행위 중심 미술이다. 서른네 살 나이로 세상을 떠난 이브 클랭Yves Klein, 1928-1962은 여성 모델들이 물감을 몸에 묻힌 다음 벽이나 바닥에 있는 커다란 캔버스에 자신들의 몸을 찍어 그림을 만드는 「인체측정」Anthropometrie, 1960과 자신이 2층에서 자유낙하 하면서 그것을 사진으로 찍도록 한 「허공으로 도약하기」Saut dans le vide, 1960 등 선구적 작품을 남겼다. 퍼포먼스아트에서는 미술작업과 미술작품의 성격이 종래의 시각예술과 완전히 구분된다. 미술은 재화goods를 생산하는 작업에서 서비스service를 생산하는 작업으로 바뀌고 미술작품의 성격은 재화가 아니라 제한된 시간동안 존재하다 사라지는 서비스가 되는 것이다.

이처럼 20세기 후반부터 과정 중심 혹은 절차 중심procedure-based 미술이나 서비스 중심service-oriented 미술이 다양하게 전개되었다. 기본적으로 판매나 수집이 불가능한 작품을 생산하는 이러한 미술은 동시대에 크게 심화된 미술의 상업화 추세에 공공연하게 대항하는 것이었다.

그러나 오늘날 대부분의 미술품은 상품으로 유통되고 있으며, 미술시장과 거리를 두고 상업화를 거부한 미술조차 그것이 일정한 명성을 얻으면 어떤 형태로든 상업화되고 미술시장에 편입되는 경향을 보여 왔다. 예를 들어 대지미술은 본래 규모가 크고 특정 장소에 일정 기간 설치된 후 철거되거나 소멸되는 것이어서 상업화가 불가능한 장르로 간주되었다. 그렇지만 대지미술은 그 스케치나 사진을 판매하거나 대지미술에 수반하여 스펙터클한 해프닝을 만들어냄으로써 상업화되었다. 애당초 대지미술은 상업적 영역을 벗어날 수 없다. 그것의 실행 자체가 거대한 자본을 필요로 하며 실제로 로버트 스미스슨의 「나선형 방파제」만 하더라도 후원자가 제공한 기금이 있어서 가능했다. 관련 연구(Victor A. Ginsburgh and Anne-Françoise Penders, 1997)에 따르면 1972년 이후 20년간 대지미술의 연간 명목 수익률은 20%로, 미니멀아트 24%보다 약간 낮은 수준이었고 유럽 거장들old masters 작품 16%보다 더 높았다. 개념미술이나 설치미술의 경우 개인 수집가에게 판매되기 어렵다하더라도 미술관 혹은 공공기관의 후원을 받을 여지는 있다.

의식 있는 미술가와 비평가들이 미술의 상업화와 지속적으로 맞서 왔지만, 미술시장은 그러한 노력을 계속해서 무력화시키고 있다.

오늘날 미술이 직면한 상황을 정확하게 파악하고 그 폐해를 바로잡기 위해서는 미술의 경제적 측면에 대한 정확한 이해가 필요하다. 미술시장과 미술의 경제적 측면을 이해하는 것은 미술의 상업화를 조장하는 것과는 별개의 차원이다. 실제로 미술경제학자들은 미술의 상업화가 초래한 제반 문제점을 개선하는데 상당한 관심을 갖고 있다.

20세기 후반에는 미술경제학 연구와 별도로 미술 경영과 마케팅arts management and marketing에 관한 연구도 시작되었다. 특히 1980년대 이후에는 미술에 대한 공공부문의 역할이 일정하게 후퇴하고 민간 자금이 그 자리를 대신하게 되었다. 비영리 예술non-profit art sector로만 인식되어온 미술이 영리 사업for-profit business sector으로도 인식되게 된 것이다. 1980년대 이후 미술시장의 성격이 근본적으로 달라진 것은 아니지만 그 이전과 상당히 차이가 있는 것은 사실이다. 이러한 변화는 미술소비자에 대한 관심을 촉발시켰고 미술 경영과 마케팅이라는 새로운 연구 분야를 활성화시켰다. 초기 연구의 한 예로는 1980년에 나온 모콰Michael P. Mokwa의 '예술 마케팅'Marketing The Arts을 들 수 있다. 경제학의 연구나 경영 혹은 마케팅의 연구는 접근 방법이 다르지만 실제로는 미술시장에 관해 서로 연관된 내용을 다루고 있다. 그 속에는 미술품의 소비와 생산, 미술가 직업, 미술시장을 구성하는 다양한 매개자와 제도, 그리고 미술가에 대한 지원을 비롯한 미술정책의 문제가 포함되어 있다. 본서에서는 이들 두 분야에서 그동안 진행되어 온 미술시장 관련 연구를 포괄적으로 수용하여 그 성과를 정리하고자 한다.

미술경제학은 미술시장을 연구 대상으로 한다. 경제학 이론과 방법론을 활용하여 현대 미술시장의 움직임을 분석하고 문제점을 도출하여 정책적 대안을 제시한다.

미술 시장제도는 효율성을 지니고 있으며 동시에 많은 문제를 지니고 있다. 다만 그것을 대체할 제도는 현실적으로 나타나지 않고 있다. 미술가들은 경제적 구속으로부터 해방되고 예술적 자유 또한 완벽하게 실현되는 이상적인 제도를 희망하고 꿈꿀 수도 있다. 하지만 현실적으로 그러한 제도는 과거에 한 번도 존재한 적이 없었고 아마 가까운 미래에 존재하기도 어려울 것이다.

많은 미술가들이 현실 시장제도를 불만스러워 하고, 그 결과가 어떠하든 미술의 상업화에 저항하듯이 미술경제학은 비록 시장제도를 완벽하게 대체할 대안을 제시할 수는 없더라도 시장제도가 지닌 문제점에 분석하고 가능한 해결 방안들은 모색할 수 있다. 완전한 상태는 아니지만 현실의 문제점을 개선함으로써 지금보다는 우호적이고 유리한 환경을 조성하는데 도움이 될 수 있다.

제2장 미술품

2.1. 미술품의 경제적 의의

시장은 유형의 재화goods와 무형의 서비스service가 거래되는 곳인데, 미술품은 재화로서 시장에서 거래된다. 또한 미술품은 그것을 구입하는 소비자에게 효용과 즐거움을 제공하는 일종의 소비재consumption goods다. 미술품은 소비재로서 다른 재화와 마찬가지로 시장에서 사고 팔린다. 그렇지만 미술품은 일반 재화와 구별되는 몇 가지 특성을 지니고 있다.

첫째, 미술품은 차별재differentiated goods다. 재화에는 동질재와 차별재가 있다. 동질재는 다른 상품과 자유롭게 대체되는 재화이고, 차별재 혹은 이질재는 다른 재화와 대체가 어렵거나 불가능한 재화다. 미술시장에서 개개의 미술품은 동일한 미술가가 생산한 것일지라도 서로 이질성을 지닌 차별재로 받아들여진다.

근대 미술시장이 형성되면서 미술가들이 미술품에 고유한 이름을 붙이게 되는데, 이는 작품마다 특성을 부여하기 위한 시도로 볼 수 있다. 전근대 후원제도에서는 미술가가 작품에 이름을 붙일 이유가 없었으나(오늘날 많은 전근대 작품에 이름이 있으나 이는 근대 이후에 새로 붙인 것이다.), 근대 시장제도에서는 전시회 등에서 독특한 작품 제목을 붙임으로써 작품의 유일성을 강조하고 소비자의 구매를 설득할 필요가 있었다.

일반 재화는 가격이 오르면 그 제품을 더 생산하여 공급을 늘리게 된다. 그러나 차별재로서 미술품은 1점밖에 생산되지 않은 것이기 때문에 설사 가격이 오르더라도 공급을 늘릴 수 없다.

둘째, 미술품은 경험재experience goods다. 시장에서 거래되는 재화에는 탐색재와 경험재가 있다. 탐색재는 직접 소비해보지 않더라도 사양을 보면 품질을 미리 가늠할 수 있는 재화다. 이에 반해 경험재는 직접 소비해 보기 전에는 품질을 알 수 없는 재화다. 미술품은 직접 감상하지 않고서는 품질을 알 수 없다. 그런데 미술품은 보통의 경험재보다 더 심한 품질 불확실성quality uncertainty을 지닌다. 많은 관람자들은 미술품을 감상하기 전뿐만 아니라 감상한 후에도 정확한 품질을 판단하지 못한다. 미술전문가가 우수하다고 평가해 주거나 명성이 확립된 미술가의 작품은 자신의 판단과 상관없이 품질을 신뢰하게 된다. 이런 재화를 신뢰재 혹은 신용재credence goods라고 한다. 경험재는 일반적으로 소비를 하고 나면 품질이 파악되지만 신뢰재는 소비를 하고나서도 품질이 파악되지 않는다. 대부분의 소비자들은 명성 있는 미술가들의 작품을 그것이 사실 평범한 것일지라도 가치 있게 평가하는 경향이 있다.

셋째, 미술품은 사치재luxury goods다. 재화에는 필수재와 사치재가 있다. 필수재는 소득이 증가할 때 소득증가율에 비례해서 수요가 증가하지만, 사치재는 소득증가율보다 훨씬 더 크게 수요가 증가한다. 일반적으로 시장에서 거래되는 재화는 기업이 생산한 것이지만 미술품은 개인이 생산한 재화다. 즉 일반 재화는 기업이 공장에서 대량생산한 것이지만, 미술품은 미술가 개인이 작업실에서 수공업적으로 창작한 것이다. 미술품 하나하나는 개성과 독창성을 지닌 창작품으로서, 대량생산된 일반 재화에 비해 훨씬 높은 가격으로 거래된다. 따라서 미술품 수요는 주로 고소득층을 중심으로 발생하며, 소득 수준이 높아짐에 따라 수요가 훨씬 더 크게 늘어나는 경향이 있다.

미술품은 자신이 고소득층에 속해 있음을 과시하는 일종의 지위재positional goods 기능을 갖는다(Fred Hirsch, 1977). 이러한 지위재 효과는 일반 사람들이 쉽게 구입하기 어려운 고가의 미술품에서 크게 나타난다. 그에 따라 고가의 미술품에 과시 소비 수요가 몰리고, 미술품의 가격이 오를수록 오히려 수요가 더 증가하는 베블런 효과Veblen effect가

〈2-1〉 미술품의 경제적 의의

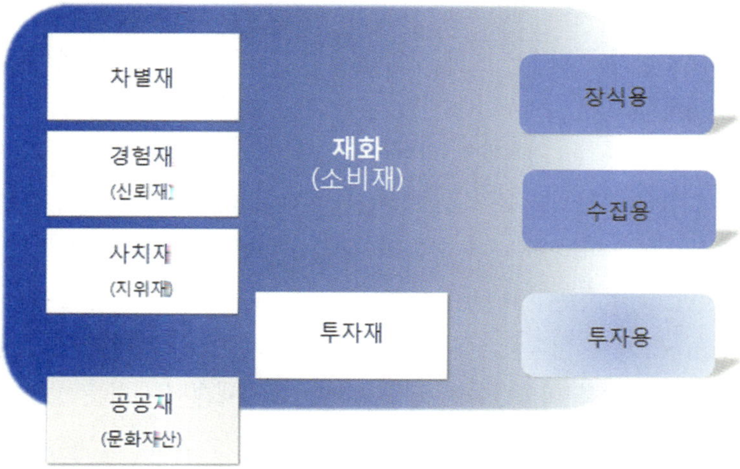

발생하기도 한다. 베블런Thorstein Veblen이 「유한계급론」The Theory of the Leisure Class, 1899을 저술한 19세기 말에는 대부호들의 과시 소비가 극심했다. 고가의 미술품high-priced artworks 외에도 대저택mansion or penthouse apartment, 미모의 부인trophy wife, 고급 의상haute couture fashionable clothes, 보석jewelry, 고급 마차luxury vehicle 등도 지위를 상징하는 주요 '품목'이었다.

넷째, 미술품은 공공재public goods의 성격도 부분적으로 지니고 있다, 미술품은 시장에서 일반적으로 거래되는 다른 재화들과 마찬가지로 사유재private goods다. 사유재의 구매자는 그 재화에 대한 배타적 소유권을 갖게 되는데 소유권에는 사용, 수익, 처분의 권한 외에도 재화에 대한 타인의 침해를 배제할 권한을 비롯하여 많은 권리가 포함되어 있다. 그러나 예술적 가치를 지닌 미술품은 소유권의 배타성에 상당한 제약이 따른다. 미술품 소유자는 그 작품을 일정 기간 소유한 후 잘 보존된 상태로 세상에 되돌려 놓아야 할 의무가 있다. 특히 국가적으로나 세계적으로 명작의 반열에 오른 미술품의 경우 문화자산 혹은 문화재로 간주되기 때문에, 소유자가 임의로 그것을 훼손하거나 폐기해서는 안 되는 것이다.

1990년 일본의 한 대부호Ryoei Saito는 반 고흐Vincent van Gogh, 1853-1990의 「가셰 박사의 초상」Portrait du docteur Gachet, 1890, 66x57cm과 르누아르Pierre-Auguste Renoir, 1841-1919의 「물랭 드 라 갈레트의 무도회」Bal au Moulin de la Galette, 1876, 78x114cm를 각각 8,250만 달러와 7,810만 달러에 경매를 통해 구입했는데, 이 구입가격은 당시뿐만 아니라 20세기 말까지도 세계 최고가 1, 2위 기록이었다. 그런데 이 대부호는 그 작품들을 자기가 죽을 때 함께 화장하도록 할 것이라고 함으로써 엄청난 물의를 일으켰다. 결국에는 '그 작품들을 영원히 간직하고 싶은 소원을 표현했을 뿐'이었다며 원래의 발언을 철회했다.

또한 미술품 구입에는 막대한 비용이 들기 때문에 일반 사람들이 개인적으로는 비용부담하기 어렵지만 그 미술품 소비에는 참여해 효용을 누리고자 하는 경향이 있다. 이런 무임승차자free-rider문제는 미술품의 공공재적 성격에서 비롯된 것이다. 오늘날 예술적 가치가 높은 미술품은 공공 미술관이 구입하여 일반 대중에게 전시하는 방식이 많이 이루어진다.

다섯째, 미술품은 투자재investment goods의 성격도 지닌다. 미술품은 소비재consumption goods이긴 하지만 식료품이나 신발, 자동차나 냉장고 같은 일반 소비재와는 성격이 다르다. 일반 소비재는 소비 과정에서 물리적으로 소모되는데 반해 미술품은 그렇지 않다. 미술품은 오랜 시간 동안 마모되지 않는 내구성durability을 지닌 재화로서 시간의 흐름에 따라 그 가치가 증대되고 수익을 얻을 수 있다. 미술품은 주식, 채권, 예금, 부동산 등과 마찬가지로 투자자산으로서의 성격을 지닌다. 그러나 다른 투자 자산과 미술품은 차이점이 있다. 미술품은 보유하는 동안 작품 감상을 통한 심리적 즐거움을 누릴 수 있지만, 다른 자산을 보유하는 동안에는 그러한 심미적 효용이 발생하지 않는다(Bruno S. Frey, 2004). 미술품은 소비재로서 심미적 효용과 투자재로서 투자수익을 동시에 제공하는 특징이 있다. 소비자는 미술품 감상으로부터 얻는 심미적 효용과 투자 자산으로서 얻게 되는 투자 수익을 합쳐서 미술품의 총 가치를 평가하게 된다.

이와 관련하여, 데이비스(Ron Davis, 2005)는 미술시장에서 거래되는 미술품을 세 가지 용도로 구분했다. 장식용 미술품, 수집용 미술품, 투자용 미술품이 그것이다. 장식용 미술품과 수집용 미술품은 소비재의 성격을 지닌 반면 투자용 미술품은 투자재의 성격을 지니고 있다.

첫째, 장식용 미술품decorative art은 공간을 꾸미는데 쓰는 '가구용 그림'furnishing pictures이다. 일반적으로 장식용 그림은 내재적 가치는 거의 없으며 나중에라도 그 가치가 늘지도 않는다. 장식용 미술품이 가지는 효과는 우중충한 방이나 거실에 걸어두었을 때 크다. 일반적으로 무명의 화가가 그린 것으로 서명이 없으며, 투자 대상으로 선택되지는 않는다. 대부분 100달러 이하로 구입할 수 있고 최고 2,500달러 이하다.

둘째, 수집용 미술품collectable art은 사람들에게 심미적 즐거움을 제공하는 감상용 그림이다. 다른 사람도 수집 대상으로 삼고 있는 경우가 있기 때문에, 소규모이긴 하지만 이런 미술품에 대한 시장은 존재한다. 하지만 작품의 질이 중간 정도이고 우수하지 않으며, 가치가 증가할 수 있으나 투자용 미술품이 될 가능성은 크지 않다. 대개 지역 수준에서 이름이 알려진 미술가에 의해 그려지는 지방미술품regional art이고 전국적으로나 국제적으로는 수요가 거의 없다. 가격은 대략 1,000달러에서 5,000달러 정도다.

셋째, 투자용 미술품investment art은 그 가치가 증가하는 그림으로서 구매자는 그것을 되팔아 수익을 얻을 수 있다. 동시대 미술계에서 명성을 얻은 미술가에 의해 그려진다. 작품의 질이 높고, 지역적 차원을 벗어나 전국적으로나 국제적으로 사고 팔린다. 가격은 대략 5,000달러 이상의 작품인데 이 기준은 상대적인 것이다. 세계적인 경매회사 소더비나 크리스티는 투자용 미술품으로 최소 20,000-25,000달러 정도 되는 그림을 염두에 둘 것이다.

미술시장에서 거래되는 대부분의 미술품은 장식용 미술품과 수집용 미술품이다. 반면, 투자용 미술품은 거래되는 작품 수는 적지만 거래금액 면에서는 큰 비중을 차지한다.

2.2. 미술품의 종류

미술품은 형태와 매체, 주제, 시대 등에 따라서 세분될 수 있다. 표현 형태와 매체medium에 따라서 평면미술과 입체미술, 주제subject에 따라서 구상미술과 추상미술, 제작 시기 혹은 시대period에 따라서 동시대미술과 그 이전의 여러 미술로 나누어 볼 수 있다.

2.2.1. 평면미술과 입체미술

순수미술의 전통적 분야는 회화와 조각이지만, 설치미술, 미디어아트(비디오아트, 디지털아트), 사진, 퍼포먼스아트 등으로 그 분야가 매우 다양해지고 있다.

오늘날의 미술은 크게 평면미술two dimensional arts과 입체미술three dimensional arts로 구분할 수 있다. 평면미술은 3차원적 대상을 2차원으로 표현한 미술 분야로 매체에 따라 회화painting, 소묘 혹은 드로잉drawing, 판화print, 사진photography 등으로 구분된다. 입체미술은 3차원으로 표현한 미술로서 매체에 따라 조각sculpture, 공예craft 등 여러 하위 범주가 있다.

회화

회화는 평면미술을 대표하는 분야다. 회화는 벽, 종이, 패널, 캔버스 등의 바탕supports 위에 물감으로 그린 그림으로 오랫동안 미술을 대표해왔다. 매체에 따라 프레스코, 템페라, 유화, 아크릴화, 수채화, 과슈 등 하위 범주가 있다.

프레스코fresco는 벽화의 일종으로 아직 덜 마른 석회 바탕에 안료를 물에 개서 채색한 것이다. 한 번에 작업할 분량의 벽면 크기를 미리 정하고 그 위에 회반죽 바탕을 바른 후

작업을 진행한다. 회반죽이 마르기 전에 재빨리 그려야 하기 때문에 숙련과 기교가 필요한 분야다. 프레스코는 고대 로마 시대에 개발되어 르네상스 시대의 이탈리아에서 융성했다. 13세기부터 쓰이기 시작해 14-15세기가 전성기였으며 16세기 이후 점차 유화로 대체되었다.

대표적으로 조토Giotto di Bondone, 1267-1337의 「스크로베니 예배당 벽화 '최후의 심판'」Cappella degli Scrovegni, Il Giudizio universale, 1306, 1,000x840cm, 마사초Masaccio, 1401-1428의 「브란카치 예배당 벽화 '낙원 추방', '성전세'」Cappella dei Brancacci, Cacciata dei progenitori dall'Eden 208x88cm, 1425, Il Tributo, 1427, 255x598cm, 미켈란젤로Michelangelo Buonarroti, 1475-1564의 「시스티나 예배당 천장화, 벽화 '최후의 심판'」 Soffitto della Cappella Sistina, 1508-1512, 13.7x39.0m Il Giudizio Universale 1536-1541, 1370x1200cm 등의 작품이 있다.

템페라tempera, détrempe는 안료pigment를 계란 노른자에 개서 물감으로 쓰고 바탕으로는 나무판 같은 패널을 주로 사용한다. 고대부터 쓰인 이 기법은 프레스코와 마찬가지로 르네상스 시대인 이탈리아 화가들이 많이 사용했다. 보티첼리Sandro Botticelli, 1445-1510의 「봄」Primavera, 1482, 202×314cm은 패널 바탕의 템페라 작품이다. 이렇게 15세기 말경 유화가 색채효과를 완성할 때까지 이탈리아에서는 이 화법이 계속되었다

유화oil painting는 안료를 아마인유linseed oil 같은 기름에 개서 물감으로 쓰고 바탕으로는 패널보다는 캔버스를 주로 사용한다. 유화의 유래도 고대로 거슬러 올라가며 중세에는 교회 장식 그림을 그리는 데 사용되기도 했다. 그렇지만 유화가 템페라나 프레스코를 대체하고 널리 쓰이게 된 것은 16세기 이후의 일이다. 이는 15세기에 판 에이크Jan van Eyck, 1390-1441 등이 유화의 재료와 기법에서 혁신을 이룩한 결과다.

바탕 재료에서도 변화가 일어났다. 중세부터 드물게 사용되었던 캔버스가 유화의 성장에 따라 광범하게 쓰이게 된 것이다. 유화에서는 패널 대신 캔버스를 주로 사용했고, 이 시기 캔버스는 거의 유화에 적합한 아마포 즉 리넨linen 소재로 만들었다. 캔버스는 종래 크고 무거운 물건이었던 그림을 간편하게 유통될 수 있는 물건으로 바꾸었다. 캔버스 그림은 돌돌 말아서 다른 먼 지역의 구매자에게도 쉽게 이전할 수 있었다. 하지만 템페라에서 유화로 이행하던 과도기에는 유화-패널, 템페라-캔버스 작품들도 많았다. 예를 들어 판 에이크의 「아르놀피니 부부의 초상」The Arnolfini Portrait, 1434, 82x60cm이나 레오나르도 다빈치Leonardo da Vinci, 1452-1519의 「모나리자」Mona Lisa, La Joconde, 1503-1506,

77×53cm는 패널 바탕의 유화 작품이지만, 보티첼리의 「베누스의 탄생」Nascita di Venere, 1486, 184.5×285.5cm은 캔버스 바탕의 템페라 작품이다. 심지어 레오나르도 다빈치는 벽화 「최후의 만찬」L'Ultima Cena, 1498, 460x880cm에 템페라와 유화 기법을 섞어서 사용하기도 했다. 근대 들어서 화학공업이 발달하면서 19세기에 인공 안료가 개발되었고 그 결과 유화 제작에 튜브 물감이 사용되었다.

아크릴화acrylic painting는 아크릴 에멀전acrylic emulsion 튜브 물감을 사용하여 그린 그림이다. 아크릴은 20세기에 개발된 재료로서, 수채화와 마찬가지로 물을 용제로 사용한다. 종이 위에 수채화같이 채색하거나 캔버스 위에 유화같이 채색할 수도 있기 때문에 널리 활용되고 있다. 초기 아크릴화 작품의 예로는 로스코Mark Rothko, 1903-1970의 「화이트 센터」White Center (Yellow, Pink and Lavender on Rose), 1950, 206x141cm를 들 수 있는데 로스코는 종이 바탕에 아크릴로 이 그림을 그렸다. 이 작품은 2007년 미국 소더비 경매에서 7,284만 달러에 거래되었다.

수채화watercolor는 안료를 물에 개서 그리는 그림으로, 안료를 기름에 개어 그리는 유화와 대비된다. 이렇게 보면 템페라, 아크릴화, 과슈 그리고 한국 중국 일본 등지의 수묵화,

〈2-2〉 회화의 주요 범주

	안료 pigment	매제 binder	용제 solvent, diluent	바탕 support
프레스코	광물 식물 동물	물	물	벽 (석회)
템페라	광물 식물 동물	계란 노른자	물	패널 (나무)
유화	광물 식물 동물	기름 (아마인유)	기름	캔버스
	화학 (인공)	튜브 물감		
아크릴화	아크릴 에멀전	튜브 물감	물	캔버스, 종이

담채화도 수채화 범주에 포함될 수 있으나, 보통은 이들과 구별하여 좁은 의미로 사용한다. 회화 중에서 수채화는 가장 대중적으로 활용되고 있다.

한편, 과슈gouache는 수채 물감인 과슈와 그것을 사용해 그린 그림을 동시에 지칭한다. 과슈는 아라비아 고무를 매제로 섞어 만든 불투명한 수채 물감을 사용하는 점에서 수채화와 구분된다. 과슈는 일찍이 중세 때부터 삽화장식에 사용되었고, 오늘날에는 아크릴을 섞은 아크릴 과슈acrylic gouache도 쓰이고 있다. 이들 외에도 회화 속에는 파스텔화, 콘테화, 크레용화 등 다양한 종류가 포함된다.

조각

입체미술은 조각으로 대표된다. 조소라고도 하며, 구체적인 물질을 소재로 하고 도구를 사용하여 3차원적 입체를 만들어낸다는 의미에서 조각은 '조형예술'plastic art의 개념에 가장 잘 부합한다.

조각은 사용하는 재료에 의해 목조, 석조, 금속조각, 테라코타terracotta(점토 조각) 등으로 분류된다.

또한 조각은 기법에 따라 대리석이나 나무 같은 재료를 깎아나가는 조각carving 외에 점토나 밀랍wax 같은 재료로 붙여가면서 형태를 만드는 소조modeling, 석고나 점토로 주형을 만들고 녹인 금속 등을 주형에 부어 만드는 주조casting 등으로 분류된다. 그 외에 나무, 종이, 철사, 철판 등을 결합해서 작품을 제작하는 구성 조각composition이 있으며, 20세기 들어 새로운 분야로서 움직이는 조각인 모빌mobile, 일상용품이나 자연물 등 비예술적 소재를 사용한 오브제objet, 일상용품 특히 폐품 같은 소재를 모아서 만든 아상블라주assemblage 등이 등장했다.

완전한 3차원적 형태를 갖춘 통상적 의미의 조각 외에, 회화의 평면성과 조각의 입체성이 결합된 형태인 부조relief나 조각의 조형적 특성과 공예적 특성이 함께 반영된 도자조각 같은 중간적 형태의 조각들도 있다.

20세기 후반에 등장하여 급속하게 성장한 설치미술installation art도 넓은 의미에서 조각에 포함될 수 있다. 설치미술은 이미 제작된 작품을 전시공간에 놓는 것이 아니라 전시공간에 맞추어 작품을 설치하는 현장 위주의 작업으로 장소특정 미술이다. 대지미술land art은 자연을 캔버스 삼아 인공 조형물 등을 설치하는 대규모 설치미술이라 할 수 있다.

다른 분야

역사적으로 새로운 기술이 등장할 때마다 미술가들은 그것을 매체로 사용하여 새로운 표현기법을 개발해 왔다. 20세기 후반 이후에도 기술과 산업의 발전에 따라 과거에 존재하지 않았던 새로운 형식들이 등장하면서 시각예술의 영역이 점점 확대되고 있다. 대표적으로 미디어아트와 퍼포먼스아트 등이 이 영역에 포함될 수 있다.

미디어아트media art는 영상미술로도 불리고 있다. 넓은 의미에서 보자면 모든 미술이 어떤 형태든 미디어에 기초하고 있으므로 미디어아트라는 개념이 모호할 수 있지만, 현재 사용되는 미디어아트는 전통적인 미디어가 아니라 20세기 후반에 등장한 새로운 미디어를 활용하는 미술을 지칭하는 개념이다.

20세기 후반 새로운 미디어의 발달은 1980년대 이전까지 텔레비전과 비디오를 중심으로 한 아날로그 대중매체 시대, 그리고 1990년대의 이후 컴퓨터와 모바일을 중심으로 한 디지털 매체 시대로 구분할 수 있을 것이다. 영상미술 가운데 비디오아트video art는 비디오를 예술적 표현수단으로 활용하며, 디지털아트digital art는 컴퓨터나 모바일을 예술적 표현수단으로 활용한다. 오늘날 미디어아트는 설치미술과 함께 미술의 다른 분야들보다 급속하게 성장하고 있다.

〈2-3〉 미술의 탈장르화

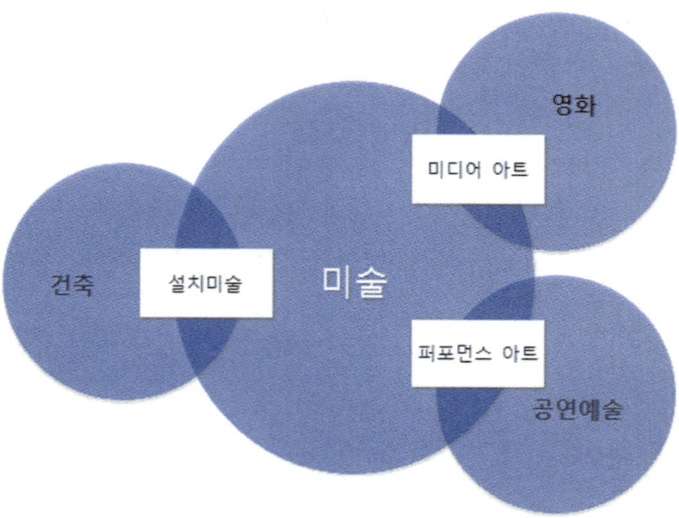

퍼포먼스아트performance art는 미술가가 자신이나 다른 사람의 신체를 예술적 표현수단으로 활용하는 행위미술이다. 전통적인 미술 분야 내에서는 표현하기 어려운 예술적 욕구를 신체를 이용하여 표현한다. 퍼포먼스아트는 신체예술이며 또한 결과가 아닌 과정을 중시한다는 측면에서 과정예술의 성격도 지닌다. 초기인 1950-1960년대에는 해프닝happening이나 이벤트event 등의 이름으로도 불렸으며, 20세기 말 포스트모더니즘의 탈장르화 추세 속에서 더욱 성장했다.

미술의 탈장르화는 인접 예술 분야와의 융합과 맞물려서 진행된다. 20세기 말에 이르러 미술에서 과거 어느 때보다도 다양한 매체가 활용되었고 그에 따라 인접 예술 분야와 융합 경향도 과거 어느 때 보다도 촉진되었다. 설치미술은 미술을 넘어서 건축과 경계에 있으며, 미디어아트는 영상예술로서 영화와 경계에 있다. 퍼포먼스아트는 연극 무용 등 공연예술과의 경계에 있는 융합 예술이다.

이처럼 미술의 분야 혹은 범주는 끊임없이 변화되어 왔으며, 미술의 외부적 경계도 갈수록 희미해지고 있다. 미술 내부적으로도 이전보다 훨씬 다양한 하위 범주들이 등장하고 있다. 이들 분야 간의 융합도 진전되어 평면과 입체의 구분 등 하위 범주의 구분이 과거만큼 명확한 의미를 지닐 수 없게 되었다. 그럼에도 불구하고 전통적인 회화와 조각이 각각 평면미술과 입체미술을 여전히 대표하고 있으며, 미술시장에서 회화가 가장 큰 비중을 차지하는 현상은 오늘날에도 지속되고 있다.

2.2.2. 구상미술과 추상미술

미술 작품은 주제subject에 따라 크게 구상미술과 추상미술로 구분할 수 있다. 구상과 추상의 장르 구분은 미술 분야에 상관없이 적용되고, 역사적으로 보면 회화든 조각이든 분야에 상관없이 유사한 변모를 보여 왔다.

구상미술

구상미술figurative art은 대상의 실존과는 상관없이 인물, 사물, 그 밖의 특정한 대상을 사실적으로 재현하는 것을 목적으로 하기 때문에 대상미술objective art 혹은 재현미술representational art로도 불린다. 다만 사실성의 정도, 즉 대상과의 유사성 정도는 시대에 따라, 미술가에 따라 차이가 있으며 구상미술에도 부분적 추상partial abstraction의 요소가 포함되기도 한다.

19세기 말까지의 전통적인 미술 작품은 거의 구상미술에 속한다. 일부 고대 미술에서 추상적인 양식들도 존재하지만 적어도 예술의 개념이 정립된 르네상스 시대 이후만 두고 보자면 추상미술로 분류될만한 양식은 존재하지 않았다.

회화를 중심으로 보자면 구상미술은 다루는 주제에 따라 크게 역사화, 초상화, 풍경화, 정물화, 동물화, 풍속화 등의 하위 장르로 세분할 수 있다.

역사화historical painting는 신화적, 종교적인 것을 포함하여 과거 역사상 중요한 사건이나 인물을 주제로 한 회화 장르다. 역사화는 인간의 도덕적 위대함을 나타내고 관람자의 영혼을 고양시키는 주제를 선택해서 다룬다. 전근대 아카데미에서 역사화는 회화 서열에서 최상위의 지위에 있었다. 19세기에 들어서 신고전주의와 낭만주의 등에서는 당대의 중요 사건도 역사적 주제처럼 비중 있게 다루었다. 오랫동안 화가들의 꿈은 역사화가로서 성공하는 것이었으나, 19세기 말에 이르러 아카데미가 급격히 퇴조하면서 역사화의 영예로운 지위도 종언을 고했다.

초상화portrait는 사람의 얼굴이나 모습을 그린 것으로 인물화figure painting 중에서 중심이 되는 분야다. 전근대 아카데미에서 인간은 신의 모습을 닮은 유일한 존재라는 점에서 회화 서열상 역사화 다음으로 중요시되었다. 중세 이래 15세기 이전까지 초상화는 실제 인간의 모습을 표현한 것이기 보다는 그것을 초월하거나 이상화한 것이었다. 15세기 들어 판 에이크Jan van Eyck, 1390-1441의 「아르놀피니 부부의 초상」The Arnolfini Portrait, 1434, 82x60cm 등에서 사실적인 초상 표현이 처음으로 나타났다. 초상화는 19세기에 사진이 발명되고 초상사진이 점차 그것을 대체해가기 전까지 회화의 가장 중요한 장르 중 하나였다.

고대에는 신화적 주제, 중세에는 종교적 주제가 미술을 지배했으며, 세속적인 주제는 르네상스 시대를 거친 후 16세기 정도부터 등장하게 되었다. 풍경화landscape painting, 정물화still-life와 동물화animal painting, 풍속화genre painting 등 현실적 주제를 다룬 그림은 17세기 네덜란드에서 처음으로 역사화 등 다른 미술과 동등한 지위를 지닌 장르로 인정받게 되었다. 이 시기에 네덜란드 외의 다른 국가에서는 현실적 주제를 취급하는 그림들은 전근대 아카데미에서 부차적인 장르로 취급되었으며 회화 서열에서도 가장 열등한 지위에 있었다. 그러나 18세기를 경과하면서 오랫동안 작품의 주제가 되기보다는 역사화를 위한 장식, 즉 주제의 배경으로서 역할만 했던 자연 풍경이나 정물에 대한 그림이 독립적인 주제로 확립되었고 점점 더 많은 작가들이 이러한 주제를 다루기 시작했다. 또한 19세기 후반에 이르러 인상주의 화가들이 풍경과 정물 혹은 당대 중산층 시민들의 여가생활을 가장 중요한 주제로 다루게 되었다.

추상미술

추상미술abstract art은 비구상미술non-figurative art미술이다. 또한, 비대상미술non-objective art, 비재현미술non-representational art 등으로도 불린다. 이들은 기본적으로 유사한 개념이지만, 완전히 동일한 개념이 아니고 연구자에 따라서는 특별히 구별해 사용하기도 한다. 미술 수집가 구겐하임Solomon R. Guggenheim의 아트컨설턴트로서 나중에 구겐하임 미술관 관장을 역임한 레바이Hilla von Rebay 1890-1967는 미술품 수집의 대상을 '비대상미술'로 한정했고, 그 수집품을 위해 1937년에 설립한 구겐하임 미술관의 이름도 처음에는 비대상회화미술관Museum of Non-Objective Painting이었다.

추상미술은 19세기 말에서 20세기 초에 이르는 시기에 등장했는데, 기존의 구상미술이 지닌 대상 재현적인 요소에서 탈피하는 것이 출발점이었다. 대상을 직접적으로 파악할 수 있도록 표현하는 대신에 선, 색, 형태 등의 추상적 요소로 대상을 표현하는 것이다. 1900년대의 야수파, 입체파에서 시작된 추상미술은 1910년대 이후 다양한 흐름을 생성하며 발전해 나갔고 1960년대 이전까지 20세기 미술의 주류를 형성했다. 실험적 추상미술의 등장과 더불어 미술의 표현방법도 다양화되었다. 입체파 화가들이 유화에 신문지, 악보 등 인쇄물을 붙이는 콜라주collage 기법을 사용한 것이 한 예다.

추상미술의 등장 이후 회화에서 몇 가지 변화가 나타났다.

첫째, 회화의 주제가 갖는 우선권은 크게 약화되었다. 19세기까지처럼 주제로부터 그림의 우열을 구분하는 태도는 더 이상 의미를 가질 수 없게 된 것이다. 구상미술과 추상미술이 상호 공존하고 있고 양자의 구분 자체도 큰 의미를 지닐 수 없다

둘째, 구상미술의 의미도 변화되었다. 어떤 형태로든지 미술과 외부의 구체적 대상 사이의 단절을 강조한 추상미술의 미학은 구상미술의 전개에도 큰 영향을 미쳤다. 20세기 후반의 구상미술가들은 추상미술이 미술계를 휩쓸기 이전의 재현적 미학으로 풍경이나 정물에

〈2-4〉 구상미술과 추상미술

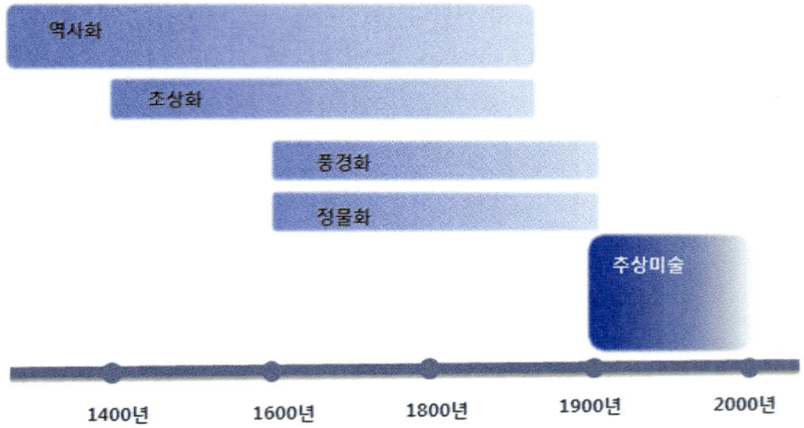

접근할 수 없게 되었다. 20세기 후반의 구상미술은 더 이상 19세기적 구상미술이 아니다.

오늘날 회화는 설치미술, 비디오아트와 디지털아트, 퍼포먼스아트 등 다른 미술 분야들과 주도권을 두고 경쟁을 벌이고 있으며, 따라서 새로운 혁신적 움직임을 만들어내지 못한다면 구상미술 혹은 비구상미술의 구분에 상관없이 지금까지 누렸던 지위를 유지하기 어려울 것이다.

2.2.3. 동시대미술과 그 이전의 미술

미술 작품은 제작 시기 혹은 시대period에 따라 동시대미술과 그 이전의 여러 시대의 미술로 구분할 수 있다.

현재 진행 중인 미술을 동시대미술contemporary art로 부를 수 있다. 그러나 현재 시점의 동시대미술이 언제부터 시작된 것인지에 대해서 정확한 답을 제시하기 어렵다. 이탈리아의 한 동시대미술가Maurizio Nannucci는 '모든 미술은 한번은 동시대였다'All art was contemporary once는 말을 한 적도 있다.

동시대미술의 규정과 관련하여, 현재 살아서 작품 활동을 하고 있는 생존 작가들의 작품을 동시대미술로 보기도 한다. 또 다른 경우, 특정 시기 이후 출생한 미술가의 작품을 동시대미술을 지칭하는 경우도 있다.

그러나 이러한 편의적 규정에 앞서 우선 동시대미술을 미술사적 흐름 속에서 규정해볼 필요가 있다. 많은 연구자들은 팝아트가 크게 부상한 1960년대의 미술적 상황이 그 이전과 단절적인 측면이 있으며, 1960년대 이후 오늘날까지 미술적 상황은 연속성이 크다는 견해에 동조하고 있다. 그렇다면 팝아트 이후의 미술을 동시대미술로 간주하는 입장이 어느 정도 타당성을 지닌다고 할 수 있다. 이 책에서도 동시대미술을 그러한 의미로 사용한다. (또한 이 책에서는 미술가 표기 방식에서 원칙적으로 동시대 미술가와 그 이전의 미술가를 구별해 쓰고 있다. 즉 동시대 미술가에 대해서는 성과 이름을 함께 표기하며, 그 이전 미술가는 성만으로 표기한다.)

테리 스미스Terry Smith(2009)에 의하면 근대미술modern art에서 동시대미술로의 이행은 1950년대에 발생해서 1960년대에 부상했고, 1970년대의 경쟁을 거쳐 1980년대에 정립되었다. 즉 동시대성의 윤곽은 1950년대를 신호탄으로 해서 1960년대에 본격화되었으며, 1980년대에 이르러 거의 명확해졌다는 것이다. 그는 동시대성을 형성한 힘으로서 세계화, 양극화, 정보화를 지적했다. 특히 세계화와 관련하여, 신자유주의 경제, 자본 세계화, 그리고 신보수주의 정치 등의 결과물로서 동시대미술의 세 가지 유형을 다음과 같이 제시했다.

첫 번째 유형은 줄리언 슈나벨Julian Schnabel, 1951- , 제프 쿤스Jeff Koons, 1955- , 데미안 허스트Damien Hirst, 1965- , 무라카미 다카시Takashi Murakami, 1962- 등의 '복고적 센세이셔널리즘'Retro-sensationalism이고, 두 번째 유형은 게르하르트 리히터Gerhard Richter 1932- , 리처드 세라Richard Serra, 1939- , 제프 월Jeff Wall, 1946- 등의 '리모더니즘' Remodernism이다. 전자는 아방가르드 충격 전략이고 후자는 모더니즘적 의제를 되살리는 전략이라 할 수 있다. 그리고 이들을 융합한 세 번째 유형은 매슈 바니Matthew Barney 1967- 등의 '스펙터클주의'Spectacularism 혹은 '스펙터클 아트'Spectacularist art로서, 이것은 건축가 프랭크 게리Frank Gehry, 1929- , 다니엘 리베스킨트Daniel Libeskind, 1946- , 산티아고 칼라트라바Santiago Calatrava, 1951- 등의 '스펙터클 건축'과 상통하는 것이다.

1960년대 이후 현재까지의 미술을 동시대미술로 규정한다면, 그 이전의 미술은 미술사의 흐름을 고려하여 시기구분을 할 수 있다. 예를 들어 1950년대 이전의 모더니즘은 1900년대부터 본격적으로 발생한 추상미술 시대로 파악하여 그 이전의 시대와 구분 짓거나 19세기 후반의 인상주의 시대부터 묶어 그 이전 시대와 구분 지을 수 있다.

2.3. 원작과 위작

2.3.1. 원작

미술품은 창작품이기 때문에 세상에서 유일하다는 희소성scarcity을 지니고 있다. 일반 재화와 달리 대량생산되지 않는다. 물론 모방과 복제가 가능하지만 그것들은 미술품으로서 본래적인 기능을 상실한 것이다.

단 하나만 존재하는 고유성을 지닌 미술품을 원본 혹은 원작original이라 한다. 그런데 미술품 중에는 유일한 원작은 아니지만 원작으로 간주되는 것들도 존재한다.

복수미술품multiples으로 제작되는 판화, 주조 조각, 사진 등이 그러한 예다. 복수미술품은 작가가 고유한 속성을 가지는 하나의 작품을 복수로 제작한 것이다. 작품을 낮은 가격으로 많은 소비자에 제공할 수 있다는 점에서 민주적 성격의 미술로 간주되기도 한다.

회화에서도 앤디 워홀Andy Warhol, 1928-1967이 실크스크린 기법으로 제작한 팝아트 작품이나 데미안 허스트Damien Hirst, 1965-가 기계적 방법으로 제작한 스핀페인팅(원형 캔버스에 물감을 붇고 회전시켜 제작한 그림, spin painting) 등은 작품들 상호간에 외형적으로 거의 구별되지 않는다. 그러나 복수미술품의 경우 에디션edition작품으로 제작함으로써 대량생산되는 일반 제품이나 복제품과 상이한 성격을 갖도록 한다. 에디션 작품은 한정판 작품이다. 미술가가 미리 작품 수량을 정한 다음 이들 작품에 일련번호edition number를 기입한 후 자필 서명signature을 한 것이다. 에디션이 끝난 원판은 파기하는 것이 원칙이다. 에디션 작품에서는 원작은 하나가 아니라 둘 이상 복수로 존재하는 것이 된다.

미술품이 소비자에게 주는 효용과 가치 중에는 복제품reproduction이 아닌 원작으로서 미술품만이 지니는 고유하고 독특한 분위기가 포함된다. 비평가 벤야민Walter Benjamin은 대량으로 생산 및 복제가 이루어지는 문화상품 등에는 존재할 수 없는 순수미술의 이러한 특성을 아우라Aura라고 불렀다.

1998년 네덜란드 중앙은행은 몬드리안Piet Mondrian, 1872-1944의 마지막 작품이자 미완성 작품인 「빅토리 부기우기」Victory Boogie-Woogie, 1944, 127×127cm를 미국 수집가Samuel Irving Newhouse로부터 8,000만 길더(540억 원)의 거액을 지불하고 구입해 국가에 기증했으며 작품은 헤이그 시립미술관Gemeentemuseum에 소장되었다. 진품authenticity으로서 하나밖에 없는 원작이 지니는 특별한 가치에 대한 인식 없이는 이러한 일을 이해하기 어렵다. 왜냐하면 몬드리안의 순수추상 작품들은 원작과 외견상 동일한 복제품을 만들기가 용이하기 때문이다. 그럼에도 복제품은 원작을 결코 대체할 수 없으며, 원작만이 고유하고 특별한 가치를 지닌 존재로 간주되는 것이다.

사람들이 원작을 선호하는 이유는 미술품에 미술가의 예술적 혼이 담겨있다고 보기 때문이다. 미술가의 서명이 담긴 미술작품을 곁에 두고 감상하면서 예술가의 영혼과 숨결을 느낀다. 이러한 것은 원작만이 지니는 가치다. 사람들이 이러한 고유한 가치를 중시하고 여기에 기꺼이 돈을 지불하려고 하기 때문에 원작은 의미를 지닌다.

원작과 표절

한편, 미술시장에서 원작으로 유통되는 미술품들은 형식적인 의미에서는 다른 작품들과 차별성을 지니고 있지만, 실질적인 의미에서 독창성을 지닌 작품은 많지 않다. 독창성을 기준으로 보자면, 미술시장에는 완전히 독창적인 작품에서 완전한 모방 작품까지 폭넓은 스펙트럼의 작품들이 존재할 수 있다.

창작과 모방은 애당초 서로 분리되기 어려운 개념이다. 미술품은 개인적 차원에서 개별 미술가가 만들어낸 성과물이지만, 이는 사회적 차원에서 미술계가 함께 형성하고 서로 공유하는 미학적 발전의 성과물이기도 하기 때문이다. 미술가의 창작 작업은 필수적으로 과거나 동시대의 미술품들을 모방하고 연구하는 과정을 수반하는 것이라는 관점에서 본다면 개개의 미술품을 '순수한' 창작물로 간주하기 어렵다.

특히 20세기 말 포스트모더니즘 시대를 거치면서 창작과 모방의 경계는 더욱 희미해졌다. 해체주의 미술에서 잘 알려진 작품이나 대중문화의 이미지를 차용하여 자신의 방식으로 재구성하는 혼성모방 즉 패스티시pastiche(파스티슈)가 핵심적 표현수단이 됨으로써, 모방이 창작의 필수요소로 간주되기에 이르렀다.

한편, 이러한 모방을 통한 창작의 경우 이를 소비자들에게 알릴 방법이 없다. 가령 미술비평의 경우는 각주나 참고문헌 등을 통해 그러한 사실을 명시할 수도 있으나 미술창작의 경우 작품에 그것을 별도로 명기할 방법이 없다. 미술품에서는 차용과 자신의 기여가 명확하게 구분되지 않고 혼재되어 나타나는 것이다.

모방은 남의 성과물에 기대서 쉽게 이득을 얻는 행위로서 윤리적으로 문제가 된다. 법적으로도 모방은 원작 미술품의 저작권을 침해하는 행위다. 그 결과 미술품에 대한 빈번한 표절 논란이 발생하게 된다. 표절은 다른 사람의 저작물 전부나 일부를 사용하여 자신의 것으로 제시하는 행위다. 따라서 미술에서 다른 사람의 작품 전체나 부분, 주제나 표현 기법 및 아이디어를 베끼는 경우 표절로 간주될 수 있다.

하지만 다른 작품 전체를 그대로 복제한 경우가 아니라면, 부분적 차용이나 주제 및 기법의 차용 등에 대한 표절 여부는 판정을 내리기 어렵다. 가령 다른 사람으로부터 차용이 50%를 차지하고 자신의 창조적 기여가 50%의 비중을 차지하는 작품이 있다면, 이것을 표절이라고 할 수 있는가? 심지어 자신의 창조적 기여가 10%밖에 안 된다 하더라도 이것을 꼭 표절로 단정할 수 있겠는가?

1970년 제15회 대한민국미술전람회(국전)에서 대통령상을 수상한 김형근의 서양화 「과녁」이 1965년 국전 입선작인 정규봉의 사진 「관혁(과녁)」을 표절한 것으로 논란이 되었으나 '차용이 아닌 우연의 일치일 수 있다'는 평가를 받았다. 당시는 지금과 달리 차용 그 자체도 문제가 되는 시기였다. 하지만 더 최근인 1990년 제9회 대한민국미술대전에서 한국화 부문 대상을 수상한 조순호의 「날지 않는 새 VII」은 안토니 타피에스Antoni Tàpies, 1923-2012의 작품을 표절한 것으로 판정되어 수상이 취소되었다. 그렇지만 이듬해인 1991년 제10회 대한민국미술대전에서 양화(서양화) 부문 대상을 수상한 조원강의 「또 다른 꿈」도 일본 사진집에 실린 두 작품을 합성한 것으로 논란이 되었으나 표절이 아니라고 판정되었다. 포스트모더니즘 기법의 작품으로 평가될 수 있었기 때문이다. 이러한 사례에서 알 수 있듯이 현실적으로 표절 판정은 일관성이 있는 기준에 의해 이루어지기 어렵다. 표절과 창작이 서로 명확히 구분되는 것은 아니다.

연구자들은 모더니즘 미술의 풍자parody와 포스트모더니즘 미술의 혼성모방pastiche을 개념적으로 구분하여 사용하기도 한다. 둘 다 원작을 인용 혹은 차용해서 자신의 작품에 활용한다는 점에서는 비슷하다. 그런데 풍자, 즉 패러디는 원작에 대해서 비판적 거리를 유지하며 그것을 희화화한다. 원작의 형태를 변형시키는 것은 그것에 맥락을 달리하는 새로운 의미를 부여하기 위한 것이다. 그러므로 풍자 작품에서는 원작의 맥락이 완전히 제거된 것이 아니라 작품 이면에 그림자처럼 남아 있다. 레오나르도 다빈치Leonardo da Vinci, 1452-1519의 「모나리자」Mona Lisa, La Joconde, 1503-1506, 77×53cm를 풍자한 뒤샹Marcel Duchamp, 1887-1968의 「L.H.O.O.Q」1919같은 작품이 그 예다. 반면, 혼성도방 즉 패스티시는 원작을 형태만 차용하여 새로운 작품에 짜깁기하고 나열하는 방식을 사용한다. 혼성모방 작품에서는 원작이 지닌 본래의 맥락은 제거되고, 원작과 모방 작품의 내용적 연계는 단절된다. 결국 혼성모방 작품은 원작이 지진 명성과 대중성 기대기 위함이 그 목적이므로 풍자 작품과는 달리 원작에 대한 비판적 정신이 결여되어 있다. 이렇게 본다면 풍자는 예술적 인용으로서 긍정적인 측면을 가지고 있지만 혼성모방은 원작을 단순히 상업적으로 차용한다는 측면에서 부정적인 평가를 얻게 된다. 그렇지만 포스트모더니즘 미술가들은 혼성모방도 원작을 다른 시각에서 바라보게 하기 때문에 풍자와 마찬가지로 창조적이라고 주장한다.

풍자든 혼성모방이든, 널리 알려진 작품이나 대중문화 주제를 자기 나름대로 작품에 도입하는 것은 오늘날에 이르러 적어도 미학적으로는 문제가 되지 않을 것이다. 차용한 원작을 다른 사람들도 이미 알고 있다는 것을 전제로 새로운 맥락을 만들어내는 것이기 때문에 창작이 될 수 있다. 그러나 잘 알려지지 않은 남의 작품을 무단히 베끼는 것은 이것들과는 전혀 다른 차원이고 합리화될 수 없는 명백한 표절이다. 오늘날 인터넷과 디지털 기술 발달로 공간적 거리의 제약이 거의 사라짐으로써 세계 각지에서 유사한 매체를 사용하는 수많은 미술가들의 작품에 접근하는 것이 용이해졌다. 그만큼 표절 위험성도 증대하고 있다.

2.3.2. 위작

미술시장에서 위조된 미술품 즉 위작counterfeit art, fake, forgery은 종종 문제가 된다. 위작 미술품 문제는 미술품의 시장생산이 시작된 이후 발생한 근대적 현상이다. 벽화나 천장화를 위조해 판매할 수는 없을 것이며, 따라서 미술품이 공간적 제약을 벗어나며 유화나 판화 같은 형식으로 유통됨에 따라 위작이 발생했다. 특히 미술시장의 규모가 커지고 미술품 거래가 활발해지는 시기에는 인기 작가들을 중심으로 미술품 가격이 크게 오르고 이들의 위작도 증가한다.

1940년 뉴스위크Newsweek는 프랑스 화가 코로Jean-Baptiste-Camille Corot, 1796-1875가 그린 2,500점의 그림 가운데 7,800점이 미국에 있다고 보도했다. 1953년 아트뉴스ARTnews는 프랑스에서는 코로가 2,000점을 그렸다고 하지만 그 중 5,000점은 미국에 있다고 지적했다. 1990년 타임Time도 코로가 일생동안 800점을 그렸다고 하는데 그 중 4,000점은 미국 수집가들이 보유하는 것으로 알려졌다고 언급했다(Milton Esterow, 2005). 실제로 코로는 평생 700점 정도의 그림을 그렸는데, 미술시장에서 그의 인기가 높아지면서 다수의 위작 전문가들이 엄청난 수의 위작을 유통시켰던 것이다.

서구에서 아카데미가 미술가 교육제도로 자리 잡기 전인 르네상스 시대까지만 해도 미술가들은 길드에 속해 있었고 미술품 제작도 길드 단위로 공동체적으로 이루어졌다. 따라서 대부분의 미술품은 스승과 제자가 같이 참여하여 제작한 일종의 공동 생산물이었다. 그러므로 미술가의 개인주의적 작업이 나타나지 않은 이러한 시기에 어떤 미술품이 특정 미술가의 것인지 아닌지를 오늘날의 기준에서 판단하자면 애매한 점이 생긴다.

「모나리자」 경우에도 루브르 미술관의 작품Mona Lisa, La Joconde, 1503-1506, 77×53cm말고도, 다수의 작품이 존재하는데 그것들이 레오나르도 다빈치Leonardo da Vinci, 1452-1519의 원작인지 아닌지 판정하기 어려운 경우가 발생한다. 프라도 미술관의 「프라도 모나리자」Prado Mona Lisa, La Gioconda del Museo Nacional del Prado, 1503-1516, 76×57cm는 원작과 거의 같은 시기의 작품이지만 원작이 아니라 제자들의 모작들 중 가장 먼저 제작된 작품으로 추정되었다. 반면 「아일워스 모나리자」Isleworth Mona Lisa, 86x64.5cm는 루브르 미술관 작품보다 10년 전에 그려진 원작이라는 감정이 있었으나 진위 자체에 대한 결론은 나지 않았다.

이러한 전근대 미술품뿐만 아니라 근대 미술품에서도 위작 문제가 자주 발생하는데, 그것의 원인 중에는 원작 미술가와 관련된 것과 미술가 교육과정의 특성과 관련된 것도 있다.

첫째, 미술가가 레플리카replica를 제작하는 경우가 많다는 점이다. 레플리카는 원작과 동일한 작품을 다시 만들어낸 복제품reproduction이다. 그러나 원작을 만든 작가가 다시 만든 레플리카는 진품authenticity으로 간주되어 또 하나의 원작으로 취급된다. 반 고흐Vincent Van Gogh, 1853-1890의 경우 레플리카가 여러 점 씩 있기 때문에, 반 고흐 자신이 복제한 레플리카인지 다른 사람이 나중에 복제한 위작인지 자주 논란이 발생하고 있다.

1987년 당시까지 세계 최고가(2,475만 파운드)로 경매된 반 고흐의 「15송이 해바라기를 담은 꽃병」Vase with Fifteen Sunflowers, 1889, 95x73cm을 둘러싸고도 위작 논란에 계속되었다. 반 고흐의 편지에도 어떠한 언급이 없고, 반 고흐 형제가 죽은 뒤 반 고흐의 제수 요한나Johanna van Gogh, 1862–1925가 작성한 작품 목록에도 없었던 이 작품은 반 고흐의 초기 수집가이자 제자였던 화가 슈페네커Émile Schuffenecker, 1851–1934가 제작한 레플리카일 가능성이 제기되었다. 이 작품은 1901년 파리의 한 화랑Galeries Bernheim Jeune 전시회에 처음으로 선보였는데, 그 직전 해인 1900년에 이 작품과 같은 버전의 해바라기 그림(현재 런던 국립미술관National Gallery 소장)이 수리를 위해 슈페네커에게 맡겨진 사실이 있었다.

둘째, 전통적으로 미술학교의 교육과정에는 이전 미술가의 작품을 모사copy imitation하는 과정이 포함되고, 미술학교 밖에서도 미술가의 자기학습의 일환으로 기존 작품의 모사를 하게 된다는 점이다. 반 고흐가 일본의 우타가와 히로시게Utagawa Hiroshige, 1797–1858의 우키요에 판화를 모사한 것도 자기 스타일을 개발하기 위한 과정에서였다. 「가메이도의 매화 저택」Pruneraie à Kameido, 1857, 37x25cm을 모사한 「일본풍, 꽃피는 매화나무」Japonaiserie: pruniers en fleurs 1887, 55x46cm나, 「오하시와 아타케의 소나기」Le pont Ohashi et Atake sous une averse soudaine, 1857, 37x25cm를 모사한 「일본풍, 비 내리는 다리」Japonaiserie: pont sous la pluie, 1887, 73x54cm 등이 그것이다. 이처럼 교육이나 학습 목적으로 원작을 모사하는 경우 미술가 스스로 크기 등에서 원작과 차이를 둔다. 미술관들도 원작과 똑같은 크기로 모사하거나 원작자의 서명까지 모사하는 것은 규제하고 있다. 그럼에도 이러한 규제가 지켜지지 않을 수도 있고, 모사화가 남아 뒷날 원작으로 오해되거나 혼란을 초래할 수 있다.

반 고흐의 「가셰 박사의 초상」Portrait du docteur Gachet도 두 점이 알려져 있는데, 한 점(1890, 67x56cm)은 1990년에 세계 최고가로 경매된 작품이다. 제작된 후 100년간 13번이나 주인이 바뀌었다. 다른 한 점(1890, 67x56cm)은 반 고흐를 돌봐준 의사이자 그의 아마추어 제자였던 가셰Paul Gachet 1828–1909 자신이 소장하고 있었고, 후에 그의 유족이 기증하여 프랑스 오르세 미술관에 소장되었다. 그러나 반 고흐의 진품이 아니라 가셰가 모사한 작품이라는 주장이 줄곧 제기되었다.

이처럼 어떤 작품에 대한 복제나 모사를 통해 위작이 등장할 수도 있지만, 이런 방식으로는 많은 수의 위작을 만들기는 어렵다. 그러므로 대부분의 위작들은 기존 작품이 아니라 새로운 작품을 창조하는 방식으로 제작된다.

그 방법 중 하나는 미술가의 여러 작품에서 추출한 요소를 조합해서 다른 새 작품을 만드는 것이다. 원작을 그대로 복제나 모사하는 경우와는 다른 구성력이 필요하지만, 기존 작품의 재조합 방식을 쓰면 훨씬 많은 수의 위작을 만들 수 있다. 또 다른 방법으로는 어떤 미술가의 스타일에 따라서 완전히 새로운 작품을 만드는 것이다. 이는 뛰어난 기술과 기교를 요한다. 원작자의 스타일과 재료 등을 깊이 연구하여 정통한 다음 그것을 새로운 맥락으로 발전시킬 능력도 갖추고 있어야 하기 때문이다.

위작에 대한 원작 미술가의 태도도 다양하다. 일부 미술가들은 미술시장에서 위작의 등장을 유명 미술가로서의 자신의 지위와 명성이 확립되었다는 징표로 간주하면서 위작에 개의치 않는 경우도 있다. 피카소는 썩 괜찮은 위작very good forgery이라면 자신이 서명을 할 수 있다고 했다. 실제로 코로Jean-Baptiste-Camille Corot, 1796-1875는 다른 미술가들이 그린 작품에도 자기가 서명을 했다. 자기가 복제될만한 가치를 지닌 영예로운 작가가 되었다고 느꼈기 때문이다.

마찬가지로 일부 매우 관대한 입장에서는, 진품이든 위작이든 가리지 말고 미술 작품을 즐기는 것이 현명한 미술 소비자의 태도일 수 있다고 지적한다. 미술품의 순수애호가라면 이러한 태도를 취하는 것도 가능하겠지만 미술품 투자가로서는 쉽지 않은 일이다. 예를 들어 17세기 네덜란드의 렘브란트Rembrandt Harmenszoon van Rijn, 1606-1669가 파산했을 때 처분됐던 작품 가운데 상당수가 그의 제자가 그린 것으로 판명되자, 가격이 10분의 1 이하로 하락했는데 미술품 투자가로서는 막대한 손실을 감수하게 된 것이다.

2.3.3. 미술품 감정

미술품이 진품인지 위작인지 여부를 판단하는 것을 미술품 진위감정이라고 한다. 흔히 말하는 미술품 감정에는 미술품 진위감정art authentication외에 미술품 시가감정art appraisal, art valuation도 포함된다.

미술품 진위감정은 전문가의 안목에 의한 주관적 감정과 과학적 방법을 통한 객관적 감정의 두 가지 방법으로 이루어진다. 그리고 이들 두 감정 방법을 사용하기 전에 자료연구 즉 작품에 관련된 각종 자료들을 분석하고 검토하는 작업이 선행된다.

일반적으로 미술품 진위감정의 절차는 자료연구를 선행한 다음, 일차적으로 전문가들에 의한 감정을 진행하고 필요한 경우 이차적으로 과학적 감정을 진행한다. 이러한 절차를 거쳐 종합적인 평가와 결론을 도출한다.

자료연구

작품에 관련된 자료연구에서 소장이력 혹은 출처provenance(프로브낭스)에 대한 조사는 매우 중요한 의미를 갖는다. 소장이력조사provenance research는 미술가로부터 나온 작품이 그동안 어떤 경로로 유통되어 왔는지를 확인하는 것이다. 화랑과 경매의 거래증명서, 전시회도록 또는 경매도록 사진, 언론 보도자료, 감정서, 작가가 서명한 진품확인서 등이 포함된다. 소장이력은 작품의 진위를 판정하는데 중요한 참고자료가 된다. 가령 소장이력조사에서 신뢰할만한 개인이나 매개자 사이에서 연속적으로 거래된 점이 확인된다면 그 미술품은 진품으로 판정하는데 어려움이 없을 것이다.

자료연구에서 카탈로그 레조네catalogue raisonné의 존재는 결정적 역할을 할 수 있다. 카탈로그 레조네는 작품 도록 즉 카탈로그catalogue의 일종으로, 특정 작가의 작품 중 진품이라고 판정된 모든 작품을 수록한 '전작 도록'이다. 미술가에 대한 대표적인 권위자가 저술한 책으로, 작가별로 하나만 존재하는 경우가 많다. 카탈로그 레조네에는 작품 크기, 상태, 작품 사진, 소장이력 등과 함께 작가 서명 모음, 서명이 안 들어가거나 진품 여부가 논란이 되는 작품 목록, 작품을 설명한 저술 목록, 작가나 작품에 대한 연구자 목록 등을 포함한다.

카탈로그 레조네에 수록된 작품은 진위 논란에서 어느 정도 벗어날 수 있다. 물론 카탈로그 레조네가 완벽한 것이 아니므로 그 내용은 계속 수정 보완되어진다.

반 고흐Vincent van Gogh, 1853-1890의 경우 1928년에 카탈로그 레조네가 드 라 파유Jacob B. de la Faille에 의해 최초로 발간되었고 몇 차례 수정을 거쳐 1970년에 최종판이 발간되었다. 최초의 카탈로그에 진품으로 수록된 작품 중에 33점은, 독일 아트딜러인 바커Otto Wacker의 위작 유통 사건과 관련되어, 나중에 위작으로 정정되었다. 그 중에는 드라 파유 그 자신이 진품 감정서를 발급해준 것들도 포함되어 있다. 드 라 파유는 176점의 위작을 수록한 「가짜 반 고흐」Les Faux Van Gogh, 1930라는 이름의 도록도 출간했다.

렘브란트Rembrandt Harmensz. van Rijn, 1606-1669의 경우 위작이 많아 1860년경에는 대략 15,000명의 수집가들이 이 거장의 원작을 소장한 것으로 믿고 있었다. 20세기 전반기부터 그의 카탈로그 레조네가 제작되기 시작했는데, 1921년에 처음 제작된 카탈로그(Wilhelm Valentiner)에는 회화 711점이 수록되었고, 그 후 1935년의 카탈로그(Abraham Bredius)에는 630점이 수록되었다. 진품의 수는 계속 줄어들어 20세기 후반에 제작된

1966년의 카탈로그(Kurt Bauch)에는 562점, 1968년의 카탈로그(Horst Gerson)에는 420점이 수록되었다. 그 후 렘브란트 연구 프로젝트Rembrandt Research Project가 다시 조사한 결과 진품은 340점으로 줄었다

페르메이르Johannes Vermeer, 1632–1675의 경우 2008년의 카탈로그 레조네(Walter Liedtke)에는 36점이 수록되었다. 이것은 1866년 테오레뷔르거Théophile Thoré–Bürger가 처음 작성한 70여점에서 절반으로 줄어든 것이다. 오늘날 페르메이르의 진품으로 간주되는 작품은 모두 34점이다.

아트딜러이자 미술사학자인 윌덴스타인Daniel Wildenstein이 설립한 파리의 윌덴스타인 연구소Wildenstein Institute는 쿠르베Gustave Courbet 1819–1877, 마네Édouard Manet, 1832–1883, 모네Claude Monet, 1840–1926, 카유보트Gustave Caillebotte, 1848–1894, 고갱Paul Gauguin, 1848–1903 등 주요 미술가의 카탈로그 레조네를 제작했다.

한국 미술가에 대한 카탈로그 레조네 발간은 거의 이루어지지 않았다. 2001년 정영목이 장욱진(1918–1990)의 카탈로그 레조네를 발간한 것이 처음이고 현재까지 유일하다. 여기에는 장욱진의 유화 721점과 해설, 작가론이 수록되었으며, 작품 소장이력은 포함되어 있지 않다.

전문가 감정

전문가 감정은 감정 전문가art expert, art connoisseur의 안목, 지식, 경험 등을 활용하여 이루어지는 주관적 진위감정subjective authentication이다. 전문가의 안목 등에 의존하여 육안으로 진위를 판단하기 때문에 '안목' 감정이라 부르기도 한다,

전문가 감정은 대개 각 분야의 전문가들로 구성된 기구나 위원회에서 진행한다. 여기에는 미술사학자, 미술비평가, 카탈로그 레조네 제작자, 액자 전문가, 재료 전문가, 수복 전문가, 아트딜러와 화랑의 갤러리스트, 미술관 큐레이터, 경매회사 스페셜리스트 등이 참여하고, 작가 생존 시에는 본인이 참여하기도 하고 사후에는 작가의 가족, 유족 등이 참여하는 경우도 있다.

세계 유수의 미술관에는 진위감정 업무를 전담하는 감정 전문가를 두고 있는데, 뉴욕 메트로폴리탄 미술관 관장이었던 호빙은 그 미술관의 폰 소넨부르크Hubertus Falkner von Sonnenburg를 당대 최고의 진위감정 전문가로 손꼽기도 했다. 가장 정밀하다고 알려진 과

학적 검사 방법들이 종종 그릇된 정보를 전달하고 매우 수준 높은 위작들을 잡아내는데 실패했는데, 폰 소넨부르크는 자신의 눈과 소형 돋보기만으로, 과학적 분석 결과를 뛰어 넘어 가장 정확한 진위 판정에 도달했다는 것이다.

이처럼 인간의 눈과 머리가 과학적 도구보다 더 정확할 수 있다 하더라도 인간에게는 다른 요소가 작용할 여지가 있다. 미술시장은 많은 이해관계가 서로 충돌하는 곳이고, 외부로부터의 압력과 내부의 담합 등은 가장 정확한 판정을 도출하는데 어려움을 줄 수 있다. 전문가의 진위감정에서는 전문성만큼 윤리적 기준도 중요한 것이다.

또한 높은 전문성과 도덕성을 지닌 감정 전문가들이 이해관계에 얽매이지 않고 감정을 진행한다 하더라도 이들 간에 반드시 하나의 결론이 도출된다고 할 수 없다. 경우에 따라서는 과학적 방법으로 쉽게 밝혀질 수 있는 것들이 감정 전문가들 사이에서 논쟁거리가 되기도 한다. 이처럼 서로간의 의견이 일치하지 않을 경우 과학적 감정이 최종 결과에 중요한 영향을 미칠 수 있다.

과학적 감정

과학적 감정은 과학적 방법론을 활용한 객관적 진위감정objective authentication이다. '안목' 감정과 대비하여 '과학' 감정으로 불린다. 안료나 재료 등을 눈으로 봐서 판단이 어려운 경우나 보수된 흔적 등에 대한 정밀한 분석, 혹은 정확한 연대 감정 등에 쓰이고 있다. 대개 관련 전문기관에 의뢰하여 과학적 감정을 진행한다.

과학적 감정 결과는 1932년 아트딜러 바커Otto Wacker의 반 고흐 위작 유통 사건에 관한 재판에서 본격적으로 활용되었다. 당시 전문가들은 각자 자신이 진품 감정서를 써주었던 작품은 위작이 아니라고 증언했는데, 엑스선분석 등 과학적 방법을 적용하여 모두 위작임을 밝혀낼 수 있었다.

과학적 감정은 화학적 방법과 물리적 방법으로 구분할 수 있다.

화학적 방법은 안료분석pigment analysis, 재료분석metal analysis 등을 통해 채색을 구성하는 화학적 성분과 성분 비율 등의 정보를 파악하는 것이다. 미술품에 사용된 안료나 다른 재료의 정보를 통해 미술가가 그림을 그린 시대와 부합하는지 등을 감정하는 데 쓰인다. 가령 유화에서 흰색물감으로 실버화이트silver white, 징크화이트Zinc White, 티타늄화이트titanium white 순으로 개발되어 사용되었었는데, 만일 20세기 전반기 작품에서 티타

늄화이트가 검출되었다면 이는 위작일 가능성이 큰 것이다.

물리적 방법은 엑스선분석X-ray analysis, 엑스선회절분석X-ray diffraction analysis, 엑스선형광분석X-ray fluorescence이나 자외선형광분석ultraviolet fluorescence analysis, 적외선분석infrared analysis 등 특수광선을 활용하여 미술품의 내부를 들여다보거나 표면의 특이 사항을 점검하는 것이다. 아래층의 그림을 감지하고 캔버스 수리 흔적 등을 분석하는 데 쓰인다. 오랫동안 고야Francisco José de Goya, 1746-1828의 작품으로 알려져 온 「여인의 초상」Portrait of a Woman, 1790은 1954년에 엑스선회절분석 결과 그 아래에 다른 여성의 초상화가 있고 거기에 징크화이트가 사용된 것이 드러나 위작으로 판정되었다. 징크화이트는 고야가 죽은 후 발명된 것이었다.

한편, 오래된 미술품의 제작 연대를 파악하기 위해 방사성탄소 연대측정radiocarbon dating, 탄소연대 측정carbon dating 등의 기법이 활용되고 열발광분석thermoluminescent analysis 등의 기법도 작품의 제작 연대를 파악하기 위해 사용된다.

그러나 과학적 방법만으로 미술품의 진위 여부를 가리기 어려운 경우가 많다. 위작자들 역시 과학적 감정 방법을 숙지하고 있기 때문에 쉽게 위작이 드러나지 않도록, 위작하려는 미술가와 같은 시대의 안료나 캔버스를 구해서 사용하는 등의 여러 대비를 하기 때문이다. 특히 동시대와 연대가 그렇게 차이 나지 않는 작가에 대한 위작은 과학적 감정이 더욱 어렵다. 오늘날과 제작 스타일도 비슷하고 미술가가 사용한 재료도 쉽게 구할 수 있기 때문이다.

또한 과학적 분석의 결과 원래 미술가의 작품들과 다른 특이 사항이 발견된다 하더라도 곧바로 진위 판정에 결정적 증거가 되지 못할 수 있다. 한 미술가의 작품에 나타나는 화학적 물리적 성격이 모두 유사하거나 동일할 수는 없기 때문에, 다른 작품들과 상이하다는 것과 위작이라는 것은 별개의 문제인 것이다.

결과적으로 미술품 진위감정에서 자료연구와 전문가들의 안목에 의한 감정이 우선시되며 과학적 방법은 그것에 보완적인 수단으로 활용되고 있다.

2.4. 미술품 현황

2.4.1. 국내

국내에서 거래되고 있는 미술품의 분야category별 현황은 〈2-5〉에 나타나 있다. 이 자료는 국내 화랑과 경매회사를 통해 2014년 한 해 동안 거래된 작품수와 거래금액을 나타낸 것이다.

거래된 작품 수는 총 21,459점이다. 각 분야별 작품 수 비중은 한국화 14.6%, 서양화 45.1%, 판화 8.6%, 조각 · 설치 4.7%, 사진 3.2% 등이다. 거래금액은 총 2,827억 원이다. 각 분야별 거래금액 비중은 한국화 4.7%, 서양화 46.1%, 판화 2.7%, 조각 · 설치 15.3%, 사진 6.3% 등이다. 서양화가 전체 미술시장의 거래를 주도하고 있고, 그 다음이 거래 작품 수에서는 한국화, 거래금액에서는 조각 · 설치가 위치하고 있다(전통회화 · 서화 분야 제외).

따라서 한국 미술시장에서는 회화가 서양화를 중심으로 여전히 주도적 지위에 있으며, 사진, 설치미술, 미디어아트 등 새로운 매체 분야가 최근 성장 하고 있으나 아직은 부차적인 지위에 있다.

국내 미술품 시장의 전반적인 현황은 제3장에서 다루기로 하고, 여기서는 우선 미술품 위작에 관해서만 살펴보기로 한다.

〈2-5〉 한국 미술품의 분야별 현황 (2014년)

	화랑		경매회사		합계	
	작품수 (점)	금액 (백만원)	작품수 (점)	금액 (백만원)	작품수 (점)	금액 (백만원)
	10,045	204,841	11,414	77,868	21,459	282,709
한국화	9.3%	4.2%	19.2%	6.0%	14.6%	4.7%
서양화	49.6%	37.9%	41.1%	67.6%	45.1%	46.1%
판화	6.7%	2.6%	10.3%	2.9%	8.6%	2.7%
조각·설치	7.4%	20.6%	2.3%	1.5%	4.7%	15.3%
사진	6.1%	8.6%	0.6%	0.3%	3.2%	6.3%
미디어아트	0.9%	0.5%	0.0%	0.0%	0.4%	0.4%
현대공예	11.0%	0.4%	0.4%	0.2%	5.4%	0.3%
전통회화·서화	6.2%	22.1%	12.8%	9.1%	9.7%	18.5%
골동품·기타	2.8%	3.1%	13.3%	12.4%	8.4%	5.7%
계	100.0%	100.0%	100.0%	100.0%	100.0%	100.0%

자료 : 문화체육관광부 · 예술경영지원센터, 「2015년 미술시장실태조사」에서 작성.

한국화랑협회가 1982년부터 2001년까지 총 2,525점을 감정했는데 그 중 위작이 745점으로 29.5%를 차지했다. 서양화는 1,762점 중 위작이 530점으로 30.1%, 한국화는 739점 중 위작이 213점으로 28.8%, 조각은 24점 중 2점으로 8.3%였다. 작가별로는 이중섭은 의뢰 작품의 75.7%가 위작 판정을 받았고 박수근은 36.6%가 위작 판정을 받았다.

2000년대 이후에도 위작 비율은 별로 줄지 않았다. 2003부터 2012년까지 10년간 한국미술감정평가원(한국미술품감정협회)에서 총 5,130점(작가수 562명)을 감정한 결과 위작으로 판정된 작품은 1,329점으로 25.9%였다(〈2-6〉). 서양화는 3,504점(작가수 332명) 중 위작이 913점으로 26.1%, 한국화는 1,626점(작가수 230명) 중 위작이 416점으로 25.6%였다. 작가별로 감정의뢰 작품 중 위작 비율은 이중섭이 57.8%로 가장 높고 그 다음이 박수근으로 38.1%이다.

위작 문제는 국내 미술시장에서 여러 차례 이슈가 되었는데, 그 중 1991년의 천경자 위작 논란 등은 그 파장이 오랫동안 지속되었다.

1991년 천경자(1924-2015)는 국립현대미술관에 소장된 자신 명의의 작품 「미인도」 1977, 29x26cm (1990년 금성출판사 「한국근대회화선집」에 수록된 도판 제목은 '나비와 여인'임)가 위작이라는 의견을 미술관에 전달했다. 국립현대미술관은 한국화랑협회에 진위감정을 의뢰했고 진품이라는 판정을 받았다. 진품 판정의 근거는 출처, 안료검사 등이었다. 천경자는 위작의

〈2-6〉 주요 미술가의 위작 현황 (2003-2012년)

		감정한 작품수	위작 판정된 작품수	위작 비율
1	천경자	327	99	30.3%
2	김환기	262	63	24.0%
3	박수근	247	94	38.1%
4	이중섭	187	108	57.8%
5	이대원	186	24	12.9%
6	이우환	171	7	4.1%
7	김종학	160	31	19.4%
8	이응노	154	19	12.3%
9	김기창	152	35	23.0%
10	장욱진	143	43	30.1%
계 (10명)		1,989	523	26.3%
기타 (552명)		3,141	806	25.7%
전체 (562명)		5,130	1,329	25.9%

자료 : 한국미술품감정평가원(2013).

근거로 나비, 흰꽃, 검은 머리카락, 숫자 서명 등을 제시했지만 수용되지 않았다. 이에 천경자는 '창작자의 증언을 무시한 채 가짜를 진짜로 우기는 풍토에서 더 이상 그림을 그리고 싶지 않다'며 절필을 선언하고 미국으로 떠났다. 그 후 1998년 천경자는 자신이 소장하고 있던 작품 93점을 서울시립미술관에 기증했으며, 1999년에는 자신이 「미인도」의 위작자라 주장하는 인물이 나타나기도 했다.

천경자의 「미인도」 사건은 작가가 자기 작품의 진위 판정에 어느 정도의 권한이 있는지, 작가의 판단이 얼마나 존중되어야 하는지 문제를 제기한다. 일반적으로 진위판정에서 작가의 의견이 중시되고, 특히 감정 전문가들 간에 이견이 존재할 경우 작가 의견이 우선시된다. 그러나 드문 경우이지만 작가 자신의 판단이 정확하지 않을 수 있다. 예를 들어 2007년 윤중식(1913-2012)은 자기 명의의 작품 「아침」1976, 46×38cm을 위작으로 판정했으나, 1976년의 한 화랑 전시회(부산 현대화랑 개관기념전) 도록에 수록된 작품사진이 제시된 후 진품으로 인정한 경우가 있다. 특히 위작 판정을 하면서 작품 뒷면에 매직으로 크게 '위작'이라고 적어 놓아서 문제가 되었다. 물론 자기 작품을 가장 잘 아는 사람은 작가이기는 하지만, 평생 동안 완성작뿐만 아니라 습작과 미완성작을 수없이 제작하고 작품 경향도 때때로 바꾸는 작가가 항상 정확한 판단을 내리는 것은 아니다.

2000년대 중반에 미술시장이 호황 국면에 접어들자 다시 위작 문제가 불거지기 시작했다. 그 중에 이중섭 · 박수근 위작 사건과 박수근의 「빨래터」1950년대, 37x72cm 위작 논란이 대표적이다.

2005년 서울옥션을 통해 1억 2,000만 원에 낙찰된 이중섭의 「물고기와 아이」는 한국미술품감정협회에서 위작으로 판정되었다. 이 작품은 일본에 살던 이중섭의 유족이 자신의 소장품('이중섭이 일본을 방문했을 때 제작해 가족들을 위해 일본에 남겨둔 작품')이라며 출품한 것이어서 진위판정 결과는 미술계에 상당한 파장을 일으켰다. 위작의 근거는 원작 모사 과정에서 드러난 실수와 당시에 쓰지 않던 펄 물감을 사용한 점 등이었다.

이를 계기로 이중섭과 박수근에 대한 위작이 대량으로 제작되고 있는 사실이 드러나 수사가 시작되었고, 2007년 검찰은 압수한 이중섭과 박수근의 그림 2,834점이 모두 위작이라는 판단을 내리고 관련자를 사법 처리했는데 재판부도 이를 수용했다.

한편, 박수근의 「빨래터」는 2007년 5월 서울옥션에서 한국 미술품 경매 사상 최고가인 45억 2,000만 원에 낙찰되었다. 하지만 2007년 12월 국내 한 미술잡지(아트레이드)에서 위작 의혹이 제기되었고 서울옥션은 한국미술품감정평가원에 감정을 의뢰했다. 2008년 1월 1차 감정에서는 결론이 나지 못했으나 2차 감정에서 진품으로 판정되었다. 일각에서 전문가 '안목' 감정에 대한 비판이 제기되자 과학적 방법에 의한 감정을 실시했고, 박수근의 다른 작품과 표현의 유사성이 있고 동일한 안료가 사용되었다는 결과가 발표됐다. 경매 출품자는 미국인John Ricks으로, 자신이 1954년부터 2년간 한국의 미국상사에 근무할 때 이 작품을 선물로 받은 것이라고 주장했다. 그 후 법적 공방이 있었으며, 2009년 11월 재판부는 '위작으로 판단했던 감정인의 의견이 진품으로 평가한 다른 감정인들보다 우위에 있다고 단정하기 어렵다'며 이 작품을 진품으로 추정했다.

2010년대 들어서 이우환 작품에 대한 위작 논란이 있었다. 2012년경 이우환 작품에 대한 위작 의혹과 진위감정 의뢰가 늘어나자 2012년 6월부터 한국미술품감정평가원은 작가에 직접 진위 확인을 요청했다. 그런데 감정 전문가들이 위작 의혹을 제기한 작품들에 대해 작가는 모두 진품이라는 의견을 제시했다. 그렇게 해서 진품으로 최종 감정된 사례가 늘자 미술계에서 다시 문제가 되었고, 2013년 2월 한국미술품감정평가원은 이우환 작품의 진위감정을 잠정 중단했다. 이 기간 동안 진품으로 최종 감정된 작품들 가운데 두 작품을 분석한 국제미술과학연구소(소장 최명윤)는 둘 다 진품이 아니라는 감정 결과를 2016년 1월에 제시했다.

2.4.2. 해외

먼저 세계 미술시장에서 거래되는 미술품을 매체에 따라 분야category별로 나누어 보기로 한다. 세계 미술품 경매시장에서 각 분야별 비중(거래금액 기준)은 〈2-7〉에 나타나 있다. 한국과 마찬가지로, 세계적으로도 회화는 가장 큰 비중을 차지하는 분야다.

다만 2000년대 말부터 회화의 주도성이 다소 약화된 것으로 나타났다. 회화는 2007년까지도 매년 70% 이상의 압도적 비중을 차지했으나 2008년 이후에는 그 비중이 낮아졌고, 2010년에는 사상 처음으로 50%대(52.3%)로 떨어졌다. 2011년에는 50% 이하로 내려가기도 했으며 2012-2013년에도 50%대에 머물렀다.

그 대신 회화의 '어린 자매'little sister로서 비교적 저가의 미술품인 드로잉drawing 분야의 거래가 크게 늘어났다. 드로잉의 비중은 2008년까지 줄곧 10%대에 머물러 있었으나,

〈2-7〉 세계 미술시장에서 분야별 미술품 거래 현황 (2003-2013년)

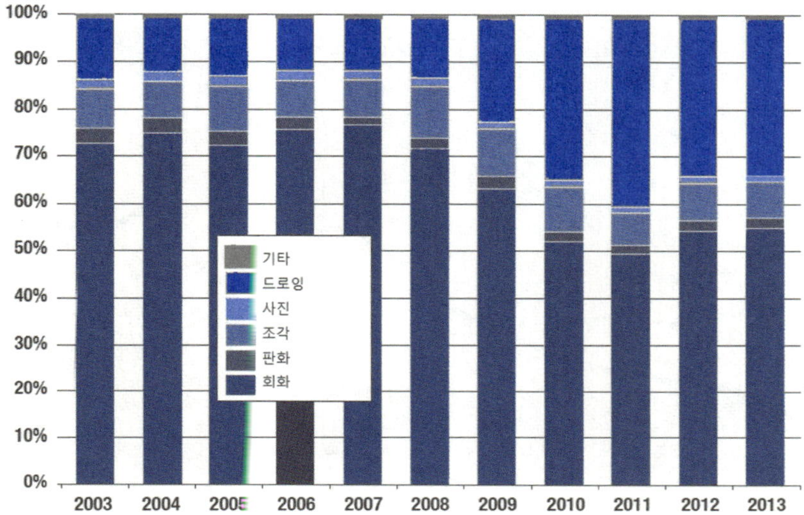

자료: Artprice.com (2014).

2009년 22.1%로 상승한 후 2010-2013년에는 30%대로 높아졌다. 이것은 2008년 이후 미술시장 불황에 따라 나타난 과도기적 현상으로 보인다. 그러므로 이러한 현상을 두고 회화의 주도성이 추세적으로 퇴조했다고 판단하기는 어렵다. 아직은 전통적 분야인 회화가 미술시장의 주력으로서 지위를 확보하고 있으며, 미술시장의 축이 설치미술, 미디어아트, 퍼포먼스아트 등 새로운 매체를 사용하는 분야로 이동하고 있다는 확실한 증거는 찾기 어렵다.

다음은 세계 미술시장에서 거래되는 미술품의 시대period별 현황이다. 2000년대 이후 세계 미술시장에서 동시대미술과 그 이전의 미술의 비중 변동 추이는 〈2-8〉에 나타나 있다. 이 데이터는 아트프라이스artprice.com에서 수집했으며, 아트프라이스는 미술품을 올드마스터, 19세기미술, 모던아트, 전후미술, 동시대미술 등 5시대로 구분하고 있다. 올드마스터old masters는 1760년 이전에 출생한 작가와 그 작품, 19세기미술19th century art은 1760년-1860년에 출생한 작가의 작품, 모던아트modern art는 1860년-1920년에 출생한 작가의 작품을 각각 가리킨다. 또 전후미술Post-War art은 1920년-1945년에 출생한 작가의 작품, 동시대미술contemporary art은 1945년 이후 출생한 작가의 작품을 각각

〈2-8〉 세계 미술시장에서 시대별 미술품 거래 현황 (2000-2014년)

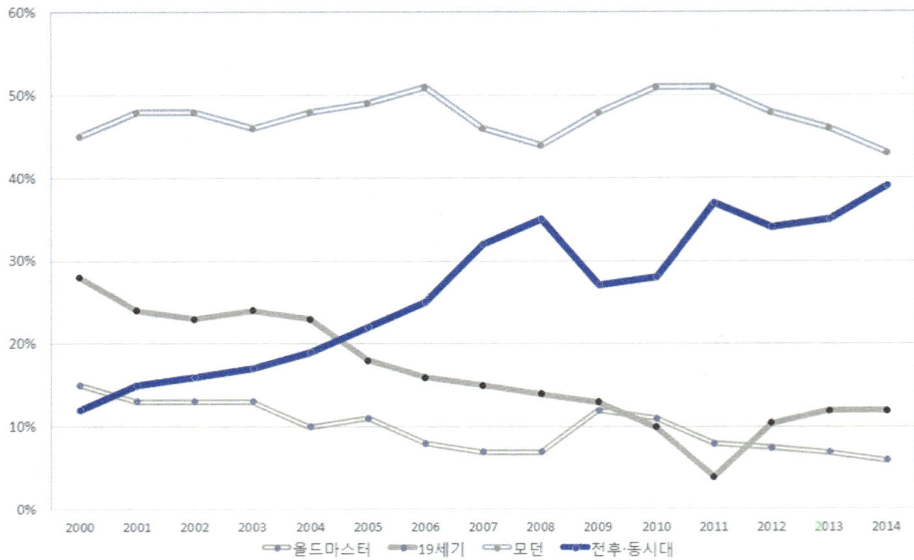

자료: Artprice.com 데이터에서 작성.

가리킨다. 이는 미술가의 출생 시기를 기준으로 한 편리한 구분이지만, 동시대미술을 전후미술과 분리하여 협소하게 정의한 것은 이론적으로 문제가 있다. 1960년대 팝아트 이후를 동시대미술로 이해한다면, 아트프라이스가 규정한 전후미술 시대에 출생한 작가 중 상당수는 동시대미술가로 분류된다. 이런 점을 고려하면 두 시기를 전후 · 동시대미술로 묶어 하나의 시기로 다룰 수 있다.

2000-2014년 사이 세계 미술품 경매시장에서 각 시대별 비중(거래금액 기준)을 보면, 몇 가지 특징이 나타난다(〈2-8〉).

첫째, 모던아트가 미술시장을 주도했다. 모던아트의 비중은 15년 내내 가장 높았다. 또한 그 비중이 추세적으로 늘거나 줄지는 않았고, 매년 최저 43%에서 최고 51% 정도의 비중을 유지했다.

둘째, 19세기미술과 올드마스터는 추세적으로 퇴조했다. 19세기미술의 비중은 2000년 28%에서 2014년에는 12%로 낮아졌다. 마찬가지로 올드마스터의 비중도 2000년 15%에서 2014년에는 6%로 낮아졌다.

셋째, 전후 · 동시대미술은 추세적으로 성장했다. 2000년 12%에서 2014년에는 39%로 높아졌다.

결과적으로 2000-2014년 사이에 미술시장의 구조 변화가 발생했다.

2000년에는 모던아트 45%, 19세기미술 28%, 올드마스터 15%, 전후 · 동시대미술 10%의 순서로 미술품이 거래되었다. 그러나 2014년에는 모던아트 43%, 전후 · 동시대미술 39%, 19세기미술 12%, 올드마스터 6%의 차례로 거래량이 바뀌었다. 전후 · 동시대미술은 미술시장에서 그 거래 비중이 크게 높아지면서, 모던아트와 거의 대등한 지위를 갖게 되었다. 모던아트가 홀로 이끌어가는 시장구조에서 모던아트와 전후 · 동시대미술이 함께 이끌어가는 시장구조로 바뀌게 된 것이다.

2014년 미국과 유럽연합의 경매 시장에서 100만 달러 이상 높은 가격으로 거래된 미술품은 모두 1,679점이다. 이를 제작 시대별로 나누어 보면 올드마스터 작품이 173점(10%), 19세기미술이 140점(8%), 모던아트가 733점(44%), 전후 · 동시대미술이 633점(38%)이었다. 고가 미술품 시장에서도 전후 · 동시대미술은 모던아트에 버금가는 지위에 오른 것이다.

〈2-9〉 모네, 피카소, 앤디 워홀, 제프 쿤스의 거래 현황 (2001-2014년)

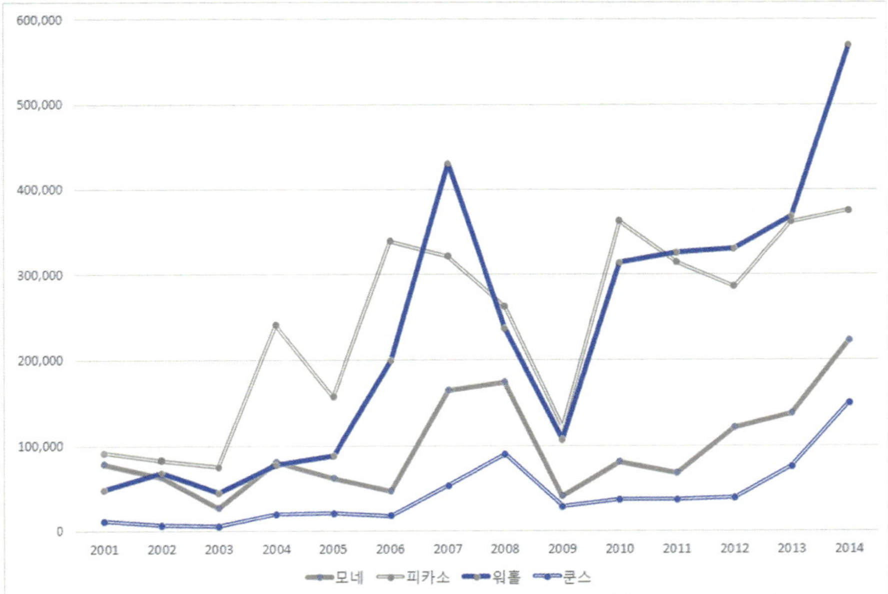

시대별로 대표적 미술가를 한 사람씩 선정해서 이들의 거래량 추이를 좀 더 살펴보자(<2-9>). 19세기(인상주의), 모던아트, 전후, 동시대의 각 시대별로 미술시장을 대표하는 작가는 모네, 피카소, 앤디 워홀, 제프 쿤스다. 2014년 경매에서 모네Claude Monet(1840-1926) 총 2억 2,269만 달러, 피카소Pablo Picasso(1881-1973) 총 3억 7,505만, 앤디 워홀Andy Warhol (1928-1987) 총 5억 6,951만, 제프 쿤스Jeff Koons(1955-) 총 1억 4,967만 달러가 각각 거래되었다. 이를 2001년과 비교하면 모네는 2.8배, 피카소는 4.1배, 앤디 워홀은 11.9배, 제프 쿤스는 14.6배 늘어났다. 네 명의 대표 작가 사례에서도 2000년대 이후 전후 · 동시대미술의 시장 성장세가 더 높음을 확인할 수 있다.

끝으로 세계 미술시장에서 위작 미술품 유통 문제에 관해 살펴보기로 한다.

오늘날 얼마나 많은 위작이 미술시장에서 유통되는지 정확하게 파악할 수 없다. 현대미술품 거래의 약 10% 정도는 위작(Leonard D. DuBoff and Christy O. King, p.58)이라는 주장도 있고, 심지어 중국 미술시장에서는 위작 비율이 70%가까이 된다는 추정도 있다. 미술품이 소장하고 있는 작품들도 모두 진품이라 하기 어렵다. 미국 최대의 미술관인 뉴욕 메트로폴리탄 미술관 관장을 역임한 호빙에 의하면, 15년간 조사한 약 50,000점 가운데 무려 40%가 위조품이거나 너무나 '위선적으로' 복원된 작품, 혹은 다른 작품으로 오인되고 있어 위작과 거의 다를 바 없는 작품들(Thomas Hoving, 1996, 16)이었다고 한다.

그동안 세계적으로 가장 자주 위조의 대상이 된 미술가들 중에는 다음 화가와 조각가가 포함된다(Milton Esterow, 2005). 코로Jean-Baptiste-Camille Corot, 1796-1875, 도미에Honoré Daumier, 1808-79, 로댕Auguste Rodin, 1840-1917, 반 고흐Vincent van Gogh, 1853-90, 레밍턴Frederic Remington, 1861-1909, 말레비치Kazimir Malevich, 1878-1935, 모딜리아니Amedeo Modigliani, 1884-1920, 위트릴로Maurice Utrillo, 1883-1955, 키리코Giorgio de Chirico, 1888-1978, 달리Salvador Dalí, 1904-89 등이다.

수많은 위작 전문가들 가운데 20세기에 활동한 대표적 인물로는 판 메이헤런, 드 호리, 키팅 등을 들 수 있다.

판 메이헤런Han Van Meegeren, 1889-1947은 네덜란드 화가로서, 여러 17세기 네덜란드 미술가들을 위작했으며 그 중 페르메이르Johannes Vermeer, 1632-1675 위작으로 유명해졌다. 판 메이헤런은 페르메이르를 그대로 따라하는 대신 페르메이르 풍의 새로운 그림을 만들어냈다. 그는 이 17세기 화장이 사용한 것과 유사한 재료와 캔버스를 사용했다. 그리고는 이렇게 제작한 위작을 감정 전문가에 의뢰하여 진품으로 판정받았다. 그의 「엠마오에서의 저녁식사」The Supper at Emmaus, 1937, 115x127cm는 당시 페르메이르 연구의 최고 권위자이자 렘브란트의 카탈로그 레조네를 내기도 했던 브레디우스Abraham Bredius가 감정했다. 곧이어 렘브란트 협회는 이 그림을 당시까지 17세기 네덜란드 회화 중 최고가격(520,000길더)에 구입해 미술관Museum Boijmans Van Beuningen에 기증했다.

1945년 판 메이헤런은 그동안 감정 전문가들이 페르메이르의 초기 작품으로 판정한 그림들이 모두 자신의 위작이라고 스스로 폭로함으로써 그의 위작 사건이 드러나게 되었다. 그럼에도 불구하고 미술관 전문가들은 과학적 방법을 동원해 「엠마오에서의 저녁식사」가 17세기에 그린 진품임을 재차 '입증'했다. 이 그림에서 페르메이르가 즐겨 사용했던 청금석 가루가 확인되었고, 캔버스도 17세기 것이며 엑스선분석 결과 이 그림 밑에 다른 그림이 보이지 않는다는 점 등을 근거로 제시했다. 그에 따라 판 메이헤런은 자신이 위작자임을 입증하기 위하여 전문가들 입회하에 페르메이르 풍의 작품 「학자들과 토론하는 예수」Jesus among the Doctors, 1945를 새로이 제작해 보였다.

드 호리Elmyr de Hory, 1905-1976는 헝가리 출신 화가로서 주로 20세기 초 모더니즘 미술가들의 위작 1,000점 가량을 제작했고, 그 중에는 마티스Henri Matisse, 1869-1954, 피카소Pablo Picasso, 1881-1973, 모딜리아니Amedeo Modigliani, 1884-1920 등이 포함되어 있었다. 드 호리는 야수파 화가 판 동헌Kees van Dongen, 1877-1968의 위작 「여인의 초상」Portrait of a Woman, 1965도 제작했는데, 이 작품을 당시 생존해 있던 판 동헌에게 보여주었고 그로부터 진품확인서expertise도 받았다. 1975년에 미국의 오손 웰스Orson Welles는 드호리에 관한 영화 「진실과 거짓」F for Fake을 감독했다.

키팅Tom Keating, 1917-1984은 영국의 미술품 복원가이자 화가로서, 25년간 120여 명에 달하는 많은 미술가들의 작품을 위작했고 모두 2,000점 가량의 위작을 유통시켰다. 그가 가장 선호한 미술가는 렘브란트Rembrandt Harmensz. van Rijn, 1606-1669였지만 드가Edgar Degas, 르누아르Pierre-Auguste Renoir, 반 고흐Vincent van Gogh, 모딜리아니Amedeo Modigliani 등 미술사의 중심에 있는 거의 모든 미술가를 위작 대상으로 했다. 하지만 특이하게도 그는 위작에 일종의 '시한폭탄'처럼 표식을 해두어 언젠가 위작임이 드러날 수 있도록 했다. 엑스선분석을 하면 백연lead white으로 쓴 글씨가 나타나도록 해둔 것이다. 그의 위작 활동은 미술 전문가들을 조롱하고 미술계를 동요시켰다.

2005년 오스트리아 빈에서는 판 메이헤런 등 위작자들 작품을 모아 전시하는 위작미술관Fälschermuseum (Museum of Art Fakes)도 등장했다.

제3장 미술시장과 가격

3.1. 미술시장의 주체

미술시장은 미술가가 창작한 미술품을 소비자와 만나 거래하는 장소다. 여기서 미술품이 거래되는 대상object이라면 거래를 이끌어가는 당사자들은 미술시장의 주체subject가 된다. 미술시장의 주체는 생산자, 소비자, 매개자로 구분할 수 있다.

첫째, 미술 생산자는 작품을 창작해서 미술시장에 공급하는 미술가들이다. 이들은 대부분 대학 이상의 전문교육을 받은 직업 미술가이지만, 경우에 따라서는 아마추어 미술가나 교육과정에 있는 학생도 생산자가 될 수 있다.

둘째, 미술 소비자는 작품을 소비하는 개인과 기업 그리고 미술관 등을 들 수 있다. 개인은 미술소비자의 다수를 차지하는데 작품을 구입하고 소장하는 본래 의미의 소비자 외에 작품 구입은 하지 않으나 그것의 향유에 참가하는 관람자도 포함된다. 이들은 주로 미술관, 아트페어, 비엔날레 등을 통해 작품을 향유한다. 기업은 장식 목적이나 투자 목적으로 미술품을 구매한다. 개인 혹은 기업뿐만 아니라 미술관도 미술소비자 역할을 담당한다. 미술관은 주로 예술성 높은 작품을 영구적 혹은 장기적으로 소장하기 위해 구입하며 작품을 소장함으로써 얻을 수 있는 후원금도 고려한다. 미술관은 미술품을 수집 · 소장하는 기관으로서 최종 소비자이지만, 다른 한편으로는 수집한 미술품들을 전시함으로써 일반 사람들에게 미술품 향유 기회를 제공해주는 매개자 역할도 담당한다.

〈3-1〉 미술시장의 주체

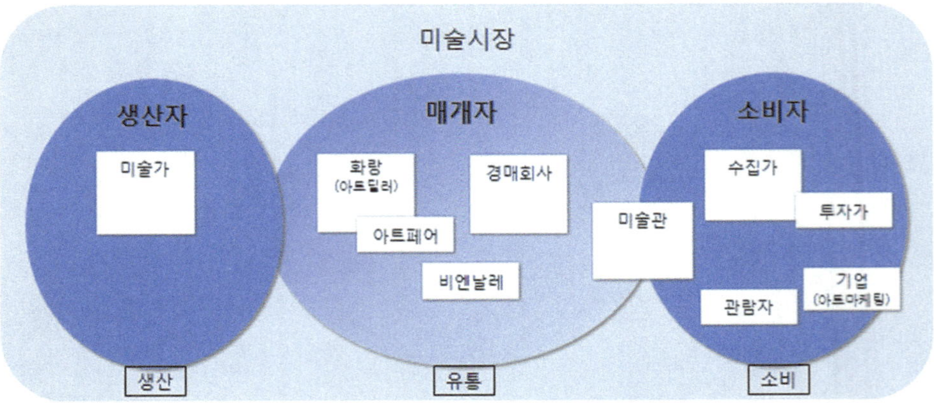

셋째, 미술 매개자는 미술 생산자와 소비자를 연결해주는 매체다. 미술가와 미술소비자는 '예술가'와 '애호가'의 고상한 관계를 형성하기도 하지만 미술시장에서는 '생산자'와 '소비자'의 지위에서 서로 만나야 한다. 시장경제 초기에는 미술가가 직접 자신의 미술품을 시장에 가지고 나가서 소비자에게 판매하는 경우도 있었다. 그러나 미술가와 미술소비자의 수가 많아지고 서로 직접적인 거래 관계를 형성하기 어렵게 되면서 미술가는 소비자와 직접 거래하기 보다는 매개자를 통해 거래하는 방식을 취하게 되었다. 미술 매개자는 생산자와 소비자를 연결하고 미술품을 유통시키는 역할을 담당한다. 대표적인 미술 매개자로는 화랑gallery과 경매회사auction house가 있으며, 아트페어art fair나 비엔날레biennale를 비롯한 전시회 행사도 그러한 역할을 한다. 또한 인터넷과 모바일 기술의 발달로 최근에는 미술가가 직접 온라인 판매에 나서거나 아트딜러나 경매회사의 역할을 겸하는 경우도 늘어나고 있다.

3.2. 미술시장의 종류

3.2.1. 1차시장과 2차시장

금융시장은 그 기능에 따라 1차시장primary market과 2차시장secondary market으로 구분된다. 1차시장은 주식이나 채권 등의 금융상품이 최초로 거래되는 시장, 즉 발행시장이다. 2차시장은 이미 발행된 금융상품이 투자가 사이에서 다시 거래되는 시장, 즉 유통시장이다.

미술품은 금융상품과 마찬가지로 투자재로서 거래되고 있으므로 미술시장도 금융시장과 유사하게 1차시장과 2차시장으로 나눌 수 있다. 미술품이 최초로 거래되는 시장을 1차시장, 최초로 거래되었던 미술품이 다시 거래되는 시장을 2차시장으로 부른다.

1차시장은 새 미술품이 미술가의 손을 떠나 최초로 판매되는 시장이다. 새 미술품은 미술가로부터 직접 소비자에게 판매되는 경우(직거래)도 있지만 대체로 아트딜러art dealer의 매개를 통해 판매된다. 지금까지 1차시장에서는 아트딜러와 그가 운영하는 화랑이 주도적 역할을 해왔다. 화랑은 전속작가artists represented by gallery제도 등을 통해 미술가를 발굴하고 육성하는 역할도 한다. 많은 화랑이 모여 그들의 미술품을 판매하는 아트페어도 대체로 1차시장에 속한다. 하지만 미술가와 미술소비자의 직거래가 이루어지는 아트페어도 있고, 미술품의 신작 여부에 상관없이 다양한 미술품이 거래되는 아트페어도 있다.

1차시장은 정보 비대칭성information asymmetry이 큰 것이 특징이다. 정보 비대칭성이란 거래 당사자 중에서 어느 한 쪽이 다른 쪽보다 우월한 정보를 갖는 경우를 말하는데, 우월한 정보를 가진 쪽은 상대방에 비해 유리한 조건으로 거래를 수행할 수 있게 된다. 1차시장에서 생산자인 미술가나 화랑(아트딜러)은 미술품에 대해 완전한 정보를 갖고 있으나 구매자는 불완전한 정보 밖에 갖지 못한다. 이 때문에 미술품 구매자들이 높은 거래비용transaction cost을 지불하는 경향이 있다.

미술품은 두 가지 속성을 지니고 있다. 하나는 장식적 요소, 즉 작품의 크기, 무게, 재료, 매체, 물리적 상태 등의 외적 속성이고 다른 하나는 지적 요소, 즉 작품의 미술사적 가치, 품질, 미술가의 창조적 역량 등의 내적 속성이다. 구매자는 첫 번째 속성에 관한 정보를 비교적 쉽게 알 수 있지만 두 번째 속성에 대해서는 단지 불완전한 정보만 얻을 수 있다. 특히 시장에 잘 알려지지 않은 신진 미술가에 대해서는 정확한 평가를 하지 못할 위험이 크다. 여기서 아트딜러 같은 판매자의 명성 혹은 평판reputation은 소비자에게 그가 신뢰할만한 판매자라는 확신을 심어주는데 큰 역할을 한다. 소비자들은 명성이 높은 아트딜러에게 신뢰감을 가지며 그들을 선호한다.

〈3-2〉 1차시장에서 정보 비대칭성

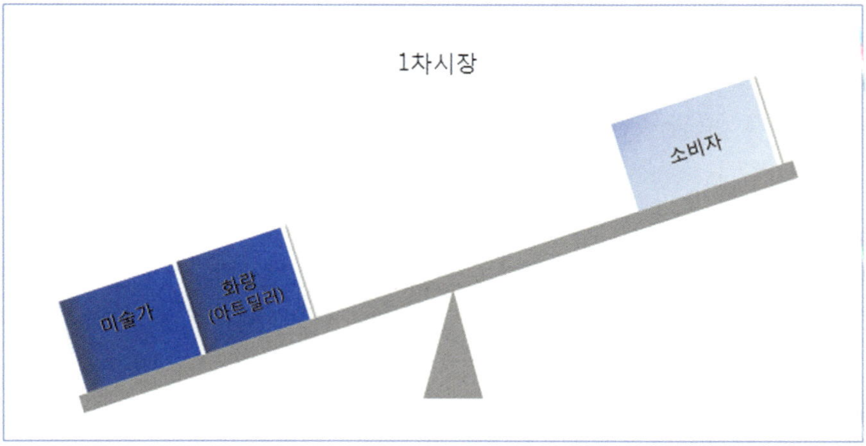

2차시장은 이전에 이미 판매된 적이 있는 미술품이 재판매되는 즉 '중고' 미술품이 거래되는 시장이다. 생산자가 미술품을 팔고 소비자가 구매하는 1차시장과 달리, 2차시장은 미술품을 파는 사람과 사는 사람이 모두 소비자다. 2차시장은 생산자가 등장하지 않으며, 기존의 수집가와 새 수집가를 연결하는 시장이다. 1차시장에 비해 정보가 많기 때문에 구매자들이 지불하는 거래비용은 상대적으로 적다.

경매회사의 경매장은 개인 수집가와 아트딜러 등으로부터 의뢰받은 작품을 거래하는 곳으로 2차시장을 대표한다. 경매회사가 미술가로부터 직접 새로운 작품을 의뢰받는 활동, 즉 1차시장에 참여하는 활동은 대체로 제한되어왔다. 전통적으로 화랑이 1차시장을 담당하고 경매회사는 2차시장을 담당하는 것이 각자의 전형적인 업무로 간주되어 왔다.

1차시장에서는 예술성이 좀 더 고려될 수 있지만 2차시장에서는 경제성이 더 중시된다. 1차시장은 미술품이 처음 팔리는 곳으로 대부분의 미술품이 투자 목적으로 구입되지는 않는다. 투자가치에 상관없이 예술성을 지닌 작품은 거래 대상에 포함되고 흔히 구매자가 미술가와 개인적 연계 때문에 구입하는 경우도 있어 비교적 다양한 작품들이 폭넓게 거래된다. 많은 구매자는 1차시장에서 산 미술품을 되팔지 않거나 되팔지 못하고 그것을 자신이 장기적으로 소장한다. 그러나 2차시장은 미술품을 되팔아 수익을 얻는 투자 목적으로 형성된 시장이기 때문에 여기서는 미술품의 투자가치가 우선적으로 고려된다. 2차시장에서는 투자한 것보다 많은 이익을 안겨줄 작품들이 주로 거래되므로 1차시장보다는 거래 작품의 폭이 그만큼 좁아진다. 뉴욕에서 아트딜러로 활동한 제프리 다이치 Jeffrey Deitch는 1980년대 뉴욕 화랑에서 전시회를 가졌던 1,000명가량의 작가들 중에 불과 15명 내지 20명 정도가 2차시장에 남았을 뿐이라고 했다(Adam Lindemann, p.55)

싱거와 린치(Leslie Singer and Gary Lynch, 1994)는 미술시장을 1차시장, 2차시장, 3차시장 tertiary market으로 구분하기도 했다. 이들은 2차시장을 세분하여 아트딜러에 의해 재판매되는 시장을 2차시장으로, 경매회사에 의해 재판매되는 시장을 3차시장으로 정의했다. 그렇지만 1차시장과 2차시장의 구분에 비해, 이들의 구분은 불필요하게 복잡하고 미술시장의 이해와 관련하여 추가적인 이점을 주지도 않는다.

〈3-3〉 1차시장과 2차시장

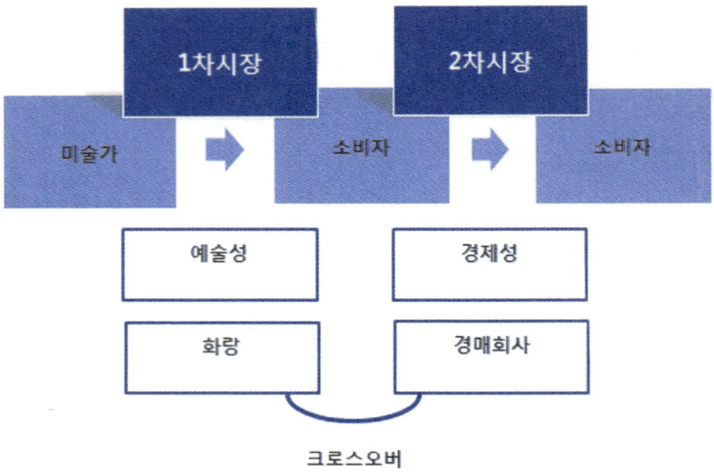

오늘날 1차시장과 2차시장 간의 전통적 경계는 이완되는 추세다. 화랑과 경매회사의 업무 경계가 모호해지면서 크로스오버crossover 현상이 나타나고 있다. 과거에는 미술시장에서 1차시장은 화랑이, 2차시장은 경매회사가 담당하는 방식의 구분이 수용되었으나 최근 이러한 전통적인 구분은 더 이상 의미를 지니지 못하게 되었다. 아트딜러가 경매회사를 설립하여 운영하는 경우도 있고, 경매회사가 전시장을 설립하여 화랑을 운영하는 경우도 있다. 국내 대표적 경매회사들은 화랑이 설립했고, 해외에서는 대형 경매회사가 화랑을 인수하는 사례가 많다.

1차시장을 거쳐서 2차시장에 진출한다는 원칙도 희석되었다. 새로 만든 작품들은 화랑에 의뢰하여 판매하는 것이 미술시장의 관행이지만 2008년 9월 데미안 허스트Damien Hirst, 1965-는 화랑을 거치지 않고 새 작품들을 직접 소더비 런던 경매('Beautiful Inside My Head Forever' 경매)에 내놓았다. 이틀간 개최된 경매에서 모두 218점을 1억 9,860만 달러(1억 1,100만 파운드)에 판매했다. 단일 작가 경매에서 종전 기록은 1993년에 피카소 작품 88점을 약 2,000만 달러에 판매한 것이었는데 이 기록을 크게 뛰어넘었다. 오늘날 온라인 미술시장을 중심으로 미술가가 직접 새 작품을 경매를 통해 판매하는 현상도 있으며, 아트페어에서 최초판매와 재판매의 구별이 거의 없어지는 현상도 나타나고 있다.

3.2.2. 오프라인 시장과 온라인 시장

20세기까지도 미술품 거래는 오프라인의 화랑과 경매회사 등을 통해서만 이루어졌으나 21세기 들어서 온라인 미술시장이 확대되고 있다.

인터넷이 생활화되면서 미술가가 매개자를 거치지 않고 직접 소비자와 거래하는 일이 가능해지자 자신의 작품을 온라인으로 판매하는 미술가가 늘어났다. 미술가가 자신의 홈페이지나 블로그에 작품의 이미지, 크기, 판매가격 등 관련 정보를 제시하면 소비자가 그것을 보고 구입하는 것이다. 미술가가 화랑이나 아트페어를 통해 판매할 때는 판매가의 50% 정도를 수수료로 지불한다. 만일 직거래를 하면 미술가와 소비자가 모두 이득을 얻을 수 있다.

이와 별도로 온라인 전문 화랑과 경매회사도 성장하고 있다. 오프라인 기반이 없는 온라인 전문회사들이 속속 등장했는데 아트넷artnet이 대표적이다. 미술품만을 전문으로 다루고 있지는 않지만 이베이ebay를 통해서도 많은 미술품이 거래되고 있다.

온라인 미술시장은 몇 가지 점에서 기존의 오프라인 미술시장보다 강점이 있다.

첫째, 시장 접근성이 높다. 오프라인 화랑이나 경매장에 비해 생산자나 소비자 모두 훨씬 손쉽고 편리하게 접근할 수 있다. 많은 사람들이 참여할 수 있기 때문에 오프라인에 비해 대중적 미술시장을 형성할 수 있다.

둘째, 거래 수수료가 저렴하다. 오프라인 화랑이나 아트페어의 경우는 판매가격의 50% 정도가 수수료이고, 경매회사의 경우는 10% 정도 혹은 그 이상의 수수료가 판매자와 구매자 양쪽에 부과된다. 오프라인 매장을 운영하지 않는 온라인에서는 이보다 훨씬 낮은 수수료의 책정이 가능하고, 생산자나 소비자 모두에게 이득을 줄 수 있다.

셋째, 거래의 투명성이 높다. 오프라인에서는 가격 등 거래정보를 거래당사자 외에는 알기 어렵고 그만큼 거래정보의 투명성이 낮다. 온라인 거래 내역은 오프라인보다 훨씬 많은 사람들에게 지속적으로 공개된다. 나아가 오프라인에 비해 가격의 거품이 적다. 미술가의 입장에서는 오프라인보다 온라인에서 가격이 낮게 형성되는 것이 불만족스러울 수 있으나, 그것은 기존 오프라인 가격이 지나치게 높게 책정되었다는 사실을 보여주는 반증이기도 하다. 미술가는 오프라인에서의 높은 가격과 제한된 수요, 온라인에서의 낮은 가격과 풍부한 수요 중에서 적절하게 선택할 수 있다.

넷째, 거래 미술품의 품질과 관련하여 위작 거래의 가능성이 낮다. 오프라인 화랑은 여러 지역에 산재되어 있고 취급하는 모든 미술품이 위작인지 아닌지 일일이 점검할 방법이 없다. 그러나 온라인 화랑이나 경매회사의 미술품은 해당 미술가뿐만 아니라 미술 관계자들에게 항상 노출되어 있고 실시간으로 감시 · 감독이 이루어지므로 그만큼 위작이 거래될 여지가 줄어든다.

이러한 몇 가지 강점을 기반으로 하여, 2000년대 이후 온라인 미술시장의 거래량은 지속적으로 증가해왔다. 그러나 사치재로서 미술품의 가격대가 일반 재화보다 훨씬 높기 때문에 사람들이 직접 거래를 선호하는 경향이 있으며 이는 온라인 시장의 확대에 제약으로 작용한다. 결과적으로 온라인 미술시장에서는 비교적 낮은 가격대의 미술품이 주로 거래되고 있다. 그동안 거래 작품 수의 측면에서는 온라인 미술시장이 크게 성장했으나 주도권은 여전히 오프라인 시장이 유지하고 있다.

3.3. 미술품 가격

3.3.1. 1차시장가격과 2차시장가격

일반 재화는 대량생산되기 때문에 여러 재화가 모두 동질적이며 다 같은 가격에 거래된다. 〈3-4〉에서 왼쪽 그래프가 일반시장이다. 여기서는 수요와 공급이 만나는 가격이 800만 원으로 이 가격으로 30개의 제품이 거래되었다. 그런데 만약 이 제품이 갑자기 인기를 끌게 되어 수요가 늘어난다면, 가격도 오르고 거래량도 늘어나게 된다. 수요가 D_1으로 되면 가격은 1,000만 원으로 오르고 거래량도 40개로 늘어난다.

그러나 미술품은 하나하나 이질적인 차별재이고 각기 다른 가격에 거래된다. 각각의 미술품은 거래량이 1점으로 고정되어 있는 것이 일반 재화와 차이점이다. 미술시장에서는 수요가 늘어나더라도 1점 외에 더 공급될 수 없다. 〈3-4〉에서 오른쪽 그래프가 미술시장이다. 만약 미술품 수요가 D_1으로 되면 가격은 1,000만 원으로 오르지만 거래량은 1점 그대로다.

〈3-4〉 일반시장과 미술시장

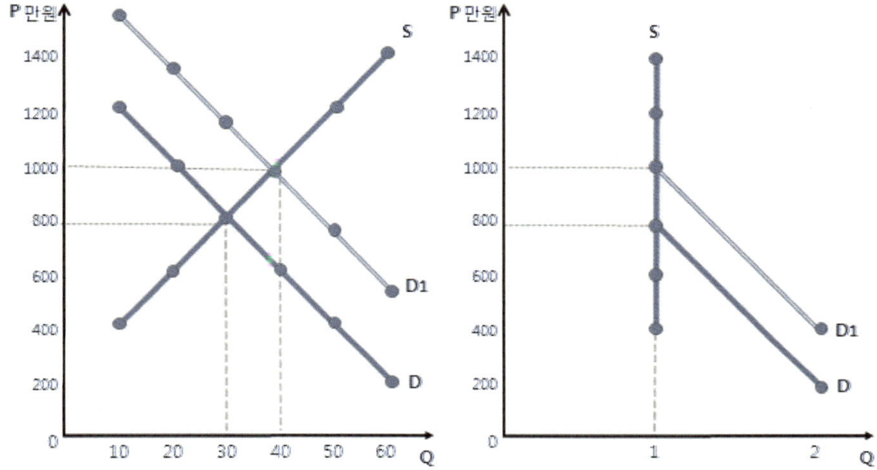

미술품은 미술시장의 유형에 따라 가격이 정해지는 방식에 차이가 있다. 미술시장을 1차시장과 2차시장으로 구분할 때, 두 시장에서 가격결정 방식이 상이한 것이다.

1차시장에서는 공급자인 화랑과 미술가가 협의하여 가격을 정하고 수요자는 그 가격을 받아들여 살지 안 살지를 결정한다. 그러나 2차시장에서는 공급자가 받고자 희망하는 최저가격은 설정할 수 있지만 미술품이 실제 얼마의 가격에 거래될지는 수요자의 평가에 따라 상당히 달라진다. 경매장을 중심으로 한 2차시장은 진정한 의미의 시장가격이 형성되는 곳이다. 2차시장에서 형성된 시장가격은 1차시장에 피드백feedback되고 가격 결정에 영향을 미친다.

공급자가 일률적으로 가격을 정하는 1차시장에서는 가격이 경직적이고 판매 장소나 환경에 따른 가격 변동성이 적다. 작품 판매가 개인적 친분이나 소규모의 전문적 그룹에 기반을 두고 이루어지는 경우도 있다. 반면 수요자 중심으로 가격이 결정되는 2차시장에서는 경매회사에 따라, 경매 장소나 경매장 분위기에 따라 가격이 유동적이고 가격 변동성이 크다. 불특정 다수 수요자가 참여하는데 제약이 없고 공개입찰 방식으로 거래가 진행되므로 수요자의 범위가 1차시장보다 폭넓다.

동일한 미술품이 화랑과 경매장에서 서로 다른 가격에 거래되는 것은 이들이 서로 다른 체계로 운영되기 때문이다. 화랑이 예술 체계라면 경매장은 시장 체계다. 화랑이 예술을 방어하는 보루라면, 경매장은 시장의 깃발을 흔든다(Piroschca Dossi, 2007). 화랑이 생산자인 미술가를 주로 대변하는 반면, 경매장에서는 미술소비자의 입장이 힘을 발휘한다. 화랑에서는 미술에 대한 전문적 지식이 중요하지만, 경매장에서는 경제적 능력이 중요하다. 화랑과 경매장은 각각 어떤 것이 좋은 예술작품으로 간주될 수 있는가와 어떤 것이 높은 투자가치를 가지고 사람들의 돈을 끌어들일 수 있는가를 두고 이중의 경쟁을 한다.

화랑은 판매수익에 관심이 있다. 미술가와 화랑은 판매수익을 일정 비율로 나누므로 이해를 같이 한다. 높은 가격은 화랑이 관리하는 미술가의 명성과 직결되므로 화랑은 미술품이 팔릴 가능성이 낮더라도 가급적 높은 가격을 책정하는 경향이 있다. 반편 경매회사는 작품을 제작한 미술가와는 특별한 관계가 없다. 경매회사는 경매 수수료를 받는데, 거래가 많이 성사될수록 수수료 수입이 많아진다. 따라서 다소 낮은 가격이라드 거래가 많아지는 쪽을 선호한다.

일반적으로 1차시장보다는 2차시장에서 거래의 투명성이 높다. 1차시장에서는 판매자와 구매자가 1대1로 거래하는 경우가 많기 때문에, 그러한 거래의 결과로서 화랑가격 gallery price이 공표되더라도 대외적 신뢰성을 담보하기 어렵다. 반면, 2차시장에서는 여러 명의 구매자가 동시에 경쟁에 참여하고 공개적으로 거래가 진행되기 때문에 경매가격 auction price이 더 공신력을 지닐 수 있다. 미국 국세청은 미술품을 평가할 때 화랑가격이나 전문가의 추정가격보다 경매장에서 형성된 가격을 중시한다. 경매가격은 미술품의 시장가격 척도다.

경매가격은 화랑가격보다 객관적이긴 하지만 이 점을 과대평가해서는 안 된다. 한 작품에 대한 경매가격은 여러 번에 걸친 경매의 결과로서 형성되는 것이 아니라 단 한 번의 경매에서 결정된다. 경매 거래에서 잠재적 수요자는 항상 소수이고, 경매가격은 한 시점의 수요자 판단에 의해 좌우된다. 또한 미술품 가치가 기본적으로 주관적이고 불확실하기 때문에, 경매회사는 자신이 미리 소비자에게 제시하는 추정가격estimate price을 위아래로 적절히 조정함으로써 경매가격에 영향을 미치고자 할 여지도 있다.

미술시장이 제대로 발전하지 못한 상태에서는 1차시장의 화랑가격이 높게 형성될 가능성이 있다. 1차시장 가격은 미술가와 화랑의 입장에서 받고자 하는 희망가격으로,

〈3-5〉 미술품의 거래비용

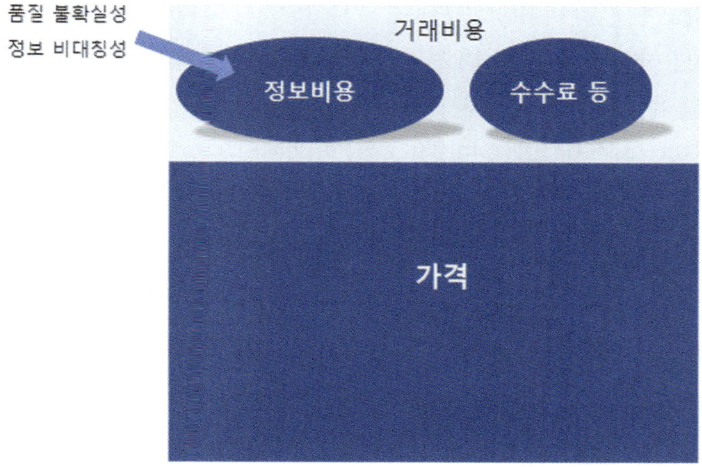

공급자가 일방적으로 제시한 가격이다. 미술시장이 발전하여 2차시장에서 소비자의 검증을 거친 경매가격 결과가 나타나고 그것이 1차시장으로 피드백된다면 1차시장에서의 가격 거품이 제거될 수 있다.

미술품은 일반 재화보다 거래비용transaction cost이 많이 든다. 거래비용은 어떤 재화를 구입할 때 가격 외에 지불하는 모든 비용을 말한다. 이 거래비용에는 재화를 사고팔 때 지불하는 수수료 외에 좋은 물건을 찾고 고르기 위해 투입하는 시간과 노력 같은 정보비용information cost이 포함된다.

미술품은 다른 재화보다 품질 불확실성quality uncertainty이 크고, 미술시장에서 판매자와 구매자간 정보 비대칭성information asymmetry이 큰 특징이 있다. 결과적으로 품질이 떨어지는 미술품('레몬' lemon)을 높은 가격을 지불하고 구입할 가능성이 크고, 투자재로서 미술품 구매는 실패할 위험이 항상 존재한다. 그러므로 작품의 질적 측면이나 되팔 때의 기대되는 수익성 등에 관한 좀 더 객관적이고 신뢰할만한 정보를 확보하기 위해서 많은 시간과 노력과 돈을 들여야 한다. 미술품은 사고팔 때의 수수료도 일반 재화나 금융 상품보다 높지만 특히 정보비용이 많이 든다. 그러므로 구매자 중 일부는 정보비용이 덜 드는 선택을 우선적으로 추구할 가능성이 있다. 전위적인 신진작가보다 이름이 알려진 유명작가 작품을 중심으로 많은 거래가 이루어지는 스타 현상은 그러한 구매자 행동과 연관되어 있다.

미술시장 가운데 정보 비대칭성이 더 큰 1차시장에서 거래비용이 특히 높다. 그러므로 미술시장이 성장하고 2차시장의 비중이 커지면, 두 시장간 가격 괴리는 줄어들고 거래비용도 그만큼 줄어들 것이다. 2차시장의 성장은 미술시장의 성격을 엘리트 시장에서 대중시장으로 바꾸고, 미술시장의 투명성을 높이고 거래비용을 낮추는 역할을 한다.

한편, 미술품 가격 결정방식은 크게 판매자 주도형, 구매자 주도형의 두 유형으로 구분할 수 있다. 1차시장에서 가격결정의 주도권은 판매자 즉 미술품 생산자나 그를 대신한 매개자가 갖게 된다. 판매자가 일정한 가격을 제시하면 구매자는 그것을 받아들일 것인지 말 것인지를 결정한다. 2차시장에서는 가격결정의 주도권은 구매자가 갖는다. 구매자가 제시하는 가격에 의해 가격이 결정되고, 판매자는 구매자가 제시한 가격으로 팔지 안 팔지만 선택할 수 있다.

미술시장의 발전에 따라 미술품 가격 형성을 주도하는 주체가 변하게 된다. 미술시장이 아직 성숙하지 못한 초기 단계에서는 판매자가 가격 결정을 주도한다. 유명 미술가의 경우는 생산자 스스로 주도하고, 신진 미술가이거나 덜 알려진 미술가의 경우는 매개자로서 화랑이 그것을 주도한다. 특히 전속작가제도 하에서는 화랑이 주도권을 갖고 있다. 하지만 미술시장이 본격적으로 성장하고 경매가 활성화되면 구매자가 가격 결정으로 주도하는 방식으로 변화가 일어난다. 미술품의 가격을 결정하는데 미술가와 화랑 사이의 합의가 덜 중요해지고 수요와 공급이라는 시장의 힘이 더 중요해진다(Kevin F. McCarthy, 2005).

3.3.2. 호당가격제

1차 시장에서 화랑과 미술가가 미술품의 판매가격을 정하는데, 그 기준으로 미술품의 크기, 재료, 기대수익, 미술가의 명성 등 여러 요소를 고려할 수 있다. 그 중 과거 우리나라에서는 작품의 크기에 따라 가격을 정하는 호당가격제가 널리 활용되었다.

호toile는 캔버스 크기를 지칭하는 단위로서 19세기 프랑스에서 미술품 제작과 거래를 표준화하기 위해 만든 도량형이다. 이 시기 산업화된 회화 제작용품의 생산과 유통을 위해 표준화가 필요했고 이후 다른 여러 나라에서도 쓰이게 되었다.

0호에서 120호까지 크기가 있으며 인물, 풍경, 해경 혹은 바다풍경 등 장르별로 크기가 다르게 규정되었다. 각 장르별 호의 세로 크기는 동일하지만 가로 크기는 인물, 풍경, 바다풍경 순으로 한 호씩 높게 적용된다. 예컨대 인물 1호, 풍경 2호, 바다풍경 3호의 가로 크기는 16cm로 동일하다.

이러한 호의 개념을 미술품 가격의 결정 요소로까지 격상시킨 것이 호당가격제다. 각 미술가별로 1호 크기의 가격을 정한 다음, 그림의 크기가 커지면 그에 비례하여 가격을 높게 책정하는 방식이다. 어떤 미술가의 작품이 호당 10만 원이라면 50호는 500만 원, 100호는 1,000만 원으로 가격이 정해지는 것이다. 1호는 국내 인물화 기준으로 보통 우편엽서의 두 배 남짓(2.4배)한 크기이고 A4용지의 절반 정도(0.6배) 크기다. 다만, 애당초 미술품 가격을 정하기 위한 목적이 아니라 미술용품 표준화 목적으로 도입된 것이므로, 호수의 크기가 평면적 기준의 크기와 완전히 일치하지는 않는다. 예를 들면 10호가 1호의 열 배가 되는 것은 아니다. 국내 인물화 기준으로 보면 10호는 1호의 6.7배, 100호는 1호의 59배 면적이다.

〈3-6〉 프랑스와 한국의 회화 기준 호수 (단위: cm)

프랑스				한국			
호수 No.	인물 Figure	풍경 Paysage	바다풍경 Marine	호수	인물 F(Figure)	풍경 P(Paysage)	바다풍경 M(Marine)
0	18 x 14	18 x 12	18 x 10	0	18.0 x 14.0		
1	22 x 16	22 x 14	22 x 12	1	22.7 x 15.8	22.7 x 14	22.7 x 12
2	24 x 19	24 x 16	24 x 14	2	25.8 x 17.9	25.8 x 16	25.8 x 14
3	27 x 22	27 x 19	27 x 16	3	27.3 x 22.0	27.3 x 19	27.3 x 16
4	33 x 24	33 x 22	33 x 19	4	33.4 x 24.2	33.4 x 21.2	33.4 x 19
5	35 x 27	35 x 24	35 x 22	5	34.8 x 27.3	34.8 x 24.2	34.8 x 21.2
10	55 x 46	55 x 38	55 x 33	10	53.0 x 45.5	53.0 x 40.9	53.0 x 33.4
15	65 x 54	65 x 50	65 x 46	15	65.1 x 53.0	65.1 x 50.0	65.1 x 45.5
20	73 x 60	73 x 54	73 x 50	20	72.7 x 60.6	72.7 x 53.0	72.7 x 50.0
25	81 x 65	81 x 60	81 x 54	25	80.3 x 65.1	80.3 x 60.6	80.3 x 53.0
30	92 x 73	92 x 65	92 x 60	30	90.9 x 72.7	90.9 x 65.1	90.9 x 60.6
40	100 x 81	100 x 73	100 x 65	40	100.0 x 80.3	100.0 x 72.7	100.0 x 65.1
50	116 x 89	116 x 81	116 x 73	50	116.8 x 91.0	116.8 x 80.3	116.8 x 72.7
60	130 x 97	130 x 89	130 x 81	60	130.3 x 97.0	130.3 x 89.4	130.3 x 80.3
80	146 x 114	146 x 97	146 x 89	80	145.5 x 112.1	145.5 x 97.0	145.5 x 89.4
100	162 x 130	162 x 114	162 x 97	100	162.2 x 130.3	162.2 x 112.1	162.2 x 97.0
120	195 x 130	195 x 114	195 x 97	120	193.9 x 130.3	193.9 x 112.1	193.9 x 97.0
				150	227.3 x 181.8	227.3 x 162.1	227.3 x 145.5
				200	259.1 x 193.9	259.1 x 181.8	259.1 x 162.1
				500	333.3 x 248.5	333.3 x 218.2	333.3 x 197.0

주: 왼쪽은 프랑스 표준 규격이고 오른쪽은 한국화랑협회의 한국회화기준호수 규격임.

호당가격제는 일본에서 사용되던 것이 한국에 들어와 1970년대에 널리 쓰이기 시작했다. 서구의 경우에도 여러 국가에서 호의 개념을 사용했고 작품 크기는 1차시장에서 가격결정 요소로 중시되었다. 정보의 비대칭성이 큰 1차시장에서 작품의 질적 측면보다는 작품 크기가 안정적이고 확실한 기준으로서 객관적으로 받아들여질 수 있었다. 그러나 일본이나 한국처럼 호수에 전적으로 의존해 미술품 가격을 정하는 경우는 드물었다. 특히 20세기 후반 경매시장이 대중화되고 포스트모더니즘 시대를 경과하면서 캔버스를 벗어난 새로운 미술 영역 즉 설치미술, 미디어아트 등이 성장하면서, 모더니즘 시대에 등장한 이 표준화 규격은 의미가 크게 축소되었다.

호당가격제는 가격 결정에서 판매자 주도형 방식의 전형적 예다. 즉 미술가가 일방적으로 자기 작품의 가격을 결정하고 소비자는 단지 그것을 살지 말지를 선택할 수 있는 것이다. 여기서 작품 가격이 정해지는 기준은 보통 학력과 연령 등 미술가의 인적 특성이다. '나는 특정한 유명 미술가와 같은 명문대에서 수학했고 작품 활동기간도 비슷하므로 내 그림이 그의 그림보다 더 싸서는 안 된다'는 식이다. 이런 기준에 따라 호당가격이 정해지면 다음은 작품의 크기다. 큰 작품일수록 '나의 노력과 수고가 더 많이 투입되었으니 그만큼 더 비싸야 한다'는 것이다.

호당가격제는 우리나라에서 미술품의 1차시장만 존재하고 2차 경매시장이 성장하기 이전인 1990년대 말까지 미술시장의 보편적인 가격결정 방식이었다. 미술가가 스스로 가격을 정하고 구매자는 그것을 따랐다. 구매자 입장에서도 미술가나 화랑이 호당가격을 계속해서 올려준다면 이 제도를 굳이 마다할 일이 아니었다. 박수근 경우 호당가격은 1978년에 100만 원에서 1989년에는 1,500만 원을 거쳐 2000년에는 5,000만 원으로 되었다(김순응, 2006)

조각의 경우도, 회화에서 작가별 호당가격과 유사한 작가별 중당가격 개념이 있으며 공공조형물 등에 적용되었다. 먼저 바닥을 제외한 입체의 5면 면적을 제곱미터 단위로 계산해 합친 다음 0.018로 나누는 방법으로 총 입체 면적(중수)을 산출하고, 이것에 작가별 중당가격을 곱해 작품가격을 정하는 방식이다.

호당가격제는 미술품 가격을 미술가 브랜드와 작품 크기로 결정하는 것이지만, 동일 작가의 비슷한 크기 작품이라도 그것의 예술적 완성도는 상당한 차이가 있다. 특별히 뛰어난 작품이 있고 평범한 작품이 있으며 질이 떨어지는 작품도 있다. 전성기 작품은 당연히 미학적 가치가 높다. 양적 기준인 호당가격제에서는 개별 작품 하나하나의 질적 요소에 대한 평가가 작품 가격에 반영될 여지가 없다.

이러한 점에서 호당가격제에 비판도 많이 제기되었고, IMF 외환위기로 불황기였던 1998년에는 갤러리 현대가 처음으로 '호당가격 없는 작품전'을 개최하기도 했다. 하지만 그 이후로도 호당가격제는 국내 1차시장에서 가장 중요한 기준으로 통용되었다. 호당가격제가 합리적인 기준은 아니지만, 직관적으로 이해하기 쉽고 편리한 장점이 있고 그것을 대신할만한 다른 대안이 없었던 것이다.

그러나 1990년대 말에 국내 미술시장에 경매 제도가 도입되었고, 2000년대 중반에 이르러 경매를 통한 미술품 거래가 크게 활성화되면서 미술품 가격 결정에서 그동안 호당가격제가 누려온 독점적 지위는 상실되었다. 물론 2차 경매시장에서도 작품 크기는 가격결정 요소 가운데 하나이고, 경매회사에 따라 호당가격을 반영하여 작품의 추정가격을 제시하는 경우도 있다. 그러나 2차시장에서는, 1차시장과 달리 가격이 작품 크기에 따라 정해지는 경우는 적고 다른 여러 요소들이 함께 고려되어 가격이 정해진다,

결국 경매시장의 성장과 함께 우리나라의 미술품 가격결정 주체도 판매자 주도형에서 벗어나고 있으며, 점차 구매자 주도형 시장 영역이 확장되고 있다. 경매가격이 화랑가격에 영향을 미치고, 특히 해외 경매가격이 국내 1차시장에 미치는 영향도 날로 증대했다.

3.3.3. 미술품 가격의 결정요인

일반 재화시장과 마찬가지로 미술시장에서도 가격을 결정짓는 것은 수요와 공급이다.

가격과 수요 · 공급은 한 쪽이 다른 쪽을 결정하는 관계가 아니고 상호영향을 미치는 관계다. 즉 수요와 공급 의해 가격이 결정되지만, 가격에 따라 수요나 공급은 늘기도 하고 줄기도 한다. 그런데 미술시장에서 미술품 가격 말고도 수요와 공급에 영향을 미치는 많은 요소들은 있다.

미술품의 가격을 결정하는 요소는 크게 미술가의 특성, 미술품의 특성, 유통을 담당하는 매개자의 특성, 구매자의 특성, 그리고 미술시장의 전반적 특성의 5가지 범주로 분류할 수 있다. 이 다양한 요소들이 미술품 수요와 공급에 영향을 미치고, 미술품 가격을 결정하게 되는 것이다.

〈3-7〉 미술품 가격의 결정요인

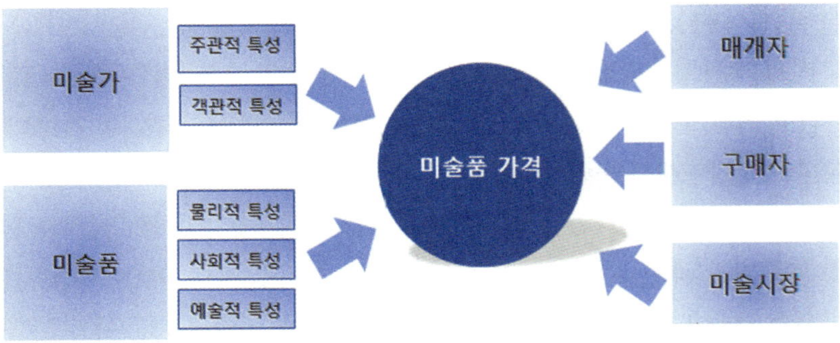

이들 가운데 생산 주체인 미술가 특성과 미술품 특성이 일차적으로 중요하다. 미술품은 작가가 누구인가에 따라 가격이 달라지고, 같은 작가의 작품이라도 크기, 재료, 주제, 시기 등에 따라 가격 차이가 발생한다.

호당가격제는 여러 특성 가운데 미술가 특성과 미술품 특성 두 가지만 고려하고, 특히 미술품 특성 중에서는 작품 크기만 고려하는 방식이다. 미술가와 미술품 특성 외에 매개자와 구매자의 특성, 미술시장 전반적인 특성 등도 미술품 가격에 영향을 미친다.

미술가 특성

작가가 누구인가는 미술품 구매와 가격 결정에서 가장 먼저 고려되는 요소다. 작가 브랜드의 가치에 따라, 미술사적 의의를 지닌 대표작가의 작품, 원로작가나 중견작가의 작품, 신진작가나 아마추어 작가의 작품으로 분류되며 그 가격은 각기 다르게 형성된다.

미술가 특성 중에는 예술적 명성과 미술시장에서의 인기가 주요 요소로서 고려된다. 예술적 명성 혹은 평판reputation은 미술관 및 비엔날레 전시를 비롯한 주요 전시회 경력, 수상 경력, 미술잡지 같은 미술관련 문헌에서 다루어지는 빈도, 주요 미술관에 작품이 소장되었는지 여부 등에 의해 결정된다. 미술시장에서 미술가의 인기popularity는 보통 예술적 명성과 연관되어 있는 경우가 많지만, 적극적인 홍보나 마케팅 노력에 의해 인지도와 선호도가 높아질 수 있고 미술가가 담당하는 직책과 사회적 지위나 역할에 따라서 달라지기도 한다. 특히 미술시장 수요자들이 예술적 가치보다는 경제적 가치를 더 중시하는 경우 미술가의 예술적 명성과 시장에서의 평가에 괴리가 생길 수 있다. 어쨌든 시장에서 미술가의 인기는 미술품의 가격을 결정하는 주요 요소다.

명성과 인기는 미술가 특성 가운데 질적 특성이고, 평가자의 판단에 따라 등급을 달리 부여할 수 있는 주관적 특성이다. 이러한 특성 외에 미술가의 객관적 특성도 가격에 영향을 미칠 수 있다. 그것은 작가의 생존 여부, 연령, 성별, 활동 지역, 활동 국가, 학력 혹은 교육이력, 직업, 작품 활동 기간 등이다. 이러한 특성들은 조사 자료를 통해 객관적으로 파악 가능한 것으로, 인구통계적demographic 특성이라고도 한다.

작가의 생존 여부는 작품생산량과 관련되어 있어 중요하다. 생존 작가는 작품 수가 늘어날 가능성이 있지만, 작고 작가는 작품 수가 한정된다. 특히 작가가 사망하면 가격이 오르는 사망효과death effect가 나타나는 경우도 있다. 또, 생존 작가는 예술적 명성과 미술시장에서의 인기 등이 유동적이지만 작고 작가는 거의 고정적이다. 결과적으로 생존 작가는 작품가격의 등락이 크지만 작고 작가는 작품가격이 안정적이다. 또한 작품 활동 기간이 짧거나 일 년에 한두 점씩만 제작한 작가는 활동기간이 길고 작업속도가 빠른 작가보다 가격이 높게 설정될 가능성이 있다.

명성, 인기, 인구통계적 특성 등에 의해 미술가 브랜드 가치가 정해지면 그것은 미술가의 개개의 작품 가격 형성에 영향을 미친다. 그러므로 특정 미술가의 작품은 개별 작품별로 등락하기보다는 전체적으로 함께 등락하는 경우가 많다.

미술품 특성

미술품 특성은 개별 작품에 고유한 정보를 나타내는 것으로 물리적 특성, 사회적 특성, 예술적 특성이 있다.

첫째, 미술품의 물리적 특성은 작품의 크기, 재료, 바탕 재료, 주제, 제작시기, 보존상태, 작가의 서명 유무 등이다.

먼저 작품의 크기dimension에 따라 가격이 달라지며, 다른 요소가 같다면 작은 작품보다 큰 작품의 가격이 높다. 피카소의 회화 작품 중 1963년부터 1994년까지 경매시장에서 거래된 800여 점에 대한 분석에 의하면 작품 크기가 커질수록 가격이 상승하지만 그 한계 상승폭은 점차 줄어드는 것으로 나타났다(Corinna Czujack, 1997). 또한 회화든 조각이든, 작품 이동이 쉽지 않거나 일반 가정집 벽이나 실내에 설치할 수 없을 정도로 크기가 커지면 오히려 가격이 떨어질 수 있다.

재료나 바탕 재료에서도 가격 차이가 발생하는데 가령 유화와 드로잉, 캔버스 그림과 종이 그림은 제작비부터 차이가 있고 따라서 가격에서도 차이가 생긴다. 김환기의 캔버스 바탕의 유화 「산월」은 2013년 서울옥션 홍콩 경매에서 2억 3,480만 원에 거래되었고, 종이 바탕의 과슈 「무제」는 2013년 K옥션 경매에서 5,600만 원에 거래되었다. 같은 종이 바탕에 그려진 작품이라도 색상 유무도 작품가격에 영향을 미친다. 과슈든 수채물감이든 크레용이든 색채 작품은 연필, 목탄, 콩테conté, sanguine를 사용한 단색 작품보다 가격이 높다. 조각에서도 재료의 우열이 가격에 영향을 미친다. 가령 이탈리아의 유명 대리석 산지 카라라Carrara의 재료를 쓰는 인근 피에트라산타Pietrasanta 작업실 작품들은 높은 가격으로 거래된다.

작품 주제subject는 크게 구상과 추상으로 구별되고, 구상에서는 인물(초상), 풍경, 정물, 동물 등이 있지만 작가마다 그 가운데 훨씬 세분화된 특정 주제를 선택적으로 다룬다. 특히 다루는 주제가 다양하고 시기적으로 주제의 변동이 있는 미술가의 경우 주제에 따라서 작품 가격에 많은 차이가 있다. 이우환은 선, 점, 바람, 조응 등의 주제를 다루었는데, 2014년 K옥션 경매에서 「선으로부터 No.12-12」1982, 80x100cm는 4억 5,000만 원에, 「조응」1994, 100x80cm은 9,000만 원에 낙찰되어 같은 재료, 같은 캔버스, 같은 크기임에도 5배의 가격 차이가 났다.

제작 시기에 따라서도 작품가격이 달라질 수 있다. 같은 작가의 작품이라도 전성기 때 작품, 미술가 브랜드를 한눈에 알 수 있는 고유의 스타일signature style이 드러나는 작품은 가격이 높다. 제작된 작품 수가 적은 시기의 작품은 희귀효과rarity effect에 의해 높은 가격에 거래된다. 신작이 아닌 경우 작품 보존상태도 영향을 미친다. 가령 경매회사의 작품상태보고서condition report에서 우수한excellent 상태로 평가된 작품은 가격이 높아진다. 그리고 작가 서명이 없는 작품은 다른 입증 자료가 부족한 경우 낮은 가격에 거래되거나 거래 자체가 어렵다.

둘째, 미술품의 사회적 특성에는 작품의 소장이력 혹은 출처provenance, 도록 수록 여부, 주요 전시회 참가 여부, 이전의 거래 가격 등이 포함된다.

소장이력이 분명하거나 저명인사나 높은 안목의 수집가가 소장했던 작품은 더 높은 가격으로 거래될 수 있다. 2007년 소더비 뉴욕 경매에서 로스코Mark Rothko, 1903-1970의 「화이트 센터」White Center(Yellow, Pink and Lavender on Rose) 1950, 206x141cm는 데이비드 록펠러David Rockefeller가 소장했던 작품으로 7,284만 달러에 팔렸으나 다음날 크리스티 뉴욕 경매에서 비슷한 시기에 그려진 비슷한 크기의 로스코 작품은 2,992만 달러에 판매되었다(Findlay, p.43).

화랑의 전시회나 경매 도록은 진위 판단의 근거자료로 활용되고, 도록 표지에 게재된 작품은 더 높은 가격에 거래될 가능성이 있다. 카탈로그 레조네catalogue raisonné 같은 작가의 전작 도록이 제작된 경우는 그 도록에 수록된 작품만 거래 대상이 되고 가격이 형성될 것이다. 그리고 미술관에서 개최한 전시회에 자주 참여하고 비엔날레 등에 출품되었던 작품은 예술적으로 높은 가치를 부여받고 더 비싼 가격에 거래된다. 특히 그러한 전시에서 주목을 받거나 언론에서 화제가 된 작품은 그것의 예술성에 상관없이 높은 가격으로 거래될 가능성이 있다. 또한 경매 거래의 경우 과거 화랑이나 경매에서 거래되었던 작품 가격 기록도 현재의 가격에 영향을 미친다.

셋째, 미술품의 예술적 특성은 주제, 스타일, 제작기법 등에서 혁신성과 독창성을 지니는지, 미술사적 가치는 어느 정도인지 등 미술품의 질적 측면에 관한 전문가의 평가를 포함하는 기준이다. 물리적 특성과 사회적 특성은 객관화되는 정보이지만, 예술적 특성은 평가자에 따라 달라질 수 있는 주관적 정보다.

〈3-8〉은 2005에서 2014년 사이에 국내 경대거래액 상위 미술가 20인의 가격결정에

〈3-8〉 2005-2014년간 국내 경매거래액 상위 미술가 20인의 호당평균가격 (단위 : 1,000원)

	이름	전체	구분(주제, 재료, 시기)
1	박수근 1914-1965	280.201	인물 및 풍경 280,201
2	이중섭 1916-1956	106,455	황소 356,000 / 풍경 121,619 / 인물 86,938
3	장욱진 1917-1990	29,987	가족 풍경 29,987
4	김환기 1913-1974	18,748	구상 29,211 / 비구상 8,284
5	천경자 1924-2015	17,101	인물 석채 46,031 (인물 수묵 20,816) / 풍경 석채13,500 (풍경 수묵 3,050) / 동식물 석채 14,479 (동식물 수묵 1,777) / 드로잉 5,647
6	도상봉 1902-1977	11,603	항아리 있는 꽃 14,456 / 정물 풍경 9,988
7	이우환 1936	10,216	점 17,434 / 선 16,576 / 바람 4,137 / 조응 2,717
8	유영국 1916-2002	5,996	산 5,996
9	오지호 1905-1982	5,647	항구 9,333 / 풍경 정물 5,096
10	이대원 1921-2005	5,366	농원 (1970년대 이전) 7,398 / 농원 (1980년대) 5,119 / 농원 (1990년대 이후) 3,579
11	김흥수 1919-2014	3,932	하모니즘 5,547 / 인물(모자이크) 3,844 / 기타 풍경, 구작 1,854
12	김형근 1930	3,857	인물(꽃과 여인) 7,560 / 정물 풍경 2,369
13	오치균 1956	3,335	감 5,110 / 풍경 2,409
14	김종학 1937	1,975	풍경(꽃 소품) 2,486 / 설경 1,560 / 기타 풍경(동물 인물) 2,042
15	김창열 1929	1,954	1983년 이전 많은 물방울 / 3,012 적은 물방울 2,993 / 1983년 이후 많은 물방울 1,677 / 적은 물방울 1,439 / 문자 1,050
16	김기창 1913-2001	1,416	불새 12,486 / 바보산수 857 / 청록산수 627 / 전통화 491 / 정물 1,115
17	박서보 1932	1,199	묘법 이랑 1,529 / 묘법 빗살무늬 665 / 묘법 연필 987
18	정상화 1932	651	무제 651
19	이상범 1897-1972	640	실경산수 1,455 / 금강산수 933 / 관념산수 274 / 화훼도 사군자 화조도 166 / 삽화 351
20	전광영 1944	594	평집합 600 / 입체집합 609

자료 : 김영석 (2015).

관한 자료다. 여기서는 호당가격을 전체 평균가격과 주제, 재료, 시기별로 구분한 평균가격을 제시했다. 예를 들어 이우환은 점, 선, 바람, 조응 등 주제에 따라 분류했고 천경자는 석채, 수묵담채 등 재료와 인물, 풍경, 동식물 등 주제에 따라 분류했다.

매개자 및 구매자 특성

매개자는 미술품 유통을 담당하며 생산자와 소비자를 연결하는 역할을 한다. 미술품은 유통 경로, 전시와 판매 장소, 경매 장소, 화랑과 경매회사의 평판 등 매개자 특성에 따라 가격이 달라진다. 평판이 높은 화랑이나 소더비나 크리스티 같은 유명 경매회사에서 거래되는 작품은 그렇지 않은 매개자를 통해 거래되는 경우보다 가격이 더 높게 형성된다. 또한 화랑이나 경매회사가 적극적인 홍보와 판매 노력을 할 경우 가격이 올라갈 가능성이 크다.

미술품 구매자의 특성도 미술품 가격에 영향을 미친다. 구매자의 소득, 재산 외에 개인적 취향과 선호 등이 변수로 작용한다. 전문가들과 달리 일반 구매자는 미술품의 예술적 요소보다 장식적 요소에 관심을 갖는 경우가 많다. 작품이 거실에 걸렸을 때 여러 사람들 눈에 띄고 관심을 받을만한 요소가 있는지를 고려하는 것이다. 이 경우 미학적으로는 별 의미가 없는 작품의 제재가 가장 중요한 고려사항이 될 수 있다. 예를 들어 장미셸 바스키아Jean-Michel Basquiat, 1960-1988 작품에서 머리, 왕관, 빨간색이 들어가면 '좋은 바스키아'로 생각하는 구매자들이 있다. 감상 목적으로 작품을 구매하는 소비자는 특정 색채를 사용한 작품에 호의를 표시하거나, 특정 식물이나 동물 그림에 특별한 관심을 표하기도 한다. 투기적 목적으로 작품을 구매하는 소비자는, 작품의 미래 기대수익에 우선적인 기준을 두고 기대수익이 큰 작품에 더 높은 가격을 지불할 것이다. 일부 구매자는 유동성에 초점을 두고 쉽게 되팔 수 있을 작품에 높은 가격을 지불할 수 있다. 구매자의 개별적 특성 외에도 구매자의 집단적 성향도 가격에 영향을 미친다. 시기별로 변천하는 소비자 트렌드와 유행에 따라 특정 경향의 미술품 가격 등락이 발생하는 것이다.

미술시장 특성

지금까지 개별 작품의 특성, 그리고 개별 작품과 직접 관련된 미술가, 매개자, 구매자의 특성이 미술품 가격에 미치는 영향을 검토했다. 작품 가격은 외부적 요인인 미술시장 전반적 상황과 그 변동에 의해서도 영향을 받는다.

미술품의 가격은 미술시장에서 판매되고 있는 비슷한 유파나 비슷한 연령대의 다른 작가들 작품 가격에 영향을 받는 것은 물론이거니와, 나아가 다른 유파나 다른 연령대의 작가들까지 포함한 미술시장 전체의 가격 움직임에 의해서도 영향을 받는다. 특히 예술성을 우선하는 1차시장과 달리 경제성을 우선하는 2차시장에서 개별 작품의 가격은 미술시장 전체의 가격 변동과 더욱 긴밀하게 연관되어 움직이고 있다. 이런 점에서 그 미술품이 언제 거래되는가 하는 매매 시점은 가격 결정에서 중요한 변수가 된다.

〈3-9〉에서 1963년부터 1994년까지 피카소의 회화 작품 경매가격 변동 추세를 보면, 미술시장 전체의 가격 변동과 연동되어 등락했을 알 수 있다. 다만 일부시기에 변동 폭에서 다소 차이가 있다. 그 중 1973년부터 1976년 사이에 피카소 작품가격이 전체 시장가격 보다 빠르게 상승한 것은 피카소Pablo Picasso, 1881-1973의 사망효과에 의한 것으로 해석될 수 있다.

미술품 가격결정 요인으로서 미술가, 미술품, 매개자, 구매자, 그리고 미술시장 전반 등 5가지 특성을 살펴보았는데, 이들은 미술품이 거래되는 모든 시장에 동일하게 적용되는 것은 아니다. 각각의 특성들은 1차시장과 2차시장에서 상이한 중요성을 가질 수 있다. 예컨대 미술품 특성 요인 중에서 1차시장의 화랑가격은 전문가의 예술적 평가 등 주관적

〈3-9〉 피카소와 미술시장 전체의 작품 가격 변동 (1963-1994년)

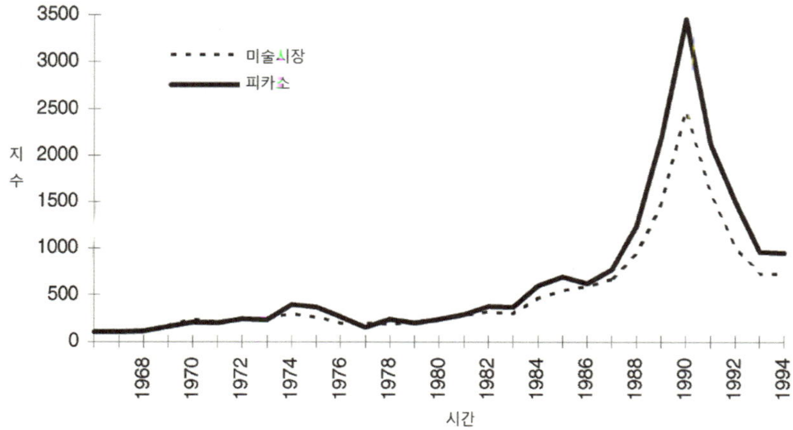

자료: Corinna Czujack (1997).

요소에 의해 미술품 가격이 결정될 가능성이 크다. 반면 경매 시장에서는 경매참여자가 공유하는 객관적인 미술품 특성 요소의 영향이 상대적으로 커진다. 또한 1차시장에서 화랑가격의 결정에는 작품 크기가 가격 결정의 안정적인 기준을 제공하지만, 경매시장에서는 작품 크기와 경매가격의 상관관계가 약하다. 2차시장에서는 소장이력이나 작품의 보존상태도 중요한 변수가 되지만, 새 작품이 거래되는 1차시장에서는 거의 문제가 되지 않는다.

3.4. 미술품 가격지수

미술품의 가격은 수요와 공급에 따라 변동한다. 개개의 미술품 가격이 그것의 수요와 공급에 의해서 결정되듯이 미술시장 전반의 가격 수준은 시장 전체의 수요와 공급에 의해 변동한다. 시장 전체의 수요가 늘면 시장가격 수준은 상승하고 수요가 줄면 시장가격 수준이 하락한다. 이러한 미술시장 전반적인 가격 변동을 나타내는 지표가 미술품 가격지수art price index다.

가격지수는 다양한 특성을 지닌 재화 집단의 가격이 어떻게 변동하는지를 대표적인 수치로 표시한 것이다. 가격지수는 한 시점의 가격을 기준으로 하여 그 후 비교시점의 변동된 가격을 백분율로 표시한다. 가격지수를 산정하는 기본적인 방법은 평균가격average price을 구하는 것이다. 이 방법은 각 시점에서 거래된 재화의 평균가격을 구하여 비교하는 것으로 물가지수나 주가지수 산정에 쓰이고 있다. 미술품 가격지수도 미술품 가격이 어떻게 변동하는지를 하나의 수치로 표현하는 것이므로 일반 재화와 마찬가지로 평균가격 모형을 활용할 수 있다.

그런데 미술품 가격지수 산정에서는 일반 재화와 다른 제약이 있다. 우선 1차 미술시장에서 거래되는 작품들은 외부로 가격이 잘 알려지지 않으며 알려지는 경우에도 거래가격의 객관적 신뢰성이 낮은 경우가 많다. 이런 점 때문에 1차시장의 미술품 거래는 배제하고 2차시장의 거래, 즉 경매에 한정하여 가격 변동을 조사해 지수로 나타내는 것이 보통이다.

2차시장의 가격만 대상으로 하더라도 미술품이 지닌 고유한 특성 때문에 두 가지 제약이 남는다.

첫째는 제품의 이질성heterogeneity혹은 차별성이 크다는 점이다. 동질재란 서로 대체가능성을 지닌 제품인데, 미술시장에서는 엄밀한 의미에서 동질재가 존재하지 않는다. 예를 들어 반 고흐Vincent van Gogh, 1853-1890는 1886년에서 1889년 사이에 37점 가량의 자화상self portrait을 그렸지만, 그것들이 서로 대체가능한 제품이라 할 수 없다. 제품마다 상이한 특성을 지닌 차별재가 거래되는 미술시장에서, 동질재가 거래되는 일반시장과 같은 방식으로 평균가격 변동을 산출한다면 미술품의 전반적인 가격변동 추세를 올바르게 반영하기 어렵다. 둘째는 제품의 거래빈도trading frequency가 낮다는 점이다. 해마다 같은 제품이 반복해서 거래되는 일반 재화시장과 달리, 미술시장에서는 일정 기간 내에 어떤 작품이 시장에서 다시 거래될 가능성이 적다. 한번 거래된 반 고흐의 자화상 한 점이 조만간 미술시장에 등장해 또 거래될 가능성은 희박하다. 그러므로 해마다 서로 다른 작품이 거래되는 상황에서, 평균가격 변동은 미술품의 전반적인 가격변동 추세를 정확하게 나타내지 못한다.

그러므로 미술품의 가격변동을 분석할 때 미술품 고유의 특성 혹은 제약 조건을 고려하여야 한다. 이러한 점을 고려하여 오늘날 두 가지 미술품 가격지수 모형이 활용되고 있다. 하나는 반복매매repeat-sales 모형(이중매매double-sale 모형)이고 다른 하나는 헤도닉hedonic 모형이다.

〈3-10〉 미술품 가격지수 – 반복매매와 헤도닉

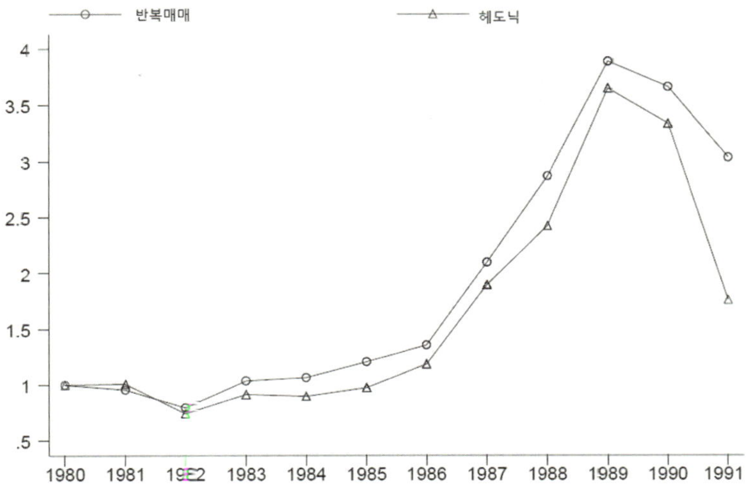

자료 : Orley Ashenfelter and Kathryn Graddy (2006).

반복매매 모형은 반복 매매된 미술품의 가격 변동을 기초로 가격지수를 산정한다. 지수 작성기간 내에 적어도 2번 이상 거래된 미술품의 가격이 대상이 된다. 이 모형은 미술품의 특성을 알려주는 방대한 자료를 구할 필요가 없고 가격 자료만 구하면 되는 점에서 편리하다. 그러나 2번 이상 거래된 미술품의 비중이 낮을 경우에는 대표성을 지니기 어렵다는 단점이 있다. 1653년에서 1970년까지 13,000건의 회화 작품 경매거래를 조사한 결과, 2번 이상 거래된 작품은 1,730점이었다(Robert C. Anderson, 1974). 또한 1963년부터 1994년까지 피카소의 회화 작품 경매거래를 조사한 결과, 921건의 거래에서 2번 이상 거래된 작품은 126점이었다(Corinna Czujack, 1997). 특히 지수 산정기간이 짧을 경우 반복 매매된 미술품의 비중도 그만큼 더 낮기 때문에, 전체 자료 중에서 극히 일부만 활용되고 대부분은 사장되는 결과가 초래된다. 이 같은 자료 활용의 비효율성도 문제지만, 가격지수가 전체 미술품의 가격 변동을 대표하지 못할 가능성도 증대하는 것이 더 문제다.

헤도닉 모형은 개별 미술품을 여러 가지의 미술적 특성의 집합으로 정의하며, 미술품의 가격은 이를 구성하는 고유한 여러 특성들(미술가 특성, 미술품 특성 등)의 가격으로 분할될 수 있다고 가정한다. 여기서 시간의 변동과 무관한 고유한 특성들에 기인하는 가격 부분을 제외하고, 순수하게 시간의 변동에 따른 가격 부분만 분리하여 지수화 하는 것이다. 이 모형은 이질적 성격을 지닌 개별 미술품을 각 특성별로 동질적인 미술품으로 재구성함으로써 이질성 문제를 해소하고자 한다. 그런데 이를 적용하기 위해서는 반복매매 모형과 달리 가격 자료 외에 미술품의 특성을 파악할 수 있는 상세한 자료가 필요하다. 또한 모형을 구성하는 각 특성들은 모형 설정자의 주관적인 판단에 의거한 것이므로, 모형의 타당성에 관한 객관적인 근거를 제시하기 어렵다는 문제점도 따른다. 그렇지만 위의 반복매매 모형과 비교하면 수집한 가격 정보 등을 사장시키지 않고 전부 지수 작성에 활용한다는 점이 장점이다.

반복매매 모형은 반복 매매가 많이 관측될 수 있는 충분한 기간을 요구하는 반면, 헤도닉 모형이 미술품의 특성에 대한 상세한 자료를 요구한다. 그러므로 한 모형이 다른 모형보다 절대적으로 우월한 것은 아니며 자료의 성격에 따라 선택적으로 사용할 필요가 있다.

미술품 가격지수로서 국내외에서 작성되는 지표 중 다음 몇 가지가 잘 알려져 있다.

메이모제스 미술지수Mei-Moses Fine Art Index는 뉴욕대학교 교수인 메이와 모제스

(Jianping Mei & Michael Moses, 2002)가 뉴욕을 중심으로 하여 미국 미술시장의 경매 가격 데이터베이스를 활용하여 만든 것으로, 반복매매 모형을 사용한 지수다. 이들은 전체 미술품 가격지수뿐만 아니라 하위 그룹별 가격지수도 작성했다. 하위 그룹에는 미국 미술American, 올드마스터old master, 인상주의와 모던아트Impressionist and modern 등이 포함되었고 나중에는 동시대미술contemporary이 추가되었다. 메이모제스 미술지수는 소더비와 크리스티 등 주요 경매장에서 거래된 미술품을 대상으로 한 것이다. 따라서 전체 미술품의 가격 변동을 반영한 것이 아니라 일정 정도 이상의 수요가 있는 유명 미술품 위주의 가격 변동을 나타내는 것으로 볼 수 있다. 메이모제스는 1875년부터 125년간의 미술품 가격지수를 작성하면서 8,000여 건의 반복매매 자료를 활용했는데, 그 후에 가격지수를 지속적으로 업데이트하면서 최근에는 12,000여 건의 반복매매 자료를 활용하고 있다.

온라인 미술정보업체인 아트프라이스artprice.com의 글로벌 미술지수Global Art Index는 1990년을 기준년도(지수 100)로 작성되기 시작했다. 이 지수는 세계 미술품 가격지수 중 가장 방대한 자료를 활용한다. 지금은 전세계 3,600개 경매회사의 540만 개의 경매 자료를 활용하여 헤도닉 모형의 가격지수를 작성한다. 회화, 조각, 판화, 사진 등 장르별 가격지수와 올드마스터old master, 19세기19th century, 모던modern, 전후post-war, 동시대contemporary 등 시대별 가격지수도 함께 작성하고 있다.

아트프라이스는 2008년부터 미술시장 신뢰지수Art Market Confidence Index를 발표하고 있다. 이것은 미술시장 가격 변동을 시장참여자들이 어떻게 전망하는지를 자수화한 것이다. 전망이 중립적일 때를 0으로 하여, 긍정적 전망은 플러스 값, 부정적 전망은 마이너스 값을 갖게 된다. 글로벌 미술지수가 경매자료 분석을 통해 미술품 가격의 변동을 객관적으로 나타내는 것이라면, 미술시장 신뢰지수는 설문조사를 통해 미술품 가격 변동에 대한 시장참여자들의 주관적 평가를 나타내는 것이다.

글로벌 미술지수는 경매 결과를 수집하여 데이터베이스화하는데 일정한 시일이 필요하므로 결과적으로 과거의 미술품 가격수준을 보여주는 것인 반면, 미술시장 신뢰지수는 시장참여자(아트프라이스 회원)들이 미래의 미술품 가격수준에 대해 어떻게 전망하는지를 매 순간마다 즉각적으로 보여주는 것이다. 그러므로 이들 두 지수는 미술시장의 가격 변동을 살펴보는데 상호보완적인 역할을 한다.

국내 미술품 가격지수로서 최정표(2009b, 2009-2013) 교수가 작성한 '한국의 그림가격지수'Korea Art Price Index등이 있다. 우리나라는 미술품 경매 역사가 짧고 반복 매매된 미술품 수가 적기 때문에 반복매매 모형을 활용하기 어렵다. '한국의 그림가격지수'는 헤도닉 모형을 활용했다. 서울옥션과 K옥션 등 국내 2대 경매회사의 경매 상위 50위의 미술가를 중심으로 1998년 이후 판매된 유화, 수채화, 드로잉, 판화 3,686점의 가격 자료를 활용했다. 1998년을 기준년도(지수 100)로 2009년에 처음 작성된 후 2013년까지 발표되었다. 그 밖에 한국미술시가감정협회는 2012년 미술작품가격지수(KAPAA Index)모형을 개발하고 'KYS미술품 가격지수'를 작성했다.

3.5. 미술시장과 가격 현황

3.5.1. 국내

우리나라에서 미술품 생산은 오랫동안 후원제도를 기반으로 이루어졌다. 미술품 거래에 관한 기록은 고려 시대로 거슬러 올라가고, 조선 후기인 17세기부터는 미술품 거래가 진전되었다. 이 시기에 대동법 실시로 현물위주의 국가 재정이 화폐경제로 전환되고 상품 유통이 발달하기 시작한 결과이다. 18세기 후반에는 서울 광통교(廣通橋, 광교) 부근에 서화를 파는 상점들이 들어섰고, 이 곳에서는 도화서圖畫署의 화원畫員들이 그린 풍속화도 유통되었다. 후원제도에서는 왕실이나 양반 사대부의 주문 제작 위주지만, 그것과 별도로 이 시기 화원들은 일반 판매용으로도 그림을 제작하게 된 것이다. 화원들뿐만 아니라 풍속화와 민화를 전문으로 제작하는 서화가書畫家라든가 화공畫工들도 등장했다. 다만 이 시기 미술품은 다른 물품들과 함께 거래되었고, 예술품으로서 특별히 취급되지는 않았다.

국내 미술시장은 20세기 전반 일제강점기까지도 체계적으로 성장할 여건을 갖추지 못했다. 일제강점기에 화랑이 더러 설립되긴 했으나 대개 얼마 못가서 문을 닫았다.

해방 후 명맥을 유지하던 우리나라 미술시장은 1960년대 근대화가 시작되면서 조금씩 성장하기 시작했다. 1970년대 초에는 화랑이 자리를 잡고 1차시장을 형성했다. 그리고 2000년대에는 경매가 활성화 되면서 2차시장까지 포괄한 온전한 미술시장이 모습을 갖추었다. 또한 2000년대부터 온라인 미술시장도 형성되었다.

〈3-11〉 국내 미술시장의 성장

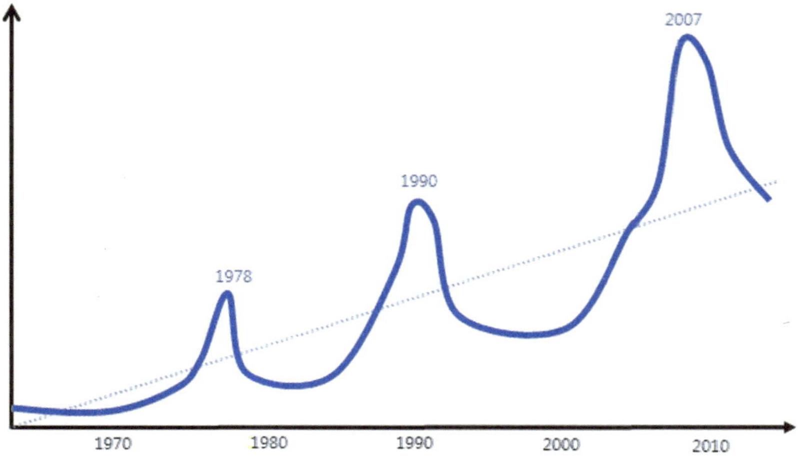

20세기 후반부터 오늘날까지 우리나라 미술시장은 세 차례의 확장기를 거치면서 성장했다.

미술시장의 제1차 확장기는 1970년대 말이었다. 당시 서울의 강남권 개발에서 비롯된 부동산시장의 활성화가 미술시장의 호황으로 이어졌다. 미술시장의 주류는 한국화였다. 이것은 우리나라 중산층의 주거문화와 관련된 것으로 설명되기도 한다. 즉 1970년대까지 중산층은 대체로 전통적인 한옥 주택에 거주했고 세로로 된 한국화가 이런 주택과 어울리는 그림이었다는 것이다. 1978년경 한국화를 중심으로 활성화된 미술시장은 1979년 석유파동(제2차)에 따른 경제위기의 여파로 위축되었고 이후 정체기에 접어들었다.

1980년대 들어 우리나라 미술시장에서는 한국화가 퇴조하고 그 자리에 서양화가 대신 들어섰다. 그 원인은 수요와 공급 측면으로 나누어 볼 수 있다.

수요 측면에서는 우선 중산층의 취향이 근대화의 진전에 따라 전통적인 것에서 벗어나 점차 서구화되었다는 점이다. 이것이 미술에서도 전통적 한국화 대신 근대적인 서양화를 선호하게 만들었다. 또한, 중산층의 주거문화도 변화되었다. 1976년 서울 강남의 압구정동 현대아파트 건설 이후 아파트가 급속하게 확산되고 중산층의 주거문화는 일대 혁신을 겪었다. 서구식 아파트에는 한국화가 아니라 서양화가 잘 어울렸다.

공급 측면에서는 우선 1970년대에 우리나라의 서양화단에서 활발한 예술적 실험이 전개되었고, 그 결과 혁신적이고 새로운 미술적 경향들이 서양화 분야에서 많이 대두했다는 점이다. 세계 미술계는 1960년대에 비해 1970년대가 상대적으로 정체기였는데 우리나라 서양미술계는 그와는 시차가 있었다. 그에 반해 한국화의 유명작가들은 매너리즘에 빠져 기존의 관념적 화풍을 반복했고 지속적인 혁신을 이룩하지 못했다(최병식, 2008a).

미술시장의 2차 확장기는 1990년을 전후한 2,3년간이었다. 1988년의 서울올림픽 개최와 경기활성화로 미술시장은 제2의 호황을 맞는다. 이 시기 우리나라 미술시장은 서양화를 중심으로 크게 확대되었다. 1989년부터 1991년까지 2년 반 사이에 그림 가격은 몇 배로 올랐다. 1989년 50여 개였던 화랑이 1991년에는 200여 개로 늘어났다.

1991년 이후 미술시장은 다시 정체기로 접어들었고, 특히 1997년에 도래한 IMF 외환위기로 심각한 침체를 겪었다. 그렇지만 1990년대 말에 경매시장의 등장으로 우리나라 미술시장은 획기적으로 변모했다. 1998년에 서울옥션이 문을 열고 활동을 시작함으로써 처음으로 2차시장이 형성된 것이다. 이 시기에 우리나라 미술시장에 대한 연구도 처음 시작되었다. 1990년대 말의 미술시장 연간 거래액을 약 1,000억 원으로 추정되었다(김재준, 2000).

미술시장의 3차 확장기는 2005년 이후 2,3년간이었다. 기존 서울옥션 외에 2005년에 K옥션이 두 번째 경매회사로 출범했고, 경매시장의 활성화에 힘입어 2007년까지 제3의 호황을 맞게 되었다. 2005년부터 부동산 억제와 저금리 정책의 영향으로 자금이 미술시장에 대거 유입되었다. 미술시장 연간 거래액은 2005년까지 2,000억 원대였던 것이 2007년에는 6,000억 원대로 늘어났다. 2007년 경매시장 규모는 2002년에 비해 40배 이상 커졌다. 이 시기에 화랑도 200여 개가 새로 문을 열었다. 각종 아트페어도 성과를 거두면서 미술시장이 다변화되었다. 젊은 미술가들이 새롭게 부상하고 경력보다는 예술성을 중시하는 경향이 생겼다.

그러나 2008년 세계 금융위기의 여파로 다른 나라 미술시장과 마찬가지로 국내 미술시장도 다시 정체기로 접어들었다. 국내적 요인으로 2007년 삼성 그룹의 비자금 수사 사건도 미술시장을 냉각시키는데 한몫했다. 당시 삼성 그룹은 비자금으로 로이 릭턴스타인Roy Lichtenstein, 1923–1997의 「행복한 눈물」Happy Tears, 1964, 96.5×96.5cm 등의 미술품을 구입했다는 의혹을 받았다. 2008년 이후 국내 경매회사들은 홍콩을 중심으로 해외시장을 개척하고 '단색화' 같은 상품을 발굴함으로써 새로운 활로를 모색했다.

국내 미술시장은 20세기 후반부터 오늘날까지 몇 차례 변동을 거치면서 성장했고 그 수요 기반은 추세적으로 확대되었다. 특히 2000년대 이후에는 경매, 아트페어, 온라인 거래, 해외시장 등으로 미술시장이 다변화되었다. 시장 접근성이 높아져 일반 대중의 미술시장 참여도 확대되었다.

2007년 이후 국내 미술시장의 거래 규모는 〈3-12〉에서 볼 수 있다. 미술품 전체 거래액수는 2007년 6,045억 원으로 최고치를 기록한 후 거래액이 줄어 2014년에는 3,496억 원을 기록했다. 이 기간에 화랑은 거래액수에서 최저 47%에서 최고 71%의 비중을 차지하며 미술시장을 주도했다. 경매회사는 미술거래가 가장 활성화된 시기인 2007년에는 34%를 차지했으나 그 이후 최저 12%에서 최고 29% 정도의 비중으로 화랑에 비해 미술시장에서 부차적인 역할을 했다. 이들 두 매개자를 합치면 매년 최소 76%에서 최대 83%까지 비중을 차지했다.

국내 미술시장에서 거래된 미술품 수를 보면(〈3-13〉), 2008년부터 2014년 사이에 매년 최소 25,195점에서 최대 31,297점이 거래되었다. 이 가운데 화랑의 비중은 34%에서 49% 사이였고, 경매회사의 비중은 32%에서 45% 사이였다. 거래액수에 비해 거래 작품 수에서는 화랑의 주도성이 줄어든 대신 경매회사의 역할이 커졌다. 이들 두 매개자를 합치면 매년 최소 66%에서 최대 85%까지 비중을 차지했다.

〈3-12〉 국내 미술시장 거래액수 (2007-2014년, 단위 : 백만원)

	2007년	2008년	2009년	2010년	2011년	2012년	2013년	2014년
화랑	290,247	215,403	258,591	344,596	296,308	275,136	194,504	204,841
	48.0%	46.8%	63.3%	71.3%	62.7%	62.5%	59.9%	58.6%
경매	207,511	133,222	58,456	58,595	78,238	85,274	59,216	77,868
	34.3%	29.0%	14.3%	12.1%	16.6%	19.4%	18.2%	22.3%
아트페어	10,009	41,107	34,434	48,387	46,446	42,021	66,113	62,427
	1.7%	8.9%	8.4%	10.0%	9.8%	9.5%	20.3%	17.9%
미술관	8,111	10,570	20,760	14,504	13,236	14,233	12,070	12,160
	1.3%	2.3%	5.1%	3.0%	2.8%	3.2%	3.7%	3.5%
건축물미술, 미술은행	88,595	99,642	68,244	91,149	85,067	63,559	60,392	53,047
	14.7%	21.7%	16.8%	18.8%	18.0%	14.4%	18.6%	15.2%
전체 (중복제외)	604,473	459,988	408,504	483,562	472,259	440,518	324,927	349,646
	100.0%	100.0%	100.0%	100.0%	100.0%	100.0%	100.0%	100.0%

주: 1. 2008-2014년 자료의 각 항목 실적은 전체 실적과 다름. 예컨대 화랑이 아트페어에서 판매한 실적은 화랑과 아트페어 항목에 중복 반영됨.
2. 2007의 자료의 각 항목은 중복을 제외한 것임. 예컨대 화랑의 아트페어 판매 실적은 화랑에만 포함하고 아트페어에는 포함하지 않음.

자료: 문화체육관광부 · 예술경영지원센터, 「미술시장 실태조사」, 2008-2015, 양건열 외 (2011b).

〈3-13〉 국내 미술시장 거래 작품수 (2008-2014년, 단위 : 점)

	2008년	2009년	2010년	2011년	2012년	2013년	2014년
화랑	8,734	12,091	13,685	15,167	8,487	9,869	10,045
	34.3%	41.4%	49.4%	48.5%	33.7%	36.7%	37.3%
경매	11,461	11,744	9,898	11,231	8,116	9,922	11,414
	45.0%	40.2%	35.7%	35.9%	32.2%	36.9%	42.4%
아트페어	3,871+	7,584	5,994	7,119	10,774	15,373	10,028
	15.2%+	26.0%	21.6%	22.7%	42.8%	57.2%	37.3%
미술관	664	1,049	1,165	1,387	1,642	1,367	1,393
	2.6%	3.6%	4.2%	4.4%	6.5%	5.1%	5.2%
건축물미술, 미술은행	1,344	1,039	1,099	1,036	900	763	731
	5.3%	3.6%	4.0%	3.4%	3.6%	2.8%	2.7%
계 (중복제외)	25,465	29,224	27,729	31,297	25,195	26,865	26,912
	100.0%	100.0%	100.0%	100.0%	100.0%	100.0%	100.0%

주 : 2008년 아트페어 작품수는 작가 직접참여 방식(화랑 참가 방식 제외) 추정치임.
자료 : 문화체육관광부 · 예술경영지원센터, 「미술시장 실태조사」, 2008-2015.

한편, 거래된 미술품의 평균가격은 2008년부터 2014년 사이에 매년 최저 1,210만 원에서 최고 1,806만 원 정도였다. 이 가운데 화랑이 거래한 작품의 평균가격은 최저 1,954만 원에서 최고 3,242만 원 정도였다. 전체 거래 미술품의 평균가격을 100으로 한다면 화랑의 평균가격은 매년 129에서 185 정도다. 반면 경매회사가 거래한 작품의 평균가격은 상대적으로 낮아, 매년 최저 498만 원에서 최고 1,162만 원 정도였다. 전체 거래 미술품의 평균가격을 100으로 한다면, 경매의 평균가격은 매년 34에서 64정도다(〈3-14〉).

〈3-14〉 국내 미술시장 거래 작품의 평균가격 (2008-2014년, 단위 : 1,000원)

	2008년	2009년	2010년	2011년	2012년	2013년	2014년
화랑	24,663	21,387	25,181	19,536	32,419	19,709	20,392
	137	153	144	129	185	163	157
경매	11,624	4,978	5,920	6,966	10,507	5,968	6,822
	64	36	34	46	60	49	53
아트페어	n	4,540	8,073	6,524	3,900	4,301	6,225
	n	32	46	43	22	36	48
미술관	15,919	19,790	12,450	9,543	8,668	8,830	8,729
	88	142	71	63	50	73	67
건축물미술, 미술은행	74,138	65,682	82,938	82,111	70,621	79,151	72,568
	410	470	476	544	404	654	559
계(중복제외)	18,064	13,978	17,439	15,090	17,484	12,095	12,992
	100	100	100	100	100	100	100

자료: 〈3-12〉, 〈3-13〉에서 작성.

〈3-15〉 한국의 그림가격지수

	지수	지수상승률	지수	지수상승률
1998년	100			
1999년	172	54.1		
2000년	190	10.3		
2001년	195	2.6		
2002년	235	18.6		
2003년	219	-7.2	219	
2004년	175	-22.6	177	-21.0
2005년	242	32.6	248	33.3
2006년	356	38.5	364	38.6
2007년	659	61.6	643	56.8
2008년	500	-27.5	488	-27.6
2009년			377	-25.9
2010년			407	7.8
2011년			395	-3.0
2012년			400	1.3

자료: 최정표 (2009-2013).

1990년대 말에 경매 제도가 도입되면서 우리나라 미술시장도 2차시장까지 포함한 본래적 의미의 미술시장으로 발전했고, 미술시장의 기본적 지표인 미술품 가격지수 작성이 가능해지게 되었다. 최정표 교수의 '한국의 그림가격지수'(〈3-15〉)에 의하면 1990년대 말 이후 우리나라 미술품 가격지수는 2007년에 고점에 도달했으며 그 이후에는 다시 하락하는 추세를 보였다. 1998년을 기준년도로 할 때 2007년에 가격지수는 659였으며, 그 후 2012년에는 400이 되었다.

3.5.2. 해외

1960년대 이후 동시대 해외 미술시장은, 미국과 유럽을 기준으로 보자면 한국과 거의 비슷하게 대략 세 차례 확장기를 거치면서 성장해왔다.

〈3-16〉 세계 미술시장의 성장

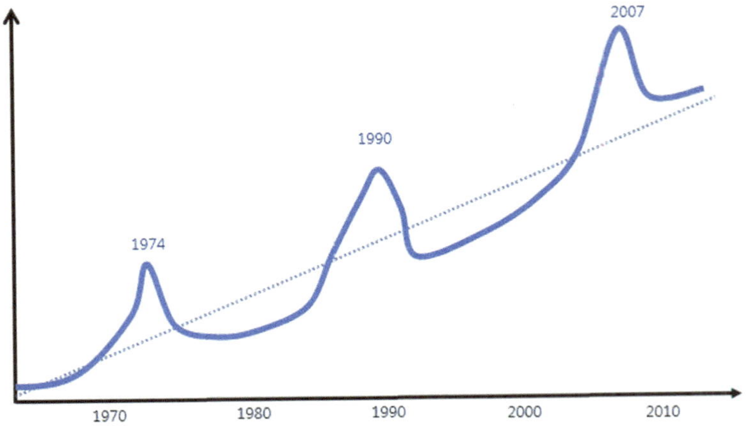

미술시장의 거래는 1960년대부터 1974년까지 지속적으로 증가했다. 이 시기를 1차 확장기라 할 수 있는데, 팝아트를 비롯한 새롭고 혁신적인 경향들이 미술시장에 계속 유입되면서 이 시기를 이끌었다. 1974년 석유파동(제1차)에 따른 경제위기로 말미암아 1차 확장기는 마무리되었다. 이후 미술시장은 1885년이 되어서야 비로소 1974년 수준으로 회복되었다. 1980년경부터 침체에서 벗어나기 시작한 미술시장은 1985년경부터 유사 이래 최대의 호황을 맞게 되었다. 호황 국면은 1990년에 최고점에 도달했다. 이 2차 확장기에는 각국의 유휴자본이 대거 미술시장을 몰리면서 미술의 상업화가 크게 진전되었으며, 특히 당시 급속한 경제성장을 이룩한 일본 구매자들에 의한 인상주의 미술 열풍은 주목할 만한 현상이었다. 그러나 1991년에 미술시장은 다시 급격하게 위축되었다. 1987년부터 1989년 사이에는 매년 미술품 가격이 두 배로 올랐지만, 1991년에는 절반으로 뚝 떨어졌다. 팔리지 않은 작품이 쌓이고 침체기에 접어들었다.

1995년경부터 침체기를 벗어나 2002년까지 미술시장은 완만하게 회복되었다. 세계 미술시장은 2004년에 이르러 1990년의 고점 수준을 넘어섰으며 이후 새로운 호황 국면은 2007년에 최고점에 도달했다. 2003년부터 2007년 사이에 세계 미술시장에서 거래된 작품 수는 2,540만 점에서 4,980만 점으로 거의 2배가 늘었고, 거래 금액은 186억 달러에서 481억 달러로 2.6배가 되었다(〈3-17〉). 특히 이 시기에는 동시대미술을 중심으로 시장이 크게 확대되었다. 동시대미술의 비중은 2000년 12%에서 2008년 35%로 커졌다.

미술시장의 3차 확장기는 2008년 미국 금융위기와 세계 경제의 위축으로 말미암아 막을 내렸다. 그러나 2008년 이후 중국 등 개발도상국과 산유국 구매자들의 미술시장 참여가 지속적으로 늘어났다. 범세계적인 문화산업화 흐름과 미술관 설립 붐에 따른 미술품 수요도 증대했다. 결과적으로, 금융위기로 세계 미술시장은 잠시 동요를 겪긴 했으나, 침체기로 접어드는 대신 곧 회복 추세를 유지했다.

〈3-17〉 세계 미술시장 거래 현황 (2002-2009년)

	거래작품수 (백만 점)		거래금액 (백만 유로)		평균가격 (유로)	
2002년	25.8		22,264		863	
2003년	25.4	-2%	18,631	-16%	734	-15%
2004년	26.6	5%	24,385	31%	917	25%
2005년	28.2	6%	28,833	18%	1,022	11%
2006년	32.1	14%	43,331	50%	1,350	32%
2007년	49.8	55%	48,065	11%	965	-29%
2008년	43.7	-12%	42,158	-12%	965	0%
2009년	31.0	-29%	28,335	-33%	914	-5%
2010년	35.1	13%	42,951	52%	1,224	34%
2011년	36.8	5%	46,351	8%	1,260	3%
2012년	35.5	-4%	44,091	-5%	1,242	-1%
2013년	36.5	3%	47,419	8%	1,299	5%
2014년	39.0	7%	51,000	8%	1,308	1%
평균	34.3	-12%	37,524	-26%	1,082	-17%

자료: TEFAF(The European Fine Art Foundation) 2010, 2011, 2012-2015.

〈3-18〉 세계 미술시장의 구조 : 화랑과 경매 (2006-2014년, 단위 : 백만 유로)

	화랑(아트딜러)		경매		합계	
2006년	22,500	52%	20,800	48%	43,300	100%
2007년	24,000	50%	24,100	50%	48,100	100%
2008년	23,200	55%	19,000	45%	42,200	100%
2009년	15,200	54%	13,100	46%	28,300	100%
2010년	22,100	51%	20,900	49%	43,000	100%
2011년	23,100	50%	23,300	50%	46,400	100%
2012년	22,600	51%	21,500	49%	44,100	100%
2013년	24,900	53%	22,500	47%	47,400	100%
2014년	26,400	52%	24,600	48%	51,000	100%

자료: TEFAF(The European Fine Art Foundation), 2010, 2011, 2012-2015.

세계 미술시장의 구조를 보면(〈3-18〉), 1차시장과 2차시장은 거의 반반씩의 비중을 차지한다. 2006년부터 2014년간 화랑(아트딜러)의 거래금액 비중은 50%에서 55% 정도고, 경매 거래의 비중은 45%에서 50% 정도다.

20세기 후반 이래 오랫동안 세계 미술시장은 미국과 유럽연합EU이 양분하는 구조가 지속되었다. 2008년의 거래액 비중을 보더라도 미국이 35%, 유럽연합이 50%를 차지했다(〈3-19〉). 그러나 2000년대 후반부터 동아시아 미술시장, 특히 중국 미술시장이 괄목할 만하게 성장했다. 2014년 세계 미술시장의 국가별 비중에서 중국은 22%를 차지했다. 오늘날 세계 미술시장은 미국과 유럽연합의 양극 체제에서 미국, 유럽연합, 중국의 3극 체제로 이행되었다고 할 수 있다.

세계 미술시장은 등락을 거듭하면서 발전해 왔는데, 미술품 가격지수는 미술시장의 변동을 알려주는 기본적인 지표다.

메이모제스 미술지수는 1875년부터 1999년까지 125년간의 미술품 가격지수를 제시했다(〈3-20A〉). 이에 따르면 미술품 가격지수는 1875년 100에서 1999년 87,289로 125년 사이에 873배가량 올랐다. 이 기간의 연평균 지수상승률은 7.3%이다. 그런데 제2차 세계대전 후에 연평균 지수상승률을 보면 10.7%로 20세기 후반에 미술품 가격 상승이 더 크게 진행되었음을 알 수 있다. 특히 1980년대에는 연평균 지수상승률이 20.3%를 기록했다.

〈3-19〉 세계 미술시장의 구조 : 국가별 (2006-2009년)

	2006	2007	2008	2009	2010	2011	2012	2013	2014
미국	46%	38%	35%	31%	34%	29%	33%	38%	39%
유럽연합	n	n	50%	47%	37%	n	36%	32%	n
(영국)	27%	27%	34%	23%	22%	22%	23%	20%	22%
(프랑스)	n	n	6%	10%	6%	n	6%	6%	n
중국	8%	9%	9%	18%	23%	30%	26%	25%	22%
기타	n	n	6%	4%	6%	n	6%	5%	n
	100%	100%	100%	100%	100%	100%	100%	100%	100%

자료: TEFAF(The European Fine Art Foundation), 2010, 2011, 2012-2015.

〈3-20A〉 메이모제스 미술지수 (1875-1999년)

지수		연평균 지수상승률	
1875년	100	전기간(1875-1999년)	7.3%
1945년	213	제2차 세계대전 후(1945-1999년)	10.7%
1959년	875	1950년대(1950-1959년)	16.8%
1969년	3,585	1960년대(1960-1969년)	14.1%
1979년	10,384	1970년대(1970-1979년)	7.8%
1989년	78,935	1980년대(1980-1989년)	20.3%
1999년	87,289	1990년대(1990-1999년)	1.0%

자료: 최정표(2010).

한편 〈3-20B〉는 1960년부터 2010년까지 50년간 메이모제스 미술지수를 S&P 500 주가지수 변화와 비교하여 나타낸 것이다. 장기적으로 미술품 가격지수와 주가지수는 비슷한 수준으로 상승했으나, 두 지수가 상호 긴밀한 관계 속에 움직이지는 않은 것을 알 수 있다.

〈3-20B〉 메이모제스 미술지수와 S&P 500 주가지수 변동 (1960-2010년)

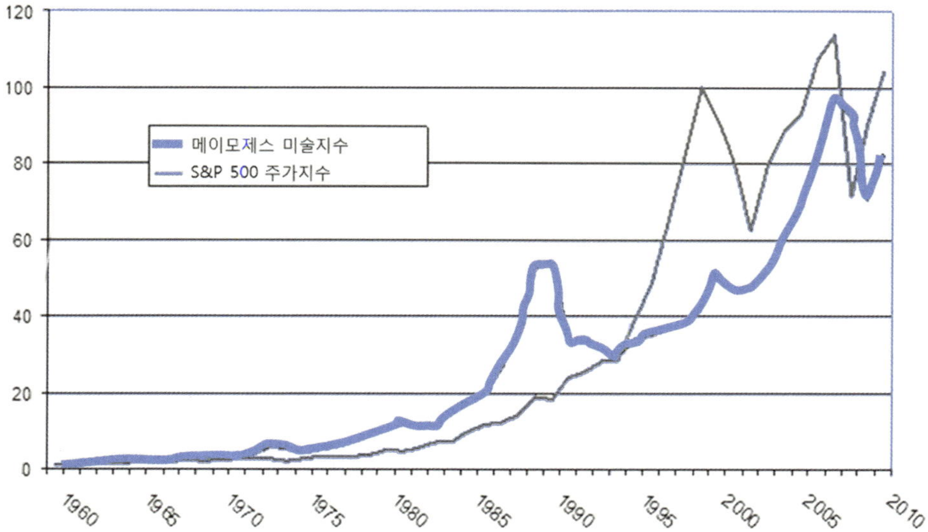

자료: http://www.artasanasset.com/

〈3-21〉 아트프라이스의 글로벌 미술지수 (1998.1-2015.1)

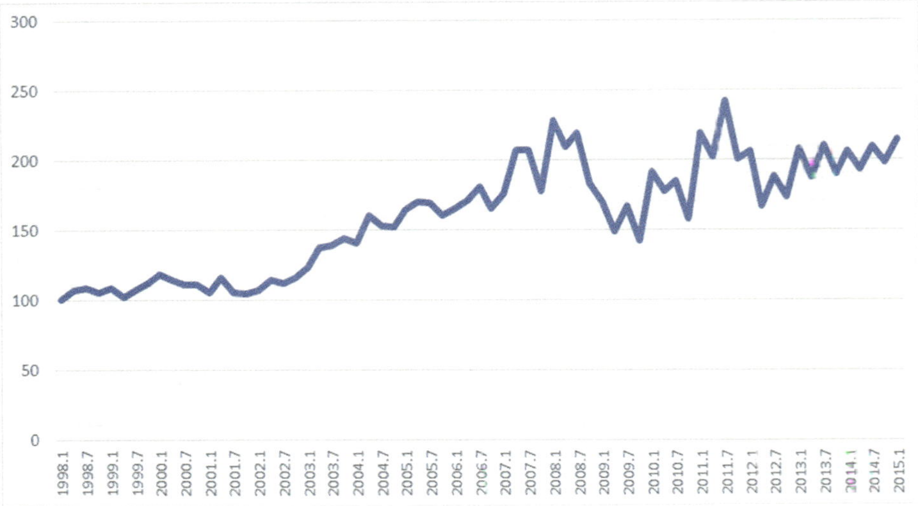

자료: Artprice.com.

한편, 아트프라이스의 글로벌 미술지수는 〈3-21〉에 나타나 있다. 1998년을 기준(지수 100)으로 작성된 것이다. 이 지수에 의하면 미술품 가격은 1998년 100에서 몇 년의 정체기를 거쳐 2003년경부터 오르기 시작해 2008년 1월에 고점에 도달했다(2008.1 지수 228). 그 후 세계 금융위기의 여파로 지수가 하락했으나 다시 회복했고, 2011년에는 2008년의 고점을 다시 넘어서기도 했다(2011.7 지수 242). 2015년 1월의 지수는 214다.

시대별 미술지수를 살펴보면(〈3-22〉), 다른 시대에 비해 전후·동시대미술과 그 이전 시대의 미술 간에 지수 변동 추이가 상이한 점이 주목된다. 1998년 1월과 2015년 1월의 지수를 비교해 보면, 모던아트는 100에서 108로 거의 비슷한 수준을 유지했고, 올드마스터와 19세기미술은 각각 100에서 68, 100에서 77로 하락했다. 이들과 대조적으로 전후미술은 100에서 250으로 상승했고 동시대미술드 100에서 203으로 상승했다. 앞에서도 지적한대로 아트프라이스가 정의한 전후미술은 원래 의미의 동시대미술에 포함될 수 있다. 2000년대 이후 전후·동시대미술은 시장이 크게 확대되고 모던아트의 뒤를 이어 미술시장을 주도하는 새로운 축이 되었는데, 이것은 이러한 지수 상승과 맞물려 일어난 것이다.

〈3-22〉 아트프라이스 미술지수 : 시대별 (1998.1-2015.1)

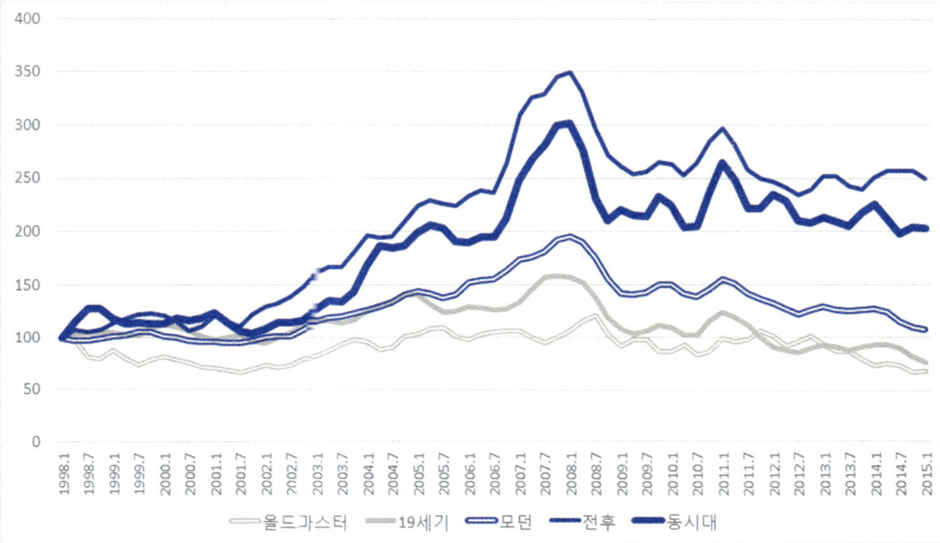

자료: Artprice.com 데이터에서 작성.

끝으로 19세기(인상주의), 모던아트, 전후, 동시대를 대표하는 미술가 4명의 작품 평균 가격 추이를 살펴보기로 하자(〈3-23〉). 2014년 경매에서 모네Claude Monet(1840-1926) 5,567달러, 피카소Pablo Picasso(1881-1973) 129달러, 앤디 워홀Andy Warhol(1928-1987) 409달러, 제프 쿤스Jeff Koons(1955-) 1,439달러에 거래되었다. 이를 2001년과 비교하면 모네 2.4배, 피카소 2.0배, 앤디 워홀 5.0배, 제프 쿤스 2.9배가 되었다. 또 2009년과 비교하면 모네 2.2배, 피카소 1.9배, 앤디 워홀은 3.2배, 제프 쿤스는 4.6배가 되었다. 전반적으로 전후 · 동시대 미술가인 앤디 워홀과 제프 쿤스의 가격 상승폭이 모네와 피카소보다 큰 것이다.

〈3-23〉 모네, 피카소, 앤디 워홀, 제프 쿤스의 평균가격 추이 (2001-2014년)

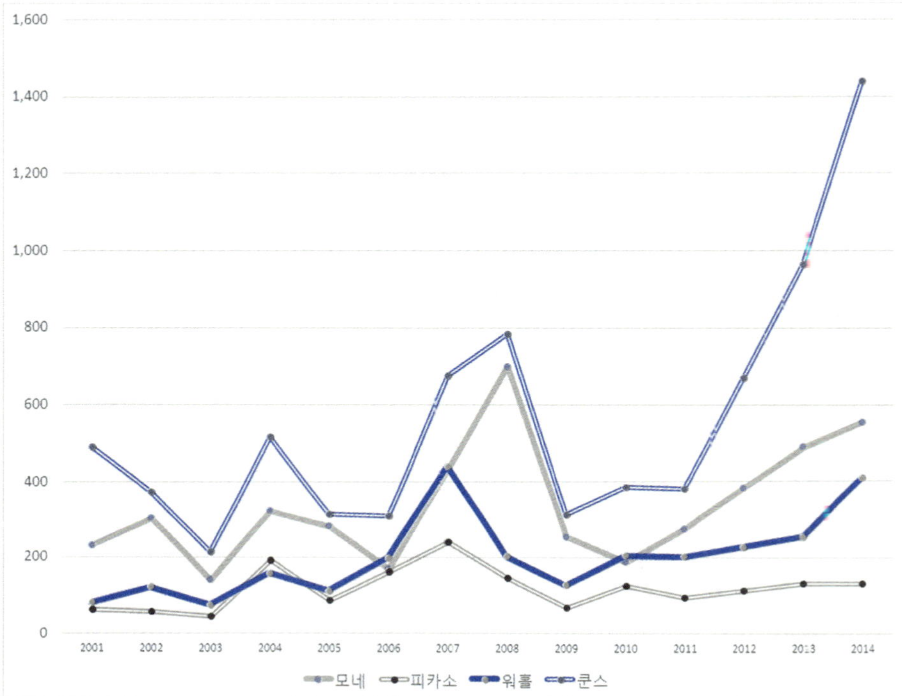

주: 모네의 작품가격은 실제 가격의 10분의 1로 표시함.
자료: Artprice.com 데이터에서 작성.

제4장 미술소비

4.1. 미술소비의 의의

미술생산자는 미술가로 그 주체가 단일하지만 미술소비자는 다양한 주체가 있다. 물론 개인이 다수이지만 미술품 구매자는 개인만 있는 것이 아니다. 미술품 구매에는 기업이나 정부, 공공기관도 참여하고 미술관도 참여한다.

기업은 개인과 더불어 미술시장에서 구매자로서 중요한 역할을 해왔으며 최근 들어 미술을 활용한 기업의 아트마케팅art marketing도 증대하고 있다. 나라와 시대에 따라 차이는 있지만 정부와 공공기관도 미술품 구매자로서 일정한 역할을 수행한다.

21세기 들어 범세계적으로 미술관 건립 붐이 일고 있는 가운데 미술관의 소비자 역할이 커지고 있다. 특히 미술관은 양적으로는 적은 비중을 차지하더라도 영향력 면에서 훨씬 큰 역할을 수행한다. 일반적으로 미술관은 예술적 완성도가 높고 예술사적 가치가 있는 작품 위주로 소장하기 때문에, 미술관 소장 여부는 미술가 명성이나 미술품 가격 등 미술시장에 큰 영향을 미치게 된다. 또한 미술관은 예술성 있는 미술품을 수집 · 보존하는 최종 소비자 역할을 하면서, 전시를 통해 소비자(관람자)들이 미술품 소비(관람)를 할 수 있도록 매개하는 매개자 역할도 수행한다.

〈4-1〉 미술소비자의 유형

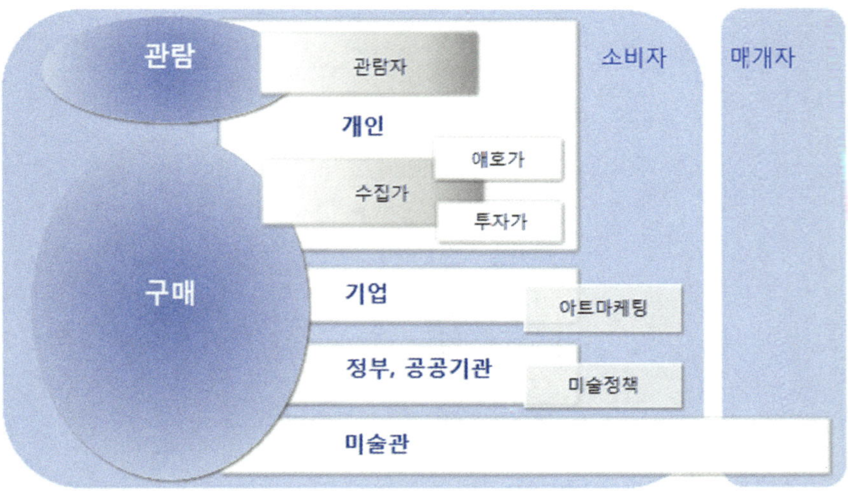

이처럼 개인 외에도 기업, 정부와 공공기관, 미술관 등이 미술소비 주체로서 미술시장에 참여한다. 이 가운데 미술관을 제외하고 기업의 미술소비는 제5장 아트마케팅에서, 정부와 공공기관의 미술소비는 제10장 미술정책에서 별도로 다루기로 하고 이 장에서는 개인의 미술소비에 국한해서 논의하기로 한다.

4.1.1. 관람자와 수집가

일반적으로 시장에서 재화나 서비스를 구매하는 일을 소비라고 하고 그 일을 하는 주체를 소비자라고 한다. 미술소비도 미술시장에서 미술품을 구매하는 일을 말한다. 그런데 개인의 미술소비에는 이러한 통상적인 의미 외에 추가적인 의미가 있다. 미술품은 자신이 직접 구매하지 않더라도 그것을 '소비'할 수 있는 방법이 있기 때문이다. 미술관이나 비엔날레를 찾아가 어떤 미술품을 관람하는 경우, 자신이 그 작품을 구매하지는 않았음에도 그것을 감상하고 즐기며 효용을 얻는 소비 행위를 하고 있는 것이다.

그러므로 개인 미술소비자는 두 가지로 나누어 볼 수 있다. 첫째는 미술품을 구매하지 않고 단순히 관람만하는 하는 소비자로서, 이들을 관람자visitor to art museum or exhibit라 부른다. 둘째는 미술품을 구입해 소비하는 구매자buyer로서, 이들을 수집가 혹은 컬렉터collector라 부른다.

관람자는 자신이 구매하지 않은 미술품으로부터 효용을 누리는 사람들이다. 관람자 중 일부는 미술품 구매에 참여하기도 한다. 그러나 미술품을 직접 구매하는 사람 수는 미술관을 방문하는 사람 수에 비해 아주 적으며, 대부분의 개인 미술소비자는 관람자 지위에 머물러 있다.

수집가가 되기 위해서는 구매 능력과 구매 동기가 있어야 한다. 미술품은 일종의 사치재이기 때문에 경제적으로 일정한 수준을 넘어선 고소득층에서 더 많은 구매가 이루어진다. 미술품 수집가는 미술관 관람객에 비해 평균적으로 경제적 소득이나 사회적 지위가 높다.

미술품 구매 능력을 가진 사람들이 미술품을 구입하는 동기는 매우 다양하다. 그러나 모든 수집가의 구매동기를 단순화 시키면 두 가지 동기로 양분할 수 있다. 미술품은 한편으로는 구입한 사람에게 시각적 즐거움과 만족을 제공해 주며, 다른 한편으로는 나중에 그것을 되팔아 추가적인 수익을 얻을 수 있게 해 준다. 전자를 심미적 동기aesthetic motive라고 한다면 후자는 투기적 동기speculative motive라 할 수 있다. 그림을 구입할 때 마음에 드는 그림을 우선 선택할 수도 있고 돈이 될 만한 그림을 우선 선택할 수도 있다.

미술품 수집가는 구매 동기에 따라 애호가amateur, lover와 투자가speculator, investor로 그 유형을 세분할 수 있다.

애호가는 미술을 사랑하고 즐기는 사람으로, 미술품의 예술적 가치에 관심을 두고 감상appreciation을 통한 즐거움을 누리기 위해 미술품을 수집한다. 진정한 애호가에게 미술품 구매와 감상은 삶의 가장 소중한 가치이자 목표가 된다. 이러한 애호가들이 미술의 발전에 끼친 영향은 말할 것도 없이 매우 크다. 특히 19세기 후반의 인상주의 미술처럼 미술시장에서 인기를 누리지 못하는 비주류 미술의 경우나 20세기 전반의 경우처럼 미술시장이 전반적으로 침체되고 수요가 줄어든 상황에서는 미술 애호가들의 후원은 큰 힘을 발휘한다.

심미적 동기로 자신의 좋아하는 작품을 수집하는 애호가는 대개 미술품을 구입할 때 되팔 계획은 갖고 있지 않다. 현재 그 작품이 얼마나 값이 나가는지 등에는 관심이 없다. 이들에게 미술품은 투자재가 아니고 오로지 순수한 소비재다. 종종 한 평생 작품을 간직하며, 자비로운 선물이 되기를 기대하면서 후손에게 혹은 미술관에 넘긴다. 작품을 계속 보유하기 때문에 경우에 따라서 본의는 아니지만 엄청난 수익을 올리는 성공적인 투자가가 되기도 한다.

투자가는 미술품의 경제적 가치에 관심을 두며, 투자한 돈으로 더 많은 수익을 얻는 것이 일차적인 목적이다. 애호가는 미술품의 예술적 가치를 중시하지만 투자가는 그것에 부차적인 관심만 둔다. 이들에게 미술품은 주식이나 채권 등 다른 금융상품과 마찬가지로 투자재다. 투자가는 높은 가격에 되팔릴 만한 작품을 전략적으로 구입한다. 투기적 목적으로 구입한 한 것이므로 미술품 보유기간은 상대적으로 짧다. 수익률이 적정 수준에 도달하면 곧바로 처분하여 현금화한다. 투자가는 대개 5년에서 7년 정도 보유한다. 이 정도 기간은 경기가 저점에서 고점으로 한 차례는 변동하는 기간으로, 일정한 수익을 남기고 미술품을 되팔 수 있을만한 기간이다. 20세기 후반부터 미술시장이 크게 확장되었고 투자재로서 미술품의 성격이 한층 강화되었다. 그 결과 미술 수집가 가운데 투자가의 비중이 커지게 되었다.

미술시장이 전반적으로 침체된 시기나 대중성이 없는 비주류 미술 분야에서는 애호가의 비중이 커진다. 반대로 미술시장 규모가 전체적으로 확장되는 시기나 대중적으로 인기를 누리는 상업적 미술 분야에서는 투자가의 비중이 커진다.

그러나 현실적으로 애호가와 투자가를 엄격하게 구분하기 어려운 경우가 많다. 양자의 구분은 미술품 구매의 일차적인 동기가 어디에 있는지에 따른 것이지만 현실 미술시장에서 투자와 완전히 무관한 수집은 별로 없다. 가격이 낮은 미술품은 대개 자신의 기호에 따라 감상 목적으로 구입하지만 가격이 높아지면 투자 목적으로 구입하는 경우가 늘어난다. 반면, 어떤 경우에도 완전히 투자 목적으로만 구입하는 경우도 드물다. 처음에는 투자가로서 출발한 경우에도 시간이 흐르면서 진정한 미술 애호가로 진화하기도 한다. 감상 목적과 투자 목적은 흔히 미술품 구매에서 서로 겹친다. 순수애호가pure amateur와 순수투자가pure speculator는 이론적으로 설정된 구분이고, 현실의 미술 수집가는 그 양극단 사이의 다양한 스펙트럼 속에 애호가 겸 투자가로서 존재한다. 2014년 한 조사에 따르면 수집가들 가운데 순수애호가는 10%, 순수투자가는 9%이고, 애호가 겸 투자가가 81%를 차지한다(ArtTatic, 2014).

〈4-2〉 수집가의 구분 : 애호가와 투자가

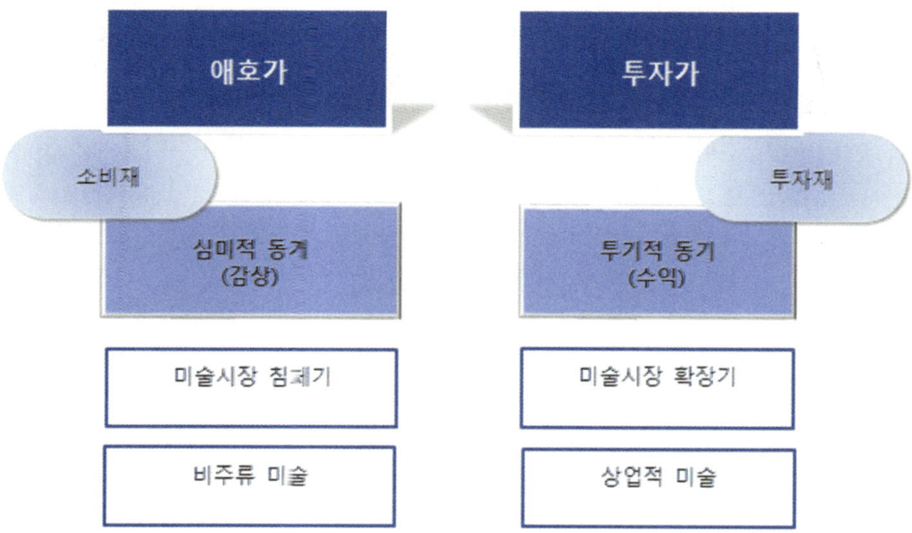

4.1.2. 미적 인식능력과 미술소비

수집한 작품을 가정에서 감상하거나 미술관, 비엔날레, 화랑 등에서 전시 작품을 관람하며 즐기기 위해서는, 사전에 많은 감상의 기회를 가져야 하고 교육을 받아야 하며 스스로 학습하여 지식을 쌓아야 한다. 미술과 자주 접할수록 미술을 보는 안목도 높아지고 전에 없던 새로운 즐거움과 더 깊은 감동을 경험할 수 있다.

현재의 미술 감상으로부터 얻는 효용은 두 가지 요소에 의해 영향을 받는다. 첫째, 미술 감상에 투입한 시간이 많을수록 효용은 늘어난다. 일 년에 미술관에 한두 번 가는 경우보다 여러 번 가는 경우에 더 많은 효용을 누린다. 둘째, 미술 감상자의 미적 인식능력이 클수록 효용은 늘어난다. 미적 인식능력이 높으면 시간당 효용은 그만큼 더 커지기 때문이다. 똑 같이 한 번 혹은 한 시간 미술관을 방문하더라도 미적 인식능력이 있으면 더 풍부하고 깊은 효용을 누리게 된다.

미적 인식능력aesthetic appreciation ability 혹은 미적 향수능력aesthetic enjoyment ability은 미술 소비자의 과거 투입에 대한 산물로 해석된다. 즉 현재의 미적 인식능력은 그것을 기르기 위해 과거에 투입한 시간, 돈, 노력 등에 의해 크기가 결정된다. 그것은 선천적으로 타고난 것이라기보다는 후천적으로 개발되고 육성된 것이다. 미술 감상에 투입한 시간이 증가하면 미술 감상능력은 양적으로 풍부해지고 질적 수준이 높아지고 더 효율적으로 된다. 동일한 감상의 효용을 얻는데 더 적은 비용이 드는 것이다. 투입이 지속적으로 증가하는 과정에서 미술소비자의 기호와 취향 자체가 질적으로 변화하여 고착되는 중독addiction 현상이 발생한다. 미술 감상은 마약 등에 대한 중독과는 성격이 다른 이로운 중독beneficial addiction으로 분류된다. 동일한 효용을 얻기 위해서 해로운 중독은 점차 더 많은 양의 투입이 필요하지만, 미술 소비에서는 동일한 시간의 감상을 통해서 점차 더 큰 효용을 얻게 된다.

미적 인식능력 혹은 미적 향수능력은 미술소비자를 구분하는 하나의 기준이 된다. 미술품을 인식하고 감상하는 능력의 차이가 개인의 미술소비 방식의 차이를 가져오고 수집과 관람에 영향을 미친다.

개인의 미적 인식능력은 그 수준에 따라 몇 단계로 구분할 수 있다. 이와 관련하여 파슨스Michael J. Parsons(1987)는 미적 인식능력 발달의 5단계five stages of aesthetic development

를 제시했다.

1단계는 애호favoritism 단계다. 천성적으로 미술을 즐기는 단계다. 작품에서 직관적으로 기쁨과 즐거움을 얻는다. 또한 색채에 대해 강한 반응을 보이고, 흔히 밝고 화려한 색채의 작품을 더 높게 평가한다. 자신이 좋아하는 사물이나 동물 등이 포함되어 있는 작품에 큰 관심을 갖는다. 예를 들어 '이건 내가 좋아하는 색이에요.' '저기 강아지가 있어 좋아요' 등의 감상이다.

2단계는 아름다움과 사실성beauty & realism 단계다. 작품이 외부 세계의 무엇을 어떻게 재현하고 있는지, 즉 작품의 주제subject가 주된 관심사다. 사실성의 관점에서 주제가 실제와 비슷하게 묘사되었는지를 살펴보고, 특히 아름다운 주제를 사실적으로 표현한 작품을 높게 평가한다. 추상적인 작품에는 관심이 거의 없고, 추하고 더러운 주제의 작품에 대해서는 거부 반응을 보인다. 예를 들어 '진짜 거북이가 살아있는 것 같아요', '저건 뭘 그렸는지 모르겠어요' 등의 감상이다.

3단계는 표현성expressiveness 단계다. 작품에 미술가의 어떤 감정과 사상이 표현되었는지에 관심을 갖는 단계다. 작품을 미술가의 내적 경험의 표현물로 간주하고, 자신의 주관적 관점에서 그것의 의미를 이해한다. 단순히 외견상의 주제subject를 넘어서 작품이 어떤 것을 표현하고 전체적 의미가 무엇인지를 해석하는데 흥미를 느끼는 것이다. 표현의 깊이나 질적 수준을 중요시하고 그것으로 좋은 작품을 판단한다. 예를 들어 '저 무표정한 큰 눈이 나를 사로잡는군요', '너무 자기를 매혹적으로 과시하고 싶어하죠' 등의 감상이다.

4단계는 매체, 형태, 양식media, form and style 단계다. 작품의 구성 요소인 매체, 형태, 양식을 사회적 역사적 맥락 속에서 해석하는 것이다. 작품을 단순한 개인적 성과물이 아니라 사회적 성과물로 간주하고, 객관적 관점에서 작품을 판단한다. 3단계에서는 작품에 대한 미술가의 개인적 감정과 사고가 주요소인 반면, 4단계에서는 작품의 역사적, 사회적 배경이 주요소가 된다. 단순한 감상자의 주관을 넘어서 객관적이고 보편적으로 작품을 인식하는 단계다. 단순한 감상자가 아니라 전문적인 미술교육을 일정 수준 이상 받은 준전문가들이 이 단계에 속한다.

5단계는 자율성autonomy 단계다. 작품에 대해 자율적인 평가를 하는 단계다. 사회적 역사적 맥락에 기초를 둔 객관적 인식에서 한 걸음 더 나아가, 자신의 독자적 관점에서 작품의 가치나 의미를 인식한다. 작품의 가치판단이 시대적 상황에 따라 변할 수 있다는 점을 전제로 하여, 전통적 일반적 해석에 문제를 제기하고 그것을 재검토하고 수정하여 새로운 해석을 제기한다. 소수의 미술 전문가들이 이 단계에 속한다.

파슨스의 미적 인식능력은 일종의 시각적 독해력visual literacy으로 그것의 발달은 미술품을 내적으로 해석하는 능력의 증대를 의미한다. 파슨스는 미적 인식능력이 나이보다는 미적 경험에 더 영향을 받는다고 판단하기 때문에 나이와 관련지어 각 단계를 설명하지 않았다. 대체로 유아나 유치원생은 1단계, 대부분의 초등학생은 2단계에 해당되지만, 성인이라도 1, 2단계의 인식능력에 머물러 있을 수 있다. 실제로 이에 관련된 연구(Philip Yenawine, 2001)를 보면 미적 인식능력의 발달은 나이에 의해 결정되지는 않는다. 성인이든 아동이든 미술 감상 경험이 부족하면 불가피하게 낮은 단계에 머물게 된다. 그리고 미술교육이 중요하긴 하지만, 미술에 대한 직접 노출exposure을 포함하지 않은 미술교육은 높은 단계로의 이행을 보장하지 않는다. 미술에 대한 장기간의 노출이야말로 미적 인식능력 발달을 가져오는 기본 요소라는 것이다.

일반 사람들은 어느 정도의 미술감상 경험이 있고 미술교육을 받은 경우에도 3단계에 머무는 경우가 많다. 파슨스에서 4, 5단계로의 진입은 풍부한 미술감상 경험과 전문적인 미술교육이 필수 조건으로 작용한다.

미술전시 기획자나 미술교육 종사자들은 미술 전문가이거나 준전문가들로서 파슨스의 미술 인식능력 발달단계에서 4, 5단계에 속하는 사람들이다. 대부분 3단계나 그 이하 1, 2단계의 미적 인식능력을 가진 일반 대중과 격차가 있는 것이다. 따라서 자신들이 기획한 전시나 교육 프로그램이 일반 대중에게는 난해하게 느끼질 수 있으므로 소통에 유의해야 한다.

미적 인식능력의 발달 단계는 미술소비자 유형과 연관된다. 흔히 미술관 방문 등의 관람은 1단계에서부터 시작된다. 그러나 미술품 수집은 4, 5단계에서 대부분 이루어진다. 물론 1,2,3단계에서 미술품 수집을 시작하는 초보 수집가들도 있지만 미술품 수집을 하다보면 작품을 보는 안목이나 전문 지식이 보통 사람들에 비해 훨씬 빠르게 성장한다.

미술품 수집을 위해서는 미적 인식능력도 높아야 하고 적절한 구매 능력도 갖추어야 한다. 그러므로 일반 관람자와 4, 5단계의 수집가 사이에는 일종의 비연속적 단절 즉 캐즘chasm이 존재한다.

〈4-3〉 미적 인식능력과 미술소비

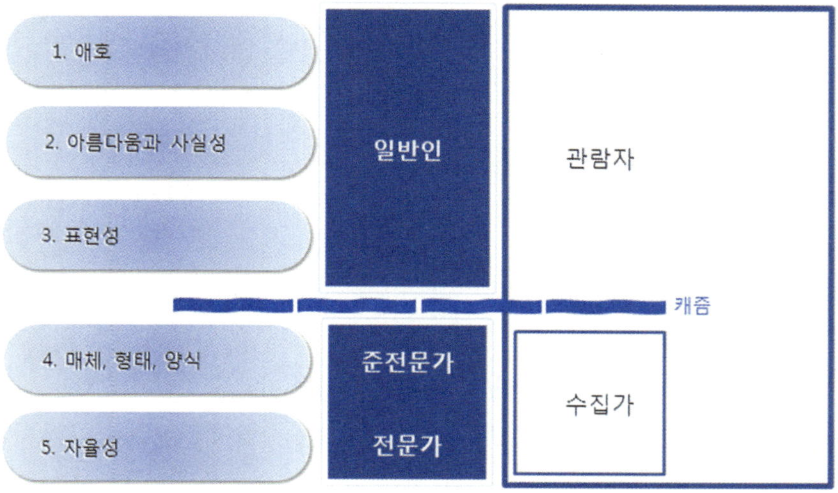

4.2. 미술품 수집의 결정

어떤 재화의 수요는 그 재화의 가격과 구매자의 소득에 따라 달라진다. 미술품의 경우도 마찬가지다.

그런데 미술품은 특별한 기능을 지닌 재화다. 일반 재화의 경우 소비를 통해 그 재화는 소모 또는 마모되어 궁극적으로 없어지게 된다. 그러나 미술품은 소비를 하더라도 없어지지 않는다. 미술 소비자는 미술품을 원형 그대로 보존하면서 감상을 통해 심미적 효용을 향유하는 것이다. 또한 미술품은 장식적 기능이나 사회적 기능을 가지고 있어 소비자에게 심미적 효용 외에 다른 방식으로 추가적 효용을 제공하기도 한다. 한편, 미술품은 투자재로서, 미래에 그것을 되팔아서 부가적인 수익을 얻을 수 있다. 동시대 미술시장에서 투기적 동기에 의한 작품 구매는 나날이 그 비중을 높여가고 있다.

심미적 효용과 투자가치, 그리고 그 밖의 여러 가지 것들이 미술품 구매를 결정하는데 동시에 작용한다. 현대 미술시장에서 수집가들의 동기는 다양하다. 현대 미술시장 소비자들은 단일한 프로필이 아니라 복합적인 프로필을 지니고 있다.

미술품 수집과 구매를 결정하는 가격, 소득, 심미적 효용, 투자가치 등 4가지 변수를 중심으로 순서대로 살펴보기로 한다.

4.2.1. 가격

일반적으로 재화의 가격이 오르면 수요는 줄어들고, 가격이 내리면 수요는 늘어난다. 미술품의 수요도 마찬가지로 가격에 따라 변동한다.

가격이 변할 때 수요가 어떻게 변하는지를 그래프로 나타낸 것을 수요곡선demand curve이라고 한다. 〈4-4〉는 어떤 미술작품 A에 대한 수요곡선을 나타낸 것이다.

이 작품을 수집하고자 관심을 보인 사람은 모두 15명이다. 그 중 1,600만 원까지 지불하고 사려는 사람이 1명, 1,400만 원까지 지불하려는 사람이 1명(총2명), 1,200만 원까지 지불하려는 사람이 1명(총3명), 1,000만 원까지 지불하려는 사람이 1명(총4명)이다. 또, 800만 원까지 지불하려는 사람이 2명(총6명), 600만 원까지 지불하려는 사람이 3명(총9명), 400만 원까지 지불하려는 사람이 6명(총15명)이다. 즉 가격이 내려가면 수요가 늘어나고, 가격이 올라가면 수요가 줄어든다. 결국 이 작품의 수요곡선은, 일반 재화의 수요곡선과 마찬가지로 오른쪽 아래로 내려가는 모습이 된다.

〈4-4〉 미술품의 수요곡선

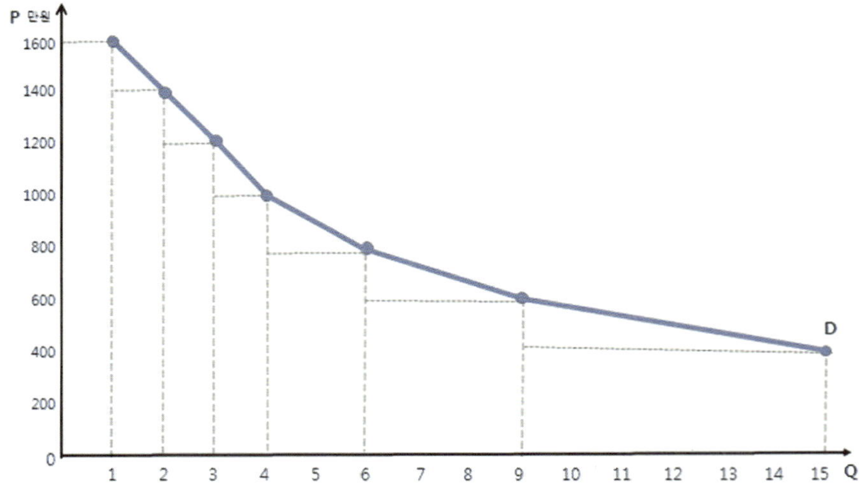

가격이 변동할 때 수요(수요량)가 변동하는 정도를 나타낸 것을 가격탄력성price elasticity 이라고 한다. 가격탄력성은 가격이 몇 퍼센트 변할 때 수요가 몇 퍼센트 변하는지 그 정도를 나타내는 값이다.

만일 미술품의 가격이 10퍼센트 올랐을 때 수요가 5퍼센트만 줄어들었다면 가격탄력성은 0.5(=5%÷10%)가 된다. 이처럼 가격탄력성이 1보다 작다면 소비자들이 가격 변동에 민감하게 반응하지 않는 경우다. 반대로 미술품 가격이 10퍼센트 올랐을 때 수요가 20퍼센트나 줄어들었다면 가격탄력성은 2(=20%÷10%)가 된다. 이처럼 가격탄력성이 1보다 크다면 소비자가 가격 변동에 민감하게 반응하는 경우다.

대체로 미술품은 가격탄력성이 일반 재화보다 작다. 미술 소비자들이 가격 변동에 그다지 민감하지 않은 이유는 미술품이 이질적 특성을 지닌 재화이기 때문이다. 어떤 재화의 가격탄력성은 그 재화와 경쟁관계에 있는 대체재의 이용가능성에 따라 달라진다. 대체재의 이용가능성이 낮은 재화는 가격탄력성이 낮다. 모든 미술품은 하나밖에 존재하지 않는 유일무이한 재화이며, 엄밀하게 말하면 소비재로서 미술품은 대체재가 없다.

그러나 모든 미술품이 심미적 효용을 위한 소비재의 성격만 갖는 것이 아니다. 특히 높은 가격의 미술품일수록 투자재로서의 성격도 강한 것이 보통이다. 그런데 투자재로서의 미술품에는 강력한 대체재가 존재한다. 주식, 채권 등의 금융상품이 그것이다. 그러므로 일반 미술품과 달리 고가의 미술품은 가격탄력성이 커질 가능성이 있다.

정보 비대칭성

앞에서 지적했듯이 미술시장은 정보의 비대칭성이 있는 곳이다. 정보 비대칭성은 동시대 미술가의 작품이 거래되는 1차시장에서 전형적으로 나타난다.

구매자는 미술작품을 거래하면서 그것의 품질quality을 평가하기가 매우 어렵다.

잠재적 구매자는 작품의 질적 특성을 평가할 정보나 인식능력을 갖고 있지 못하다. 그것들은 단지 내부 판매자와 외부의 극소수 전문가(비평가)에게 독점되어 있다. 결과적으로 공급자와 수요자 사이에 정보의 비대칭성이 현실적으로 나타나게 된다.

비대칭적 정보에 의해 특징지어지는 시장 상황에서, 품질quality을 평가하는데 어려움을 겪는 구매자는 작품 가격을 품질을 나타내는 신호signal나 지표indicator로 활용하고자 할 수 있다. 높은 품질의 제품은 더 높은 가격에 판매되는 경향이 있기 때문에, 잠재

〈4-5〉 정보 비대칭성과 품질효과

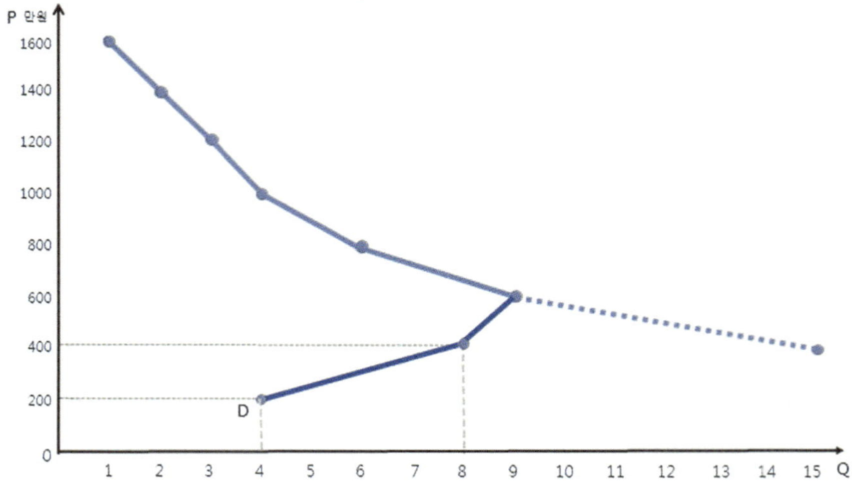

수집가는 가격을 대리정보substitute information로 사용하여 작품의 품질을 평가하는 것이다. 직접적인 품질 정보가 부재한 상황에서 잠재 수집가가 가격을 통해서 품질에 대한 기대를 형성한다는 사실은 주목할 만하다.

가격에 기반을 두고 작품의 질을 평가하는 경우, 품질효과quality effect가 나타나고 수요곡선의 형태가 달라진다. 일정 수준 이하로 가격이 너무 낮아지면 질 낮은 작품으로 인식되어 수요가 오히려 감소할 수 있다. 앞의 수요곡선 사례에서, 가령 500만 원 이하로 가격이 내려가면 싸구려로 간주하고 품질을 신뢰하지 않는 수요자들이 생긴다고 하자. 이러한 경우를 〈4-5〉에 예시하고 있는데, 가격이 400만 원으로 떨어지면 수요자가 15명으로 늘어나는 대신에 오히려 8명으로 줄어들었다. 가격이 내려갈수록 더 많은 수요자 대열에서 이탈한다. 400만 원일 때 8명이던 수요자는 300만 원이 되면 6명이 되고, 200만 원이 되면 4명으로 줄어든다.

베블런 효과

베블런 효과Veblen effect는 과시 소비conspicuous consumption 현상을 지칭한다. 작품이 낮은 가격 대신 높은 가격을 부착하고 있기 때문에 수요가 증가하는 현상이다.

〈4-6〉 베블런 효과

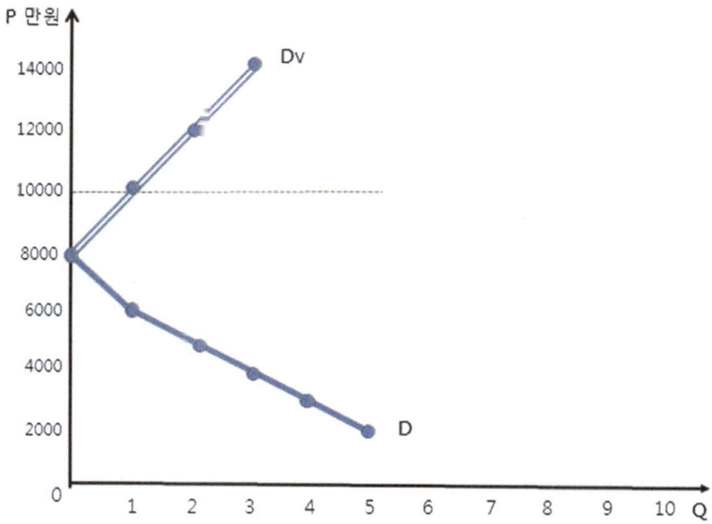

〈4-6〉에서 어떤 작품은 가격이 올라가면 수요가 계속 줄어들어 8,000만 원이 되면 수요가 0이 되고 구매하고자 하는 사람이 없어진다. 그러나 이 작품이 1억 원을 호가하면 그 가격에는 구매하고자 하는 사람이 다시 나타나고 1억 2,000만 원이 되면 2명, 1억 4,000만 원이 되면 3명이 수요자로 나선다. 1억 원 이상을 자신의 부를 과시할 수 있는 상징적인 가격으로 생각하는 소수의 부호들에 의해, 1억 원을 넘어선 가격대에서 가격이 오를수록 수요가 더 늘어나는 베블런 효과가 나타나고 있다.

미술품 수집가, 특히 애호가 중에는 다수의 수집가들이 선호하고 구매하고 싶어 하는 작품은 오히려 멀리하고, 다른 사람에게 인기 없는 작품을 골라 수집하는 사람들이 있다. 많은 까마귀들에 둘러싸인 우아한 백로처럼 평범한 무리에서 벗어나 특별한 존재로 보이기 위한 행동이다. 개성과 차별성을 우선시하는 이런 사람들에 의해서, 특정 작품이나 작품들에 대해 없던 수요가 새로 생기거나 증가할 수 있는 데 이것을 백로효과 또는 속물효과snob effect라고 한다. 베블런 효과와 백로효과는 혼동될 소지가 있다. 그러나 베블런 효과는 작품 가격 변동에 따른 현상이고, 백로효과는 다른 사람들의 소비 수요 변동에 따른 현상이므로 개념상 차이가 있다.

4.2.2. 소득

일반적으로 소비자의 소득이 늘면 제품의 수요가 증가한다. 미술품 수요도 소득이 늘어남에 따라 증가하는데, 특히 미술품 구매는 고소득층을 중심으로 이루어진다는 사실이 알려져 있다. 미술품은 고소득층에 속해있음을 나타내는 일종의 지위재이고, 미술품 수집은 종종 고소득층의 과시 소비와 연관되어 있다.

소비자의 소득 변동에 따라 재화의 수요가 변동하는 정도를 나타낸 것이 소득탄력성income elasticity이다. 소비자의 소득이 10퍼센트 늘었을 때 재화의 수요가 20퍼센트 늘어났다면 그 재화의 소득탄력성은 2(=20%÷10%)가 된다. 모든 재화의 수요가 소득 증가와 동일한 비율로 증가한다면 소득탄력성은 어느 재화에 있어서나 1이 되지만, 이것은 현실과 다르다.

소득탄력성은 필수품일수록 작고 사치품일수록 크다. 쌀과 같은 필수품의 경우 소득이 변화하더라도 수요는 크게 변하지 않으나 사치품의 경우에는 소득이 변화하면 그에 따라 수요가 크게 변동한다. 보통 소득탄력성이 1보다 큰 재화를 사치재luxury goods, 1과 0사이의 재화를 필수재necessity goods로 구분한다. 일반적으로 소득이 증가하면 재화의 수요는 늘어난다. 그러나 소득이 증가하면 오히려 수요가 줄어드는 재화, 즉 소득탄력성이 0보다 작은 재화도 예외적으로 존재하는데 그것을 하급재inferior goods라고 부른다.

미술품은 대표적인 사치재로서 소득탄력성이 1보다 크다. 예컨대 브라이언(Michael F. Bryan, 1985)은 1970-1984년간 미국 회화의 '실질 경제성장 탄력성'real economic growth elasticity을 1.35로 추정했다. 이것은 회화를 사치재로 여기는 통념을 지지하는 결과다. 다만 복제품이나 모조품은 예외다. 이것들은 일종의 하급재다. 소득이 늘어난 가정에서 창고나 지하실이나 쓰레기통으로 내쫓기게 된다.

미술품 수요는 사람들의 소득에 영향을 받기 때문에, 경제 전반적인 국민소득의 변동을 파악하는 것이 중요하다. 중국처럼 경제성장률이 높은 나라는 미술시장의 성장 속도도 그만큼 빠르다.

그런데 경제는 장기적으로 일정한 추세trend를 따라 성장한다고 할 수 있으나, 단기적으로는 그 추세를 중심으로 그 아래위로 끊임없이 등락을 거듭하며 순환cycle하고 있다.

국민소득은 일정한 추세를 따라 성장한다면, 한 나라의 미술품 수요도 그에 비례하여 늘어난다. 따라서 과거보다는 현재, 현재보다는 미래의 미술품 수요가 증가한다. 그러나 단기적으로는 국민소득이 해마다 일정한 비율로 늘어나지는 않는다. 경제는 성장하더라도 순환하면서 성장하기 때문에, 반드시 과거보다 현재의 미술 수요가 더 크거나 현재보다 미래의 미술수요가 더 큰 것이 아니다.

경제는 확장expansion과 수축contraction을 반복하면서 성장한다. 확장국면에서 회복기recovery와 호황기prosperity, boom를 거쳐 고점peak에 도달하면 다시 수축하고, 수축국면에서 후퇴기recession와 불황기depression, slump를 거쳐 저점trough에 도달하면 다시 확장한다.

미술품 수요는 이러한 경기순환business cycle 혹은 경기변동business fluctuation에 연관되어 움직인다. 미술품 수요는 확장국면에서 늘어나고 수축국면에서는 줄어든다. 특히 확장국면의 후기인 호황기에서는 유휴자금이 많이 발생하기 때문에 미술품 같은 사치재 수요는 최고조에 달한다.

〈4-7〉은 2011년에서 2020년 사이에 국민경제가 연평균 6%씩 추세적으로 성장하여 일인당 국민소득이 2011년 3,000만 원에서 2020년에 약 5,000만 원으로 늘어난 경우를 예시하고 있다.

〈4-7〉 국민소득의 추세와 순환

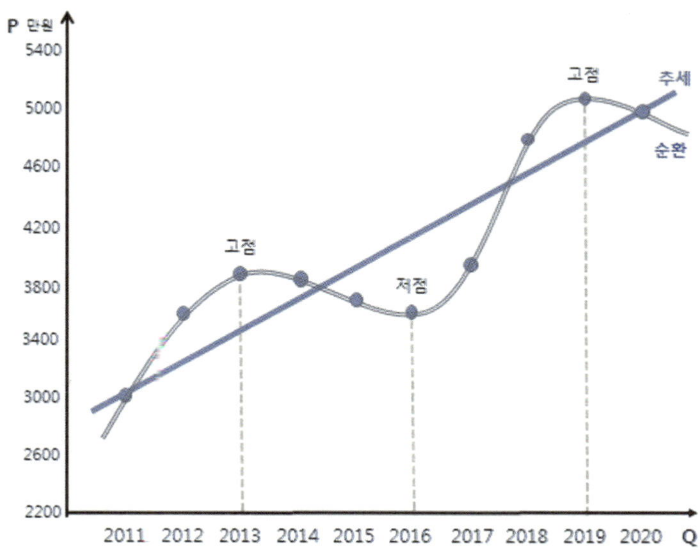

장기적으로는 2011년에 비해 2020년에 국민소득이 늘어난 만큼 미술품에 대한 수요가 늘어난다. 하지만 경기순환을 고려하면 호황기로서 고점에 도달한 2019년경의 국민소득이 2020년보다 더 높기 때문에 미술품 수요도 더 많을 것이다. 마찬가지로 2013년경이 그 이후 2014년에서 2016년 사이보다 미술품 수요가 더 많을 것이다.

경기순환에 따른 미술시장의 움직임은 1차시장과 2차시장에서 다르게 나타날 수 있다. 예술적 고려가 중시되는 1차시장은 경기순환에 덜 민감하게 움직이기도 하지만, 경제적 고려가 우선인 2차시장은 경기순환에 긴밀하게 연관되어 그 영향을 직접 받는다.

호황기에는 미술시장에 많은 자금이 유입되고 미술품 수요가 증가한다. 특히 단기적 수익 추구하는 투기적 수요가 크게 증가한다. 공급에 비해 수요가 급증하므로, 판매자가 주도하는 판매자시장seller's market이 형성된다. 반면, 불황기에는 미술시장에서 자금이 유출되고 미술품 수요가 감소한다. 투기적 수요는 줄고 장기적 보유를 추구하는 애호가들이 미술시장에 남는다. 공급에 비해 수요가 감소하므로 구매자에게 유리한 구매자시장buyer's market이 형성된다.

또한 호황기에는 경매의 역할이 커지면서 시장을 주도한다. 경매낙찰률이 높아지고 경매가격도 상승한다. 반면, 불황기에는 경매의 역할이 줄고 화랑이 시장을 주도한다. 경매낙찰률이 낮아지고, 경매가격은 낮게 형성된다.

거래되는 작품에도 변동이 있다. 호황기에는 모든 작품에 대한 수요가 증가하지만, 특히 동시대미술에 대한 수요가 크게 증가하면서 시장 확대를 주도한다. 반면 불황기에는 동시대미술에 대한 수요부터 감소하고, 모던아트 등 그 이전의 미술에 대한 수요가 남아 시장 흐름을 이어간다.

4.2.3. 심미적 효용

미술품 구매의 1차적인 동기는 그것을 보유하고 감상appreciation함으로써 심미적 즐거움aesthetic pleasure을 누리는 것이다. 미술품의 가격이 낮을수록, 그리고 미술품 애호 성향이 강하고 미적 인식능력이 높은 단계에 있는 구매자일수록 이러한 심미적 측면이 미술품 구매에서 중요한 역할을 한다.

미술품 수집 초기에 몇 점을 살 때는 자신의 취향과 기호에 따라 마음에 드는 것을 사게 된다. 돈으로 환산되지 않는 예술적 가치다. 그러나 수집 작품 수가 늘어나고 그림에 지불한 자금이 늘어나면 아무래도 경제적 가치를 고려하게 된다. 자기 마음에 들지 않더라도 투자가치가 있을만한 작품에 관심을 갖는 것이다. 가격이 낮은 경우 대부분의 구매자는 자신의 기호에 따라 애호 목적으로 구입하지만 가격이 올라감에 따라 투자 측면을 고려하는 구매자가 늘어난다. 그렇지만 어떤 경우든 미술품을 구매하는 데는 투자자산으로서 고려 이외에 그 작품에서 즐거움과 감동을 얻으려는 심미적 측면이 기본적으로 전제되고 있다.

심미적 즐거움과 관련하여 롤랑 바르트(Roland Barthes, 1980)는 스투디움과 푼크툼이라는 개념을 제시했다. 감상자가 작품에서 받는 느낌은 사회적으로 공유되는 공통된 것과 지극히 개인적인 것이 있을 수 있다. 스투디움studium은 작품의 문화적, 언어학적, 정치적 해석이다. 사회적으로 널리 공유되는 일반적 해석이고 대체로 작가가 의도한 바를 동일하게 느낀 것을 말한다. 한편 푼크툼punctum은 스투디움을 벗어나 감상자가 개인적 경험에 비추어 해석하고 작품을 주관적으로 받아들이는 것이다. 찔려서 생긴 구멍을 뜻하는 라틴어punctionem에서 유래한 개념이다. 작품이나 그 세부가 감상자의 마음을 찔러서 상처를 내고 강렬한 감동을 일으키며, 감상자는 작품 속 사물이나 인물과 직접적인 관계를 형성한다. 작품에 대한 사회적, 일반적 해석이든 개인적, 주관적 해석이든 모두 감상자 편에서 만들어가는 것이지만, 그러려면 애당초 작품 속에 그와 같은 요소가 내재되어 있어야 한다. 좋은 작품은 보편적 가치를 구현하지만, 동시에 다양하고 풍부한 개인적 해석의 여지를 제공한다.

사람들은 '그 그림을 봤을 때 머릿속에 맴돌던 모든 언어가 사라지고 대신 색과 붓놀림이 가득 채워지는 것 같았다. 마법처럼 그 그림에 빠져들었다.'는 식의 충격을 경험하기도 한다. 이처럼 작품을 보고 순간적으로 격렬한 흥분이나 현기증, 신체적 마비 등 심신장애psychosomatic disorder에 빠지는 것을 스탕달 신드롬Stendhal Syndrome으로 부르기도 한다. 프랑스 문학가 스탕달Stendhal, 1783-1842은 1817년 이탈리아 피렌체에서 레니Guido Reni의 「베아트리체 첸치」Beatrice Cenci, 1662, 64.5x49cm를 보고 심장박동이 빨라지고 무릎에 힘이 빠지는 경험을 했다는 기록을 남겼다.

미술품은 감상자에게 활력을 주고 정신을 고양시키기도 하고 정서적 안정과 평안을 가져다주기도 한다. 평생 836점의 회화를 남긴 로스코Mark Rothko, 1903-1970는 그림을 앞에 두고 깊은 명상을 함으로써 슬픔을 이겨내고 마음을 치유할 수 있다고 생각했다. 그에게 그림은 종교였다. 미국 휴스턴 메닐 컬렉션Menil Collection 인근에 지어놓은 로스코 예배당Rothko Chapel에는 세폭화 triptych, triptyque를 비롯한 그의 그림 14점이 감상자들에게 조용한 영혼의 울림을 일으킨다. 하지만 그는 예배당의 완공도 보지 못하고 스스로 삶을 마감했다.

20세기 후반 이래 미술의 상업화가 진전되고 일부는 기분전환을 위한 오락거리로 되고 있으나 다른 한편으로는 대안적 종교로서의 역할도 여전히 수행하고 있다.

미술품을 직접 구매한 수집가는 단순한 관람자가 아니기 때문에 감상을 통해 얻는 심미적 효용은 일반 관람자와 동일하지 않다. 미술품 소유권과 그에 상응하는 소유효과 ownership effect에 의해 추가적인 효용이 발생할 수 있다. 미술품은 미술가가 직접 제작한 작품으로 대개 유일무이한 것이다. 그 미술품이 세상에 하나밖에 없다는 희소성 때문에, 원작만이 지니는 신성하고 종교적인 분위기 즉 아우라가 생성된다. 미술품 구매자는 그 원작의 아우라를 배타적으로 독점함으로써 다른 사람들이 누리지 못하는 특별한 효용을 누리게 되는 것이다. 단순한 관람자는 원작의 아우라를 남들과 공유할 뿐이지만 수집가는 그것을 자신만의 것으로 소유한다.

미술품 구매로부터 얻는 심미적 효용은 차액접근법residual approach으로 간편하게 추정할 수 있다.

〈4-8〉 차액접근법 : 심미적 효용의 추정

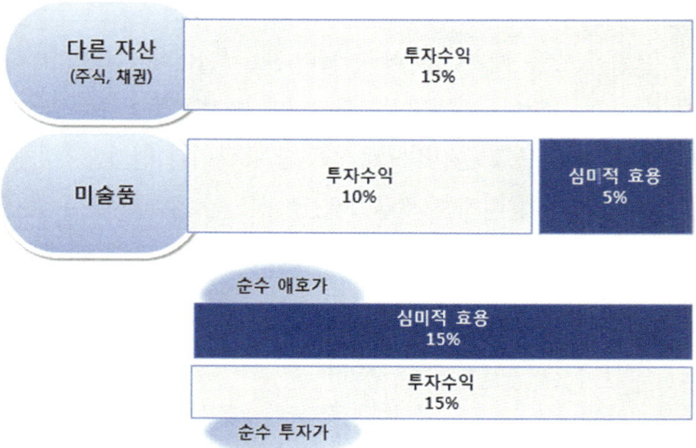

사람들은 미술품 보유로부터 크게 두 가지 이득을 얻는다. 하나는 심미적 효용이고 다른 하나는 투자수익이다. 여기서 투자수익은 화폐적 가치로 직접 측정할 수 있다. 그러면 이 투자수익과 다른 대체재로부터 얻을 수 있는 투자수익과의 차액을 계산함으로써 미술품의 심미적 효용을 추정할 수 있는 것이다.

예를 들어 다른 자산(주식, 채권 등 금융자산)의 투자수익이 매년 15%인데 미술품의 투자수익이 매년 10%라면, 이 미술품의 심미적 효용을 그 차액인 5%라고 추정하는 것이다. 미술품을 구매하면 다른 자산을 구매할 때보다 투자수익이 5%포인트 적지만, 그럼에도 불구하고 미술품을 구매하는 이유는 그 5%포인트만큼 다른 자산이 제공하지 못하는 심미적 효용을 누리기 때문이다. 미술품 구매자가 미술품으로부터 일정한 크기의 심미적 효용을 누리고 있다면, 미술품의 투자수익은 다른 자산보다 그 크기만큼 적게 된다. 이 차액접근법은 모든 시장이 균형상태이고, 사람들이 합리적으로 행동하며, 위험을 비교할 수 있다는 것을 전제로 한다.

미술품이 심미적 효용을 지니고 있다는 것은 미술품과 다른 자산, 미술시장과 다른 자산시장을 근본적으로 구분하는 요소다.

일반적으로 미술품과 다른 자산 간의 투자수익 차이는 애호가일수록 커지고, 투자가일수록 적어진다. 순수 애호가는 투자수익이 0이더라도 미술품을 구매하는 사람이다. 그가 미술품으로부터 누리는 이득은 모두 심미적 효용이다. 순수 애호가에게 미술품은 다른 자산과 완전히 별개인 셈이다. 반면 순수 투자가는 심미적 효용이 0이라도 미술품을 구매하는 사람이다. 그의 이득은 모두 투자수익이다. 투자가에게 미술품은 주식, 채권 등과 똑같이 하나의 금융자산일 뿐이다.

또한 미술시장과 다른 자산시장 간에 투자수익의 차이가 클수록 미술시장에서 투자가들이 아니라 애호가들이 더 지배적인 역할을 하는 셈이다. 반면 두 시장 간에 투자수익의 차이가 작다면, 미술시장이 다른 자산시장과 마찬가지로 투자가들에 의해 움직이고 있는 것으로 간주할 수 있다.

미술품의 심미적 효용에 대한 차액접근법은 직관적으로 이해될 수는 있으나, 심미적 효용의 크기를 투자수익에 의존된 잔여로서 파악하는 것은 문제점이 있다. 그러므로 심미적 효용의 크기를 직접 파악하는데 도움이 되는 다른 방법도 고려해봐야 한다(Bruno S. Frey, 2004).

첫째는 미술품 대여료rental fee다. 미술품을 대여할 경우 소비자는 미술품 가격에 상관없이 순수하게 미술을 즐기는 대가만 지불하게 된다. 미술품 대여시장이 성장한다면 심미적 효용에 대한 현실적 정보를 많이 제공해 줄 수 있다.

둘째는 지불의사willingness to pay다. 심미적 효용은 미술관의 미술품 감상에 대한 지불의사로 나타낼 수 있다. 사람들은 미술품을 감상하기 위해서 먼 지역의 미술관까지 찾아가는데 그러한 노력을 비용으로 환산해 볼 수 있다.

셋째는 복제품의 가격price for copy이다. 원작과 거의 같은 복제품에 대해 사람들이 지불하는 가격을 통해 심미적 효용을 간접적으로 추정할 수 있다. 산업적으로 대량생산된 복제품은 투자 대상이 아니므로, 복제품의 가격은 순전히 사용가치 즉 심미적 효용만을 반영한다.

미술시장에서 원작에 대한 수요만 존재하는 것은 아니고 복제품에 대한 수요도 별도로 존재한다. 원작과 차이는 복제품은 대량생산되는 순수한 소비재라는 것이다. 복제품을 그것을 수요하고 값을 지불하는 사람에게 일정한 효용을 제공하는 소비재이며 그것을 되팔아서 수익을 얻을 수 있는 투자재는 아니다. 원작이 모방되고 재생산된다는 것은 그에 대한 수요가 있기 때문이다. 복제품은 원작을 더 많은 대중에게 알리며, 원작 소유자의 편익을 증대시키는 역할을 한다. 이것을 선전효과propagation effect라고 한다(Bruno S. Frey, 2004). 많은 미술관들은 소장 중인 원작의 복제품을 기념품점museum shop에서 관람객에서 판매함으로써 부가적 수익을 얻는다. 원작의 창조자인 미술가도 복제품으로부터 이득을 얻는다. 미술가로서 자신의 명성을 높이고 사용료royalty도 받을 수 있다.

장식적 동기, 사회적 동기

미술품 구매자는 심미적 즐거움aesthetic pleasure을 얻는 것이 소비의 일차적 목적이지만, 그와 함께 미술품이 지닌 다른 기능이나 효용도 미술품 수요에 관여된다.

첫째, 장식적 동기와 관련된 미술품 구매 수요다. 실내나 정원 등을 미술품으로 아름답게 장식decoration하는 것은 미술의 역사만큼이나 오래된 일이다. 장식은 심미적 즐거움과 함께 미술품이 구매자에게 제공할 수 있는 중요한 기능이다. 일반 미술시장에서 장식적 동기가 심미적 동기보다 중요시되거나 우선적으로 고려되는 경우는 드물다. 그러나 장식은 저렴하고 질 낮은 소위 '이발소 그림'에 대해서는 지배적 구매 동기가 된다.

일반 미술시장에서도, 부차적이긴 하지만 장식적 동기가 구매 결정에 일정한 영향을 미친다. 미니멀아트minimal art나 아르테포베라arte povera는 초기부터 미술관 등 공공 컬렉션에는 포함되었으나 그 이후 오랫동안 일반 가정이나 개인의 사적 컬렉션에는 포함되지 못했다. 대체로 일반 가정의 실내 환경에 부적합한 그것의 예술 형태 때문이었다. 비디오아트video art도 마찬가지로 오랫동안 사적 컬렉션 목록이 아니었으나 초평면 화면이 개발되자 갑자기 중산층 인테리어를 위한 이젤로 변모했다. 미술품 중에 벽에 걸 수 있는 작품에 대한 수요가 많고, 설치미술에 대한 사적 수요가 적은 것은 이러한 장식적 기능과 관련이 크다.

둘째, 사회적 동기와 관련된 미술품 구매 수요다. 심미적 즐거움이든 장식 기능이든, 미술품으로부터 소비자가 누리는 효용은 기본적으로는 미술품 그 자체의 속성으로부터 나온다. 그렇지만 때로는 그 미술품에 대한 다른 사람들의 태도 등으로부터도 유래할 수 있다.

미술품 수집은 사회적으로 어느 정도 존경받을 만한 수준의 성공을 거두었다는 것을 의미한다. 올드마스터 작품 수집은 경제적으로 뿐만 아니라 예술을 즐길만한 능력과 고상한 취향, 지성을 갖추었음을 남에게 보여주는 행위가 된다. 또한 알려지지 않거나 인정받지 못한 미술가의 전위적 작품을 구매하는 모험적인 수집가는 미술 발전에 기여하고 미술사의 흐름을 선도한데 대해 스스로 긍지를 가질 수 있다. 물론 그에 대한 경제적 보상도 따를 수 있다. 현재의 미술 발전에 기여한다는 긍지 말고도 미래의 미술품의 기부자로서 누리는 명예와 자부심도 중요하다. 만일 좋은 작품을 더 많이 구입해 지역 미술관에 기증하겠다는 생각으로 사업 성공에 매진하는 사업가가 있다면 사회적 존경을 받을 것이다. 돈이 많다고 상류층upper class으로 간주되지는 않는다. 미술품 수집과 기증은 상류층에 필수적으로 요구되는 도덕적 의무 즉 노블레스 오블리주noblesse oblige를 실천할 수 있는 방법이다.

미술품 수집은 예술을 사랑하는 열정적인 사람들과 교류하는 계기를 만들어준다. 미술품은 여러 사람을 하나로 묶는 촉매 역할을 한다. 미술품 수집을 위해 참여하는 미술계의 이벤트를 비롯하여 미술품을 매개로 공통된 취미를 나누는 가운데 형성되는 여러 네트워크는 의도하지 않은 외부적 편익을 가져다준다. 미술품은 여럿이 동시에 즐길 수 있는 재화다. 자신이 수집한 미술품을 혼자 즐기는 것이 아니라 사람들에게 보여주고 그것을 매개로 사교의 장을 형성할 수 있다. 또한 전시회 대여를 통해 일반 사람들에게도 감상 기회를 제공함으로써 사회 전체의 효용을 높이는데 기여할 수 있다.

4.2.4. 투자수익

심미적 효용과 더불어 미술품 구매를 결정하는 다른 하나의 주된 동기는 투자수익이다. 장차 그림 값이 올라 수익이 나면 되팔기 위한 목적으로 그림을 구매하는 것이다. 이것은 일종의 투자재로서 미술품 구매다. 미술품은 재화이지만 식품이나 신발 같은 단순 소비재는 아니고 자동차나 냉장고 같은 내구 소비재와도 다르다. 단순 소비재든 내구 소비재든 일정 기간 사용하면 재화가 마모된다. 이들과 달리 미술품은 소도되지 않는 일종의 자산이다. 자산으로서의 성격 때문에 미술품으로부터 수익이 발생하고 미술품이 투자가치를 지닐 수 있다.

소비는 현재의 효용을 위해 재화나 서비스를 구입하는 것이고, 투자는 미래의 수익을 위해 자산을 구입하는 것이다. 구입하는 자산에는 주식, 채권, 예금 등의 금융자산 외에 부동산과 같은 실물자산도 있다. 미술품 구입은 소비와 투자의 두 가지 성격을 동시에 지닌 것이다. 국가통계상으로는 미술품 구입은 소비로 분류되고, 실제 많은 미술품은 소비재로서 구입된다. 그렇지만 미술품 구입은 자산 증대의 의미를 지니고 있으며 실제 상당수의 미술품이 미래 수익을 목적으로 구입된다.

자산 혹은 투자재로서 미술품에 대한 수요는 다른 자산에 대한 수요와 연관되어 있다. 미술품을 구매하고자 하는 사람은, 적어도 암묵적으로라도 다른 자산들의 수익과 비교해 보고 살지 말지를 결정할 것이다. 미술품과 주식, 채권, 예금, 부동산 등 다른 자산에 얼마씩 자금을 배분하는 게 최선일지 고려하는 과정에서 미술품의 구매 결정도 이루어진다. 자산으로서 미술품에 대한 수요는 다른 자산과 비교한 미술픔의 기대수익expected return, 위험risk 등 여러 요인에 따라 좌우된다.

1) 기대수익

기대수익은 미술품을 구매하면 얻을 수 있을 것으로 기대하는 금전적 이득이다. 그런데 미술 수집가에는 극단적인 순수투자가, 일반 수집가, 극단적인 순수애호가의 유형이 있다. 이들 유형별로 기대수익이 상이하게 작용하고 각자의 시장행동이 달라질 수 있다.

순수투자가

순수투자가 즉 심미적 즐거움을 전혀 얻고자 하지 않는 사람의 경우는, 미술품의 금전적 기대수익이 반드시 다른 자산들보다 높아야 구매할 것이다.

순수투자가는 미술품으로부터 누리는 심미적 효용이 영(0)이므로 투자수익만 고려 사항이다. 이들에게는 미술품과 다른 자산은 성격상 차이는 없다. 만일 미술품의 기대수익이 선택 가능한 다른 자산의 기대수익보다 크다면 미술품을 구매하고 그렇지 않으면 다른 자산에 투자할 것이다.

일반적으로 자산의 기대수익 R은 다음 식으로 나타낼 수 있다.

$$R = (P_1 - P_0) + C$$

여기서 P_1 은 자산을 되팔 때 기대 가격이다. 이것은 거래비용을 제외하고 계산한 가격이다. 거래비용은 각종 수수료와 세금이 주를 이루는데 주식이 가장 적고 미술품이 가장 많다. 미술품의 경우 화랑이나 경매회사의 수수료 비중이 크기 때문이다. P_0은 자산을 구입한 가격이다. C는 자산을 보유하는 동안 발생하는 수익이다. 주식의 배당금, 채권과 예금의 이자, 부동산의 임대료 등이 그것이다. 미술품은 보유하는 동안 이러한 수익이 발생하지 않으므로 C의 값은 0이 된다. 물론 미술품의 경우도 개인이 소장한 작품을 대여료를 받고 미술관 전시회 등에 빌려줄 수 있지만 흔한 일은 아니다.

순수투자가는 다른 자산과 미술품의 기대수익을 비교하여 미술품 구매 여부를 결정한다. 예를 들어 어떤 그림의 화랑 판매가격이 1,000만 원이라고 하자. 그리고 1년 후에 거래비용을 제외하고 1,200만 원에 그림을 되팔 수 있을 것으로 기대된다고 하자. 이 경우 그림의 기대수익은 200만 원이 된다.

$$R = (1,200 - 1,000) + 0 = 200$$

만일 다른 자산을 구매할 때의 기대수익이 250만 원이라면, 순수투자가는 이 그림을 구매하지 않고 다른 자산에 투자할 것이다.

그런데 이 화가의 인기가 올라가고 있어 1년 후 1,200만 원이 아니라 1,300만 원에 되팔 수 있을 것으로 기대된다고 하자. 그림의 기대수익은 300만 원이 되고, 다른 자산을 구매할 때 기대수익 250만 원보다 높기 때문에 이번에는 그림을 구매할 것이다.

따라서 미술품의 기대수익이 커지면 미술품 수요는 더 늘고, 반대로 기대수익이 작아지면 수요는 줄어든다.

일반 수집가

극단적인 순수투자가 외에 극단적인 순수애호가의 경우는 미술품으로부터 심미적 효용을 얻는 것이 유일한 목적이므로 미술품의 기대수익이 어떠하든, 심지어 마이너스가 되어 금전적 손실이 발생할 가능성이 있더라도 그것에 상관없이 구입할 것이다. 순수애호가의 수요는 기대수익과 무관하다.

극단적인 순수투자가와 순수애호가의 경우를 제외하고 일반 수집가는 미술품으로부터 심리적 이득인 심미적 효용과 금전적 이득인 투자수익 2가지 모두를 추구한다. 그러므로 미술품 구입에 따른 총 기대이득은 기대효용 U와 기대수익 R의 합, 즉 U+R가 된다. 일반 수집가는 미술품의 총 기대이득이 다른 자산의 총 기대이득(다른 자산은 심미적 효용을 제공하지 않기 때문에 U는 영(0)이 되고, 총 기대이득은 기대수익 R과 같다)보다 크다면 미술품을 구입한다.

위에서 마찬가지로, 어떤 그림의 화랑 판매가격이 1,000만 원인데 1년 후에 거래비용을 제외하고 1,200만 원에 그림을 되팔 수 있을 것으로 기대된다고 하자. 또 구매자는 그림이 그의 수중에 있는 동안 작품을 감상하면서 매년 100만 원어치에 상당하는 심미적 즐거움을 얻을 것으로 기대된다고 하자. 이 경우 그림으로부터 얻을 수 있는 총 기대이득은 300만 원이 된다.

$$U + R = 100 + (1,200 - 1,000) + 0 = 300$$

만일 다른 자산을 구매할 때 총 기대이득과 기대수익이 250만 원이라면, 일반 수집가는 그 자산에 투자하지 않고 이 그림을 구매할 것이다. 앞에서 순수투자가는 그림의 기대수익이 200만 원일 때 그림을 구매하지 않았는데, 일반 수집가는 순수투자가와 다른 구매결정을 했다. 기대효용 U를 고려함으로써 달라진 결과다.

미술품 구입으로부터의 기대효용 U는 순수투자가에 가까울수록 0에 접근하고 순수애호가에 가까울수록 커진다. 다른 조건이 동일하다면, 순수투자가는 일반 수집가에 비해 작품을 덜 구입한다. 반면, 순수애호가는 일반 수집가에 비해 작품을 더 구입한다(만일 기대수익이 0이라면 미술품의 총 기대이득은 200이 된다. 이 경우 일반 수집가는 미술품이 아니라 기대수익이 250인 다른 자산에 투자할 것이다. 그러나 순수애호가는 이 경우에도 미술품을 구매한다.). 결과적으로 순수투자가는 작품을 덜 구입하고, 순수애호가는 작품을 더 구입한다.

미술시장에 순수애호가에 가까운 사람들이 많을수록 균형 상태에서 투자수익의 비중은 낮아진다. 총 이득의 많은 부분은 심미적 효용으로 구성된다. 반대로 미술시장에 순수투자가에 가까운 사람들이 많을수록, 심미적 효용의 비중은 낮아지고 투자수익의 비중이 그만큼 높아진다.

2) 위험

자산이 지닌 위험의 정도도 자산의 수요에 영향을 미친다. 어떤 자산이든 구입할 때 기대수익과 위험을 아울러 고려하게 된다. 앞에서 미술시장 참가자들은 1,000만 원짜리 그림이 1년 뒤에는 1,200만 원에 팔릴 것으로 기대했다. 그러나 실제로는 1년 뒤에 그림가격이 어떻게 될지는 아무도 모른다. 기대보다 더 오를 수도 있고, 오히려 떨어질 수도 있고 아예 팔리지 않을 수도 있다.

두 점의 그림이 있는데, 하나는 잘 알려진 유명작가의 작품이고 다른 하나는 전위적인 신진작가의 작품이다. 두 그림의 가격이 우연히 1,000만 원으로 같다고 하자.

1년 후 유명작가의 작품은 1,300만 원에 팔리거나 아니면 1,100만 원에 팔릴 것으로 기대되는데, 그 가능성은 각각 반반(0.5)이라고 하자. 반면, 신진작가의 작품은 크게 올라 2,000만 원에 팔릴 가능성도 있고 아예 팔리지 않을 가능성도 있는데, 2,000만 원에 팔릴 확률이 60%(0.6)이고 아예 팔리지 않을 확률이 40%(0.4)라고 하자

이 경우 유명작가 작품에 대한 기대수익과 신진작가의 작품에 대한 기대수익은 모두 200만 원으로 동일하다

유명작가 : (1,300−1,000) x 0.5 + (1,100 − 1,000) x 0.5 = 200

신진작가 : (2,000−1,000) x 0.6 + (0 − 1,000) x 0.4 = 200

두 그림의 기대수익은 동일하지만 위험의 크기는 상이하다. 1년 뒤에 유명작가 작품은 200만 원 기대수익에서 크게 벗어나지 않은 100만 원 혹은 300만 원의 안정적 수익을 실현하는 반면, 신진작가 작품은 1,000만 원의 큰 수익을 얻든가 1,000만 원의 큰 손실을 입는다. 유명작가 작품보다 신진작가의 작품은 위험이 훨씬 더 크다.

안정적인 수익을 선호하는 보수적인 사람은 유명작가의 작품을 구입한다. 이들은 위험 회피risk averse 스타일이다. 반면 손실을 각오하고서 큰 수익을 기대하는 사람은 신진작가의 작품을 구입한다. 이들은 위험 애호risk loving 스타일이다.

자산 시장에서 위험을 회피하는 사람이 많으면 안전한 자산이 주로 선택되고, 위험을 즐기는 사람이 많으면 위험한 자산이 주로 선택된다. 미술시장도 잠재적 구매자들이 위험을 회피하느냐 즐기느냐에 따라 선택이 달라지는데, 관련 연구에서는 대부분의 사람들은 위험 회피 스타일의 행동을 하는 것으로 알려져 있다. 위험 회피적 행동이 지배적으로 되면 미술품 구매 수요는 유명작가 작품에만 집중되고, 신진작가를 포함한 대다수의 일반 미술가의 작품에는 적절한 수요가 형성되지 않는다. 이것은 미술계에서 스타 현상star phenomenon, 즉 소수의 유명한 미술가가 시장의 대부분 차지하고 일반 미술가는 재능에 상관없이 높은 진입장벽에 직면하는 현상을 심화시킨다.

〈4−9〉는 런던, 파리, 뉴욕의 경매시장에서 유명화가Great Masters의 작품 수익률과 전체 작품 포트폴리오에서 차지하는 비중을 일반화가(미국화가)의 비교해 나타낸 것이다. 수익률의 평균을 보면 유명화가 쪽이 런던과 파리에서 일반화가other painters보다 높지만 뉴욕에서는 미국화가American painters와 차이가 없다. 그러나 위험도를 나타내는 수익률의 분산을 보면 런던, 파리, 뉴욕 모두 유명화가 쪽이 상당히 낮다. 유명화가의 낮은 위험도는 거래의 집중을 가져온다. 결과적으로 유명화가들은 런던에서 91.6%, 파리에서 85.4%, 뉴욕에서 72.7% 등 매우 높은 비중을 차지한다.

〈4-9〉 유명화가와 일반화가의 수익률과 포트폴리오 (1962-1991년)

		수익률		포트폴리오
		평균	분산	
런던	유명화가	5.2%	4.4%	91.6%
	일반화가	3.3%	41.2%	8.4%
파리	유명화가	5.8%	4.3%	85.4%
	일반화가	3.4%	18.8%	14.6%
뉴욕	유명화가	4.6%	5.2%	72.7%
	미국화가	4.7%	11.5%	27.3%

자료: Flôres Jr., Renato G., Victor Ginsburgh, and Philippe Jeanfils (1999).

한편, 위험에 대해서도 순수투자가와 순수애호가는 다르게 대응한다.

순수투자가는 위험 회피자로서, 예측할 수 없는 위험이나 불확실성이 증가하면 미술시장을 떠나 다른 자산시장으로 옮겨간다. 그러나 순수애호가는 이런 위험 요소에도 민감하게 반응하지 않는다. 순수애호가는 예술적 가치를 고려하여 미술품을 구매하는 사람들이기 때문에, 위험이 증대하더라도 쉽게 미술시장을 떠나지 않는다.

3) 다른 요인들

자산수요이론asset demand theory과 관련지어 보면, 미술품 수요는 기대수익과 위험 말고도 대략 3가지 요인에 영향을 받는다(James Heilbrun and Charles M. Gray, 2001).

첫째, 유동성liquidity, 즉 얼마나 쉽게 자산을 현금화할 수 있느냐 하는 것이다. 아무리 기대수익이 크고 위험이 적더라도, 팔려고 할 때 손쉽게 팔 수 없다면 그 자산의 매력은 떨어진다. 보유하고 있다가 필요한 때에 적은 거래비용으로 현금화할 수 있어야 하는데 역사적으로 미술품은 환금성이 낮은 투자였다. 과거 미술품은 주식, 채권 등 금융자산은 물론이고 부동산 같은 실물자산보다도 환금성이 낮았다. 그러나 20세기 후반 이후 미술시장의 상업화가 진전되고 유동성이 점차 높아졌다. 미술품의 유동성은 2차시장의 발달과 관련이 있다. 한두 세대 전만 해도 작품이 다시 시장에 나오는 기간을 평균 40년으로 잡았으나 경매시장이 활성화된 최근에는 그 기간이 5-7년 정도로 줄어들었다(김순응, 2006).

유명작가의 작품은 신진작가나 일반작가의 작품보다 유동성에서 훨씬 강점이 있다. 소수의 유명작가를 중심으로 수요가 몰리는 스타 현상은 그만큼 유동성이 높고 현금화가 용이하기 때문이기도 하다.

둘째, 부wealth 즉 사람들이 이용할 수 있는 자산의 전체 크기다. 자산 규모가 늘어나면 미술품을 포함한 거의 모든 재화의 구입이 증가한다. 부호는 보통 사람보다 미술품에 더 많은 지출을 한다. 부의 변동이 미술품 구매에 미치는 영향력은 부 탄력성wealth elasticity으로 파악할 수 있다. 이것은 미술품 수요의 변동(%)을 부의 변동(%)으로 나눈 것이다. 부가 10퍼센트 늘어났는데 미술품 수요가 20퍼센트 늘어났다면, 부 탄력성은 2(=20%÷10%)가 된다.

셋째, 취향과 선호taste and preference다. 다른 시장을 고찰할 때 경제학자들은 취향과 선호를 일정하게 주어진 것으로 취급하고 관심을 두지 않는다. 그러나 미술시장에서는 구매자의 취향과 선호가 중요하다. 구매 능력을 갖춘 부호들 가운데 미술품 구매의 실제 경험을 갖지 못한 사람들이 많다. 세계적인 부호들도 지역에 따라서 또 시기에 따라서 상이한 지출 행태를 보인다. 예를 들어 2013년 북미와 유럽 고액자산가high-net-worth individual(HNWI)들은 열정투자passion investment 중 미술품에 19%와 18%를 지출했으나 일본의 부호들은 그 비중이 12%였다(TEFAF, 2014).

4.3. 미술품 투자수익의 실제

미술품이 투자 대상으로 인식되고 투자수익을 목적으로 한 소비가 나타난 것은 대략 19세기 후반의 일이다. 시장경제의 발전은 미술품 수집가 성격을 순수애호가에서 투자가로 바꾸어 놓았다. 신흥 부호들에게 미술품은 단순한 감상용이 아니라 투자용이기도 했다. 설탕이나 커피와 마찬가지로 미술품을 낮은 가격에 샀다가 높은 가격에 되팔았다. 모파상Guy de Maupassant의 소설 「벨아미」Bel Ami, 1885에도 전형적인 미술투자가인 신문사 사장Walter이 등장한다. 그는 자신의 부하 직원Georges Duroy에게 성공적으로 미술에 투자하는 전략, 즉 아직 알려지지 않은 신진작가의 작품을 사서 나중에 유명해졌을 때 되파는 전략에 관해 자랑삼아 이야기한다.

19세기 후반 미술품의 가격 상승은 엄청났다. 밀레의 「저녁종」L'Angelus, 1859, 55.5×

66cm은 1860년 1,000프랑 정도에 팔렸으나 1869년에는 3만 프랑에 거래되었고, 1875년 밀레가 죽고 나서 가격이 치솟기 시작했다. 1889년 파리 만국박람회 때 열린 경매에서 55만 3,000프랑에 낙찰되었다. 당대 미술품에 매겨진 경매가격으로 최고였으나, 바로 뒤 소유자가 다시 바뀌면서 1890년 75만 프랑에 거래되었다. 30년 만에 750배로 가격이 오른 것이다.

미국의 부호 해브메이어Henry O. Havemeyer의 부인 루이진Louisine Havemeyer은 친구이자 화가인 캐서트Mary Cassatt의 조언을 받아 일찍부터 인상주의 그림을 수집했다. 1877년 그녀는 드가Edgar Degas, 1834-1917의 작업실에서 100달러를 주고 작품을 구입했다. 1912년에 경매를 통해 드가의 다른 작품 「봉을 잡고 있는 발레리나」Dancers Practicing at the Barre, 1877, 76x81cm를 구입했는데 그 가격은 10만 달러였다. 그 동안 드가의 작품은 1,000배나 올랐던 것이다.

다른 금융상품과 동일한 투자 상품으로 미술품을 활용하기 위한 모임도 결성되었다. 1904년 프랑스의 르벨André Level, 1880-1954은 12명의 투자가와 함께 아방가르드 미술품을 사들이는 '곰 가죽'La Peau de L'ours 모임을 발족했다. 최초의 아트펀드art fund라 할 수 있는 이 모임의 이름은 「라퐁텐 우화집」에 있는 '곰과 두 친구'라는 이야기에서 나온 것이다. 돈이 필요했던 두 친구는 곰을 잡아 그 가죽으로 갚겠다고 약속하고 모피상으로부터 돈을 받지만 결국 영리한 곰 때문에 그 약속을 지키지 못한 이야기다. '곰 가죽'은 대중에게 거의 알려져 있지 않던 마티스Henri Matisse 1869-1954, 피카소Pablo Picasso, 1881-1973의 야수파, 입체파 작품을 포함하여 동시대 미술작품 145점을 사 모았다. 1907년에는 그 해에 할당된 자금 1,000프랑을 다 털어 피카소에게 「곡예사의 가족」La famille de saltimbanques, 1905, 213x230cm을 직접 구입했다. 1914년 제1차 세계대전이 일어나기 직전에 '곰 가죽'은 파리의 한 경매장Hôtel Drcuot에서 그동안 수집한 미술품을 경매에 붙였다. 르벨은 경매 행사를 대대적으로 홍보했고 많은 인파가 몰렸다. 「곡예사의 가족」은 1만 2,650프랑에 팔렸고, 다른 작품들도 평균 세 배의 수익을 냈다. '곰 가죽'은 2만 7,000프랑을 투자해 11만 6,000프랑의 수익을 얻었다. 그들은 수익의 20%를 미술가에게 돌려주었다.

20세기 전반을 지나는 동안 두 차례의 세계대전으로 미술시장이 정체되면서 투기적 수요는 거의 자취를 감추었다. 그러나 20세기 후반이 되자 다시 미술시장이 확대되고 투기적 수요가 크게 늘어났다.

1974년 영국철도연금펀드British Railway Pension Fund은 수익구조 다변화와 위험 분산을 목적으로 기금의 약 3%인 7,500만 달러를 미술품에 투자했고 연평균 13%의 투자수익을 올렸다. 영국철도연금펀드가 성공 사례로 인식되면서 이것을 모델로 한 아트펀드들이 속속 등장했다. 영국의 파인아트펀드Fine Art Fund, 미국의 펀우드 아트펀드Fernwood Art Investments 등이 그 예다. 이들 아트펀드는 다른 투자처에 상당한 투자 자산을 갖고 있는 부호들을 대상으로 발족했다. 이런 점에서 아트펀드는 그 자체의 금융적 수익 목적과 더불어 주식, 채권, 부동산 등에 대한 기존 투자를 다변화하고 분산시켜 위험을 회피하려는 목적을 지닌 것이었다. 아트펀드의 기본구조는 투자가가 돈을 모으면 그것으로 전문가가 미술품을 선정해 구매한 다음, 창고에 보관하다가 적절한 시기에 되팔아 투자수익을 나누어 갖는 것이다. 그러나 영국철도연금펀드 외에 높은 투자 성과를 기록한 아트펀드는 거의 없었다. 그리고 영국철도연금펀드의 성과조차도 대단한 것이 아니었다. 1996년 영국철도연금펀드 담당자Susan Adeane의 설명에 따르면, 미술품 투자 대신에 미국 S&P 500기업에 투자했다면 연평균 5% 포인트가 더 높은 18%의 수익률을 올릴 수 있었을 것이라고 한다.

그동안 미술품의 투자수익과 위험에 관해서 다양하고 때로는 상반되기도 하는 연구 결과들이 나왔다. 여기서는 회화 작품의 투자수익률 연구를 중심으로 살펴보기로 한다. 〈4-10〉은 회화 작품과 다른 대체자산의 연평균 투자수익률과 위험을 나타낸 것이다. 여기서 투자수익률은 자본이득과 기타 금전적 이득을 합친 것이고, 위험은 투자수익률의 표준편차로 측정한 것이다. 표준편차는 매년 관측된 투자수익률들이 연평균 투자수익률로부터 얼마나 멀리 떨어져 있는지의 정도를 나타낸다.

보몰(William J. Baumol, 1986)은 1652-1961년간 640점의 거래에 대해, 물가변동을 고려한 회화 작품의 연평균 실질 수익률은 계산했다. 회화 작품의 수익률은 0.55%로서 영국의 국채 수익률 2.5%보다 훨씬 낮았다. 또한 수익률은 최고 27%, 최저 −19%로 변동이 매우 심했다. 미술품에 대한 투자는 위험스러운 투자이고, 그러한 위험을 감수하더라도 만족할만한 수익으로 보상되지 않는다는 것이다. 결과적으로 미술품은 금융적 수익 면에서는 훌륭한 투자의 대상이 아니며, 미술품 구매는 심미적 효용의 형태로 높은 보상을 얻을 수 없는 사람에게는 합리적 선택이 될 수 없다.

보몰 이전에도 앤더슨(Robert C. Anderson, 1974)과 스타인(John P. Stein, 1977)이 경매 작품의 명목 수익률을 계산한 적이 있다. 둘 다 회화 작품의 수익률이 대체적인 투자자산보다 낮은 것을 발견했다. 앤더슨의 경우 1780-1960년간 명목 수익률이 3.3%인데, 주식 수익률은 6.6%였다. 스타인의 경우 1946-1968년간 명목 수익률은 10.5%였는데, 주식 수익률은 14.3%였다.

보몰 이후 프라이와 포메르너(Bruno S. Frey and Werner W. Pommerehne, 1989a)는 보몰의 연구를 토대로 자료를 추가 보충하고 물가변동 외에 경매 수수료 등을 고려하여 발전시켰다. 이들에 따르면 1635-1987년간 회화 작품의 실질 수익률은 1.5%로 국채 수익률 3.0%보다 낮았다. 또한 1950-1987년간의 실질 수익률도 1.6%로 국채 수익률 2.4%보다 낮았다. 보몰과 마찬가지로 이들은 미술품의 수익률 변동이 매우 극심함을 발견했다. '미술품으로 금융적 수익을 얻는 것은 다른 어떤 것보다 어렵다'고 지적했다.

한편, 고츠만(William N. Goetzmann, 1993)은 1850-1986년간 영국의 경매 작품에 대한 실질 수익률을 3.8%로 계산했는데, 이것은 주식이나 국채 등 대체적인 금융자산보다 높은 수익률이었다. 다만 수익률의 변동성을 나타내는 표준편차는 회화 작품이 다른 금융자산보다 높았다.

이어서 헤일브런과 그레이(James Heilbrun and Charles M. Gray, 2001)는 자신들의 책에서 미술품 수익률이 다른 금융자산과 비교하여 낮은 편이 아니라고 주장했다. 1975-1999년간 회화 작품의 명목 수익률은 10.3%로 주식의 수익률 12.1%보다는 낮지만 금이나 회사채보다 높았다. 다만 역사적으로 1980년대의 미술품 수익이 예외적으로 높았던 시기였음을 감안해야 한다. 여기서도 미술품은 금과 더불어 수익률의 변동성이 높은 자산이었다. 회화 작품의 표준편차는 24.6으로 주식 13.2나 회사채 2.1보다 높았다.

메이와 모제스(Jianping Mei and Michael Moses, 2002)는 미국의 경매 자료로 실질 수익률을 계산했는데 1950-1999년간 8.2%에 달했다. 이는 주식 9.1%보다는 약간 낮지만 국채 1.9%나 회사채 2.2%보다는 높은 것이다. 회화 작품의 수익률 변동성은 역시 다른 자산보다 높은데, 회화 작품의 표준 편차는 21.3으로 주식 16.1 국채 9.5, 회사채 9.2 등 금융자산에 비해 높았다.

〈4-10〉 회화 작품의 투자수익률에 관한 주요 연구

연구자 (발표년도)	기간	방법	연평균 투자수익률 (표준편차)	
			미술품	비교 자산
Anderson (1974)	1780-1970	반복매매	3.7%	
	1780-1960	헤도닉	3.3%	주식 6.6%
Stein (1977)	1946-1968	임의추출	10.5%	주식 14.3%
Baumol (1986)	1652-1961	반복매매	0.55%	국채 2.5%
Frey and Fommerehne (1989a)	1635-1987	반복매매	1.5%	국채 3.0%
	1950-1987	반복매매	1.6%	국채 2.4%
Goetzmann (1993)	1850-1986	반복매매	3.8% (65.0)	주식 0.2% (26.0), 국채 1.7% (21.5)
	1900-1986	반복매매	5.2% (37.2)	주식 5.7% (20.7), 국채 0.8% (8.2), 회사채 1.5% (8.1)
Pesando(1993)	1977-1992	반복매매	7.8% (21.1)	주식 8.8% (11.5), 국채 5.1% (13.3), 회사채 5.6% (12.9)
De la Barre, Docclo, and Ginsburgh(1994)	1962-1991 (유명화가)	헤도닉	5%	
	1962-1991 (일반화가)	헤도닉	1%	
Czujack(1997)	1966-1994	헤도닉	8.3%	
Heilbrun and Gray (2001)	1975-1999	단순평균	10.3% (24,6)	주식12.1% (13.2), 금 5.5% (27.5), 회사채 9.4% (2.1)
Mei and Moses (2002)	1875-1999	반복매매	4.9% (42.8)	주식 7.4% (20.8), 국채 2.0% (8.0), 회사채 2.9% (8.0)
	1900-1999	반복매매	5.2% (35.5)	주식 7.4% (22.2), 국채 1.4% (8.6), 회사채 2.0% (8.4)
	1950-1999	반복매매	8.2% (21.3)	주식 9.1% (16.1), 국채 1.9% (9.5), 회사채 2.2% (9.2)

주: 1. Anderson(1974), Stein(1977), Heilbrun and Gray(2001)의 수익률은 명목수익률이고 나머지는 실질수익률임.

2. Pesando(1993)는 판화 작품, Czujack(1997)은 피카소 회화 작품을 대상으로 하고, 나머지는 회화 전반이 대상임.

자료 : Orley Ashenfelter and Kathryn Graddy (2006) 외.

이러한 연구를 통해 미술품의 투자수익의 실제에 대해 다음과 같이 정리할 수 있다.

첫째, 미술품 투자수익률은 일반 금융자산에 크게 뒤지지 않는다. 20세기 후반에는 미술시장이 규모 면에서 이전과 비교할 수 없을 정도로 커졌다. 특히 1980년대 이후 미술시장의 상업화가 진전되고 1990년 전후의 '대폭발'까지 경험함으로써 미술시장 자체의 성격도 달라졌다. 결과적으로 오늘날 미술품은 자산 혹은 투자재로서의 성격을 이전보다 훨씬 더 강하게 지니게 되었으며, 다른 금융자산에 버금가는 수익을 얻는 것이 가능하게 되었다.

둘째, 미술품 투자수익률의 변동성은 다른 금융자산보다 높다. 미술품은 국채나 회사채는 물론이고 주식보다도 변동성이 훨씬 크다. 가치의 변동성이 크기 때문에 장기적인 관점에서 투자하지 않으면 실패할 가능성이 있다. 오로지 투자수익을 목적으로 미술품 구입하는 것은 많은 정보를 가진 전문가에게 맡겨야 할 위험한 사업이다. 다만 미술품은 다른 사치성 실물자산, 예컨대 금, 보석, 장신구 등에 비해서는 상대적으로 시장이 크고 가치도 안정적이라고 알려져 있다.

셋째, 미술품의 수익률과 다른 금융자산과 상관관계가 없으며(Jianping Mei & Michael Moses, 2006), 일부 금융자산과는 반대로 움직인다는 사실도 알려져 있다. 미술품 투자가 위험분산 혹은 위험회피hedge의 중요한 수단이 될 수 있다는 것이다. 미술품을 투자대상에 포함시킬 경우 투자의 전반적 위험을 줄일 수 있다. 〈4-11〉에서 보면 전체 투자자산으로부터 10.25% 수익을 기대할 때, 미술품을 투자대상에 포함시키지 않을 경우 위험이 10% 정도라면 미술품을 포함시킬 경우 위험은 8% 정도로 줄어들 수 있다

〈4-11〉 미술품을 포함할 때 투자자산의 수익과 위험 변화

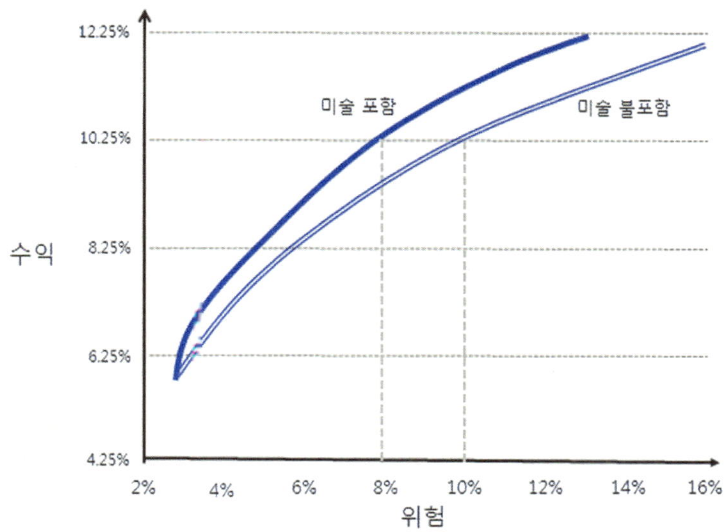

자료: Artassure, Art Market Analysis 2013.

4.4. 미술소비 현황

4.4.1. 국내

수집가

조선 전기에는 왕족과 양반을 중심으로 수집가들이 있었다. 안평대군1418-1453은 세종의 셋째 아들로 태어나 서예에 능하고 명필로 이름을 날렸으나 둘째 형인 수양대군에게 죽임을 당한 비운의 왕자였다. 그는 화가 안견安堅을 후원했는데, 자신이 꿈속에서 도원을 노닌 이야기를 해주고 「몽유도원도」夢遊桃源圖, 1447, 39×106.5cm를 그리게 했다.

조선 후기에는 왕족과 양반 외에도, 전문 지식인인 중인과 부를 축적한 상인을 중심으로 새로운 수집가들이 나타났다. 김광국金光國1727-1797은 중인 출신의 의관으로서, 일생동안 수집한 119명 화가의 작품 267폭을 수록한 화첩 석농화원石農畵苑, 1795을 남겼다. 수집가들의 경구인 '알게 되면 참으로 좋아하게 되고, 좋아하면 참으로 보이게 되며, 보이게 되면 이를 모으게 되는데, 마구 모으는 것은 아니다'知則爲眞愛 愛則爲眞看 看則畜之 而非徒畜也'는 그 화첩의 발문에 있는 구절이다. 김정희金正喜1786-1856는 제주도에서 유배생활을 하던 중 「세한도」歲寒圖, 1844, 23x108cm를 제자인 이상적李尙迪을 위해 그려주었는데, 이상적 또한 중인 출신 역관이었다. 한편, 박지원朴趾源1737-1805은 수집가에는 감상자와 수장가의 두 부류가 있다고 하면서, '감상할 줄은 모르고 단지 수장만 하는 자는 부유하지만 그 귀만 믿는 자'라며 당대 수집가들의 행태를 비판했다.

일제강점기에는 오세창1864-1953, 전형필 등이 대표적인 수집가였다. 이들은 우리 전통문화재를 지키는데 큰 역할을 했다.

당대 최고의 부호였던 전형필1906-1962은 거의 전 재산을 미술품을 비롯한 전통 문화재 수집에 쏟아 부었다(최완수, 2006). 서울의 고급 기와집 한 채 값이 1,000원이던 1936년, 일본으로 유출되었던 신윤복申潤福, 1758-?의 풍속화첩 「혜원전신첩」蕙園傳神帖, 18세기, 국보 136호, 28x36cm을 기와집 25채 값에 사서 국내로 되가져왔다. 심사정沈師正, 1707-1769의 대작 「촉잔도권」蜀棧圖卷, 1768년, 58x818cm도 1936년 기와집 5채 값에 구입했고, 6채 값을 더 들여 복원수리를 했다.

전형필은 회화 작품 외에도 1935년 「청자상감운학문매병」青磁象嵌雲鶴文梅瓶, 13세기, 국보 68호, 높이 42㎝을 기와집 20채 값에 구입했고, 1937년에는 「청자기린모양 뚜껑 있는 향로」

12세기, 국보65호, 높이 26㎝, 「청자오리모양 연적」 12세기, 국보74호, 길이 13cm 등 고려청자 22점을 기와집 40채 값에 구입했다 1940년에는 「훈민정음(해례본)」訓民正音(解例本), 1446, 국보70호, 23x17cm을 기와집 10채 값에 구입했다.

해방 후에는 내국인들이 수집가 역할을 제대로 할 수 없는 상황에서 국내에 체류한 외국인들이 그 역할을 대신했다. 1956년 미국 대사관 문정관의 부인이자 조소작가인 마리아 헨더슨Maria Henderson은 협회Seoul Art Society를 결성하고, 한 달에 한 번 박수근1914-1965을 비롯한 화가의 작업실을 방문하는 이벤트를 가졌다. 실리아 지머맨Celia Zimmerman은 아트딜러의 딸이자 미국상사 서울지점장의 부인으로 1956년 반도화랑(반도호텔 상설전시장) 설립과 초기 운영을 주도했다. 당시 반도화랑은 박수근 등에게 거의 유일한 작품 판로였다. 박수근이 생애를 마감할 때까지 가장 중요한 애호가였던 마거릿 밀러Margaret G. Miller와의 인연도 거기서 시작되었다.

1970년대 초부터 국내 1차시장이 점차 성장하면서 미술품 수집도 늘어났다. 특히 1998년부터 경매 거래가 도입되고 2차시장이 형성됨에 따라 미술품 수집가층은 훨씬 더 확대되었다.

〈4-12〉는 2008년부터 2014년 사이의 국내 화랑 거래와 경매 거래에서 구매자 성격별

〈4-12〉 국내 화랑과 경매의 구매자별 비중 (2008-2014년)

		2008년	2009년	2010년	2011년	2012년	2013년	2014년
화랑	개인	68.6%	48.7%	77.3%	73.6%	61.3%	76.0%	48.8%
	미술시장관계자		3.2%	4.8%	4.9%	9.9%	3.1%	7.9%
	해외고객		9.3%	2.6%	4.1%	13.0%	3.2%	2.8%
	기업	24.4%	32.9%	10.1%	11.7%	12.9%	7.9%	34.4%
	미술관	6.1%	0.9%	2.5%	3.4%	2.6%	6.1%	5.3%
	정부및지자체	0.9%	0.4%	2.2%	2.3%	0.3%	2.6%	0.7%
	기타		4.6%	0.5%			1.0%	
	계	100.0%	100.0%	100.0%	100.0%	100.0%	100.0%	100.0%
경매	개인		59.4%	83.3%	77.6%	71.9%	72.5%	63.4%
	미술시장관계자		18.6%	7.7%	10.3%	13.5%	16.0%	12.3%
	해외고객		14.8%	1.6%	3.3%	4.0%	1.8%	9.5%
	기업		4.7%	5.2%	5.8%	6.8%	7.3%	9.1%
	미술관		2.4%	1.8%	3.0%	3.2%	2.2%	5.7%
	정부및지자체			0.5%	0.1%	0.5%	0.3%	0.1%
	계		100.0%	100.0%	100.0%	100.0%	100.0%	100.0%

자료 : 문화체육관광부 · 예술경영지원센터, 「미술시장실태조사」, 각년도.

비중을 나타낸 것이다. 개인 구매자는 화랑에서는 최소 48.7%부터 최대 77.3%까지 차지하고, 경매에서는 최소 59.4%부터 최대 83.3%까지 차지한다. 1차시장과 2차시장에서 개인 구매자가 가장 큰 비중을 차지하는데, 2차시장에서 그 비중이 약간 더 높은 편이다. 개인 다음으로 중요한 고객은 화랑에서는 기업이고, 경매에서는 미술시장 관계자다.

개인 구매자의 성별, 연령별 특성을 화랑과 경매로 나누어 살펴보자(문화체육관광부 · 예술경영지원센터, 「2010년 미술시장실태조사」). 화랑의 경우, 성별은 여성 49.6%, 남성 50.4%로 비슷하다. 연령은 50대가 52.5%로 절반 이상 차지했으며, 40대 31.3%, 60대 이상 11.3%이고, 20대 이하는 1.1%이다. 경매의 경우, 성별은 여성 32.8%, 남성 67.2%이다. 남성이 2배가량 많고, 화랑과 달리 남성으로 집중되어 있다. 연령은 50대 33.8%, 40대 29.7%, 30대 20.1% 순이고, 20대 이하는 5.2%이다. 화랑에 비해 연령 분포는 분산적이다.

우리나라 구매자들이 미술품 구입시 중시하는 사항으로 예술성이 59%를 차지하여 구매자의 상당수는 심미적 효용과 관련된 요소를 중시한다(김성희, 2006). 그러나 미술가의 명성 21%, 투자 가치 11% 등 미술품의 투자수익과 관련된 요소를 중시하는 사람도 적지 않다. 우리나라 미술시장에서 애호가 성향이 우세하지만, 미술시장의 규모가 커질수록 투자가의 성향은 증대할 것이다. 우리나라 비구매자들은 예술성 문제가 아니라 작품가격이 부담스러워서 37%, 투자가치가 없어서 34%, 작품가격을 신뢰할 수 없어서 10% 등 대부분 금융적 문제 때문에 미술품을 구입하지 않았다(「아트프라이스」, 2003.11).

오늘날 국내 개인구매자 즉 미술수집가 수가 얼마나 되는지 정확하게 파악하기는 어렵다. 미술품을 구매하는 경로는 화랑과 아트페어를 통한 구입, 경매에 참가하여 구입, 미술가로부터 직접 구입 등 여러 경로가 있고 국내 구매 외에 해외 구매도 있기 때문에 이 모두를 파악할 방법은 없다. 하지만 1, 2차 미술시장에서 개인이 구매한 작품 수나 2차시장의 경매 낙찰자 수 등의 자료를 통해 간접적으로 추정해 볼 수는 있다.

2009년부터 2014년 사이에 화랑과 경매 거래를 통해 개인이 구매한 작품 수를 합치면, 매년 최소 11,000점(2012년)에서 최대 18,900점(2010년) 정도이며, 평균은 14,900점이다(〈3-13〉과 〈4-12〉에서 계산한 결과임.). 여러 작품을 구매한 사람이 있으므로, 실제 구매자 수는 평균 14,900명보다 적을 것이다.

한편, 2008년부터 2014년 사이 경매회사의 유료회원수를 보면(〈4-13〉), 최소 6,710명에서 최대 12,720명 정도이고 그 평균은 9,460명이다. 무료회원과 달리 매년 6만 원에

〈4-13〉 경매회사 유료회원수와 낙찰자수 (2008-2014, 단위 : 명)

	2008년	2009년	2010년	2011년	2012년	2013년	2014년
유료회원수	7,150	6,710	6,890	10,267	11,820	12,700	10,700
(연회비)	10만원	9.2만원	10만원	10만원	8만원	6만원	11만원
낙찰자수	5,120	3,104	14,835	11,878	8,732	9,469	6,600
(일반경매)	5,120	3,104	13,135	10,778	7,632	8,441	6,150
(해외경매)			1,700	1,100	1,100	1,028	450

자료: 문화체육관광부 · 예술경영지원센터, 「미술시장 실태조사」, 각년도.

서 11만 원 정도 연회비를 부담하는 유료회원은 잠재 구매자로 간주할 수 있다. 또한 경매를 통해 미술품을 낙찰 받은 사람은 매년 최소 3,104명에서 최대 14,835명이고 그 평균은 8,534명이다. 그 중에는 여러 번 낙찰 받은 사람도 있어 실제 구매자 수는 평균 8,534명보다 적을 것이다.

다만 수집가에는 몇 년에 한 번씩 구매하는 사람들도 포함되어야 하기 때문에 매년 구매되는 작품 수, 경매 낙찰자 수로부터 추정한 구매자 수보다 실제 수집가 수는 더 늘어나게 된다. 이러한 점들을 종합해 보면 오늘날 국내 미술시장에서 수집가로서 참여하는 사람은 최대 1만 명 정도라 할 수 있다.

수집가 수는 고정된 것이 아니라 늘 변동한다. 한국에서 1990년대 말 경매시장의 등장과 2000년대 온라인 거래의 성장 등으로 미술수집의 대중적 기반이 조성되었고 수집에 관심과 취미를 가진 사람들 수도 늘어났다. 2000년대 초까지만 해도 수집가는 100명에서 200명 정도였는데, 그 후 크게 늘어나 미술시장이 호황기에 접어든 2006년 말에는 잠재적 구매자까지 합쳐 4,000명에서 5,000명 정도 된다는 기사(「한겨레」, 2007.1.2.)도 있다. 과거에는 극소수의 특별한 부자들만 미술시장에 참여했으나 오늘날 그러한 상황에서 벗어나고 있는 것이다.

그럼에도 우리나라뿐만 아니라 다른 나라에서도 여전히 사치재의 핵심 고객은 많은 자산과 소득을 지닌 상위계층 부호들이고 미술품도 부호들이 핵심적인 구매층을 형성하는 것이 사실이다.

한국에서 금융소득을 기준으로 부호들을 나누어 보면(〈4-14〉), 2014년 기준으로 이자, 배당 등 금융소득만 연간 2,000만 원을 넘는 사람이 11만 3,130명이었다. 금융소득이 1억 원 이상인 자산가는 17,210명, 5억 원 이상인 자산가는 3,113명이었다.

자산을 기준으로 부호를 정의할 때 부동산 등 다른 실물자산을 제외하고 금융자산을 100만 달러(대략 10억 원) 이상 보유한 사람을 고액자산가HNWIs(High Net Worth Individuals) 또는 백만장자millionaires라고 부른다. 만일 은행이자로 연간 2,000만 원의 소득을 얻으려면 금리 2%를 기준으로 10억 원의 금융자산이 있어야 한다. 그러므로 금융소득만 연간 2,000만 원이 넘는 사람은 금융자산 100만 달러 이상인 고액자산가HNWIs와 큰 차이가 없다. 자산으로 정의한 우리나라의 고액자산가는 2014년 18만 8,500명이다(〈4-15〉).

이들 부호는 미술시장에서 잠재적 구매자층의 핵심부를 이룬다. 이들은 다른 금융자산에서 발생한 수익을 미술품 수집에 할당하거나 미술품을 대체 자산으로 간주하여 자산 포트폴리오의 일부로 구성한다. 2010년 한국 고액자산가들의 열정투자passion investment 중에서 미술품은 20%를 차지했다. 특히 초고액자산가, 준억만장자, 억만장자에 속하는 대형 수집가들, 즉 수퍼컬렉터super-collector들은 미술시장을 이끌며 흐름을 좌우하는 역할을 한다.

홍라희1945- 삼성미술관 리움 관장과 김창일1951- 아라리오 갤러리 대표는 2000년대 이후 한국의 대표적인 수집가로 손꼽힌다. 하지만 여러 사정으로 아직 한국 수퍼컬렉터들의 수집활동이 사회적 가치를 존중받고 그것으로 명성을 누리는 데까지 이르지 못했다.

〈4-14〉 한국의 부호 : 금융소득별 (2014년)

	인원	총소득			평균소득		
		금융소득	다른소득	계	금융소득	다른소득	계
5억이상	3,113명	5,102	2,100	7,203	1,639	675	2,314
1억이상	17,210명	7,934	5,575	13,509	461	324	785
2,000만원이상	113,130명	11,497	15,044	26,542	102	133	235

자료 : 국세청.

〈4-15〉 한국의 부호 : 금융자산별 (2004-2024년)

	2004년	2014년	2024년
억만장자 Billionaire (10억달러, 약 1조원 이상)	17명	28명	37명
준억만장자 Centa-millionaire (1억달러 이상, 약 1,000억원 이상)	236명	401명	537명
초고액자산가 Ultra-HNWI (3,000만 달러, 약 300억원 이상)	946명	1,622명	2,184명
고액자산가, 백만장자 HNWIs, millionaires (100만 달러, 약 10억원 이상)	71,000명	188,500명	-

주 : 1. 금융자산 기준임.
2. 2024년은 예측치임.

자료 : Capgemini and Merrill Lynch, *World Wealth Report*, 2015.

관람자

미술소비자 유형 중 미술품을 직접 구매해 즐기는 수집가는 소수지만, 미술관 전시나 다른 전시 행사에 참가하여 미술품을 즐기는 관람자는 훨씬 많다. 미술소비자의 대부분은 관람자다.

2010-2014년간 우리나라에서 미술전시를 관람한 사람은 연평균 1,688만 명이었다(〈4-16〉). 미술관 전시를 관람한 사람이 88.6%(1,495만 명)로 대다수이며 화랑 전시가 7.7%(130만 명), 아트페어 전시가 3.7%(63만 명)이다. 그 중 유료전시 관람자는 연평균 740만 명이었다. 미술관 유료전시를 관람한 사람이 95%(703만 명)이고, 아트페어 전시가 4.4%(33만 명), 화랑 전시가 0.6%(4만 명)이다.

〈4-16〉 미술 전시의 관람자 현황 (2010-2014년, 단위: 1,000명)

		2010년	2011년	2012년	2013년	2014년	평균(2010-2014년)	
전체	화랑	779	1,075	1,421	2,002	1,238	1,303	7.7%
	아트페어	489	568	515	856	716	629	3.7%
	미술관	14,562	14,550	14,219	14,993	16,424	14,950	88.6%
	계	15,831	16,192	16,156	17,851	18,378	16,882	100.0%
유료	화랑	32	17	32	81	57	44	0.6%
	아트페어	227	279	313	557	258	327	4.4%
	미술관	7,504	6,872	6,822	6,991	6,952	7,028	95.0%
	계	7,763	7,167	7,167	7,628	7267	7,398	100.0%

자료: 문화체육관광부 · 예술경영지원센터, 「미술시장 실태조사」, 각년도.

〈4-17〉 국내 미술전시회와 공연예술, 영화 관람률 (2000-2014년)

		2000년	2003년	2006년	2008년	2010년	2012년	2014년
미술전시회		11.[illegible]%	10.4%	6.8%	8.4%	9.5%	10.2%	10.6%
공연예술	연극	10.[illegible]%	11.1%	8.1%	11.0%	11.2%	11.8%	12.6%
	서양음악	6.[illegible]%	6.3%	3.6%	4.9%	4.4%	4.8%	4.9%
	무용	2.[illegible]%	1.1%	0.7%	0.9%	1.4%	2.0%	2.4%
영화		40.0%	53.3%	58.9%	61.5%	60.3%	64.4%	65.8%

주: 연간 1회 이상 예술행사 관람 경험이 있는 사람의 비율임.

자료: 문화체육관광부 · 한국문화관광연구원, 「문화향수실태조사」, 각년도.

〈4-18〉 국내 미술전시회 관람횟수 (2000-2014년)

	2000년	2003년	2006년	2008년	2010년	2012년	2014년
없음	88.4%	89.6%	93.2%	91.6%	90.5%	89.8%	89.4%
있음	11.6%	10.4%	6.8%	8.4%	9.5%	10.2%	10.6%
1회	5.6%	4.6%	3.5%	4.3%	5.0%	5.8%	6.1%
2회	3.4%	3.1%	1.9%	2.1%	2.6%	2.6%	3.3%
3회	1.1%	1.4%	0.5%	0.9%	0.9%	1.8%	0.5%
4회이상	1.5%	1.4%	0.9%	1.2%	1.0%		0.7%
관람자들의 평균 관람횟수	2.4%	2.3%	2.2%	2.3%	2.2%	2.0%	1.8%

자료: 문화체육관광부 · 한국문화관광연구원, 「문화향수 실태조사」, 각년도.

2000-2010년 사이에 우리나라 인구 중에 미술전시회 관람자의 비율은 최저 6.8%에서 최고 11.6% 정도였다(〈4-17〉). 매년 10% 전후의 인구가 미술전시회 참가 경험을 갖고 있다. 이 비율은 연극 등 공연예술 관람자의 비율보다는 같거나 높으며, 대중예술인 영화 관람자의 비율보다는 훨씬 낮다.

미술전시회 관람자를 관람횟수별로 분류해보면(〈4-18〉), 2014년의 경우 1회 6.1%, 2회 3.3%로 다수이고, 3회 0.5%, 4회 이상 0.7%로 나타나 있다. 미술전시회 관람자의 대다수는 연 1-2회 정도 관람하고 있다.

미술전시회에는 대부분 친구나 가족과 같이 가고, 혼자 가는 경우는 적다. 2012년 조사에 의하면 친구와 같이 가는 경우가 44.3%(동성 친구 37.0%, 이성 친구 7.3%), 가족과 같이 가는 경우가 39.8%(배우자 21.7%, 자녀 14.3%, 부모 2.6%, 형제자매 1.2%), 혼자 가는 경우는 12.5%였다. 그밖에 동호회원과 같이 가는 경우 등은 비중이 적었다. 미술전시회 관람정보 출처는 주변 사람의 비중이 가장 크고 그 다음이 인터넷 웹사이트이며 전통적인 대중매체인 신문, 잡지, 텔레비전, 라디오 등의 비중은 적다. 2012년 조사에 의하면 주변사람 34.4%, 인터넷 웹사이트 27.2%이고, 신문 · 잡지 7.0%, 텔레비전 · 라디오 10.9%였다.

미술전시회 관람자의 인구통계적 성격을 보기로 하자. 성별, 연령, 지역, 학력, 직업, 가구소득 등 인구통계적 변수별로 세분해 볼 때, 미술전시회 관람자 비율은 성별, 연령, 직업, 거주지역 등의 변수에 따른 차이는 적은 반면 교육(학력), 가구소득 등의 변수에 따른 차이는 크다(〈4-19〉).

〈4-19〉 국내 미술전시회의 관람자 비율 분포 (2014년)

	14.1% 이상 (높음)	7.1-14.1% (보통, 평균 10.6%)	7.1% 미만 (낮음)
성별		여성 11.8% 남성 9.3%	
연령		10대 13.6% 40대 12.3% 30대 11.8% 20대 11.5% 50대 10.2%	60대 6.2% 70대 이상 4.7%
거주지역		대도시 11.7% 중소도시 10.0% 읍면지역 8.8%	
교육	대졸 이상 15.1%	고졸 8.7% 중졸 8.6%	초졸 이하 4.5%
직업		고용원을 둔 사업자 13.4% 임금·봉급 근로자 10.8%	고용원이 없는 자영자 6.5% 무급가족종사자 4.4%
가구소득	600만원 이상 18.9% 500-599만원 14.5%	400-499만원 11.5% 300-399만원 10.2% 200-299만원 8.6%	100-199만원 5.5% 100만원 미만 5.2%

자료: 문화체육관광부 · 한국문화관광연구원, 「문화향수실태조사」, 2014에서 작성.

교육별로는 대졸 이상은 15.1%이지만, 고졸과 중졸은 8.7%와 8.6%이고, 초졸 이하는 4.5%였다. 또한 가구소득별로는 가구소득 600만 원 이상은 18.9%이고 500-599만 원은 14.6%인데 비해 100-199만 원과 100만 원 미만은 각각 5.5%와 5.2%였다.

전체적으로 국내 미술전시회 관람률은 대학 이상 고등교육을 받은 고소득층에서 높다. 이것은 교육과 소득이 예술참가율을 결정한다는 그동안의 수많은 연구 결과와 일치하는 현상이다. 우리나라에서 60대 이상, 초졸 이하, 고용원이 없는 자영업자와 무급가족종사자, 가구소득 200만 원 미만의 저소득층에서 관람자 비율이 매우 낮기 때문에 이들의 미술전시회 참가율을 높이기 위한 정책이 필요하다.

4.4.2. 해외

수집가

19세기 후반에 새로 등장한 인상주의는 세간의 조롱과 냉소의 대상이었다. 이 시기 미술시장이 활성화되었고 투기적 수요도 존재했으나 인상주의 미술은 관심 대상이 아니었다. 하지만 한 줌 밖에 되지 않은 초기 애호가들은 이 혁신적인 미술의 불씨를 살려 오늘날까지 이어지게 했다.

백화점 사장 오슈데Ernest Hoschedé는 1877년 파산하기 전까지 모네Claude Monet, 1840–1926나 다른 인상주의 화가의 주요 후원자였다. 그는 모네의 좋은 친구였으며 그가 죽은 후 부인Alice Hoschedé은 모네의 두 번째 부인이 되었다. 인상주의 화가 카유보트Gustave Caillebotte, 1848–1894는 다행히도 물려받은 유산이 있어 동료 화가들을 후원할 수 있었다. 쇼케Victor Chocquet는 정부의 말단 관리로서 자신의 박봉을 털어 작품을 구입한 진정한 애호가였다. 몽마르트르의 화방 주인 탕기Julien François Tanguy는 팔지도 못할 화가들 그림에 기꺼이 선불을 치렀다. 그밖에 오페라 가수 포르Jean-Baptiste Faure, 미술평론가 뒤레Théodore Duret, 미술사학자 에프뤼시Charles Ephrussi, 의사 벨리오Georges de Bellio, 의사 가셰Paul Gachet 등이 인상주의 미술의 초기 수집가로 나섰다.

이러한 상황에서 미국에서 등장한 중산층 애호가들은 인상주의 미술에 큰 힘이 되었다. 제당사업으로 막대한 재산을 축적한 미국 부호 해브메이어Henry O. Havemeyer의 부인Louisine Havemeyer이 그 선두에 있었다. 인상주의에 무관심했던 해브메이어도 부인과 뜻을 같이하고 드가Edgar Degas, 1834–1917 등의 작품을 수집했다. 이들 부부가 사 모은 1,967점의 컬렉션은 뉴욕 메트로폴리탄 미술관에 기증되었다.

20세기 전반 두 차례 세계대전을 겪으면서 투자가들은 자취를 감추었고 미술시장은 전반적으로 피폐해졌다. 시장성이 결여된 추상미술은 특히 심각한 상황에 직면해 있었다. 그렇지만 소수의 수집가들이 이 아방가르드 미술을 수렁에서 건져냈다. 아버지 대부터 광산업으로 막대한 재산을 이룬 사업가 솔로몬 구겐하임, 그의 조카딸 페기 구겐하임, 발명가로 제약업계의 백만장자가 된 반스 같은 사람들이다.

솔로몬 구겐하임Solomon R. Guggenheim은 1920년대 후반부터 화가이자 아트컨설턴트인 레바이Hilla von Rebay, 1890–1967의 조언을 받아 칸딘스키Wassily Kandinsky, 1866–1944 작품 200점, 클레Paul Klee, 1879–1940 작품 140점을 싹쓸이해 사들이는 등 동시대 추상회화 작품을 대량 수집했다. 이 수집품을 전시하기 위해 1937년 비대상회화미술관Museum of Non-Objective Painting을 설립했는데 이것이 바로 뉴욕 구겐하임미술관의 전신이다.

페기 구겐하임Marguerite "Peggy" Guggenheim, 1898-1979은 20세기 전반의 모더니즘 미술 수집가 가운데 단연 돋보이는 인물이다. 그녀의 아버지는 딸이 열네 살 되던 1912년 타이타닉호 침몰사고로 죽었다. 성년이 되어 아버지 유산을 상속받은 후 1920년대부터 유럽에서 살기 시작했다. 아방가르드 미술가들과 친분을 쌓으며 미술품을 수집하고 그들을 후원했다. 초현실주의 화가 에른스트Max Ernst, 1891-1976는 그녀의 두 번째 남편이 되었다. 1940년 무렵에는 '하루에 그림 한 점 구입하기'buy a picture a day를 목표로 수집에 몰두했다. 브랑쿠시Constantin Brâncuşi, 1876-1957의 조각 「공간 속의 새」L'Oiseau dans l'espace, 1923, 122cm는 독일 나치군이 파리에 진입하기 직전에 그녀가 구입한 작품이다.

제2차 세계대전으로 유럽을 떠나 5년간 뉴욕에서 체류한 다음 1947년 다시 유럽으로 돌아간 페기는 베네치아에 거주하면서 자신의 수집품Peggy Guggenheim Collection을 전시했다. 죽기 전인 1977년에 그것을 뉴욕 구겐하임미술관에 기증했다.

반스Albert C. Barnes는 1910년부터 르누아르Pierre-Auguste Renoir, 1841-1919, 세잔Paul Cézanne, 1839-1906 등 인상주의와 후기인상주의를 수집하기 시작했다. 그 후 마티스Henri Matisse, 1869-1954, 피카소Pablo Picasso, 1881-1973를 포함한 당대 아방가르드 미술가로 수집 목록을 넓혔다. 그가 처음 구입한 피카소 작품은 가격이 100달러밖에 되지 않았다. 뛰어난 안목으로 1930년대 대공황기의 경제적 파탄을 적절히 활용하여 중요한 작품들을 많이 수집했다. 이 작품들은 필라델피아 교외Merion에 있는 미술관 반스 파운데이션Barnes Foundation에 전시되었다.

20세기 후반에는 미술시장이 확대되고 미술의 상업적 성격이 강화되었다. 미술소비자 가운데 투자가의 비중이 커졌다. 투자가에게 미술품은 수익을 위한 투자 대상으로 금융상품과 유사했다.

사치Charles Saatchi, 1943-는 이 시대 미술 투자가의 전형이다. 이라크 출신 영국 광고기업가인 사치는 솔 르윗Sol LeWitt, 1928-2007, 도널드 저드Donald Judd, 1828-1994 등 미니멀아트minimal art에서 처음 수집을 시작했으나 곧 '젊은 영국 미술가들'YBAs(Young British Artists)로 관심을 바꾸었다. 런던에 있는 미술대학 졸업전시회, 젊은 미술가들 전시회를 순례하면서 투자가치가 있는 작품들을 사들였다. 1988년 '프리즈'Freeze전도 그 중 하나다. 데미안 허스트Damien Hirst, 1965-가 기획하고, 사라 루카스Sarah Lucas, 1962- 등 골드스미스 칼리지Goldsmiths College의 동료 학생 15명이 참여한 그룹전이었다. 1992년부터 사치는 이들을 모아 '젊은 영국 미술가들'이라는 이름의 전시회를 열었다. 그 후 1997년 자신의 수집품을 토대로 런던Royal Academy of Art에서 '센세이션'Sensation: Young British Artists from the Saatchi Collection전을 개최하여 엄청난 파장을 불러일으켰다. 이미 논란이 된 작품과 새로운 논란을 일으킬 작품을 골라 총 42명의 110점을 전시했다. 데미안 허스트Damien Hirst, 1965-의 「살아있는 자의 마음속에 있는 죽음의 물리적 불가능성」The Physical Impossibility of Death in the Mind of Someone Living, 1991, 213×518×213cm, 마크 퀸Marc Quinn, 1964-의 「셀프」Self, 1991, 208x63x63cm, 트레이시 에민Tracey Emin, 1963-의 「내가 함께 잤던 모든 사람들 1963-1995」Everyone I Have Ever Slept With 1963-1995, 1995, 79x211x234cm 외에 마커스 하비Marcus Harvey, 1963-의 「마이라」Myra, 1995, 396x320cm, 크리스 오필리Chris Ofili, 1968-의 「성모 마리아」The Holy Virgin Mary, 1996, 244x183cm, 채프먼 형제Jake & Dinos Chapman,1966- & 1962-의 「죽은 자들에 가해진 위대한 행위들」Great Deeds Against The Dead, 1994, 277x244x152cm 등 문제작이 포함되었다. '센세이션'전은 그야말로 센세이션을 일으키며 30만 명의 관람객을 모았다. 1998년에는 베를린Hamburger Bahnhof 전시, 1999년에는 뉴욕Brooklyn Museum of Art전시로 흥행을 이어갔다.

사치는 2001년경 자신이 수집한 젊은 영국 미술가들의 작품을 처분해 막대한 투자수익을 남겼다. 알려지지 않은 미술가들의 작품을 싼 가격에 구입한 후, 물의를 일으킬 만한 문제작을 포함시킨 전시회를 개최하는 방법으로 작품을 유명하게 만들고 가격이 오르면 되팔아 수익을 챙기는 것이 사치의 방식이었다. '내가 좋아하는 작품을 산다. 나는 흔적을 남기거나 기억되기 위해 미술품을 사지 않는다. 정상적인 사람이라면 불멸성을 획득하는데 아무런 관심을 갖지 않을 것이다. 모든 것을 영원히 가지고 싶지 않기 때문에 파는 것이다. 소장했던 작품들에 대해 애착은 없다. 현대의 수많은 걸작들을 내가 소장했고 전시해봤다는 것만으로도 충분하다. 전시를 위해 작품을 구매하고, 기분이 내키면 팔고 또 작품을 구입한다.' 이것이 사치의 생각이었다. 사치는 단순한 수집가 역할을 넘어서 매개자로서 아트딜러 역할을 겸했다. 20세기 후반의 다른 투자가들도 그러한 경우가 많았다.

20세기 후반 이래 미술시장에서 투자가 비중이 높아진 것은 사실이지만 진정한 애호가들도 여전히 자신의 자리를 지키고 있다. 미국의 리처드 베이커Richard Brown Baker, 1912-2012는 자신이 수집한 1,500점의 컬렉션을 생전에 모교인 예일 대학교와 다른 지역 미술관에 모두 기증했다. 그는 한 번도 경매에서 작품을 구입하지 않았고 화랑만 이용했다. '무명의 젊은'the young and the unestablished 동시대 미술가들 작품을 수집했고 이들이 유명해지고 난 후에도 그대로 가지고 있었다. '나는 아무것도 팔지 않았다. 나는 예술로 수익을 올리지 않은 것에 대해 자부심을 느낀다'는 게 그의 말이다.

보겔 부부Herbert & Dorothy Vogel, 1922-2012, 1935- 는 남편은 밤에 나가 근무하는 우정국 우편 분류 담당 직원이었고 부인은 공공도서관 사서였다. 그들은 부인의 수입으로만 생활하며 여행도 외식도 하지 않은 채 얼마 안 되는 남편의 수입은 전부 미술품 구입에 썼다. 그들은 자신들이 좋아하는 작품을 골랐고 되팔 목적으로 사지 않았으며 지하철, 택시를 타고 가져올 수 있는 작품만을 골랐다. 이렇게 '서민 수집가'proletarian art collectors로서 4,782점을 수집했다. 그것은 미니멀아트와 개념미술에서 1960년대 이후 가장 중요한 컬렉션의 하나가 되었다. 미술품이 공공의 영역에 속하기를 원했던 그들은 1992년 컬렉션을 전부 워싱턴 국립미술관에 기증했다. 이 미술관이 기증받은 작품을 내다팔지 않고 사람들에게 입장료도 받지 않았기 때문이다

미술 수요자층은 다양하고 애호가들 중에는 부유하지 않지만 진정으로 미술을 사랑해 수집에 나서는 이들이 많다. 이러한 애호가들이 미술 수요자의 저변을 형성하며 미술계를 지지한다. 한국과 마찬가지로 세계 미술시장에서도 수요자는 최상층의 극소수 부호들에 국한되지 않는 것이다. 예를 들어 2012년 세계(중국 제외)에서 거래된 31만 5,000점의 미술품 가운데 5,000달러(대략 500만 원) 미만에 거래된 것이 25만 5,000점으로 80%를 차지한다(Artprice, 2012). 1,000달러(대략 100만 원) 미만에 거래된 작품도 51%로 절반을 차지한다.

그러나 미술품은 본질적으로 사치재, 투자재로서의 성격을 지니며, 구매동기뿐만 아니라 구매능력도 중요하다. 그러므로 훨씬 부유한 계층이 세계 미술 수요를 주도하는 핵심 수집가들이 되는 것은 당연하다. 예를 들어 2012년 세계(중국 제외)에서 거래된 미술품 가운데 100만 달러(대략 10억 원) 이상에 거래된 작품이 707점이다. 작품수에서는 전체의 0.2%에 불과하지만 거래금액에서는 50%를 차지한다. 반면 5,000달러 미만(대략 500만 원)은 작품 수 비중은 80%나 되지만 거래금액 비중은 5%밖에 안 된다.

세계의 부호들을 구분하는 방식은 몇 가지가 있으나 금융자산 100만 달러를 부호의 최소기준으로 삼는 것이 일반적이다. 100만 달러(대략 10억 원) 이상의 금융자산을 보유한 사람은 고액자산가high-net-worth individual(HNWI) 혹은 백만장자millionaires로 분류하는데 2014년 전세계적으로 1,781만 명가량이다(〈4-20〉). 2000년대 이후 부호의 지리적 분포는 미국과 유럽 편중에서 벗어나 동아시아 등 다른 지역으로 확대되었다. 국가별로는 2013년의 경우 미국 42%, 일본 8%, 프랑스 7%, 독일 6%, 영국 5%, 이탈리아 5%, 중국 4% 순으로 분포한다(TEFAF, 2014).

이들 가운데 3,000만 달러(대략 300억 원) 이상의 금융자산을 보유한 상위 부호들을 초고액자산가(Ultra-HNWI)로 분류하는데 2014년 전세계적으로 17만 2,850명가량이다. 국가별로는 미국 40,581명(23.5%), 일본 16,703명(9.7%), 독일 11,679명(6.8%), 영국 10,547명(6.1%), 중국 8,366명(4.8%) 순으로 분포한다(〈4-21〉).

또한 금융자산이 1억 달러(대략 1,000억 원) 이상인 준억만장자centa-millionaires는 38,280명가량이며, 금융자산이 10억 달러(대략 1조 원) 이상인 억만장자billionaires는 1,844명가량이다. 억만장자는 국가별로 미국 515명(27.9%), 중국 184명(10.0%), 러시아 117명(6.3%), 영국 81명(4.4%), 스위스 77명(4.2%) 순으로 분포한다.

〈4-20〉 세계의 부호 (2014년)

	실제 인구	(백만명 기준 인구)
억만장자 Billionaire (10억달러, 약 1조원 이상)	1,844명	(0.3명)
준억만장자 Centa-millionaire (1억달러 이상, 약 1,000억원 이상)	38,280명	(5명)
초고액자산가 Ultra-HNWI (3,000만 달러, 약 300억원 이상)	172,850명	(24명)
고액자산가, 백만장자 HNWIs, millionaires (100만 달러, 약 10억원 이상)	17,808,831명	(2,443명)
세계인구 world population	7,290,912,784명	(1,000,000명)

자료 : Capgemini and Merrill Lynch, World Wealth Report, 2015에서 작성.

〈4-21〉 세계 초고액자산가와 억만장자의 국가별 분포 (2014년)

		초고액자산가 Ultra-HNWI			억만장자 Billionaire		
		2004	2014	(비율)	2004	2014	(비율)
미주	미국	30,503	40,581	23.5%	392	515	27.9%
	캐나다	2,275	4,341	2.5%	20	38	2.1%
	멕시코	1,687	2,596	1.5%	14	21	1.1%
	브라질	1,146	4,218	2.4%	12	44	2.4%
유럽	영국	8,431	10,547	6.1%	65	81	4.4%
	스위스	2,479	4,328	2.5%	45	77	4.2%
	독일	8,126	11,679	6.8%	49	70	3.8%
	프랑스	2,774	3,865	2.2%	28	39	2.1%
	이탈리아	2,936	3,717	2.2%	21	26	1.4%
	스페인	2,556	3,538	2.0%	16	22	1.2%
	스웨덴	2,033	3,245	1.9%	6	10	0.5%
	네덜란드	2,020	2,826	1.6%	3	4	0.2%
	러시아	279	1,303	0.8%	26	117	6.3%
	터키	866	1,986	1.1%	16	36	2.0%
중동	사우디아라비아	382	874	0.5%	10	23	1.2%
	아랍에미리트	317	658	0.4%	7	14	0.8%
아시아 태평양	중국	1,721	8,366	4.8%	39	184	10.0%
	인도	622	1,652	1.0%	26	68	3.7%
	홍콩	1,706	2,690	1.6%	34	53	2.9%
	타이완	933	1,570	0.9%	22	36	2.0%
	한국	946	1,622	0.9%	17	28	1.5%
	일본	12,186	16,703	9.7%	19	26	1.4%
	싱가포르	1,471	3,227	1.9%	11	24	1.3%
	인도네시아	195	650	0.4%	7	24	1.3%
	오스트레일리아	1,001	2,785	1.6%	11	30	1.6%
	기타국가	17,924	33,283	19.3%	98	234	12.7%
	전세계	107,515	172,850	100.0%	1,014	1,844	100.0%

자료 : Capgemini and Merrill Lynch, *World Wealth Report*, 2015에서 작성.

부호들은 세계의 사치재luxury goods와 고급서비스high end service 시장의 주요 고객이다. 이들은 대개 자신의 고상한 취향을 과시할 수 있는 열정투자passion investment를 중시하는 라이프스타일을 갖고 있다. 대부호일수록 한 가지 이상의 사치재 수집 영역에서 명성을 얻고 싶어 한다. 이들의 수집품은 미술품 외에 보석, 장신구, 시계, 자동차, 보트, 비행기, 골동품, 와인, 동전, 클럽회원권, 악기, 총 등 다양하다. 이들은 뉴욕과 런던에 있는 세계적 화랑과 경매장의 핵심 고객이다. 미술품은 열정투자의 대상인 사치재 중에서는 비교적 위험과 불확실성이 적은 재화에 속한다. 부호들의 열정투자 중 미술품이 차지하는 비중은 고액자산가HNWIs를 기준으로 보면 2013년 평균 17%였다. 지역별로는 북미

〈4-22〉 아트뉴스 선정 세계 200대 미술수집가의 거주지역 분포 (1990-2013년)

	미국	(뉴욕)	다른 국가
1990년	57%	21%	43%
1995년	47%	14%	53%
2000년	48%	16%	52%
2005년	55%	18%	45%
2010년	58%	21%	42%
2013년	49%	18%	51%

자료: Artnews.

19%, 유럽 18%, 아시아 · 태평양(일본 제외) 17% 등으로 큰 차이가 없으나 일본이 12%로 낮았다.

부호들 가운데 미술수집가 비율이 정확하게 얼마나 되는지는 알 수는 없다. 다만 2013년 전세계 미술시장에서 중상위 수집가mid-to-high level collector 수는 60만 명이 넘는 것으로 추정되었다. 그 중 3,000명이 세계 미술계의 흐름을 주도하는 최상위 수집가highest level collector이며 이들 중 절반 이상이 뉴욕에 거주하는 것으로 추정되었다(TEFAF, 2014).

미술잡지 아트뉴스Artnews에서 선정한 세계 200대 미술수집가의 거주지역 분포를 보면(〈4-22〉) 1990년부터 2013년간 미국은 47%-57% 정도를 차지하고 있으며 뉴욕은 14%-21% 정도를 차지해왔다. 다른 지역의 미술시장 성장에도 불구하고 세계적인 수퍼컬렉터의 미국(뉴욕) 집중도는 높은 수준으로 유지되고 있다. 2013년 미국 외에 다른 국가의 비중을 보면, 독일 9%, 스위스 6%, 영국 5%, 중국 5%, 프랑스 4% 순이다. 1990년과 비교하면 동아시아 지역에서는 일본의 비중(6%에서 2%로)이 줄어든 반면, 중국의 비중(3%에서 5%로)은 늘어났다.

〈4-23A〉와 〈4-23B〉에는 오늘날 세계 미술시장에서 수퍼컬렉터로서 세계적인 명성을 얻고 있는 대표적인 수집가들이 예시되어 있다.

〈4-23A〉 아트뉴스 선정 세계 10대 미술수집가 (2005-2013년)

	2005년	2010년	2013년
1	Leon Black	Roman Abramovich	Bernard Arnault
2	Eli Broad	Bernard Arnault	Leon Black
3	Steven Cohen	Leon Black	Eli Broad
4	Laurence Graff	Eli Broad	Pierre Chen
5	Henry Kravis	Steven Cohen	Steven Cohen
6	Leonard Lauder	Joseph Lau	Ronald Lauder
7	Ronald Lauder	Philip Niarchos	Philip Niarchos
8	Mitchell Rales	Franíçois Pinault	Franíçois Pinault
9	Charles Saatchi	Mitchell Rales	Sheikha Al-Mayassa Al-Thani
10	Stephen Wynn	Sheikh Saud Al-Thani	Alice Walton

자료: Artnews.

〈4-23B〉 미술품 보유액 기준 세계 10대 미술수집가 (2014년, 단위: 10억 달러)

이름 (출생 연도와 국가)	미술품 보유액	순자산액
David Geffen (1943년, 미국)	2.3	6.3
Eli Broad (1933년, 미국)	2.2	6.9
Philip Niarchos (1954년, 그리스)	2.2	2.5
David Nahmad (1947년, 레바논)	1.5	1.8
Ezra Nahmad (1945년, 레바논)	1.5	1.6
Francois Pinault (1936년, 프랑스)	1.4	14.0
Steven Cohen (1956년, 미국)	1.0	11.1
Samuel I. Newhouse, Jr. (1927년, 미국)	1.0	10.2
Boris (Bidzina) Ivanishvili (1956년, 조지아)	1.0	5.7
Norman L. Braman (1932년, 미국)	1.0	1.8

자료: Wealth X, Top 10 Billionaire Art Collectors(2014. 5.21)에서 작성.

프랑수아 피노Franíçois Pinault, 1936–는 구찌 등의 브랜드를 보유한 명품 제조그룹인 케링Kering의 회장이고, 세계 양대 경매회사 중의 하나인 크리스티의 소유주다. 모던아트와 동시대미술을 주로 수집했다. 그는 2005년 베네치아에 팔라초 그라시Palazzo Grassi 미술관을 개관했고 이어 2009년 푼타 델라 도가나Punta della Dogana 미술관을 개관하여 3,000점에 이르는 피노 컬렉션을 선보였다.

베르나르 아르노Bernard Arnault, 1949–는 프랑스의 명품 제조그룹인 루이비통 모에 헤네시(LVMH)의 회장이다. 리처드 세라Richard Serra 1939–와 마우리치오 카텔란Maurizio Cattelan, 1960–을 포함한 동시대미술을 다수 수집했다. 프랭크 게리Frank Gehry, 1929–의 설계로 2014년에 개관한 루이비통 재단 미술관Fondation Louis Vuitton은 기획전과 함께 아르노의 개인 컬렉션, 재단 소장 미술품을 전시한다.

로널드 로더Ronald Lauder, 1944- 는 미국의 글로벌 화장품업체 에스티 로더의 회장이다. 2006년 클림트Gustav Klimt의 「아델레 블로흐바우어의 초상 I」Portrait of Adele Bloch-Bauer I, 1907, 138×138cm을 1억 3,500만 달러에 구입해서 뉴욕 노이에갤러리Neue Galerie에 전시했다. 이 작품은 1938년 나치에 압수되었고 전쟁이 끝난 후 빈의 벨베데레 오스트리아 갤러리Österreichische Galerie Belvedere에 소장되었다. 긴 소송 끝에 2006년 아델레 블로흐바우어의 조카딸인 마리아 알트만Maria Altmann, 1916-2011에게 되돌아갔으며 로널드 로더가 구입했다. 2013년 로널드 로더는 그동안 수집한 78점을 뉴욕 메트로폴리탄 미술관에 기증했는데 총 11억 달러의 가치를 지닌 것이었다.

엘리 브로드Eli Broad, 1933-는 보험회사Sun America와 부동산회사KB Home를 설립한 미국 사업가로서 1984년에 동시대미술 수집을 위해 브로드 미술재단Broad Art Foundation을 설립했다. 이 재단은 20억 달러에 달하는 1,100점의 미술품을 가지고 '대여 미술관'을 운영했다. 전 세계 500개 이상의 미술관과 대학 갤러리에 작품을 대여했다. 재단 컬렉션과 별도로 브로드의 개인 컬렉션이 있다. 제프 쿤스Jeff Koons, 1955-의 최대 수집가이기도 하다. 2,000점에 달하는 브로드 컬렉션을 기초로 2015년 로스앤젤레스에 브로드 미술관The Broad을 개관했다. 이 미술관은 딜러 스코피디오+렌프로Diller Scofidio+Renfro에 의해 설계되었다.

알마야사 공주Sheikha Al-Mayassa bint Hamad bin Khalifa Al-Thani 1983- 는 카타르 국왕의 여동생으로 카타르 미술관Qatar Museums의 회장이다. 그녀는 미술관을 위해 10억 달러에 달하는 작품을 구입했다. 2015년에 고갱Paul Gauguin, 1848-1903의 「언제 결혼할 거니?」Nafea Faa Ipoipo, 1892, 101x77cm를 3억 달러에 구입했다. 2015년 말까지 세계 미술시장에서 거래된 최고가 작품이다. 2011년에는 세잔Paul Cézanne, 1839-1906의 「카드놀이 하는 사람들」Les Joueurs de cartes, 1893, 97×130cm을 2억 5,000만 달러 이상의 가격에 구입했다. 당시 세계 최고가였다. 2015년 말까지 경매를 통해 거래된 세계 최고가 작품인 피카소Pablo Picasso의 「알제의 여인들 (버전 O)」Les femmes d'Alger (Version O), 1955, 114x146cm도 카타르 왕가가 크리스티 뉴욕을 통해 1억 7,937만 달러에 구입했다. 알마야사 공주는 리처드 세라Richard Serra, 앤디 워홀Andy Warhol, 로이 릭턴스타인Roy Lichtenstein, 데미안 허스트Damien Hirst, 제프 쿤스Jeff Koons, 무라카미 다카시Takashi Murakami 등 동시대 미술가 작품들도 다수 수집했다.

필립 니아르코스Philip Niarchos,1954- 는 그리스 부호다. 선박업계 거물이자 미술수집가였던 아버지Stavros Niarchos로부터 컬렉션을 상속받았다. 그의 아버지는 인상주의와 모던아트의 가장 중요한 수집가였다. 개인 수집가 중 반 고흐Vincent van Gogh, 1853-1890 작품을 가장 많이 소장했다. 1998년에는 반 고흐의 「수염 없는 자화상」Portrait de l'artiste sans barbe, 1889, 41x33cm을 7,150만 달러에 구입했다. 피카소Pablo Picasso의 스무 살 때 자화상 「요 피카소」Yo, Picasso, 1901, 73.5x60.5cm도 그의 아버지가 1989년에 4,785만 달러에 구입했다. 아버지의 컬렉션에 필립 니아르코스는 전후미술과 동시대미술을 추가했다. 특히 앤디 워홀Andy Warhol에 상당한 관심을 기울였다. 1994에는 앤디 워홀의 「레드 마릴린」Red Marilyn을 3,630만 달러에 구입했고, 2007년에는 앤디 워홀의 「그린카 크래시」Green Car Crash (Green Burning Car I), 1963, 229x203cm를 7,172만 달러에 구입했다.

보리스 이바니쉬빌리Boris Ivanishvili, Bidzina Ivanishvili, 1956-는 조지아의 사업가이자 정치가로 2012년 조지아 총리를 역임했다. 그의 수집품 중에는 2006년 소더비 뉴욕에서 9,522만 달러에 구입한 피카소Pablo Picasso의 「도라 마르의 초상」Dora Maar au chat, 1941, 130x97cm이 포함되어 있다.

데이비드 게펜David Geffen, 1943-은 레코드 회사와 드림웍스SKG 등을 설립한 미국 사업가다. 그는 총23억 달러의 미술품을 보유한 세계 최대의 소장가다. 2006년 한 해 동안 잭슨 폴록Jackson Pollock의 「넘버 5, 1948」No.5, 1948, 1948, 240x120cm을 1억 4,000만 달러에 멕시코의 수퍼컬렉터 데이비드 마르티네스David Martinez에 넘겼고, 재스퍼 존스Jasper Johns의 「부정 출발」False Start, 1959, 171x137cm을 8,000만 달러에 역시 수퍼컬렉터인 케네스 그리핀Kenneth C. Griffin에게 넘겼다. 또 드 쿠닝Willem de Kooning의 「여인 III」Woman III (1953) 173x123cm과 「형사 가제트」Police Gazette, 1955, 201x176cm도 각각 1억 3,750만 달러와 6,350만 달러에 스티븐 코언에게 넘겼다.

스티븐 코언Steven Cohen, 1956-은 금융업체SAC Capital Advisors를 설립한 미국의 헤지펀드 매니저다. 2000년대 이후 최대 수집가 중 한 명으로 2006년 한 해 동안에만 수억 달러를 미술품 구입에 썼다. 2004년 데미안 허스트Damien Hirst의 「살아있는 자의 마음속에 있는 죽음의 물리적 불가능성」The Physical Impossibility of Death in the Mind of Someone Living,

1991, 213×518×213cm을 사치Charles Saatchi로부터 800만 달러에 구입했고, 2005년에는 마크 퀸Marc Quinn의 「셀프」Self, 1991, 208x63x63cm도 150만 달러에 사치로부터 구입했다. 2006년 1억 3,900만 달러에 사기로 했다가 못 샀던 피카소의 「꿈」Le Rêve, 1932, 130x97cm은 2012년 1억 5,500만 달러에 스티브 윈으로부터 구입했다. 라스베이거스 부동산 재벌이자 수퍼컬렉터인 스티브 윈Steve Wynn, 1942-은 이 작품을 1997년 4,840만 달러에 구입했다. 2006년 자신의 팔꿈치로 잘못 건드려 그림을 망가뜨리기까지 했음에도 15년 만에 3배 값에 되팔 수 있었다.

오늘날 수퍼컬렉터 중에서도 작품을 오랫동안 보유하는 장기수집가long-term collector는 줄어들고 대신 단기수집가short-term collector가 늘어나는 추세다. 미술품을 투자와 돈벌이 수단으로 생각하는 부류가 많아진 결과다. 수퍼컬렉터 중 멕시코의 데이비드 마르티네스David Martinez, 대만의 피에르 첸Pierre Chen 등은 대표적인 단기수집가로 꼽힌다. 데이비드 마르티네스는 2014년 베이컨Francis Bacon, 1909-1992의 「말하고 있는 조지 다이어의 초상」Portrait of George Dyer Talking, 1966, 200x150cm을 5년 만에 되팔아 거의 5배의 이익(구입가 1,200만 달러, 판매가 7,000만 달러=4,219만 파운드)을 얻었다. 게르하르트 리히터Gerhard Richter를 여러 점 보유한 피에르 첸도 2014년 리히터의 「벽」Wand, 1994, 240×240cm을 3년 만에 되팔아 큰 이익을 챙겼다. 고가의 작품을 샀다가 수익이 발생하면 곧바로 되파는 이러한 수퍼컬렉터super-collector들을 수퍼플리퍼super-flipper(플리퍼는 주식 단타 매매자를 일컬음)라고 비웃기도 한다(Scott Reyburn, 2014). 투자든 애호든 수집가 개인의 선택이다. 하지만 일반인의 선망을 받는 수퍼컬렉터들까지 최고의 예술품을 좋은 상태로 보존해 언젠가 사회와 후손을 위해 되돌려 주려는 생각을 하지 않게 된 것은 바람직한 현상이 아니다.

관람자

미술소비자의 대부분을 차지하는 것은 관람자다. 이들의 특성에 대하여 미국의 미술전시회 관람자를 중심으로 살펴보기로 한다.

2012년 미국 18세 이상 성인의 미술관과 화랑 전시회 관람률은 21.0%이고 아트페어와 아트페스티벌 관람률은 22.4%이다(〈4-24〉). 전시회 관람률은 2002년에서 2012년 사이에 전반적으로 낮아졌다. 그 결과 미술전시회 관람자수도 줄어들었다. 미술관과 화랑

〈4-24〉 미국의 미술전시회 관람자수 (2002-2012년, 단위 : 백만명)

	2002년	2008년	2012년
미술관·화랑 관람률 관람자수	26.5% 56	22.7% 51	21.0% 49
(연평균 관람횟수) 총관람자수	(3.5회) 190	(2.9회) 148	(2.7회) 132
아트페어와 아트페스티벌 관람률 관람자수	33.4% 68	24.5% 55	22.4% 53

주: 관람률은 연간 1회 이상 관람한 경험이 있는 인구의 비율.
자료: National Endowment for the Arts, 2009, 2013, 2015.

전시회 관람자수는 5,600만 명에서 4,900만 명으로 줄었고 아트페어와 아트페스티벌 관람자수는 6,800만 명에서 5,300만 명으로 줄었다.

예술참가율 혹은 관람률은 주로 개인의 교육 정도와 소득 정도에 따라 달라진다. 이 일반적인 사실은 미국의 미술전시회에도 마찬가지로 적용된다.

미국의 미술전시회 관람률은 고학력자와 고소득자에서 현저히 높아진다. 성별, 연령별, 교육(학력)별, 인종별, 소득별로 세분해 볼 때 특히 교육(학력)별 범주와 소득별 범주에서 격차와 계층화가 더욱 분명하게 나타난다.

미술관과 화랑 관람자 비율을 보면(〈4-25A〉) 교육 수준에서 대학원 이상은 49.3%이고 대졸은 37.2%에 달한다. 이에 비해 고졸 9.9%, 중등 4.3%, 초등 3.6%로 학력이 낮을수록 관람자 비율이 떨어진다. 또한 소득수준에서는 상위계층인 15만 달러 이상 43.2%, 10-15만 달러 33.8%, 7.5-10만 달러 26.5%인데 비해 소득이 낮은 하위계층에서는 2-5만 달러 14.0%, 2만 달러 미만 10.2%로 관람자 비율이 크게 떨어진다.

이러한 관람자 비율의 특성은 아트페어와 아트페스티벌의 경우에도 마찬가지로 나타난다(〈4-25B〉).

결과적으로 미국의 미술전시회 관람자는 균등하게 분포하지 않고 소득수준과 교육수준이 높은 계층으로 상당히 편향되어 있다. 이들 상층부가 미국의 미술시장을 지배한다.

〈4-25A〉 미국 미술관과 화랑 전시회의 관람자 비율 분포 (2012년)

	26.0% 초과 (높음)	26.0-16.0% (보통, 평균 21.0%)	16.0% 미만 (낮음)
성별		여성 23.1% 남성 18.7%	
연령		18-24세 18.4% 25-34세 22.0% 35-44세 21.2% 45-54세 22.0% 55-64세 22.5% 65-74세 22.5%	75세이상 15.5%
교육	대학원 이상 49.3% 대졸 37.2%	대학 19.7%	초등 3.6% 중등 4.3% 고졸 9.9%
인종		백인 24.1% 기타 21.2%	히스패닉 14.3% 흑인 11.9%
가구소득	15만달러 이상 43.2% 10-15만달러 33.8% 7.5-10만달러 26.5%	5-7.5만달러 22.1%	2-5만달러 14.0% 2만달러 미만 10.2%

자료: National Endowment for the Arts, 2013, 2015.

〈4-25B〉 미국 아트페어와 아트페스티벌의 관람자 비율 분포 (2012년)

	27.9% 초과 (높음)	27.9-16.9% 사이 (보통, 평균 22.4%)	16.9% 미만 (낮음)
성별		여성 26.4% 남성 18.2%	
연령		18-24세 18.3% 25-34세 21.6% 35-44세 22.0% 45-54세 24.6% 55-64세 25.8% 65-74세 26.1%	75세이상 15.0%
교육	대학원 이상 36.9% 대졸 32.9%	대학 23.6%	초등 5.9% 중등 8.0% 고졸 16.3%
인종		백인 26.2%	히스패닉 16.8% 기타 16.3% 흑인 12.0%
가구소득	15만달러 이상 36.4% 10-15만달러 30.5% 7.5-10만달러 28.9%	5-7.5만달러 24.5% 2-5만달러 17.9%	2만달러 미만 12.3%

자료: National Endowment for the Arts, 2013, 2015.

여기서 교육과 소득이 모두 중요하지만 그 중에서 특히 어느 것이 더 중요한 요인인가는 문제가 될 수 있다. 공연예술의 경우 교육이 소득보다 관람률에 더 큰 영향을 미치는 것으로 알려져 있다. 미술관 관람률의 경우에도 셔스터(Mark Schuster, 1985)는 비슷한 결론에 도달했다. 미술관 관람률은 소득 차이보다 교육 차이에 의해 더 큰 영향을 받으며, 교육이 가장 강력한 설명 변수라는 것이다.

미술관, 화랑 등이 관람자를 다양화하기 위해 노력을 기울여왔지만 관람자의 사회경제적 특성은 크게 변하지 않고 있다. 이것은 새로운 미술 관람 수요의 발굴이 쉽게 이루어질 수 없는 과제임을 시사한다.

제5장 아트마케팅

5.1. 아트마케팅의 의의

마케팅marketing을 제품 판매를 증진시키기 위한 생산자의 제반 활동으로 이해한다면 아트마케팅arts marketing 개념은 두 가지 의미로 사용될 수 있다.

첫째는 예술품의 판매를 증진시키기 위해 마케팅 기법을 어떤 방법으로 활용할 것인가 하는 의미다. 이 경우는 예술작품이 마케팅의 목적이 되고, 예술을 위한 마케팅marketing for arts이란 의미가 된다. 이는 예술생산자의 입장에서 아트마케팅 개념을 이해한 것이다.

둘째는 기업이 자사 제품을 판매를 증진시키기 위해 예술품을 어떠한 방법으로 활용할 것인가 하는 의미다. 이 경우는 예술품은 기업 마케팅의 수단이 되고, 마케팅을 위한 예술arts for marketing이란 의미가 된다. 이는 기업의 입장에서 아트마케팅 개념을 이해한 것이다.

실제로도 아트마케팅은 이들 두 가지 의미로 혼용되어 쓰이고 있는데, 이 책에서는 둘째의 의미로 사용하기로 한다. 즉 기업이 주체가 되어 기업 이미지를 높이고 자사 제품 판매를 증진시키기 위한 목적으로 예술활동을 후원하거나 예술가와 협업을 통해 새로운 제품을 만들어 내거나 예술품을 광고에 활용하는 등의 활동을 아트마케팅으로 부르기로 한다.

아트마케팅은 미술에만 관련된 것이 아니고 클래식 음악, 뮤지컬, 연극, 무용, 발레 등 공연예술이나 영화 등 모든 예술품에 관련된 것이다.

아트마케팅과 함께 문화마케팅cultural marketing이라는 개념도 쓰이고 있다. 일반적으로 문화는 예술보다 범위가 더 넓다. 개념상으로 예술이란 예술가에 의해 생산되는 것이지만 문화는 기술자나 다른 일반인에 의해 만들어지는 것도 포함된다. 가령 대량생산되어 유통되는 엔터테인먼트 산업entertainment industry의 제품들은 문화상품이지만 예술품은 아니다. 문화마케팅에서는 아트마케팅보다 더 폭넓게, 예술품에 포함되지 않는 다른 문화상품들까지 마케팅 수단으로 활용한다.

5.2. 아트마케팅의 종류

기업의 예술지원 활동은 20세기 후반에 나타난 현상이다. 미국의 예를 보면 기업의 예술지원이 본격화된 것은 1960년대의 일이다. 미국 사회에서는 전통적으로 기업은 영리를 추구하는 존재이며 그 의무는 주주 이익과 종업원 고용을 보장하는데 그친다는 생각이 지배적이었다. 예술지원은 기업이 아니라 개인이 할 일이었다. 그러나 1960년대에 미국 내에서 진보적 사회분위기가 형성되고 기업의 사회적 책임Corporate Social Responsibility이 환기되면서 기업의 예술지원이 활성화되었다.

기업의 예술지원 패러다임은 1980년대를 전후로 하여 변화되었다.

처음에는 비영리적 후원이 중심이었고 기업은 지원에 대한 반대급부를 요구하지 않았다. 1967년 데이비드 록펠러David Rockefeller에 의해 설립된 기업예술위원회Business Committee for the Art는 그러한 성격의 예술지원을 주도했다. 그러다 1980년대 들어 예술을 활용한 다양한 마케팅 기법들이 등장하고, 예술 지원을 영리적 측면에서 따지고 명시적인 반대급부를 요구하는 기업들이 늘어났다. 그 결과 예술지원의 축은 순수한 예술 후원 중심에서 벗어나 예술 활용 중심으로 전환되었다. '기업의 예술 후원'Business Support to the Arts라는 용어 대신에 '기업과 예술의 연합'Business-Arts Alliance라는 용어가 쓰이게 되었다(김민주 외, 2005). 기업의 예술지원 패러다임이 변화되면서 기업의 예술지원은 양적으로는 증대했다. 미국의 경우 기업의 예술지원은 1967년 2,200만 달러에서 2006년 31억 6,000만 달러로 늘었다.

국가 중심의 예술지원 전통이 강한 유럽에서도 20세기 말에 이르러 기업의 예술지원이 늘어났다. 1980년대 이후 정부가 예술에 대한 직접 지원을 축소함으로써 기업이 예술지원 역할을 새롭게 맡게 된 것이다. 대신 정부는 세금감면 등으로 기업의 예술지원을 간접적으로 지원했다. 많은 유럽 기업들은 미국과 마찬가지로 순수한 후원보다는 예술을 활용하거나 쌍방적 제휴를 통해 이익을 얻는 방향으로 역할을 설정했다.

〈5-1〉 아트마케팅의 유형

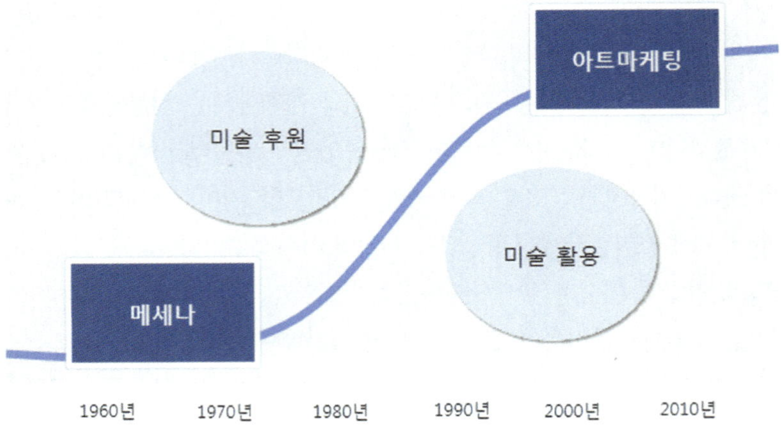

기업의 아트마케팅에는 크게 예술 후원과 예술 활용 두 가지 방식이 있다. 기업은 이윤을 추구하는 조직이고 둘 다 기업의 이윤을 증진시키기 위한 것이다. 전자가 장기적이고 간접적인 방식으로 이윤의 증진을 추구하는 것이라면 후자는 단기적이고 직접적인 방식으로 이윤의 증진을 도모한다는 점에서 차이가 있다. 그러면 미술을 중심으로 아트마케팅의 유형을 좀 더 살펴보기로 한다.

미술 후원

미술 후원sponsorship은 기업이 반대급부 없이 미술활동을 지원하는 것이다. 미술품을 구매하거나 미술가의 활동을 금전적, 비금전적으로 후원하는 것을 의미한다. 미술상을 제정해 수여하고 미술관을 운영하고 전시회를 개최하는 일도 여기에 포함된다. 미술 후원은 기업의 비용 지출을 수반하는 반면 직접적인 이익을 산출하지는 않는다. 다만 기업은 미술 후원을 통해 기업의 사회적 명성과 브랜드 가치를 높임으로써 장기적인 이익을 도모할 수는 있다. 이러한 미술 후원 활동을 기업 메세나mécénat로 부르기도 한다. 메세나는 예술 후원자나 후원 활동을 널리 지칭하는 용어다. 고대 로마 시대에 베르길리우스Vergilius 같은 시인과 예술가를 후원했던 정치가 마이시나스Gaius Cilnius Maecenas의 이름에서 유래했다.

미술 활용

미술 활용은 기업이 자사 제품의 판매나 생산에 미술품이나 미술가를 직접 이용하는 것이다. 미술품을 기업 광고나 판촉에 사용하여 판매를 촉진하는 단순한 방식은 오래 전부터 이용되어 왔다. 최근에는 기존의 미술품을 제품 개선에 적용하거나 미술가와 협업 혹은 콜라보레이션collaboration을 통해 새로운 제품을 기획 · 제작하는 방식이 이용되고 있다. 미술 활용 정도를 기준으로 보자면 판매 단계에서 광고 등에 미술품을 활용하는 경우보다 생산단계부터 미술가와 협업하는 경우가 훨씬 적극적이고 심화된 활용 방식이라 할 수 있다. 미술 활용에서는 기업의 이윤 창출이 주된 목적이고 미술품이나 미술가는 그것을 위해 봉사하는 부차적 존재가 된다. 미술은 수단적 가치만 지니고 미술품으로서 고유한 가치는 성립되지 않는다.

기업이 제품 판매나 생산에 미술을 활용하는 것은 미술이 지닌 예술성과 심미적 가치 때문이다. 제품에 예술성과 심미성을 부여함으로써 제품을 고급화하고 차별화하여 브랜드 가치를 높이고 판매를 촉진하는 것이다. 생산단계에서 스타 미술가들과 협업을 통해 제품을 '유사 예술품'화 하는 효과를 거둘 수 있다. 미술가와의 협업은 사치품 또는 명품에서 먼저 시작되었지만 일반 소비재나 내구소비재로 확대되는 추세다.

〈5-2〉 기업의 미술 활용

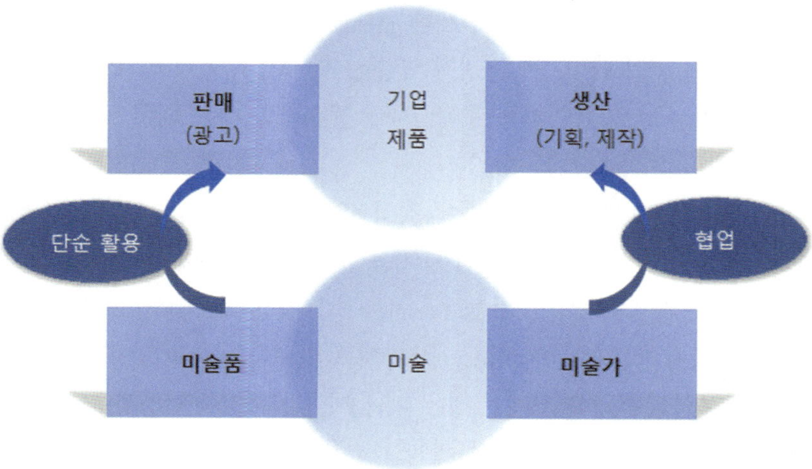

오늘날 사치품은 물론이고 일반 소비재에서도 기능성이 제품 선택의 일차적 기준이 되는 경우는 드물다. 소비자들이 예술에 일상적으로 노출되면서 예술적 안목이 전반적으로 높아지고 있으며 심미안이 뛰어난 소비자 즉 '아트슈머'artsumer(art+consumer)가 늘어나고 있다. '아트슈머'는 제품의 심미적 측면에 대한 기대 수준이 높고, 그것의 차이를 제품 선택의 우선적 기준으로 삼는 특성이 있다. 그러므로 소비자의 점점 높아지는 심미안을 충족시킬 수 있는 제품 개발이나 판매 방식 도입이 필수적으로 되고 기업의 미술 활용은 증대하게 된다.

5.3. 아트마케팅의 효과

아트마케팅의 당사자는 기업과 미술생산자다. 이들 두 주체에 미치는 효과는 아트마케팅 유형에 따라 상이하다. 어떤 효과가 발생하는지 나누어 살펴보기로 한다.

먼저 아트마케팅이 기업에 미치는 효과다.

첫째, 미술 후원은 기업의 사회적 책임과 관련된 사회공헌 활동이며 자선적 성격의 비용 지출이라는 인식이 있다. 그러나 미술 후원은 기업을 홍보하는 효과적 수단 중 하나다. 미술활동에 대한 후원은 기업 이미지 제고, 기업 평판 증진, 기업 활동의 정당성 확보에 도움을 준다. 미술 후원이 기업의 제품 판매에 직접 영향을 미치는 경우는 드물다. 하지만 미술 후원이 기업 이미지에 긍정적 영향을 미치고, 기업 이미지는 브랜드 이미지에, 브랜드 이미지는 소비자의 제품 구매의사에 긍정적 영향을 미치므로 간접적으로는 제품 판매 증대에 기여한다고 볼 수 있다.

둘째, 미술 활용은 기업의 제품 판매에 직접적인 영향을 미친다. 일반적으로 제품이 초기 성장 단계를 지난 성숙기에 도달하면 기능상의 우위를 통해 다른 제품과 경쟁하기 어렵다. 이럴 경우 제품차별화product differentiation가 시장 확보의 중요한 전략이 된다. 미술품은 하나 뿐인 원작이라는 특성Aura을 가지고 있는데 미술을 활용하여 대량생산되는 제품에 이와 유사한 특성을 부여할 경우 다른 제품과 차별화된 경쟁력을 확보하는 수단이 된다. 실제로 미술을 제품 생산에 활용할 경우 소비자들은 예술성을 지닌 고급 제품으로 인식하고 제품의 인지도와 선호도 향상을 통해 매출 증대 효과를 얻을 수 있다.

그러나 이러한 효과가 장기적으로 지속되거나 다른 제품의 판매 증대로 이어지지 않는 경우가 많다.

그러므로 기업 입장에서는 미술 후원과 미술 활용의 여러 가지 방식을 통합적으로 이용하는 것이 기업가치와 개별 제품가치를 동시에 증진시켜 미술지원 성과를 극대화하는 데 유리하다.

다음으로 아트마케팅이 미술가와 미술계에 미치는 효과다.

첫째, 미술 후원은 기업이 직접적 반대급부를 요구하지 않기 때문에 창조적이고 혁신적인 미술생산에 효과적인 지원방식이다. 정부 지원 등 외부로부터의 미술지원은 미술생산을 양적으로는 증대시키지만 질적인 측면에서 수월성을 높이는 데는 거의 기여하지 못한다는 지적이 있다. 외부 지원에는 각종 규제와 조건이 수반되기 때문에 그것을 충족시키는 것이 목적이 되고 품질은 나중 문제가 된다는 것이다. 기업이 특별한 조건 없이 미술을 후원하고 미술가의 내적인 창작 동기를 저해하지 않는다면 혁신적인 미술생산에 최적의 여건을 조성할 수 있다. 그러나 기업의 후원 목적은 어디까지나 기업 가치를 높이는 데 있으므로 미술가 활동이 그에 저해되거나 사회적 물의를 일으킬 정도로 작품 내용이 급진적인 경우 후원을 철회하고 예술적 표현의 자유를 제한할 수 있다.

둘째, 미술 활용은 미술품과 미술가를 기업의 이익이라는 목적을 위한 수단으로 간주하는 것이다. 미술가 개인의 차원에서 보면 자신의 창조성을 발휘할 기회를 기업으로부터 제공받은 것이고 이를 계기로 기업뿐만 아니라 자신의 브랜드와 경제적 가치를 동시에 높이는 호혜적 이익을 누릴 수 있다. 그러나 미술계 전체의 차원에서 보면 미술의 상업화가 그만큼 더 심화되고 미술가가 지닌 예술가로서 사회적 지위는 그만큼 더 약화된다.

다만 기업과 미술가의 협업이 증대하는 현상을 미술가 개개인의 선택에 따른 결과라 할 수는 없다. 20세기 말에 이르러 기업 측으로부터도 아트마케팅의 요구가 높아졌지만 미술계 내부적으로도 아트마케팅에 대한 자체 기반을 조성하고 있었다.

1960년대에 주류 미술로 편입된 팝아트는 순수예술이 광고 등 상업미술 혹은 대중문화와 본질적으로 다르지 않다는 사실을 보여 주었다. 팝아트의 효시인 리처드 해밀턴 Richard Hamilton, 1922-2011의 작품 「오늘의 가정을 그토록 색다르고 멋지게 만드는 것은 무엇인가?」Just what is it that makes today's homes so different, so appealing?, 1956, 26×25cm는 광고를 작품의 콜라주에 활용함으로써 광고가 예술에 포함될 수 있음을 보여 주었다. 앤디 워홀Andy Warhol, 1928-1987, 로이 릭턴스타인Roy Lichtenstein 1923-1997 등 1960년대 팝아트 미술가들은 대개 상업미술에서 활동한 경력이 있었다. 팝아트가 대중문화를 활용하면 대중문화가 팝아트를 활용하는 것은 당연한 일이다. 팝아트의 번영으로 예술과 상업 광고, 순수미술과 상업미술은 상호 침투했다. 심미적 감상이라는 측면에서도 양자의 구별은 점차 무의미해졌다. 광고뿐만 아니라 제품생산 영역에서도 마찬가지다. 순수미술을 상업적 제품생산에 적용함으로써 예술성을 높이는 일은 과거 '예술'이 독점하던 '예술성'을 대중의 일상으로 끌어들이는 것이고 예술을 민주화하는 일면을 지닌다.

다만 아트마케팅의 활용 대상은 미술계의 일부분인 팝아트 미술품과 미술가에 거의 한정되어 있다. 팝아트에 대한 소비 수요의 증가가 다른 미술 분야의 소비도 촉진할 것이라는 기대도 있으나 현실은 그와 정반대다. 아트마케팅은 일부 대중성이 강한 미술 분야의 이상비대hypertrophy를 초래하고 미술 전체의 균형적 발전에는 큰 도움이 되지 않는다. 오늘날 기업의 아트마케팅에서 미술 후원보다 미술 활용의 비중이 늘고 있다. 하지만 그것이 지닌 미술 상업화의 부작용을 완화하고 미술계 전반적인 발전을 위한 보다 우호적인 여건을 조성하려면 미술 후원의 비중이 더 늘어나야 할 것이다.

5.4. 아트마케팅 현황

5.4.1. 국내

한국 기업의 미술 · 전시에 대한 지원 현황을 보면(〈5-3〉) 2000년 이후 2013년까지 총

〈5-3〉 한국 기업의 미술 · 전시 지원 현황 (2000-2013년, 단위: 백만 원)

	2000년	2001년	2002년	2003년	2004년	2005년	2006년	2007년
금액	10,184	2,303	1,900	7,425	96,549	80,269	61,503	11,594
	2008년	2009년	2010년	2011년	2012년	2013년	합계 (평균)	
금액	30,499	37,167	40,654	10,585	8,106	9,521	271,727 (19,409)	

자료: 한국메세나협회 (2014).

2,717억 원이 지원되었으며 연평균 194억 원이다. 그러나 해마다 지원금액의 변동이 심한 편이어서(최저 2002년 19억 원, 최대 2004년 965억 원) 미술계의 입장에서 안정적인 지원처로 간주하기는 어렵다.

2013년 한국 기업이 문화예술을 지원하는 동기(복수 응답)를 보면 '지역사회 공헌' 34.8%, '기업이미지 제고' 26.2%, '문화예술계 발전' 22.5% 등이 주요 동기다. 이와는 달리 '실질적 마케팅 · 홍보 효과' 3.7%, '문화예술관련 활동의 사업화 도모' 2.7%, '다른 기업과 대비하여 차별성 · 우위 확보' 1.1% 등의 동기는 비중이 적다. 이 결과만 두고 보면 한국 기업의 문화예술 지원에서 기업의 사회공헌 등 예술 후원이 중심이고 마케팅 전략으로서 예술 활용은 부차적인 것이라 할 수 있다.

한국 기업은 구매자로서 미술시장에서 개인 다음으로 중요한 역할을 하고 있다. 2008년부터 2014년 간 1차시장인 화랑에서는 작품 수에서 평균 11.5%, 구입금액에서 평균 10.3%를 차지했다(〈5-4〉). 또한 2차시장인 경매에서는 작품 수에서 평균 5.1%, 구입금액에서 평균 6.4%를 차지했다. 2차시장보다는 1차시장에서 역할이 더 크다.

다음으로 한국 기업의 대표적인 미술 후원 사례를 살펴보기로 한다.

기업이 미술관 설립을 통해 미술 후원을 해온 사례로 삼성문화재단을 들 수 있다. 1968년 설립된 삼성문화재단은 1982년 호암미술관, 1999년 로댕갤러리(지금의 플라토미술관), 2004년 삼성미술관 리움을 개관했다. 2001년에 시작되어 격년제로 운영된 삼성미술관 리움의 아트스펙트럼Artspectrum 전시는 유망 신진작가들의 성장에 도움이 되었다. 2014년에는 '아트스펙트럼 작가상'을 신설해 전시 참여 작가 중 1명에게 상금과 플라토미술관 개인전 개최를 지원한다. 또한 베네치아 비엔날레의 한국관 지원, 파리국제예술공동체Cité Internationale des Arts 레지던스 지원 사업도 하고 있다.

〈5-4〉 한국 미술시장에서 기업 구매 비중 (2008-2014년)

		2008년	2009년	2010년	2011년	2012년	2013년	2014년	평균
화랑	작품수	17.7%	12.4%	9.5%	10.6%	12.9%	7.4%	9.7%	11.5%
	금액	24.4%	33.5%	10.1%	11.7%	12.9%	7.9%	34.4%	19.3%
경매	작품수	-	4.2%	5.2%	4.5%	5.4%	5.7%	5.7%	5.1%
	금액	-	4.2%	5.2%	5.8%	6.8%	7.3%	9.1%	6.4%

현대자동차는 2013년 국립현대미술관에 향후 10년간 120억 원을 지원하기로 하고 2014년부터 매년 한국 미술가 1명씩의 전시를 후원해 오고 있다. 이 '국립현대미술관 현대차 시리즈'는 지원 기간과 지원 금액에서 국내 미술전시 후원의 새로운 전기를 마련한 것으로 평가된다. 이 시리즈의 첫 전시인 2014년 '이불'전에서는 「태양의 도시 II」Civitas Solis II와 「새벽의 노래 III」Aubade III가 전시되었고, 시리즈의 두 번째 전시로 2015년 안규철의 '안 보이는 사랑의 나라'전이 개최되었다. 이 현대차 시리즈의 첫 해외전인 이불의 '새벽의 노래 Ⅲ'AUBADE III전도 2015년 파리의 팔레드도쿄Palais de Tokyo미술관에서 개최되었다

이와 함께 현대자동차는 해외 미술에 대한 후원도 진행하고 있다. 런던 테이트모던 미술관에서 13년간 진행된 '유니레버 시리즈'가 2012년 막을 내리자 2014년 그 후속 프로젝트를 후원하기로 협약을 맺었다. 이 프로젝트 명칭은 '현대 커미션'Hyundai Commission으로 2025년까지 진행된다. 그 첫 전시로 2015년에 아브라함 크루스비예가스Abraham Cruzvillegas, 1968-의 '빈터'Empty Lot전이 개최되었다. 테이트모던 미술관에 이어서 2015년에는 로스앤젤레스의 LA카운티미술관LACMA과도 협약을 맺어 '현대 프로젝트'Hyundai Project를 진행하고 있다.

프랑스에 기반을 둔 에르메스Hermès의 한국 법인 에르메스코리아는 2000년부터 에르메스 재단을 통해 미술 후원을 진행하고 있다. 에르메스 재단 프로그램은 크게 두 가지로 하나는 '에르메스 재단 미술상', 다른 하나는 아뜰리에 에르메스이다. 미술상은 2000년 시작되어 매년 시상해왔는데 동시대 미술가에게 수여되는 가장 권위 있는 상으로 평가받고 있다. 2006년 문을 연 아뜰리에 에르메스는 현대미술 전시 공간을 제공하면서 "예술 그 자체보다 더 흥미로운 삶으로서의 예술"을 제안했다.

5.4.2. 해외

미술 후원

기업이 할 수 있는 가장 직접적인 미술 후원은 작품을 구매하는 것이다. 오늘날 기업 아트컬렉션corporate art collection의 대표적인 사례로 제이피모건체이스, 유비에스, 아이엔지그룹, 도이체방크 등을 들 수 있다.

미국에 기반을 둔 제이피모건체이스의 제이피모건체이스 아트컬렉션J.P.Morgan Chase

Art Collection은 1959년 수집을 시작했다. 체이스맨해튼 은행(2000년에 제이피모건과 합병)의 회장이었던 데이비드 록펠러David Rockefeller의 주도로 많은 수집이 진행되었으며 모던아트와 동시대미술이 중심이다. 30,000점 이상의 컬렉션은 전 세계 450개 지점에서 전시되고 있다.

스위스에 기반을 둔 유비에스UBS의 유비에스 아트컬렉션 UBS Art Collection은 1945년 수집을 시작했다. 동시대미술이 중심이며 35,000점의 컬렉션을 전 세계 미술관과 각종 전시행사에 대여하고 있다.

네덜란드에 기반을 둔 아이엔지 그룹ING Group은 아이엔지그룹 컬렉션ING Group Collection을 가지고 있다. 15,000점의 작품을 1,300개 지점에서 전시하고 있다.

독일에 기반을 둔 도이체방크Deutsche Bank는 가장 대규모 컬렉션을 가진 기업이다. 도이체방크 컬렉션DB Collection은 1970년대 후반 시작되었다. 56,000점 이상을 소장하고 이들을 48개국 911개 지점에서 전시하고 있다. 프랑크푸르트, 런던, 뉴욕, 도쿄, 밀라노에 5개의 상설전시장도 가지고 있다. 도이체방크 컬렉션의 개념은 '일터의 미술'Art at Work'에 기반을 두었다. 미술을 일터에 둠으로써 화랑이나 미술관이 아닌 비전통적 장소에서 직원과 고객들이 미술과 일상적으로 접할 수 있도록 하기 위한 것이다. 직원들은 개인적으로 미술품 소장실Artoteck에 가서 미술품을 선택한 후 자기 사무실로 가져올 수 있다.

1960년대 이후 담배제조사 필립 모리스Philip Morris가 전문 큐레이터를 고용해서 동시대미술 컬렉션을 구축하는 등 많은 기업들이 미술품 수집에 참여했다. 1980년대에 이르러 미술품을 수집한 기업 수는 전 세계적으로 5,000개에 달했다. 그러나 1980년대를 정점으로 기업의 미술 수집은 감소했다. 기업 미술 후원의 중심은 미술전시와 아트페어 지원으로 이동했다(유비에스는 아트바젤Art Basel과 아트바젤 마이애미비치Art Basel Miami Beach의 주 후원사이고, 도이체방크는 프리즈Frieze와 테파프TEFAF의 주 후원사다.).

오늘날까지 미술전시 지원에서 가장 대표적인 사례의 하나로 유니레버의 테이트모던 전시 프로젝트를 들 수 있다.

영국 · 네덜란드 기반의 유니레버Unilever는 런던의 테이트모던Tate Modern 미술관과 협업collaboration하여 2000년 미술관 개관 당시부터 2012년까지 13년에 걸쳐 '유니레버 시리즈'Unilever Series로 불리는 전시 프로젝트를 진행했다. 이 시리즈는 2000년대 세계 미술관 전시 중 가장 혁신적이고 의미 있는 전시로 평가되었다. 과거 화력발전소의 터빈실을 개조한 이 미술관의 터바인홀Turbine Hall에서 매년 다른 전시가 개최되었고 총 2,400만 명이 관람했다.

루이즈 부르주아Louise Bourgeois, 1911–2010의 2000년 전시'I Do. I Undo. I Redo', 아니쉬 카푸어Anish Kapoor, 1954–의 2002년 전시'Marsyas', 올라퍼 엘리아슨Ólafur Elíasson, 1967–의 2003년 전시'The Weather Project', 레이첼 화이트리드Rachel Whiteread, 1963–의 2005년 전시'EMBANKMENT', 카르스텐 횔러Carsten Höller, 1961–의 2006년 전시'Test Site', 도리스 살세도Doris Salcedo, 1958–의 2007년 전시'Shibboleth', 아이웨이웨이Ai Weiwei, 1957–의 2011년 전시'Sunflower Seeds' 등이 많은 주목을 받았다. 이 전시와 연관된 유니레버의 다른 사업으로 '유니레버 국제학교미술프로젝트'Unilever International Schools Art Project도 진행되었다. 세계 각지의 어린이들을 대상으로 2001년 시작되었으며 2009년까지 총 13만 5,000명이 참가했다. 2009년에는 온라인 예술교육 사업인 '유니레버시리즈–터빈세대'Unilever Series: turbinegeneration를 시작했다.

프랑스에 기반을 둔 까르띠에Cartier는 1984년 까르띠에 현대미술재단Fondation Cartier pour l'art contemporain 설립을 통해 동시대미술의 발전에 기여해왔다. 이 재단은 본사의 상품 및 브랜드로부터 완벽한 독립을 강조하며 순수한 미술 후원을 해온 것이 특징이다. 주제별 전시 또는 개인 전시를 일 년 내내 진행하며, 만화, 패션, 요리 등 다양한 영역에 대해 문호를 넓혀 시각예술의 새로운 방향을 모색하는데 도움을 주었다. 2007년 이불1964–은 한국 미술가 최초로 이 재단의 후원을 받아 개인전 '모든 새로운 그늘'On Every New Shadow을 개최했다.

미술 활용

기업이 광고를 통해 예술을 차용한 역사는 19세기로 거슬러 올라간다. 1886년 영국의 피어스 비누Pears' Soap가 밀레이John Everett Millais, 1829–1896의 어린이 초상화에 비누를 그려 넣은 광고가 효시다. 그 후 20세기 후반에 이르기까지 오랫동안 기업이 일방적으로 순수미술을 광고에 가져다 쓰는 형태가 전개되었다.

예외적인 경우로서 1945년부터 프랑스의 포도주 샤토무통로쉴드Château Mouton Rothschild는 라벨(레이블) 작업을 유명 미술가들에게 의뢰하기 시작했다. 1958년 달리Salvador Dali, 1904–1989, 1969년 미로Joan Miro, 1893–1983, 1970년 샤갈Marc Chagall, 1887–

1985, 1973년 피카소Pablo Picasso, 1881-1973, 1975년 앤디 워홀Andy Warhol, 1928-1987 등이 작업을 맡았고 2010년 제프 쿤스Jeff Koons, 1955- , 2013년 이우환1936- 등으로 이어졌다. 비록 모더니즘 시대이고 예술품과 일반 상품의 차별이 엄격하게 존재하던 시대였지만 이 포도주 자체가 수량이 한정된 고가 상품이었으므로 세계적인 미술가들이 라벨 작업을 꺼리지 않았을 것이다. 원래 한정 수량이었던 포도주는 라벨까지 유명 미술가가 제작함으로써 예술품에 버금가는 희소성과 아우라를 지니게 되었다.

20세기 후반 팝아트의 등장과 함께 예술과 대중문화의 경계가 붕괴되면서 기업이 순수미술을 차용하는 대신 스스로 예술성을 만들어내려는 시도를 하게 되었다. 이것은 미술가와의 협업을 필요로 하는 일이었다. 이러한 상업적 요구에 가장 먼저 호응한 것이 팝아트 미술가들이었다. 앤디 워홀은 1967년 벨벳 언더그라운드The Velvet Underground의 앨범 「벨벳 언더그라운드 앤 니코」The Velvet Underground & Nico의 커버 작업을 했다. 같은 해에 피터 블레이크Peter Blake, 1932-는 비틀스The Beatles의 앨범 「페퍼상사의 론리 하츠 클럽 밴드」Sgt. Pepper's Lonely Hearts Club Band, 1968년에 리처드 해밀턴Richard Hamilton, 1922-2011은 「더 비틀스(화이트 앨범)」The Beatles(White Album)의 커버 작업을 했다.

스웨덴에 기반을 둔 앱솔루트 보드카Absolut Vodka도 미술가들과 협업을 진행했는데, 1986년 앤디 워홀Andy Warhol과 가장 먼저 협업했고 키스 해링Keith Harring, 1958-1990 등 젊은 작가들이 그 뒤를 이었다. 1979년 미국 시장에 진출했을 당시 앱솔루트 보드카의 판매량은 한 해 2,000상자가 채 안되었으나 1990년에는 500만 상자 이상의 앱솔루트가 판매되었다.

앨범 커버나 포도주 라벨 등은 제품의 부차적 측면이라 할 수 있다. 20세기 말에 이르면 이러한 부차적 측면에 대한 협업이 아니라, 제품의 본질적 측면에 대해서 기획 단계부터 기업과 미술가가 같이 작업을 진행하는 심화된 협업이 나타나기 시작했다.

데미안 허스트Damien Hirst, 1965-가 1999년 캐멀Camel 담배 케이스를 디자인하면서 기획 단계부터의 협업이 나타났고, 2000년대 초 루이비통 사례에서 심화된 협업 형태가 명확한 모습을 갖추게 되었다. 루이비통의 디자이너 마크 제이콥스Marc Jacobs, 1963-는 2001년 스티븐 스프라우스Stephen Sprouse, 1953-2004에게 '모노그램 캔버스'Monogram Canvas 라인의 새 디자인을 의뢰하면서 협업을 시작했다. 이후 2003년 무라카미 다카시Takashi Murakami 1962- 2007년 리처드 프린스Richard Prince, 1949-, 2012년 쿠사마 야요이Yayoi Kusama, 1929- 등으로 이어졌다.

루이비통은 대중적 인지도가 높은 세계적 미술가와 협업을 통해 제품을 제작해 한정판으로 판매하는 마케팅 전략을 취했다. 특히 각 제품들에 참여 작가의 특성이 한 눈에 드러나도록 함으로써 미술가의 예술적 브랜드를 제품 브랜드에 융합시켜 제품의 가치를 높이고자 했다. 또한 무라카미 다카시는 루이비통의 브랜드 가치를 다시 자신의 미술 작업에 효과적으로 연계시킴으로써 예술품과 상품, 순수미술과 대중문화, 예술작업과 아트마케팅의 상호작용 사례를 적절히 보여주었다.

오늘날 미술가와의 협업은 일반 기업에 한정되지 않는다. 문화산업이 국가나 지역 발전의 중심축으로 부상하면서 각국의 중앙정부, 지방정부, 공공기관이 아트마케팅을 적극적으로 활용하고 있으며 미술가와의 협업도 증대하고 있다.

프랑스 베르사유 궁전Château de Versailles이 2008년 이후 진행한 동시대미술 전시L'exposition d'art contemporain 프로그램이 그 한 예다. 2008년 제프 쿤스Jeff Koons, 1955-와의 협업에 이어서, 지금까지 프랑스의 자비에 베이앙Xavier Veilhan, 1963- (2009년), 일본의 무라카미 다카시Takashi Murakami, 1962- (2010년), 프랑스의 베르나르 베네Bernar Venet, 1941- (2011년), 포르투갈의 조아나 바스콘셀로스Joana Vasconcelos, 1971- (2012년), 이탈리아의 주세페 페노네Giuseppe Penone, 1947- (2013년), 한국의 이우환Lee Ufan, 1936- (2014년), 인도·영국의 아니쉬 카푸어Anish Kapoor, 1954- (2015년) 등과 협업을 진행했다.

제6장 미술가

6.1. 미술가의 의의

미술가는 예술가artist를 대표하는 직업이다. 예술가에는 미술가 외에 문학가, 작곡가, 가수, 연주자, 배우, 무용수 등이 모두 포함되지만 좁은 의미로 미술가를 예술가로 부르는 경우도 있다.

예술가를 어떻게 정의할 것인지에 관해서 일치된 의견은 없다. 유네스코UNESCO는 1980년 총회에서 '예술가의 지위에 관한 권고'를 내놓으면서 예술가에 대해 이렇게 정의했다. "예술작품을 창작하거나, 표현하거나 혹은 이를 재창조하는 사람, 자신의 예술적 창작을 자기생활의 본질적인 부분으로 생각하는 사람, 이러한 방법으로 예술과 문화의 발전에 이바지하는 사람, 고용되어 있거나 어떤 협회에 관여하고 있는지의 여부에 관계없이 예술가로 인정받을 수 있거나 인정받기를 요청하는 모든 사람"이다. 예술가로 인정받을 수 있거나 인정받기를 요청하는 모든 사람을 예술가로 간주하는 이 정의는 예술가를 가장 폭넓은 범위로 정의한 것으로 볼 수 있다.

그동안 학계에서도 예술가의 범위를 어디까지로 해야 할 것인가를 정하는 기준들이 다양하게 제시되었다. 그 중 프라이와 포메르네(Bruno S. Frey and Werner W. Pommerhne, 1989b)는 다음 8가지를 예시했다.

1. 예술 활동에 투입하는 '시간'
2. 예술 활동으로부터 얻은 '소득'
3. 일반 대중으로부터 얻은 예술가라는 '평판'
4. 다른 예술가로부터 받은 예술가라는 '인식'
5. 만들어낸 예술 작품의 '질적 수준'
6. 공식 예술가단체나 협회 등에 가입한 '회원'
7. 특정 분야에서 인정하는 '자격증'(졸업장, 수료증)
8. 예술가에 속한다고 생각하는 '주관적 판단'

이런 기준을 종합적으로 고려하여 예술가의 범위를 정할 수 있는데 그 가운데 1과 2의 기준, 즉 '시간'과 '소득'은 다른 것들보다 중요할 것이다(Phillida Shaw, 2004). 가령 예술

활동에 투입하는 시간이 생활의 상당부분을 차지하거나 소득 중에서 예술 활동을 통해 얻는 것이 상당부분을 차지하는 사람은 예술가에 포함되어도 무방하다.

미술가의 개념도 1과 2를 중심으로 생각할 수 있다. 즉 '시간'적으로 미술활동을 전혀 하지 않는 사람을 미술가라고 할 수 없다. 또한 '소득'에서도 미술활동과 직간접적으로 관련된 소득이 없는 사람을 미술가라고 할 수 없다. 그렇지만 미술활동에 어느 정도 시간을 투입해야 미술가인지는 명확하게 이야기하기 어렵다. 다른 직업에 종사하면서 여가 시간에만 틈틈이 미술활동을 해서 훌륭한 작품을 남긴 '미술가도 많다. 소득에서도 사정은 비슷하다. 반 고흐Vincent van Gogh, 1853-1890는 살아있는 동안 친구 화가의 여동생이자 그 자신도 화가인 안나 보슈Anna Boch, 1848-1936가 1890년 브뤼셀 전시회Les XX에서 400프랑에 구입해간 「붉은 포도밭」La Vigne Rouge, 1888, 75×93cm 외에는 단 한 점도 팔지 못했다는 이야기가 전해진다. 실제로 아트딜러였던 동생 테오Theo van Gogh, 1857-1891의 노력에도 불구하고 반 고흐의 그림은 거의 팔리지 않았고 내내 동생의 경제적 후원에 의존했다. 하지만 그 당시에도 반 고흐를 화가가 아니라고 생각한 사람은 없었을 것이다. 따라서 미술가 개념은 한두 가지 기준이 아니라 1, 2의 기준을 중심으로 그 밖의 여러 기준들을 종합적으로 고려하여 판단할 수밖에 없다.

한편 예술가는 창작예술가와 공연예술가로 크게 구분된다. 그 중 미술가는 창작예술가에 속한다. 창작예술가와 공연예술가는 활동방식에서 서로 상이한 특징을 지니고 있다.

첫째, 배우, 가수, 연주자, 무용수 등 공연예술가는 무대 위에서 무형의 서비스services를 생산한다. 반면 미술가, 작곡가, 문학가 등 창작예술가는 회화, 조각, 악보, 시, 소설 등 유형의 재화goods를 생산한다.

둘째, 공연예술가의 예술적 작업은 소비자가 있는 공연장에서 이루어지고 관객은 그 서비스를 현장에서 바로 소비한다. 생산과 소비가 같은 곳에서 동시에 일어나는 것이다. 반면 창작예술가는 생산한 재화를 화랑, 출판사, 음반사 등 매개자를 통해 소비자에게 공급한다. 따라서 생산과 소비가 시간적 공간적으로 분리된다. 생산은 예술가의 작업공간에서 일어나고 소비는 나중에 가정 등 별도의 공간에서 일어난다.

셋째, 공연예술가는 공연기관에 소속되어 다른 예술가들과 공동으로 작업한다. 일반적으로 공연 작업은 다수 예술가들과 기술자들이 참여하는 공동생산team production 방식으로 진행된다. 공연예술가는 팀의 일원으로서 활동한다. 반면 창작예술가는 개인생산

independent production 방식으로 예술 활동에 종사한다. 미술가는 혼자 자신의 작업실에서 작업하고 문학가는 혼자 자신의 서재에서 집필한다. 창작예술가는 각자의 작업 공간에서 자유롭고 독립적인 방식으로 활동한다.

전근대 사회에서는 창작예술가도 공연예술가와 마찬가지로 공동작업 방식으로 활동했다. 14-15세기를 전후한 르네상스 시대에는 모든 미술가가 길드guild에 소속되어 스승과 제자가 한 작업장에서 함께 작업에 종사했다. 루벤스Peter Paul Rubens, 1577-1640의 사례에서 나타나듯이 17세기 바로크 시대까지도 공동작업 방식이 이어졌다.

근대사회에서 창작예술가의 작업방식은 개인주의 방식으로 전환되었다. 스승과 제자의 작업은 엄밀히 구분되고 미술가는 자신이 제작한 작품에 대해서만 권리를 갖게 되었다. 20세기 후반에 이르러 팝아트, 개념미술 등은 미술가 작업에 대한 새로운 관점이 제기했다. 실제로 앤디 워홀Andy Warhol, 1928-1987의 팩토리Factory에서 무라카미 다카시Takashi Murakami, 1962-의 카이카이키키Kaikai Kiki Co.까지 비개인주의적 작업장과 작업방식도 나타나고 있다. 그러나 이것이 일반적인 경우라 할 수는 없고 개인 단위에서 독립적으로 작품을 생산하는 근대적 관점의 미술가 상은 기본적으로 유지되고 있다.

스위스 미술사학자 부르크하르트Jacob Burckhardt, 1818-1897는 루벤스라는 이름을 단 회화 작품에는 모두 6가지 범주가 있다고 지적했다. 첫째 루벤스가 온전히 자기 손으로 제작한 것, 둘째 루벤스가 조수들에게 스케치를 주고 제작하게 하고 끝에 약간 손본 것, 셋째 형식적 분업을 통해 제작한 것, 넷째 조수들이 루벤스의 정신을 살려 공동 작업한 것, 다섯째 루벤스 화파가 모사한 것, 여섯째 주문을 받아 다른 화파 미술가들이 루벤스를 모사한 것 등이 포함된다는 것이다. 이 중에서 근대 이후의 기준으로 루벤스 작품이라 말할 수 있는 것은 첫째 범주뿐이고 그 폭을 넓히더라도 둘째 범주까지 인정될 수 있을 것이다.

끝으로 공연예술가는 창작예술가가 생산한 작품을 해석하여 관객에게 전달하는 역할을 한다. 공연은 공동작업으로서 개별 공연자들의 독창성보다는 전체 공연자들의 팀워크와 조화가 일차적으로 중시된다. 가령 주연이 아무리 잘해도 조연이 제대로 받쳐 주지 않으면 예술성 높은 공연이 될 수 없다. 이에 반해 창작예술가는 작품을 창조하는 사람이다. 창작예술가는 작가author로서 작품 전체에 대해 혼자서 책임을 진다. 따라서 창작예술가에게는 개성과 독창성이 가장 중요한 덕목이다.

〈6- 〉 창작예술가(미술가)와 공연예술가

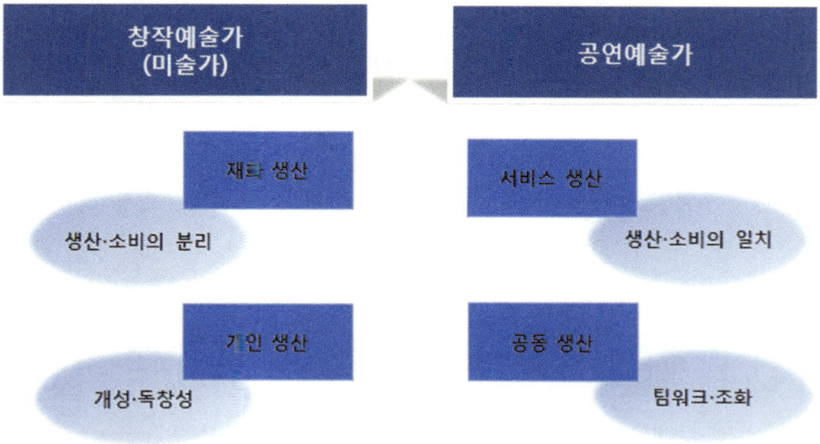

6.2. 미술가 직업

사람들은 왜 미술가가 되려고 하는가? 여기서는 먼저 사람들이 직업을 선택하는데 중요한 영향을 미치는 경제적 동기가 미술가 직업 선택에 어떤 영향을 미치는지 살펴보고 미술가 직업을 선택하는 다른 동기로 어떤 것이 있는지 알아보기로 한다.

6.2.1. 비경제적 보상

사람들이 직업을 선택하는 일차적인 이유는 경제적 보상 때문이다.

미술가들도 전근대 사회에서는 미술가 직업이 주는 경제적 기여를 중시했다. 전근대 사회에서는 미술가의 사회적 지위는 오늘날만큼 높지 않았으나 그 직업으로 생계를 유지할 수는 있었다. 도시 단위의 길드나 국가 단위의 아카데미 같은 미술가 조직과 단체가 존재했고 이들이 해당 도시나 국가의 미술 수요에 적합한 정도로 미술가를 양성해 공급했다. 미술가들이 너무 많아서 문제를 겪는 일은 없었고 미술가들은 경제적으로 일정한 소득을 유지할 수 있었다.

근대사회 이후에는 경제적 보상을 제대로 받지 못하는 미술가들이 많아졌고 미술가 직업을 선택하는 이유 가운데 경제적 보상이 가장 중요한 이유로 꼽히지 않는다. 근대사회에서 길드나 아카데미의 통제는 사라지거나 힘을 잃었고 누구나 원하면 미술가 직업을 가질 수 있다. 그 결과 19세기 후반부터 미술가 수가 눈에 띄게 증가했고 많은 미술가들은 빈곤에 시달리게 되었다 '배고픈 예술가,' 즉 지독한 궁핍 속에 예술 혼을 불태우다 세상을 떠나는 보헤미안 예술가의 신화가 등장하게 되었다.

오늘날 미술가의 평균소득은 다른 전문직에 비해 상당히 낮다. 〈6-2〉에 예시된 바와 같이 대학교육까지 마치고 다른 전문직으로 진출하면 평균 월400만 원의 수입을 얻지만 미술가 직업을 선택하면 수입이 평균 월200만 원 밖에 되지 않는다.

이러한 상황이라면 미술가 지망생들은 미술가 되기를 포기함이 옳을 것이다. 미술가 직업에 종사하는 사람들도 상당수는 그 곳을 떠나 경제적 보상이 높은 다른 노동시장으로 옮겨가는 것이 합리적이다. 그러나 비합리적인 선택의 결과로 볼 수 있는 미술가의 과잉공급 현상은 지속되고 있다. 미국에서 활동 중인 1,000명의 화가 중 70%는 더 많은

〈6-2〉 다른 전문직과 미술가의 평균소득

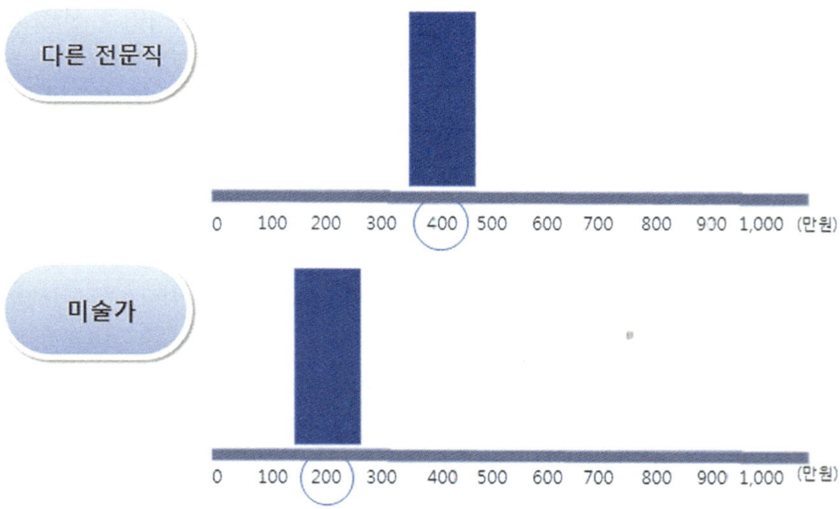

소득이 보장된 직업을 가질 기회가 있었는데도 그것을 포기하고 미술가 직업을 선택했다(Joan Jeffri, 1991). 소득 대신 예술을 선택한 것이다.

미술가의 평균소득이 낮음에도 불구하고 미술가가 되려는 사람들이 많은 이유, 다시 말해 경제적 보상이 적음에도 사람들이 미술가 직업을 선택하는 이유는 무엇인가?

첫째, 미술가 직업이 주는 비경제적 보상이 크다는 점을 지적할 수 있을 것이다. 일반적으로 직업은 그 종사자에게 소득이라는 경제적 보상 외에 사회적 지위를 부여해 주고 심리적 만족감을 제공해 줄 수 있다.

미술가를 포함한 예술가 직업은 평균소득에 비해 사회적 인식과 평판이 높다. 19세기 후반 이후 20세기 내내 예술가의 자율성은 신장되었다. 예술가에 대한 사회적 인식과 평판이 높아졌고 예술가 직업은 세속과 거리를 둔 신성한 직업으로서 존중되었다. 익명의 현대사회에서 많은 사람들이 자신의 존재가치를 찾기 위한 방편으로 예술가 직업을 희망한다. 예술가만큼 자신의 고유한 가치를 사람들에게 인정받는 존재는 드물다. 세계적인 기업의 최고경영자가 오늘 죽는다 해도 내일이면 새 최고경영자가 그 자리에 앉을 것이다. 그러나 위대한 예술가의 빈자리는 아무도 대신할 수 없다. 다른 직업과 달리 예술가는 대체될 수 없는 존재다. 사람들은 외부적으로 명성을 얻고 자신의 존재가치를 다른 사람들로부터 인정받을 수 있다는 점에서 예술가를 선망하고 존경한다.

〈6-3〉 미술가 직업에 대한 보상

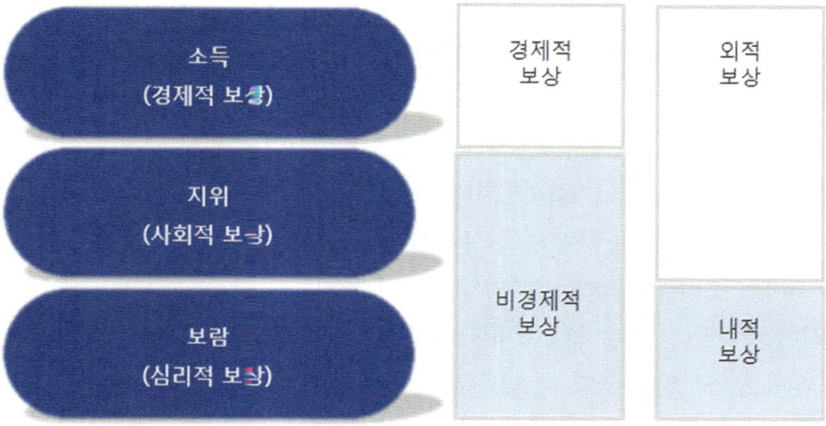

미술가 직업의 선택과 관련된 비경제적 보상 중에서 더 중요하고 본질적인 측면은 사회적 보상이 아니라 심리적 보상이다. 사회적 보상은 외적 지위를 통해 받는 보상이지만 심리적 보상은 직업 활동에 종사함으로써 스스로 느끼는 보람과 만족감이다. 다른 직업은 대체로 경제적 보상이 가장 중요한 측면이지만 미술가 직업에서는 심리적 보상 혹은 내적 보상이 가장 중요한 측면이다. 미술가들은 자신의 감정과 사상을 작품에 담아 표현하기 위해 혼신의 힘을 다하여 제작에 몰입하고 그 과정에서 심리적 만족감을 경험한다. 이러한 만족감은 순수한 열정으로 몰입flow할 때 나타난다. 몰입이란 정말 좋아하는 일을 열심히 하는 것이다. 내가 나임을 잊어버릴 정도로 일 자체가 너무나 즐겁기 때문에 고생도 잊고 일에 푹 빠져버리는 상태다. 미술가들이 창작활동으로부터 얻는 이러한 보람은 다른 직업에서는 좀처럼 찾아보기 어려운 측면이다.

미술활동의 목적은 예술을 창조하는 일 그 자체에 있다. 다른 직업의 노동자는 소득에 기여하는 바가 없다면 일을 중단할 것이지만 미술가는 그렇지 않다. 일반적으로 노동은 여가시간을 포기하는 것이고, 소득을 얻기 위한 수단이다. 노동은 즐거움이 아니라 고통이다. 그러나 미술가의 즐거움은 여가시간과 소득만이 아니고 노동으로부터도 나온다. 창조적 작업에 몰입하는 데서 삶의 보람을 얻고 작업 그 자체를 선호하기 때문이다. 스로스비는 이것을 노동선호 모델work-preference model로 불렀다(David C. Throsby, 1994a). 미술가의 모든 노동이 즐거움이 되는 것은 아니다. 소득을 위한 노동이 아닌, 예술 그 자체를 위한 노동만이 진정한 즐거움이 된다.

미술가는 예술노동에 투여하는 시간을 최대로 하고자 하지만 살아가는데 필수적인 재화와 서비스 즉 기본수요basic needs는 충족해야 한다. 예술노동을 통해 벌어들이는 수입이 없거나 적은 경우 최소한의 기본수요 충족에 필요한 선까지는 비예술노동(생계노동)에 종사해야 한다. 그러나 미술가들은 이 하한선을 넘어서면 수입이 없거나 적더라도 예술노동에 투입하는 시간을 최대화하고자 한다.

미술가의 효용은 예술노동에 종사하는 시간이 길수록 증가한다. 또 미술가의 효용은 재화와 서비스 소비량에 의해 증가되지만 일반 소비자와 달리 그것은 기본수요 이내의 범위에서만 증가한다. 미술가가 소비할 재화와 서비스는 비예술노동으로 조달되지만 예술노동 수입으로도 일부 조달 수 있다. 이러한 상황을 가정할 경우 비예술 분야에서 임금이 상승한다면 미술가는 노동시간을 더 늘리는 것이 아니라 오히려 줄이고 그 대신

〈6-4〉 미술가의 비예술 노동시간 변동

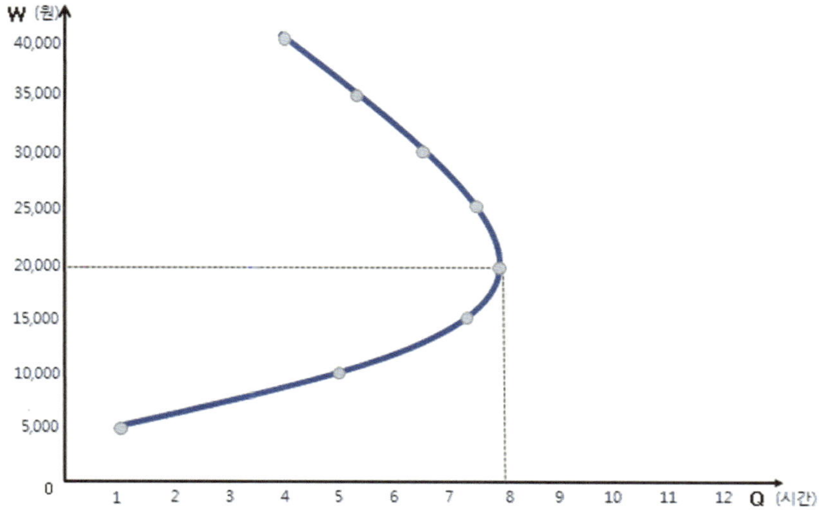

예술노동에 할애하는 시간을 늘리고자 할 것이다.

〈6-4〉에서 비예술 분야의 시간당 임금이 20,000원이 될 때까지는 임금이 상승하면 노동시간을 늘리지만 그 이후 임금이 더 상승하면 노동시간을 오히려 줄이게 된다. 20,000원일 때 8시간을 노동하지만, 40,000원이 되면 4시간만 노동한다. 이 4시간을 예술 활동에 더 투입함으로서 자신의 효용을 증가시키고자 하는 것이다.

가족 구성원의 소득 유무도 예술활동에 영향을 미친다. 미술가가 명성을 확립하기 위해서는 긴 시간 노력이 필요하다. 미술가의 인적자본을 축적하기 위한 오랜 실험기간 동안, 배우자가 기본수요 충족을 보장해 준다면 자신은 풀타임으로 예술활동에 종사할 수 있다.

미술가는 외적으로 명성을 얻고 자신의 존재가치를 다른 사람들로부터 인정받을 수 있으며 내적으로도 일 자체로부터 보람과 행복을 누릴 수 있는 직업이다. 사람들이 이러한 비경제적 보상을 중시한다면 미술가 직업을 선택할 것이다. 예를 들어 미술가 직업이 주는 사회적, 심리적 보상을 합쳐서 경제적 가치로 환산하면 월 200만 원이 된다고 하자. 만일 다른 전문직에 진출할 때 받을 수 있는 수입이 월 400만 원이라면 미술가 직업에서 월 200만 원 수입만 보장되더라도 미술가가 되려고 할 것이다.

19세기 후반 근대미술의 주역인 인상주의 화가나 후기인상주의 화가들은 오랫동안 경제적 곤란을 겪었지만 미술가의 길에서 벗어나지 않았다. 일부 유복한 가정에서 태어난 사람들 말고는 피사로Camille Pissarro, 1830–1903에서 모네Claude Monet, 1840–1926, 르누아르Auguste Renoir, 1841–1919, 반 고흐Vincent van Gogh, 1853–1890, 고갱Paul Gauguin, 1848–1903에 이르기까지 대부분 보헤미안 예술가로 일생을 보냈다. 피사로는 60대에 이르기까지 경제적 어려움에 줄곧 시달렸다. 그럼에도 그는 '성공하리라는 확신 없이는 아무 희망이 없기 때문에 우리는 마지막 순간까지 성공을 확신해야 한다'는 생각으로 자신의 미술에 대한 신념을 잃지 않았다. 이들은 생활비가 많이 드는 파리 시내 대신 변두리를 전전하며 어려운 시절을 보냈다. 「생라자르 역」Gare St. Lazare, 1877, 60x80cm 연작을 통해서 근대문명에 찬사를 보냈으며 빛이 곧 색채라는 인상주의의 회화 원리를 철저하게 탐색한 모네, 「물랭 드 라 갈레트의 무도회」Bal au Moulin de la Galette, 1876, 78x114cm, 「뱃놀이 점심」Le Déjeuner des canotiers, 1880, 130x173cm에서 눈부시게 빛나는 색채로 당대 생활의 즐거움을 그려낸 르누아르도 너무 가난해서 화가 생활을 제대로 하기 어려울 정도였다. 그렇지만 이들은 오래 살았기 때문에 말년에 이르러서는 미술사의 영예로운 자리에 올라 잠시 행복을 누렸다.

20세기 전반에는 미술시장이 크게 위축되었고 모더니즘 미술가들은 대부분 보헤미안 미술가로 생활했다. 이 시기 프랑스 파리에는 외국인 화가들이 도여들어 몽파르나스나 몽마르트르에 둥지를 틀었다. 파리파École de Paris로 불리는 이 화가들은 타국에서 가난한 이방인으로 살면서 자신의 예술 혼을 불살랐다.

이탈리아 출신으로 파리파를 대표하는 모딜리아니Amedeo Modigliani, 1884–1920는 독창적인 초상화를 개척했다. 잘 생긴 용모로 피카소Pablo Picasso, 1881–1973 등 동료 미술가들의 부러움을 샀으나 죽기 3년 전까지 작품을 제대로 팔아본 적이 없었다. 1917년 12월 아트딜러 즈보르프스키Léopold Zborowski가 파리의 한 화랑Berthe Weill에서 그의 개인전을 주선했다. 누드화 4점을 포함한 32점의 작품을 선보였는데 누드화를 문제 삼은 경찰 당국이 전시를 취소하도록 명령했다. 생애 처음이자 마지막으로 열린 전시회는 겨우 데생 두 점 팔고 끝나버렸다. 어린 시절 자신의 '인생이 즐겁게 흘러가는 풍요로운 강물이 되기를' 원했던 모딜리아니는 400점이 채 안 되는 유화 작품을 남긴 채 1920년 1월 파리의 자선병원에서 가난에 지친 삶을 마감했다. 바로 다음날 모딜리아니의 연인이자 반려였던

잔 에뷔테른Jeanne Hébuterne, 1898-1920도 자기 집 6층에서 뛰어내렸다. 고아로 남겨진 이들의 딸Jeanne Modigliani, 1918-1984은 뒷날 아버지에 관한 가장 중요한 전기 「모딜리아니: 인물과 신화」Modigliani: Man and Myth, 1958를 저술했다.

20세기 전반 침체되었던 미술시장이 20세기 후반 특히 1980년대 들어 크게 팽창하면서 미술가 직업의 성격은 상당히 변화되었다. 미술을 돈벌이 수단으로 인식하는 상업미술가들이 늘어난 것이다. 1960년대 앤디 워홀Andy Warhol, 1928-1987은 그 자신이 상업미술가라 할 수 없지만 순수미술을 우위에 두는 모더니즘 미학에 도전했다. 그 위계를 전복시키기 위하여 '상업미술이 진짜미술'이라며 상업미술을 공공연히 찬미했다. 앤디 워홀의 추종자들 가운데는 겉으로 뿐만 아니라 속으로부터 상업미술가의 길을 걸어가고자 하는 사람들도 많다.

미술가 직업이 제공하는 여러 가지 보상에 관해 선입견을 갖고 평가할 필요는 없다. 다른 직업에서는 내적 보상이나 비경제적 보상은 거의 의미가 없다. 사람들은 대체로 경제적 보상을 목표로 일한다. 미술가 직업에서도 다른 직업과 마찬가지로 경제적 보상이 반드시 필요하다. 의식적이든 아니든 금전적 이익을 무시할 수 없다. 생존 한계에 시달리는 미술가로서는 작품 활동을 계속하기 위해서라도 돈을 벌어야 한다. 젊은 미술가들일수록 경제적 어려움에 더 많이 시달리므로 경제적 보상을 더욱 중시할 수 있다. 최소한의 생계수단도 갖지 못한 가난한 미술가가 경제적 보상을 우선시하는 태도를 비난할 수 없다. 하지만 일단 생계 문제로부터 벗어나면 돈에 대한 관심은 이전보다 줄어들 수 있다. 생계 수단을 확보한 미술가들 중에 경제적 보상보다는 예술가로서의 명성과 사회적 지위, 그리고 예술작업을 통해 경험하는 자기만의 내적 보상을 중시하는 비율이 늘어날 것이다. 일부는 경제적 보상에 여전히 몰두할 것이지만 다른 일부는 비경제적 보상 특히 내적 보상에 가치를 둘 것이다. 전자는 상업미술가이고 후자는 순수미술가다.

상당수의 미술가들은 자신의 직업을 단순히 경제적 동기와 결부시키지 않으려고 한다. 모든 외적 보상을 무시하고 오로지 내적 보상만 추구하는 극단적인 순수미술가도 존재한다. 이들은 미술가가 창작활동 자체에서 보상을 찾지 않고 돈이나 명성 같은 외적 보상을 염두에 두는 것 자체가 예술의 신성함을 해치는 행위라고 생각한다. '오래 살다보면 이런 일이 생길 줄 알았지' I knew if I stayed around long enough, something like this would happen라는 묘비명으로도 유명한 아일랜드 문학가 쇼George Bernard Shaw, 1856-1950는

〈6-5〉 순수미술가와 상업미술가

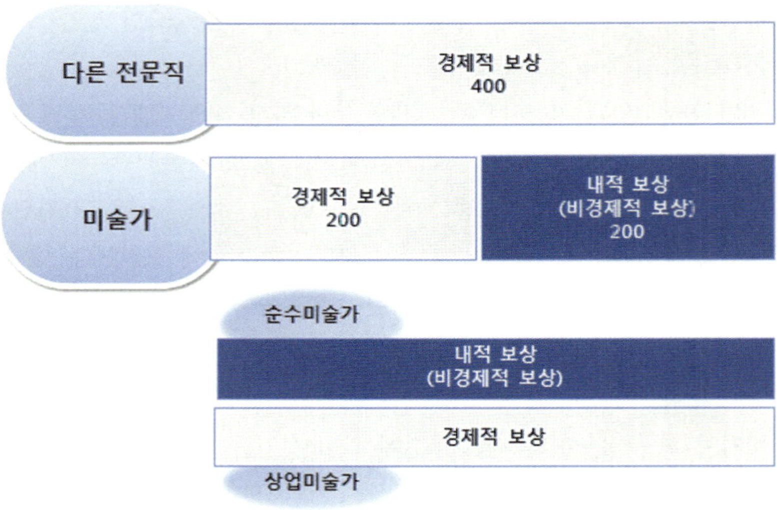

'진정한 예술가는 아내가 굶주리고 아이들이 맨발이 되고 어머니가 70세에 생계를 위한 막노동을 해도 오로지 자기의 예술만을 위해 일한다'고 했다(Bruno S. Frey, 2004).

경제학적 관점에서는 이들 극단적 순수미술가를 진정한 생산자로 간주하기 어렵다. 경제학에서 생산자는 돈을 버는 사람, 소비자는 돈을 쓰는 사람이다. 순수미술가의 길을 추구하는 많은 미술가들은 사실 생산자가 아니라 소비자다. 다른 일을 통해 벌어들인 돈을 작품 활동에 '소비'한다. 미술 분야에서는 소비자 역할을 하며 생산자로서의 진정한 역할은 다른 분야에서 하는 것이다. 그런 경우 이들은 직업professional 미술가이라기보다는 오히려 취미로서 작품 활동을 하는 거대한 아마추어amateur 미술가 집단의 일원으로 간주될 수 있다. 극단적인 순수미술가의 반대쪽에는 경제적 보상만을 유일한 목적으로 추구하는 극단적인 상업미술가가 존재할 수 있다. 오로지 돈벌이 수단으로 미술가 직업에 종사하는 이들도 진정한 의미의 미술가로 보기 어렵다.

현실적으로 대부분의 미술가는 극단적인 상업미술가도 아니고 극단적인 순수미술가도 아니다. 양 극단 사이에 다양한 스펙트럼을 보이면서 분포하고 있다. 경제적 보상은 물론 비경제적 보상 특히 내적 보상을 중시하며 미술가 직업에 종사하고 작품 활동을 한다.

6.2.2. 스타 현상

내적 보상을 비롯하여 미술가 직업이 주는 비경제적 보상은 다른 직업과 비교하여 상대적으로 크고 중요하긴 하지만 그것만으로 오늘날 미술가의 과잉공급 현상이 지속되는 이유를 모두 설명하기는 어렵다. 이것과 더불어 미술가 직업에서 나타나는 스타 현상을 또 하나의 이유로 지적할 수 있을 것이다.

근대 보헤미안 미술가에 대한 전설과 함께 가난한 미술가의 이미지가 지금까지 전해져 내려오지만 이것들은 현실의 일면만을 묘사한 것이다. 경제적으로 유복하게 산 미술가들도 많다.

19세기 후반 인상주의 미술가들이 빈곤에 허덕이며 어려운 시절을 보냈지만 아카데미 미술가들은 교수로서 사회적 지위를 누렸고 늘어나는 중산층 미술 수요의 혜택도 톡톡히 누렸다. 이들 가운데 제롬Jean-Léon Gérôme, 1824-1904 카바넬Alexandre Cabanel, 1823-1889, 부그로William-Adolphe Bouguereau, 1825-1095 등 몇몇 사람은 당대 미술계 최고의 권위자로서 명성을 누렸으며 높은 가격에 작품을 팔았다. 인상주의 화가들이 겨우 50-100프랑을 받고 그림을 팔 때(그나마 자주 판 것도 아니었다), 제롬은 한 점에 10,000프랑 이상 받았다.

19세기 후반에 성립된 교수 미술가 대 보헤미안 미술가, 즉 소수의 부유한 미술가 대 대다수의 가난한 미술가라는 이중구조는 근대미술가 직업의 전형적인 모습으로 20세기 전반까지 그대로 이어졌다.

〈6-6〉 작품 판매수익금 상위 미술가 (2015년, 단위: 백만 달러)

	이름 (국적, 출생)	판매수익금
1	데미안 허스트 Damien Hirst (영국, 1965-)	400-1,000
2	제프 쿤스 Jeff Koons (미국, 1955-)	500
3	재스퍼 존스 Jasper Johns (미국, 1930-)	300
4	데이비드 최 David Choe (한국·미국, 1976-)	200
5	앤드류 비카리 Andrew Vicari (영국, 1938-)	140
6	무라카미 다카시 Takashi Murakami (일본, 1962-)	100
7	아니쉬 카푸어 Anish Kapoor (인도·영국, 1954-)	85
8	안토니 곰리 Antony Gormley (영국, 1950-)	50
9	게르하르트 리히터 Gerhard Richter (독일, 1932-)	40
10	데이비드 호크니 David Hockney (영국, 1937-)	40
11	신디 셔먼 Cindy Sherman (미국, 1954-)	35

주 :연간 판매수익금이 아니라 작가별 누적 판매수익금에 대한 추정치임.
자료: gillie and marc art daily.com

20세기 후반에 미술시장의 확대와 미술의 상업화가 진전되면서 미술가 직업의 이중구조에 변화가 나타났다(Kevin F. McCarthy, 2005). 수십만 혹은 수백만 달러에 국제적으로 작품이 팔리는 스타미술가art star들이 미술가 직업의 최상층에 사롭게 자리 잡은 것이다. 이들은 미술가로서 작품 생산과 판매를 통해 대부호의 대열에 합류한 사람들이다. 〈6-6〉에서 보면 현재 활동하고 있는 동시대미술가 중 작품판매 수익금이 4,000만 달러(약 400억 원) 이상 되는 작가들도 10명을 헤아리게 되었다. 대중적 인기를 등에 업은 스타미술가는 과거에도 더러 존재했으나 오늘날처럼 하나의 집단이나 계층으로 존재한 적은 없다. 스타미술가는 20세기 후반부터 진전된 미술 상업화의 산물이다. 결과적으로 오늘날 미술가 직업은 불평등한 삼중구조의 모습을 띠고 있다. 스타미술가의 아래층에는 과거부터 내려오는 베스트셀러bestseller미술가들이 자리 잡고 있다. 이들은 미술계에서 일정한 지위를 차지하고 있으며 이들의 작품은 화랑을 대표하고 경매회사에서 높은 가격으로 거래된다. 맨 아래층에는 대다수 미술가들이 자리 잡고 있다. 보헤미안 미술가의 후예인 이들은 자신의 작품으로 생계를 유지하려고 안간힘을 쓴다.

결과적으로 오늘날 미술가 직업은 다른 전문직에 비해 평균소득도 낮지만 소득분포의 불평도는 더 크다는 점이 특징이다.

〈6-7〉의 예시를 보면 미술가의 평균소득은 월 200만 원으로 다른 전문직의 월 400

〈6-7〉 다른 전문직과 미술가의 소득분포

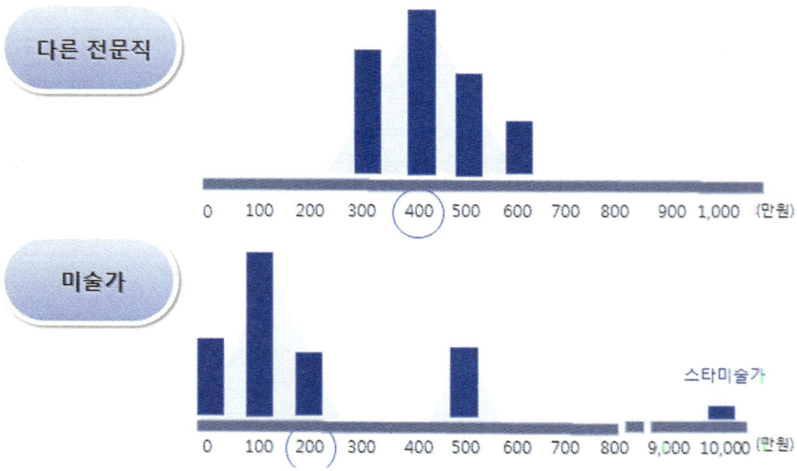

만 원 보다 더 낮다. 그런데 다른 전문직에서는 소득이 400만 원을 중심으로 하여 최소 300만 원에서 최대 600만 원 사이에 집중되어 있다. 소득분포가 비교적 평등한 것이다. 이에 비해 미술가는 저소득자, 고소득자, 초고소득자로 그 계층이 명확하게 구분된 삼중 구조로 되어 있다. 소득분포가 훨씬 불평등하다. 미술가의 평균소득이 월 200만 원이라고 하지만 평균보다 적은 소득(예컨대 월 100만 원)을 올리는 미술가들이 대부분이며 소수의 미술가들만 다른 전문직에 준하는 소득(예컨대 월 500만 원)을 얻는다. 극소수의 스타미술가들은 엄청난 고소득(예컨대 월 1억원)을 올리는데, 이러한 초고소득자 존재는 다른 전문직에서는 찾아볼 수 없는 미술가 노동시장의 주요 특징이다.

상위 극소수는 엄청난 소득을 올리는 반면 대다수는 낮은 소득밖에 얻지 못하는 시장을 승자독식시장winner-take-all market이라고 한다(Robert Frank, 1995). 승자독식시장에서는 재능의 미세한 차이가 커다란 소득의 차이를 가져오게 되는데 이것을 로젠(Sherwin Rosen 1981)은 수퍼스타 효과superstar effect라 불렀다. 최고의 미술가, 즉 스타미술가는 재능 면에서는 일반 미술가를 크게 앞선다고 할 수 없으나 소득 면에서는 월등히 앞서게 된다.

사람들은 피카소Pablo Picasso, 1881-1973 그림을 감상할 수 있다면 덜 알려진 다른 입체파Cubism미술가 작품을 보기 위해 시간을 낭비하려고 하지 않는다. 가장 재능 있는 미술가에 사람들의 관심이 집중되는 이유는 몇 가지가 있다(Bruno S. Frey, 2004).

첫째, 미디어의 발달과 여행의 대중화로 미술가를 비교하고 그의 작품을 감상하는데 드는 비용이 크게 저하되었다. 한 세기 전만 해도 다른 국가나 지역의 미술가를 비교하는 것이 어려웠고 실제로 가서 감상하기도 어려웠다. 한 국가나 지역에서 뛰어난 미술가들도 지금보다는 많은 관심을 받았다. 그러나 오늘날에는 비교와 감상의 대상이 국제적으로 확대되었다.

둘째, 사람들은 여러 장르에 걸쳐 최고 예술가를 두세 명 이상 기억하기 어렵다. '기억 공간의 제약'으로 사람들은 일단 스타덤에 오른 미술가들만 기억하고 주목하려고 한다. 많은 사람들이 피카소나 마티스Henri Matisse, 1869-1954를 기억하지만 그들에 버금가는 재능을 가진 20세기 전반의 미술가를 아는 사람은 미술 애호가들뿐이다. 소수에게만 인식이 집중되는 현상은 텔레비전과 인터넷 등을 통해 피상적인 지식들이 확산된 결과이기도 하다.

셋째, 예술 소비는 고립된 활동이 아니라 여러 사람이 공유하는 사회적 활동이다. 많은 사람들이 알고 있는 스타에 대해서는 탐색비용search cost도 거의 들지 않고 거래비용도 적게 든다. 또 유명 미술가의 작품은 나중에 쉽게 팔 수 있지만 일반 미술가의 작품은 되팔기 어렵다. 예술 소비의 즐거움 가운데 친구나 친지와 대화할 수 있는 가능성이 포함된다. 미술에 대한 의견과 경험을 교류하기 위해서는 모두 알고 있는 미술가 즉 스타에 초점을 맞추는 것이 편리하다.

이런 몇 가지 이유 때문에 사람들은 소수의 스타에 관심을 집중한다. 그 결과 미술가가 지닌 재능의 차이를 크게 초과하는 소득과 명성의 차이가 초래되고 승자독식 현상이 나타난다.

사람들이 미술가 직업의 평균소득이 낮음에도 미술가가 되려고 하는 첫 번째 이유는 비경제적 보상과 관련되지만, 그 두 번째 이유는 이러한 스타 현상에 있다. 승자독식이 지배하는 미술가 노동시장에서는 비록 극소수라 하더라도 스타미술가가 되기만 하면 다른 전문직에 종사할 경우 꿈꾸지 못할 엄청난 소득을 누리게 된다. 이것이 적정수준 이상으로 많은 젊은이들을 미술가 노동시장으로 끌어들이는 신호signal가 되고 평균소득이 높은 다른 전문직으로 향하는 발길을 가로막는 장벽이 된다.

스타덤stardom에 오르는 일은 행운을 포함한 수많은 요소가 복합적으로 작용한 결과이고 단순히 예술적 재능만으로 되지 않는다. 그만큼 불확실성이 크고 위험한 선택이다. 사람들마다 위험에 대한 태도는 다르다. 예술적 재능이 월등한데도 미술가의 길로 나서지 못하는 사람도 있고 재능이 없는데도 미술을 직업으로 선택하는 사람도 있다. 사람마다 상이한 위험회피 혹은 위험감수 성향이 영향을 미친다. 승자독식시장에 매력을 느끼고 뛰어드는 사람들은 보통 사람들보다 위험을 즐기는 사람이다. 일반적으로 미술가들은 위험을 즐기는 성향이 강하다(Hans Abbing, 2004). 혁신성은 미술활동의 기본 요소다. 사회에서는 규범을 지켜야하고 거기서 벗어나서는 안 되지만, 예술에서의 규범과 규칙이란 깨뜨리고 뛰어 넘어야 할 대상이다. 일탈은 모든 예술적 창조의 출발점이다. 미술가로 성공하려면 분명히 모험적이고 자유롭고 도전적인 성향이 필요하다. 사회적 문제아가 미술가로 성공하는 것은 오히려 자연스러운 일이다. 칼아츠California Institute of Arts(CalArts) 같은 명문 미술학교에서 신입생 선발할 때 가장 중시하는 능력도 그런 것이라고 한다(Sarah Thornton, 2008).

소박한 낙관주의naive optimism도 영향을 미친다. 많은 미술가들과 미술 지망생들은 자신의 재능과 가능성을 신뢰한다. 언젠가 자신도 걸작을 내고 미술가로서 성공할 수도 있을 것이라는 낙관적 기대를 품는다. 실제 스타미술가가 되는 사람은 극소수지만 스타미술가를 내심 기대하는 사람은 대다수다. 사실 어떤 사람이 자신의 미술가적 재능과 가능성을 객관적으로 파악할 정보를 갖는 것은 현실적으로 불가능하다. 전문가나 주변 사람들의 평가와 반응은 서로 일치하지 않는 경우가 많고 반드시 정확하다고 할 수 없다. 어느 정도 객관적 평가라 하더라도 그것을 본인이 자의적으로 왜곡해 수용할 가능성도 있다. 미술가 중에는 젊어서 걸작을 낸 미술가도 있고 나이가 들어서 비로소 걸작을 낸 미술가도 있다. 지금이 아니더라도 말년에 심지어 자신의 사후에라도 예술적 평가를 받을 것이라는 낙관적인 기대가 많은 사람을 미술가의 길로 들어서게 하고 그 길에서 떠나지 못하게 만든다.

그 결과 너무 많은 미술가들이 시장에 존재하면 대다수는 미술 활동으로 생계를 유지하기 어렵게 된다. 오늘까지도 여전히 많은 미술가들이 빈곤에 시달리는 기본적 원인은 사회적 수요에 비해 '너무 많은' 미술가들이 존재하기 때문이다. 20세기 후반 이후 미술가에 대한 사회적 수요는 크게 늘어났다. 특히 미술 교사의 직업과 상업미술가 직업에 종사할 기회가 확대되었다. 미술에 대한 정규 및 비정규 교육이 팽창하면서 미술가들에게 교육자로서 활동할 기회가 늘었고 디자인, 광고, 기타 상업적 실용미술 분야에서 활동할 기회도 늘었다. 미술가에 대한 수요가 증가했으나 미술가의 공급은 그보다 훨씬 더 증가했다. 미술가 공급이 수요를 상회하면서 만성적 과잉공급과 미술가 빈곤이 지속되고 있다. 한편에서는 미술시장의 규모가 커지고 기록적인 미술품 가격 상승이 이루어지고 있지만 다른 한편에서는 대다수 미술가들이 절대적 빈곤에 허덕이는 현상이 양립하고 있다. 독일에서는 미술가 수가 1991년 1만 9,000명에서 2004년에는 5만 2,000명으로 늘어났다. 2006년에 8만 4,000명의 학생이 미술학과와 미술사학과에 등록했다. 추정에 의하면 그중에서 5%만 미술로 생계를 유지할 수 있다(Piroschca Dossi, 2007).

한편 20세기 후반부터 대중매체가 스타미술가들을 양산하는데 중요한 역할을 담당했으며 미술의 신성함을 해체하고 미술을 세속화하는데도 기여했다.

스타미술가들은 대중매체를 통해서 대중에게 친숙한 이미지로 다가서고 있다. 이들은 스포츠 스타나 연예 스타와 동등한 존재로 대접받는다. 대중매체는 다양한 위계의 영역과 주제들을 무차별하게 뒤섞어 놓는다. 스타미술가들은 이러한 대중매체를 통해 부와 명성을 확고히 할 수는 있지만 대중은 더 이상 그들을 신성시하지는 않는다. 20세기 아방가르드 미술가의 높은 사회적 지위는 자신들이 만든 예술적 권위로부터 나왔지만, 오늘날 스타미술가의 지위는 대중들로부터 받는 인기에서 출발한다. 대중매체가 발달함에 따라 미술가의 신성한 지위는 점차 약화되는 추세다.

오늘날에도 많은 미술가들은 스타미술가를 긍정적인 시선으로 보지 않고 스타 현상도 바람직한 현상으로 보지 않는다. 실제로 세잔Paul Cézanne1839-1906, 뭉크Edvard Munch 1863-1944, 스틸Clifford Still 1904-1980, 베이컨Francis Bacon, 1909-1992 등의 뒤를 이어 루치안 프로이트Lucian Freud 1922-2011, 재스퍼 존스Jasper Johns, 1930- , 브리짓 라일리Bridget Riley, 1931- , 브루스 나우먼Bruce Nauman, 1941-에 이르는 동시대 미술가들은 광기어린 대중의 관심에서 멀리 벗어나 은둔자 예술가로서 지냈다.

6.3. 미술가 명성

미술가의 평판 혹은 명성reputation은 미술 전문가들의 예술성에 관한 평가다. 미술가들은 전문가들로부터 예술성을 평가받고 일반 대중으로부터는 대중성 즉 인기도popularity를 평가받는다. 이 중에서 미술가들 스스로 중시하는 것은 동료 미술가나 비평가 등 미술전문가들로부터 받는 예술성에 대한 평가일 것이다. 현실적으로 전문가의 평가와 대중의 평가는 서로 영향을 주고받지만 개념상으로는 구분된다.

미술가의 명성은 미술가의 예술적 역량을 반영한다. 미술가의 명성은 고정된 것이 아니라 개별 작품에 대한 평가가 쌓이면서 조정되고 이 명성은 개별 작품 평가에 영향을 미친다. 개별 작품에 대한 평가는 미시적인 것이고 미술가의 명성은 거시적인 것이다. 이 둘의 관계는 나무와 숲의 관계와 같다.

미술가의 명성은 그의 예술적 역량과 관련된 여러 요소에 대한 평가가 모이고 쌓여서 결정된다. 그 중에는 다음과 같은 요소들이 포함된다.

첫째, 전시 실적이다. 작품을 제작해 전시하는 일은 미술가로서 기본적 활동으로 다른 어떤 요소보다도 중요하다. 어떤 미술가든 개인전과 단체전 등 전시를 통해 자신의 예술적 역량을 드러내고 평가받는다. 주요 미술관 전시회에 초청되거나 주요 비엔날레를 통해 국제적으로 노출 되는 것, 극내외 주요 화랑에서 개인전을 열거나 명성이 확립된 작가들과 같이 단체전에 참여하는 것 등은 높은 명성을 확립하는데 필수적인 요소다.

둘째, 미술전문지 노출 실적이다. 미술가들은 미술비평가의 글이나 전시회 리뷰 등을 통해서 미술계로부터 지속적으로 평가를 받고 있다. 자주 다루어질수록 중요한 작가이거나 미술계의 주목을 받는 작가일 가능성이 크다. 주요 미술전문지에 호의적인 리뷰가 자주 게재될 경우 미술가의 명성을 높이는 상당한 도움이 된다. 나아가 미술사나 현대미술 관련 저술에 노출되는 것은 이미 명성이 확립된 작가임을 나타내는 지표가 될 수 있다.

셋째, 미술관 소장 실적이다. 일반적으로 미술관은 예술성이 있고 미술사적으로 가치가 있는 작품을 선별하여 소장하고자 한다. 그러므로 주요 미술관에 소장되는 것은 작가의 예술적 역량에 대한 최종적 판단으로 간주될 수 있다. 비슷한 이유로 명성 있는 유명 수집가가 자신의 컬렉션에 작품을 포함시킬 경우 작가의 명성에 도움이 된다.

넷째, 교육 이력이다. 교육은 인적자본human capital 형성의 주요 기반이다. 미술가가 받은 교육과 훈련은 그의 예술적 역량을 결정하는데 큰 역할을 한다. 1980년대 후반에 영국의 골드스미스 칼리지Goldsmiths College (Goldsmiths, University of London)에서 마이클 크레이그마틴Michael Craig-Martin, 1941-의 지도를 함께 받은 사라 루카스Sarah Lucas, 1962- , 데미안 허스트Damien Hirst, 1965- 등 일군의 '젊은 영국 미술가들'Young British Artists(YBAs)이 그러한 예다. 명성 있는 작가들로 구성된 교수진과 서로 성장을 자극하는 뛰어난 동료 학생들이 어우러진 학위 과정은 예술적 역량 형성에 최적의 조건을 제공한다. 교육 이력은 미술가의 평생 진로에 지속적으로 관여하는 사회적 네트워크를 형성하는 기반이 되기도 한다. 이런 점에서 오늘날 영국의 주요 대학들이나 미국 각지의 주요 대학들School of the Museum of Fine Arts, Yale University, Rhode Island School of Design, School of Visual Arts, Pratt Institute, California Institute of the Arts(Cal Arts) 등에서 취득한 미술학 석사학위Master of Fine Arts(MFA)는 예술적 역량에 관한 신호signal로 간주된다.

다섯째, 수상 실적이다. 모든 수상은 미술계에서 작가의 인지도를 높여주고 그 작가의 예술적 역량을 인정하는 사람들을 늘려준다. 특히 터너상, 후고보스상을 비롯한 주요 미술상의 경우 수상 후보에 오르는 것만으로도 명성 수립에 도움이 된다.

〈6-8〉 터너상과 후고보스상 수상자

터너상 (Turner Prize)	연도	후고보스상 (Hugo Boss Prize)
Malcolm Morley 1931- 영국	1984년	
Howard Hodgkin 1932- 영국	1985년	
Gilbert and George 영국 1943- & 1942-	1986년	
Richard Deacon 1949- 영국	1987년	
Tony Cragg 1949- 영국	1988년	
Richard Long 1945- 영국	1989년	
시상 못함	1990년	
Anish Kapoor 1954- 인도	1991년	
Grenville Davey 1962- 영국	1992년	
Rachel Whiteread 1963- 영국	1993년	
Antony Gormley 1950- 영국	1994년	
Damien Hirst 1965- 영국	1995년	
Douglas Gordon 1966- 영국	1996년	Matthew Barney 1925- 미국
Gillian Wearing 1963- 영국	1997년	
Chris Ofili 1968- 영국	1998년	Douglas Gordon 1966- 영국
Steve McQueen 1969- 영국	1999년	
Wolfgang Tillmans 1968- 독일	2000년	Marjetica Potrč 1953- 슬로베니아
Martin Creed 1968- 영국	2001년	
Keith Tyson 1969- 영국	2002년	Pierre Huyghe 1962- 프랑스
Grayson Perry 1960- 영국	2003년	
Jeremy Deller 1966- 영국	2004년	Rirkrit Tiravanija 1961- 태국
Simon Starling 1967- 영국	2005년	
Tomma Abts 1967- 독일	2006년	Tacita Dean 1965- 영국
Mark Wallinger 1959- 영국	2007년	
Mark Leckey 1964- 영국	2008년	Emily Jacir 1972- 팔레스타인
Richard Wright 1960- 영국	2009년	
Susan Philipsz 1965- 영국	2010년	Hans-Peter Feldmann- 1941 독일
Martin Boyce 1967- 영국	2011년	
Elizabeth Price 1966- 영국	2012년	Danh Vo 1975- 베트남·덴마크
Laure Prouvost 1978- 프랑스	2013년	
Duncan Campbell 1972- 영국	2014년	Paul Chan 1973- 홍콩미국
Assemble 영국 (18명 그룹)	2015년	

터너상Turner Prize은 19세기 영국 화가 터너J. M. William Turner 1775-1851를 기리는 미술상으로서 50세 이하의 영국(에 기반을 두고 활동하는)미술가에게 매년 수여한다. 테이트 갤러리Tate gallery가 주관하고 런던에 있는 테이트브리턴Tate Britain미술관에서 시상한다. 1984년에 처음 시작되었으며 특히 '젊은 영국미술가들'을 전세계적으로 홍보하는데 일정한 기여를 했다. 후고보스상Hugo Boss Prize은 뉴욕 구겐하임 미술관이 주관하고 독일 기반의 의류기업 후고보스(휴고보스)가 후원하는 미술상이다. 1996년부터 2년에 한 번씩

시상하고 있다. 전세계 생존 미술가를 대상으로 하며 국적과 나이에 제한을 두지 않는 점이 터너상과 다르다. 그밖에 퐁피두센터Centre Pompidou가 주관해 2000년부터 매년 시상해 온 프랑스의 마르셀 뒤샹 상Prix Marcel-Duchamp처럼 나라마다 미술상을 운영하고 있다. 베네치아 비엔날레La Biennale di Venezia 같은 국제적인 비엔날레에서도 미술상을 수여한다.

이 외에도 주요 화랑의 전속 작가인가 아닌가, 경매에서 재판매가 이루어지는 작가인가 아닌가 등은 일차적으로 미술시장에서의 경제성과 관련된 요소이지만 미술가의 예술적 역량을 평가하는데도 고려되는 요소다.

이 같은 여러 요소들이 미술가의 예술적 역량을 드러내고 미술가의 명성을 평가하는 근거가 된다. 그러나 대부분 질적인 측면을 포함하고 있고 주관적인 판단이 게재되는 자료이기 때문에 이를 통해 미술가의 명성이 어떤 수준이고 어떻게 변화되고 있는지 객관적으로 가늠하기 어렵다. 특히 여러 미술가들을 놓고 명성의 우열을 정확하게 서로 비교하는 것은 불가능하다.

이런 점에 착안하여 독일의 본가르트Willi Bongard는 미술가 명성에 관한 양적 척도를 고안했다. 주요 미술관의 개인전과 단체전 참여, 주요 비엔날레와 국제전 참가 빈도, 주요 미술전문지 리뷰 게재 빈도, 주요 미술관의 소장 여부, 주요 화랑과의 관계 등에 각각 차등화된 점수를 부여하고 그 합계를 구해서 미술가 명성의 척도로 삼았다. 이렇게 해서 1970년 처음으로 세계 100대 미술가 목록인 쿤스트콤파스Kunstkompass(미술나침반)를 발표했다. 1985년 그가 사망한 뒤에는 캐피털Capital지에서 이 작업을 맡아 진행했다. 2008년 쿤스트콤파스의 점수 부여 방식을 보면, 미술관 전시에서 세계 9개 미술관의 개인전 800점, 나머지 126개 미술관의 개인전 650점이고, 세계 9개 미술관의 단체전 500점, 나머지 72개 미술관의 단체전 300점이다. 12개의 비엔날레 전시에는 500점을 부여한다. 미술전문지는 「Art in America」(미국 뉴욕), 「Flash Art」(이탈리아 밀라노), 「Art」(독일 함부르크), 「Kunstforum」(독일 쾰른), 「Parkett」(스위스 취리히) 등 5개 잡지에 노출된 경우 250, 150, 100점을 차등 부여한다(Alain Quemin, 2013).

미술시장 정보업체 아트팩츠artfacts.net도 미술가 명성을 점수화하여 미술가 순위Artist Ranking를 발표한다. 아트팩츠는 1996년 이후 전세계에서 열린 전시회 실적을 기준으로 하여 방대한 규모의 미술가 명성 순위를 게시하고 있는데, 2015년 말 대상 미술가 수는 모두 51만 6,850명에 이른다.

한편 미술시장 정보업체 아트프라이스artprice.com도 매년 세계 500대 미술가 순위와 세계 500대 동시대 미술가 순위를 발표하고 있으며 아트넷artnet.com도 세계 100대 생존 미술가 순위Top 100 Living Artists, 2011-2014를 발표한 적이 있다. 이 순위는 2차시장의 경매거래를 기준으로 한 것이다. 즉 미술시장에서 미술가가 가진 경제적 가치와 역량에 대한 평가이고 미술가 명성과 직접적인 관련은 없다. 쿤스트콤파스, 아트팩츠의 순위는 예술적 가치 순위이고 아트프라이스, 아트넷 순위는 경제적 가치 순위다.

쿤스트콤파스나 아트팩츠의 미술가 명성에 대한 순위 자료는 유용하긴 하지만 미술가의 예술적 역량을 판단하는데 충분한 지표라 할 수 없다. 앞서 본대로 미술가의 명성을 관련된 요소는 여러 가지이며 그 중에 질적인 평가가 불가피한 것도 있다. 쿤스트콤파스와 아트팩츠는 자료의 제약이 있기 때문에 미술가의 명성에 관련된 여러 가지 요소 중에서 극히 일부분인 몇 가지 항목만 선별적으로 활용하고 있으며 질적 평가는 거의 배제되어 있다. 그러므로 이들 순위 자료는 미술가 명성에 관한 하나의 참고자료로 받아들여야 한다.

미술가 명성은 일차적으로 미술가의 예술적 가치를 측정한 것이지만 그에 대한 사회적 보상과 연계된다. 명성이 높을수록 미술계에서 차지하는 사회적 지위는 높아지고 미술가로서 권위도 커진다. 또한 미술가 명성은 미술가에 대한 경제적 보상과도 무관하지 않다.

슈나이더와 포메르네(Friedrich Schneider and Werner W. Pommerehne, 1983)는 미술품 가치가 미술가 자본스톡artistic capital stock과 밀접한 관계가 있는 것을 알아냈다. 자본스톡이란 생산 주체로서 기업이 지닌 자본 양을 말하는 용어다. 그러므로 미술가 자본스톡은 미술가에 체화된 예술적 역량이라 볼 수 있으며 미술가의 명성의 근거다.

미술품의 가격은 미술가의 명성과 함께 높아진다. 과거에는 미술가의 성공이 대체로 미술계의 네트워크와 그것을 주도하는 소수 전문가의 '취향'에 의해 좌우되었다. 오늘날 미술가의 명성에 관한 객관적 지표들이 제시되면서 미술가의 명성과 미술품 가격의 연관성이 높아지고 있다. 예술적 가치가 경제적 가치와 완전히 일치할 수 없으나 양자의 관계는 점점 긴밀해지고 있다.

6.4. 미술가 현황

6.4.1. 국내

조선시대의 직업화가는 국가기관인 도화서圖畵署에 화원畵員으로 소속되어 있었다. 화원 수는 조선 후기에 30명이었다. 조선 초기의 안견安堅,?-?, 조선 후기의 김홍도金弘道, 1745-1806?, 김득신金得臣1754-1822, 신윤복申潤福, 1758-1813? 등이 대표적 화원이다.

직업화가 외에 양반 중에서 아마추어 문인화가로서 활동을 한 이들이 있다. 조선 초기의 강희안姜希顔,1417-1464, 조선 후기의 윤두서尹斗緖, 1668-1715, 김정희金正喜, 1786-1856, 심사정沈師正,1707-1769, 조선 말기의 허련許鍊1808-1893 등은 대표적 문인화가다. 진경산수眞景山水를 완성한 정선鄭敾, 1676-1759은 문인화가이지만 직업화가의 경력도 가졌다.

조선 후기에는 국가기관으로부터 독립한 자유직업 화가가 등장했다. 미술품에 대한 수요가 늘자 화원들의 일반 판매용 작품 제작도 증가했고 이에 더해 새로운 생산자층이 형성되었다. 미술품을 전문으로 제작해 서화 상점에 내다파는 직업 서화가書畵家 외에 유랑화공流浪畵工, 무명화공無名畵工 등이 등장했다. 19세기 전반 「매화초옥도」梅花草屋圖, 32x36cm를 그린 전기田琦, 1825-1854는 한약방을 경영하며 서화 매매의 중개도 했다. 장승업張承業, 1843-1897은 대표적인 자유직업 화가였는데, 명성을 얻은 후에는 왕실을 위한 그림을 그리며 말년을 보냈다. 그에게 사사한 안중식安中植, 1861-1919과 조석진趙錫晋, 1853-1920에 의해 근대 한국화로 맥이 이어진 점은 주목할 만하다.

20세기 초 미술 생산자층에서 화원이나 서화가 등 전근대적 미술가로부터 근대적 의미의 미술가로 큰 변화가 일어났다.

1910년대에 고희동, 김관호, 김찬영, 나혜석 등이 차례로 일본에 유학해 서양화를 전공한 뒤 귀국했다. 고희동1886-1965은 1915년 도쿄미술학교를 졸업한 뒤 귀국해 국내 최초의 서양화가라는 지위를 얻었다. 김관호1890-1958는 1916년 도쿄미술학교를 최우등으로 졸업한 뒤 귀국했다. 그의 졸업작품 「해질녘」1916, 127.5x127.5cm은 일본의 '문부성전람회'文展('문전)에서 특선을 했다. 이어 김찬영1893-1960이 1917년에 도쿄미술대학을 졸업했다. 최초의 여성 서양화가인 나혜석1896-1948은 1918년 도쿄여자미술전문학교를 졸업하고 귀국했다.

이종우1899-1981는 1923년 도쿄미술학교를 졸업하고 1925년부터 3년간 프랑스에 유학했다. 파리에 체류하는 동안 '살롱도톤'Salon d'automne전에 「모 부인상」某婦人像, 1927, 「인형이 있는 정물」1927, 51x43cm을 출품했다. 이로써 그는 프랑스에 유학한 최초의 국내화가이자 해외 전시회에 출품한 최초의 국내화가가 되었다.

한편 1910년대에 근대적 미술학교가 등장했다. 국가에 소속된 직업화가들은 도화서가 없어지자 그 근거를 잃게 되었다. 1911년 이를 대신해서 경성서화미술원京城書畵美術院이 세워졌다. 안중식과 조석진 등이 교수로 있었다. 여기서 배출한 김은호1892-1979, 박승무1893-1980, 이상범1897-1972, 노수현1899-1978, 변관식1899-1976 등은 한국화의 주도적 인물이 되었다. 소위 '근대 6대가'로 불리는 한국화의 주요 화가 중 허백련許百鍊, 1891-1977을 제외하고 모두 이곳 출신이다.

서양화 미술교육은 1920년대에 시작되었다. 초창기 교육기관으르는 나혜석이 포함된 고려미술회高麗美術會가 1923년 서울에 연 고려미술원과 김관호가 포함된 삭성회朔星會가 1925년 평양에 연 삭성회연구소가 있었다.

일제강점기 동안 미술가들의 상태는 열악했다. 1921년 국내 두 번째 서양화 개인전인 나혜석의 전시회에서는 출품작 70여점 중 20여점이 팔렸다. 그 중 「신춘」은 350원으로 당시 집 한 채 값이 넘는 거액에 팔렸다. 1928년 프랑스 유학을 마치고 귀국한 이종우의 개인전에서는 출품작 53점 중 「모 부인상」某婦人像, 1927이 500원에 팔리는 등 몇몇 작품이 높은 가격에 팔렸다. 이것들은 예외적인 기록이며 이 시기에 서양화가들이 전시회를 통해 작품을 판매하는 일은 드물었다. 미술활동의 경제적 여건뿐만 아니라 사회적 환경도 갖추어지지 않은 시기라 대표적인 작가들조차 미술가의 길을 포기하는 일이 흔했다. 천재화가로 불리며 1916년 국내 최초의 서양화 개인전을 연 김관호는 십년도 되지 않아 목재상으로 직업을 바꾸었다. 고희동은 서양화에서 그나마 시장이 있는 동양화로 전향했으나 성공하지 못했고 김찬영은 아예 붓을 꺾었다.

오늘날에도 많은 이들이 미술가 직업에 종사하고 있다. 이들의 경제적 사정은 이전과 얼마나 달라졌을까?

2009년 우리나라 전체 취업인구 2,373만 명 가운데 예술분야 직업에 종사하는 사람은 64.5만 명(2.7%)이다. 이 중 좁은 의미의 예술가는 13.6만 명(0.6%)이다. 전업 화가·조각가는 8,921명으로 좁은 의미의 예술가 중 6.6%를 차지한다(〈6-9〉).

〈6-9〉 국내의 화가 · 조각가 (2007-2009년)

	2007년	2008년	2009년
화가·조각가	5,590명(6.9%)	3,080명(5.9%)	8,921명(6.6%)
예술가(좁은 의미)	80,[illegible]18명(100.0%) 0.3%	137,525명(100.0%) 0.6%	136,073명(100.0%) 0.6%
예술가(넓은 의미)	278,794명 1.2%	390,206명 1.6%	352,754명 1.5%
예술인력 (예술분야 종사자)	609,024명 2.6%	692,556명 2.9%	645,239명 2.7%
전체 종사자	23,463,200명 100.0%	23,749,700명 100.0%	23,734,000명 100.0%

주: 1. 좁은 의미의 예술가는 작가, 화가, 사진가, 작곡가, 전통예능인, 가수, 연주가, 무용가, 연기자, 연출가임.
2. 넓은 의미의 예술가는 디자이너와 공예인 등이 추가됨.
자료: 한국고용정보원, 「산업별 · 직업별 고용구조 조사」, 2007-2009. 박영정(2010)에서 인용.

전업이 아니라 다른 직업이나 관련 직업에 종사하면서 미술활동을 하는 사람들이 많이 있으므로 실제 미술가 수는 고용통계에 나타난 미술가 수보다 많다. 2015년 말 현재 한국미술협회 회원은 31,883명이다. 그 중 한국화가 5,139명(16.1%), 서양화가 12,209명(38.3%), 조각가 2,041명(6.4%), 현대공예가 2,807명(8.8%), 서예가 4,089명(12.8%) 등이다. 또한 민족미술인협회 회원으로 활동하는 미술가 수도 약 800명가량 된다. 미술협회 회원들은 실제 작품활동 여부에 상관없이 자신을 미술가로 인식하고 동료 미술가들로부터도 그렇게 인정받고 있다. 이들을 기준으로 오늘날 한국의 미술가 수를 대략 3만 명 정도로 추산할 수 있다.

미술협회 회원들이 모두 미술활동에 실질적으로 종사하고 있는 것이 아니다. 또 회원으로 등록하지 않고 작품활동을 하는 경우도 있기 때문에 실제 활동 중인 미술가 수는 정확하게 알기 어렵다. 이와 관련하여 2015년 현재 한국에는 10만 명 정도의 미술가가 있으며 그 중 1만 명 정도가 정기적인 작품활동을 하고 있고, 2,000-3,000명 정도가 왕성한 활동을 하는 미술가라는 추정이 있다(김영석, 2015).

〈6-10〉 한국 미술가의 직종와 교육직 비율 (2003-2012년)

		2003년	2006년	2009년	2012년
직종별 비율	자유전문직	44.0%	36.0%	26.4%	23.5%
	자영업, 고용주	6.5%	8.5%	11.5%	9.0%
	정규 고용직	24.5%	27.5%	14.5%	11.5%
	임시 고용직	24.0%	5.5%	8.0%	10.0%
	무직, 은퇴	1.0%	22.5%	42.5%	42.0%
	기타				4.0%
합계		100.0%	100.0%	100.0%	100.0%
교육직 비율	교육직	48.0%	41.0%	26.5%	31.5%
	대학교수	18.0%	7.5%	6.5%	10.5%
	대학강사	17.0%	10.5%	5.0%	9.5%
	정교사	4.5%	14.0%	4.5%	4.0%
	준교사	2.0%	1.0%	2.5%	2.5%
	학원강사	6.5%	8.0%	8.0%	5.0%
	비교육직	51.0%	36.5%	31.0%	26.5%
	무직, 은퇴	1.0%	22.5%	42.5%	42.0%
합계		100.0%	100.0%	100.0%	100.0%

자료: 문화체육관광부 · 한국문화관광연구원, 「문화예술인 실태조사」, 해당년도.

근대 이후 미술가는 보헤미안 미술가와 교수(아카데미) 미술가로 나뉘어 내려왔다. 우리나라 미술가도 다른 직업을 갖지 않은 전업 미술가와 교육기관에 종사하는 미술가가 대부분을 차지하고 있다. 2012년의 경우 전업미술가인 자유전문직과 사실상 전업미술가로 볼 수 있는 무직 · 은퇴자 비율이 각각 23.5%, 42.0%로 양자를 합치면 65.5%가 된다. 교육직에 종사하는 미술가 비율은 31.5%이다. 그 구성을 보면 대학교수 10.5%, 대학강사 9.5%, 정교사 4.0%, 준교사 2.5% 학원강사 5.0%로 되어 있다(〈6-10〉).

다른 예술가 직업도 마찬가지이지만 미술가 직업에 종사하기 위해서는 오랜 기간 교육과 훈련을 받아야 한다. 대부분의 미술가들은 다른 전문직 종사자들과 마찬가지로 대학 이상의 고등교육을 받는다.

한국미술가는 거의 대학 이상의 고등교육을 받았거나 받고 있다(〈6-11〉). 2012년에 대학 재학 이상의 미술가 비율은 89.0%이며 대학원 이상의 비율도 66.0%를 차지한다. 한국미술가 중 상당수는 대학 미술학과에서 전문적인 미술가 교육을 받음으로써 직업 미술가의 길로 들어선다. 대학에서 미술을 전공한 미술가 비율이 72.5%에 달하고 있다. 우리나라 미술대학 졸업생 수는 1990년 순수미술 전공자 1,772명 조형 전공자 254명으로 합계 2,026명이었다. 2009년에는 순수미술 전공자가 2,960명, 조형 전공자가 624명으로 합계 3,584명으로 늘어났다. 이는 전체 대학 졸업생의 1.3%에 해당된다.

많은 사람들이 전문직으로서 미술가 직업을 선택하고 있으나 경제적 보상은 상당히 낮은 편이다. 우리나라 미술가의 월평균 소득을 살펴보면(〈6-12〉) 2012년 예술활동소득이 월 201만 원 이상 되는 비율은 5.5%이다. 2012년 우리나라 전문직 종사자의 평균임금은 305만 원(대졸 이상 전문직 346만 원)이고 전체 근로자의 평균임금은 257만 원이다. 대다수의 미술가들은 전문직 종사자보다 훨씬 낮고 일반 근로자에도 못 미치는 소득을 얻는 것이다.

〈6-11〉 한국 미술가의 교육 경력 (2003-2012년)

	학교교육			예술교육	
	고졸 이하	대학·대졸	대학원·대학원졸	예술고 수학	대학 예술전공
2003년	7.5%	28.5%	64.0%	10.0%	79.0% (79,0%)
2006년	12.5%	39.5%	48.0%	2.5%	75.0% (73.5%)
2009년	18.5%	40.0%	41.5%	8.0%	65.5% (61.5%)
2012년	11.0%	23.0%	66.0%	9.5%	77.5%(72.5%)

주: 대학 예술전공에서 괄호 안은 미술전공 비율임.
자료: 문화체육관광부·한국문화관광연구원, 「문화예술인 실태조사」, 해당년도.

〈6-12〉 한국 미술가의 월평균 소득 (2003-2012년)

		없음	1-100만	101-200만	201-300만	301 만이상	401 만이상	무응답
2003	예술활동 소득	4.0%	65.0%	11.5%	19.5%			0.0%
	개인소득	0.5%	26.5%	24.0%	21.5%	29.5%		0.0%
	가구소득		16.5%		21.0%	22.0%	40.5%	0.0%
2006	예술활동 소득	39.0%		12.5%	10.0%			2.0%
	개인소득	7.5%	19.5%	23.5%	21.0%	23.0%		5.5%
	가구소득		27.5%		28.0%	18.0%	23.0%	3.5%
2009	예술활동 소득	52.0%	24.5%	9.5%	11.0%			3.0%
	개인소득	14.0%	11.0%	24.0%	16.5%	28.0%		6.5%
	가구소득		17.5%		17.0%	15.5%	41.5%	8.5%
2012	예술활동 소득	32.5%	46.5%	15.5%	5.5%			0.0%
	개인소득	4.5%	8.5%	20.0%	45.5%	21.5%		0.0%
	가구소득		27.5%		31.5%	18.5%	18.0%	4.5%

자료: 문화체육관광부·한국문화관광연구원, 「문화예술인 실태조사」, 해당년도.

예술활동소득이 낮기 때문에 많은 미술가들은 다른 직업을 부업으로 갖고 있으며 미술 자체를 부업으로 하기도 한다. 2000년 조사에 의하면 예술활동소득이 미술가 개인소득에서 차지하는 비중은 34.1%였다. 상당수의 미술가들이 비예술활동을 통해 자신의 소득을 보충하고 있는 것이다. 그럼에도 예술활동소득 이외의 다른 경제활동으로부터 나온 소득까지 포함한 개인소득이 월 200만 원 이하인 미술가 비중이 33.0%에 이른다.

2006년에 실시된 실태조사(김달진 미술연구소, 2006)에 따르면 예술활동만으로는 생계유지가 곤란해 미술가의 67%가 다른 직업을 갖고 있는 것으로 나타났다. 예술활동 관련 월평균소득이 129만 원인 반면 비예술활동을 포함한 월평균소득이 235만 원이었다. 다른 직업으로 가장 높은 비율을 차지한 것은 교육직으로 79%였다. 예술활동 소득이 전혀 없는 미술가는 30%, 비예술활동까지 포함해도 소득이 전혀 없는 미술가 비율은 9%였는데 이는 배우자나 다른 가족 구성원의 도움을 받아 예술활동에 전념하는 경우다.

우리나라 미술가들은 자신의 직업으로부터 얻는 경제적 보상에 대한 만족도가 대단히 낮다. 2012년 조사(〈6-13〉)에 의하면 미술가의 97.0%가 예술활동의 경제적 보상이 적다고 생각한다. 그렇지만 미술가 직업 자체를 불만족스럽게 생각하는 비율은 훨씬 낮다. 미술가의 26.5%만이 자신의 예술활동에 불만족할 뿐이며 많은 미술가는 그렇지 않다. 대부분의 미술가는 낮은 경제적 보상에도 불구하고 예술적 작업에 자신의 시간과 노력을

〈6-13〉 한국 미술가의 경제적 보상, 사회적 평가, 예술활동 만족도 (2003-2012년)

		2003년	2006년	2009년	2012년
경제적 보상	높다	0.0%	0.0%	1.0%	0.0%
	보통	6.5%	8.0%	10.5%	3.0%
	낮다	93.5%	92.0%	88.5%	97.0%
	(평균)	1.41	1.42	1.59	1.29
사회적 평가	높다	14.5	17.5	13.5	11.5
	보통	40	36.5	44	35.5
	낮다	45.5	46	42.5	53
	(평균)	2.61	2.64	2.6	2.37
예술활동 만족도	만족	57.5%	61.5%	63.0%	55.5%
	보통	29.0%	18.5%	24.5%	18.0%
	불만족	13.5%	20.0%	12.5%	26.5%
	(평균)	3.51	3.55	3.76	3.39

주: 평균은 5점 만점임.
자료: 문화체육관광부 · 한국문화관광연구원, 「문화예술인 실태조사」, 해당년도

아낌없이 바치고 있다. 2012년 우리나라 미술가들은 예술적 작업에 주당 평균 36.6시간을 투입하고 있다.

다른 나라와 마찬가지로 우리나라 미술가 직업에서도 낮은 평균소득 문제와 함께 미술가간 소득불평등 문제가 동시에 나타난다. 미술가 협회에 등록된 미술가 중에서 경제적으로 의미를 지닌 직업 미술가 즉 1년에 작품을 10점 이상 판매하는 미술가는 10% 정도에 불과하다(양건열, 2011b). 회화의 경우 국내 미술시장에서 거래되는 화가는 1,000명 이내로 추정되고 대부분의 거래는 100명 이내의 화가들로 한정된다.

우리나라 미술시장에서도 소수의 미술가로 집중되는 스타 현상이 나타난다. 2000년부터 2012년까지 경매 실적을 보면(<6-14>) 상위 10대 미술가의 작품 거래금액이 2,453억 원으로 전체의 76.1%를 차지했다. 거래작품수도 1,746점으로 전체의 35.1%를 차지했다.

미술품의 가치가 경제적 가치로 환원되지 않듯이 미술가 직업의 가치도 경제적 가치로 환원되지 않는다. 경제적 목표와 예술적 목표 사이의 충돌은 소망스럽지 않지만 시장경제에서 피할 수 없는 현상이다. 우리나라 대다수 미술가들은 미술시장에서 충분한 경제적 보상을 받지 못한다. 그러나 비경제적 보상과 스타 현상의 유인이 사라지지 않는 한 미술가 직업으로의 인구 유입과 미술가의 생산 활동은 계속될 것이다.

〈6-14〉 국내 경매 거래액 상위 10대 미술가 현황 (2000-2012년)

			거래작품수		거래금액	
1	김환기	1913-1974	216	4.3%	53,095	16.5%
2	이우환	1936-	293	5.9%	52,559	16.3%
3	박수근	1914-1965	85	1.7%	47,208	14.6%
4	이대원	1921-2005	215	4.3%	20,371	6.3%
5	김종학	1937-	274	5.5%	15,748	4.9%
6	천경자	1924-2015	216	4.3%	14,263	4.4%
7	오치균	1956-	130	2.6%	12,774	4.0%
8	이중섭	1916-1956	30	0.6%	11,149	3.5%
9	김창열	1929-	180	3.6%	9,168	2.8%
10	장욱진	1917-1990	107	2.2%	8,951	2.8%
	상위10대미술가		1,746	35.1%	245,286	76.1%
	다른 미술가		3,226	64.9%	77,115	23.9%
	전체		4,972	100.0%	322,401	100.0%

주: 서울옥션과 K옥션 경매거래를 대상으로 함.
자료: 최정표(2013).

예술성

한국미술가의 예술적 역량과 명성에 관련한 별도의 조사 자료가 국내에는 없으나 해외 쿤스트콤파스나 아츠팩츠 미술가 순위를 참고할 수 있다. 쿤스트콤파스 100대 미술가에는 한국(계) 미술가가 포함되어 있지 않다. 아트팩츠는 2015년 말 현재 전 세계 516,850명 미술가들을 대상으로 점수를 집계한 순위를 발표하고 있다. 대략 상위 1%에 해당되는 5,000위 이내에 한국(계) 미술가 28명이 포함되어 있다(〈6-15〉). 미디어아트, 설치미술, 퍼포먼스아트 등에서 활동하는 미술가들이 많다. 백남준이 39위로 100대 미술가에 들어 있으며 김수자, 양혜규, 이우환, 이불, 서도호, 구정아, 정연두, 장영혜중공업, 세오, 임민욱, 김성환, 전준호까지 13명이 상위 0.5% 이내에 들어 있다.

〈6-15〉 아트팩츠 상위 5,000대 미술가 중 한국(계) 미술가 현황 (2015년 말)

	이름	순위	점수
1	백남준 Nam June Paik 1932-2006	39	15,508.44
2	김수자 Kimsooja 1957-	247	7,767.80
3	양혜규 Haegue Yang 1971-	282	7,121.95
4	이우환 Lee Ufan 1936-	695	4,278.47
5	이불 Lee Bul 1964-	1,038	3,270.98
6	서도호 Do-ho Suh 1962-	1,281	2,849.95
7	구정아 Koo Jeong-A 1967-	1,345	2,743.45
8	정연두 Yeondoo Jung 1969-	1,471	2,547.70
9	장영혜중공업 Young-Hae Chang Heavy Industries	1,675	2,308.33
10	세오 SEO 1977-	1,678	2,307.31
11	임민욱 Minouk Lim 1968-	1,795	2,181.93
12	김성환 Sung-Hwan Kim 1975-	2,125	1,940.33
13	전준호 Jeon Joonho 1969-	2,463	1,736.37
14	니키리 Nikki S. Lee 1970-	3,080	1,451.76
15	이주요 Jewyo Rhii 1971-	3,177	1,417.24
16	천경우 Kyungwoo Chun 1969-	3,179	1,415.85
17	이수경 Yeesookyung 1963-	3,218	1,399.66
18	애니카 이 Anicka Yi 1971-	3,247	1,390.06
19	임흥순 Heungsoon Im 1969-	3,331	1,363.02
20	김홍석 Gimhongsok 1964 -	3,699	1,248.13
21	문경원 Moon Kyung-Won 1969-	3,762	1,228.71
22	이용백 Lee Yongbaek 1966-	3,897	1,196.26
23	김범 Kim Beom 1963-	3,958	1,181.91
24	신진 Jean Shin 1971-	4,437	1,072.55
25	함경아 Kyung-Ah Ham 1966-	4,623	1,034.55
26	최정화 Choi Jeong-Hwa 1961-	4,834	998.36
27	박준범 Park June Bum 1976-	4,851	996.25
28	배병우 Bae Bien-U 1950-	4,913	984.05

자료: Artfacts.net에서 작성.

미술가의 예술적 명성 형성과 관련하여 각 나라마다 미술상이 일정한 역할을 한다. 국내에서는 '에르메스재단 미술상'이 그러한 역할을 수행했다. 의류업체 에르메스코리아 Hermès Korea가 후원하는 이 미술상은 '회화, 조소, 비디오 아트, 사진, 건축을 포함한 시각미술 분야에서 활약하는 중견 및 신진작가 중 괄목할 만한 창작활동을 보여 준 미술인'을 매년 1명씩 선정해 시상한다. 2000년 처음 시작했고, 2003년부터 1차 심사를 통해 3인의 후보를 선정하고 경합을 통해 최종수상자를 결정하는 방식을 채택했다. 2015년까지 총 16명이 수상했다. 2000년대에는 장영혜중공업(2000년), 김범(2001년), 박이소(2002년), 서도호(2003년), 박찬경(2004년), 구정아(2005년), 임민욱(2006년), 김성환(2007년), 송상희(2008년), 박윤영(2009년)이 수상했다. 2010년대에는 양아치(2010년), 김상돈(2011년), 구동희(2012년), 정은영(2013년), 장민승(2014년), 정금형(2015년)이 수상했다.

국립현대미술관은 1995년부터 2010년까지 '올해의 작가'Artist of the Year전을 개최했다. 그 연장선상에서 2012년부터 '올해의 작가상'Korea Artist Prize을 제정해 매년 시상하고 있다. 1차 심사를 통해 4인(팀)의 후보를 선정한 다음 전시 경합을 거쳐 올해의 작가를 선발한다. 문경원과 전준호(2012년), 공성훈(2013년), 노순택(2014년), 오인환(2015년)이 수상했다.

경제성

한국미술가들의 경제적 역량에 관해 살펴보기로 하자. 세계 미술시장에서 한국미술가의 경제적 가치는 2000년대 이후부터 조금씩 상승하기 시작했다. 아트프라이스는 매년 경매거래금액을 기준으로 세계 상위 500대 미술가를 선정하여 발표한다. 경제적 측면에서 미술가의 역량을 파악할 수 있는 자료다. 세계 500대 미술가에 한번 이상 이름을 올린 한국미술가는 2007년부터 2014년까지 총 6명이 있다(〈6-16〉). 김환기와 이우환은 매년 포함되었다. 8년간 낙찰총액은 김환기가 4,619만 달러, 이우환이 5,850만 달러였다(이우환은 아트넷Artnet이 발표한 2011-2014년 세계 100대 생존 미술가 경매거래액 순위에서도 2,681만 달러로 53위를 차지했다). 박수근, 이중섭, 김창열은 2년간, 백남준은 2009년에 포함되었다.

〈6-16〉 세계 경매거래액 상위 500대 미술가 중 한국미술가 (2007-2014년)

	2007년	2008년	2009년	2010년	2011년	2012년	2013년	2014년	횟수
김환기 KIM Whan Ki	118	480	484	329	219	257	468	202	8
1913-1974	11,896	2,169	1,385	3,846	7,588	6,399	3,297	9,117	
박수근 PARK Soo-Gun	105	182							2
1914-1965	13,329	6,738							
이중섭 YI Jung Sup		379		395					2
1916-1956		2,853		2,955					
김창열 KIM Tschang-Yeul			368					467	2
1929-			1,764					3,499	
백남준 PAIK Nam June			491						1
1932-2006			1,376						
이우환 LEE Ufan	359	191	166	269	246	188	427	104	8
1936-	3,707	6,577	4,169	5,016	6,341	10,017	3,676	18,997	

주: 위 칸은 거래금액 순위, 아래 칸은 낙찰액(1,000달러)임.
자료 : Artprice (2002-2014) 중 2007년 이후 데이터.

〈6-17〉 세계 경매거래액 상위 500대 동시대미술가 중 한국미술가 (2007-2015년)

	2007	2008	2009	2010	2011	2012	2013	2014	2015	횟수
김홍주 KIM Hong-Joo 1945-								251		1
손상기 SOHN Sang Ki 1949-1988						155				1
배병우 BAE Bien-U 1950-	184		279	301						3
김강용 KIM Kang-Yong 1950-			287							1
고영훈 KO Young-Hoon 1952-			478		427	322				3
황재형 HWANG Jai-Hyoung 1952-			487							1
강형구 KANG Hyung-Koo 1954-			105	182	222	477	400	337	452	7
오치균 OH Chi Gyun 1956-			343	347	320	184	224	104	178	7
이용덕 LEE Yong-Deok 1956-	390		271							2
강익중 KANG Ik-Joong 1960-					497					1
서도호 SUH Do-Ho 1962-				98	162	194	213	275		5
이정웅 LEE Jung Woong 1963-			314							1
이불 LEE Bul 1964-			391			365				2
김동유 KIM Dong-Yoo 1965-		55	85	141	349		430		407	6
이동기 LEE Dongi 1967-			372							1
홍경택 HONG Kyong Tack 1968-	145		270	327			220			4
최영걸 CHOI Yeong-Geol 1968-				456						1
이이남 LEE Lee Nam 1969-				363						1
권기수 KWON Kisoo 1972-			247	268						2
이환권 YI Hwan-Kwon 1974-			167	304	449					3
안성하 AHN Sung-Ha 1977-			410							1
최소영 CHOI So Young 1980-			197		399	493	424			4
미술가 수	3	1	16	10	8	7	6	4	3	58

주 : 당해연도 거래금액 순위를 나타냄.
자료: Artprice (2007-2015).

아트프라이스가 발표하는 세계 경매거래액 상위 500대 동시대 미술가에는 2007년부터 2015년까지 한국미술가들이 매년 최소 1명에서 최대 16명까지 포함되었다(〈6-17〉).

한 차례 이상 포함된 한국미술가는 모두 22명이다. 강형구와 오치균은 2009년 이후 2015년까지 7년간 계속 순위에 들었다. 김동유는 6년간, 서도호는 5년간, 홍경택과 최소영은 4년간 들었다. 그 외에 배병우, 고영훈, 이환권은 3년간, 이용덕, 이불, 권기수는 2년간 이름을 올렸다.

2015년 말 아트팩츠 상위 5,000위 이내에 포함된 한국미술가는 28명이고 2007년 이후 아트프라이스 상위 500대 미술가 및 동시대미술가에 포함된 한국미술가도 28명이다. 이들 두 자료에 모두 이름을 올린 한국미술가는 백남준, 이우환, 배병우, 서도호, 이불 5명뿐이다. 만일 아트팩츠 순위가 미술가의 예술적 역량을 그대로 반영하고 아트프라이스 순위가 미술시장에서 경제적 가치를 정확하게 반영한다면 한국미술가의 경우는 예술적 가치 평가와 경제적 가치 평가가 높은 상관관계를 갖는다고 보기 어렵다. 여러 요인이 있겠지만 아트팩츠 순위에 포함된 한국미술가들의 활동 영역에 기인하는 것일 수도 있다.

6.4.2. 해외

세계 주요 국가의 미술가 수를 보면(〈6-18〉) 미국이 20.8만 명, 영국이 17만 명, 프랑스가 20만 명, 독일이 4.7만 명 등이다. 인구 만 명당 미술가 수는 미국이 7.1명, 영국이 28.8명, 프랑스가 32.9명, 독일이 5.8명이다. 6개 국가의 미술가 수를 합치면 모두 74만 명이고, 인구 만 명당 미술가수는 평균 12.7명이다.

〈6-18〉 주요 국가의 미술가 현황

		미술가수	인구수	인구 1만 명당 미술가수
북미	미국 (2004년)	20.8만명	29,365.5만명	7.1명
	캐나다 (2002년)	5.1만명	3,137.3만명	16.1명
유럽	영국 (2001년)	17.0만명	5,911.3만명	28.8명
	프랑스 (2005년)	20.0만명	6,070.0만명	32.9명
	독일 (1998년)	4.7만명	8,202.9만명	5.8명
	이탈리아 (1999년)	6.4만명	5,707.8만명	11.2명
전체		74.0만명	58,394.8만명	12.7명

자료: 정정숙 외(2006).

〈6-19〉 미국 미술가의 고용기관과 고용형태 (2009년)

	고용기관					고용형태	
	자영	민간 영리기관	민간 비영리기관	정부기관	전문서비스	상시 고용	일시 고용
미술가	54.7%	39.0%	3.2%	1.7%	20.4%	53.5%	48.5%
사진가	46.5%	50.6%	2.0%	3.4%	64.1%	48.3%	51.5%
예술가	33.6%	53.9%	7.7%	3.4%	33.5%	56.5%	44.8%
전문직	8.3%	45.3%	15.7%	30.1%		63.6%	39.6%
전체	9.8%	67.3%	7.1%	14.3%		62.2%	39.2%

주: 상시(full-year, full-time)고용은 유급 휴가와 유급 병가를 포함해서 연간 50-52주 고용되며, 매주 35시간 이상 일하는 것을 의미함.
자료: National Endowment for the Arts(2011).

해외미술가의 직업 구조를 미국의 사례를 중심으로 하여 좀 더 살펴보기로 한다.

미국 미술가수는 1980년 15.3만 명에서 2000년 23.2만 명으로 증가했으나 2000년대 이후 정체되어 2009년 21.2만 명으로 되었다. 이는 전체 예술가 210만 명 중 10.1% 비중이다. 활동 중인 미국미술가들의 평균 나이는 44세로 전체 예술가 평균인 40세보다 약간 높다.

미국 미술가 가운데 절반 이상은 자영 즉 프리랜서로서 활동한다(〈6-19〉). 2009년 전문직 종사자의 자영업 비율은 평균 8.3%이지만 미술가 직업에서는 54.7%로 특히 높다. 미국 미술가의 고용상 지위는 불안정한 편이다. 전문직 종사자의 상시고용 비율은 평균 63.6%이지만 미술가는 53.5%이다.

2005년 미국 미술가 중에서 대학 재학 이상의 고등교육을 받은 비율은 84.8%에 달한다. 이 가운데 대학을 졸업한 미술가 비율은 51.2%이고 대학원 재학 이상의 학력을 가진 미술가도 12.6%이다.

똑같이 대학 이상의 전문교육을 받지만 미국 미술가의 평균소득은 다른 전문직보다 낮다. 2009년 미국의 전문직 종사자의 평균소득은 4만 7,649달러이고 비전문직 일반 근로자를 포함한 전체 종사자 평균소득은 3만 1,983달러이다(〈6-20〉). 미술가의 평균소득은 3만 3,982달러로서 다른 전문직 종사자의 71.3% 수준이며 전체 종사자 평균을 겨우 넘는 수준이다.

지금까지 미국 미술가의 현황을 살펴보았지만 다른 나라 미술가들도 유사한 상황에 처해 있다. 2005년 독일 미술가의 연평균 소득은 1만 1,091유로로 독일 노동자 평균소득의

3분의 1에 해당하는 액수다. 네덜란드 미술가에 대한 조사도 비슷한 결과를 보여주었다. 대다수 미술가들이 다른 직업을 갖지 않으면 생존할 수 없는 사정이다. 많은 미술가들은 다른 직업으로 생계를 꾸리고 있다. 그들은 대개 자영으로 일하며 고용된 경우에도 임시직이거나 파트타임인 경우가 많다.

그러나 모든 미술가가 생존한계 속에서 예술작업에 종사하는 것은 아니다. 최상위의 스타미술가들은 다른 전문직에서는 얻을 수 없는 고소득을 향유하고 있다. 결과적으로 다른 전문직에 비해 미술가의 소득분포는 불평등하다.

〈6-21〉은 1999년 미국의 직업별 변동계수를 나타낸다. 변동계수는 표준편차를 평균값으로 나눈 것이고 표준편차는 개개인의 소득이 평균값으로부터 얼마나 벗어나 넓게 분포되어 있는지를 나타내는 수치다. 변동계수가 크다는 것은 그만큼 소득분포가 불평등하다는 뜻이다. 123개 직업 중에서 배우, 음악가, 무용수 등의 공연예술가와 사진가, 미술가 등의 시각예술가 모두 상위를 차지하고 있어 예술가 직업의 소득불평등도가 전반적으로 높음을 알 수 있다.

〈6-20〉 미국 미술가의 연평균소득 (2005-2009년, 단위: 달러)

	2005년		2009년	
미술가	30,600	70.8%	33,982	71.3%
사진가	26,300	60.9%	26,875	56.4%
예술가	34,800	80.6%	38,409	80.6%
전문직 종사자	43,200	100.0%	47,649	100.0%
전체 종사자	30,100	69.7%	31,983	67.1%

주: 연평균소득은 평균값average이 아니라 중앙값median을 나타냄.
자료: National Endowment for the Arts(2008),(2011)

〈6-21〉 미국 미술가의 소득불평등도 (1999년)

직업	변동계수 순위	변동계수	소득		
			31만달러 이상	0달러	중앙값
배우	1	1.77	3.1%	4.9%	35,543달러
음악가	3	1.6	0.6%	5.4%	25,323달러
사진가	7	1.35	0.7%	4.8%	30,404달러
미술가	8	1.31	0.5%	8.2%	30,427달러
무용수	14	1.14	0.1%	7.5%	19,709달러

자료: Neil O. Alper and Gregory H. Wassall(2006).

〈6-22〉 경매 거래액 상위 미술가 비중 (2010년)

미술가			거래액 (백만달러)			거래작품수 (점)		
상위20	0.004%	(4.0%)	2,943,29	31.4%	(41.2%)	7,417	1.4%	(15.8%)
상위100	0.02%	(20.0%)	5,014,37	53.6%	(70.2%)	19,839	3.7%	(42.4%)
상위500	0.1%	(100.0%)	7,146,09	76.3%	(100.0%)	46,807	8.7%	(100.0%)
전체450,000	100.0%		9,360,00	100.0%		540,000	100.0%	

자료: Artprice (2002-2014), Artprice (2011)에서 작성.

대다수 미술가들은 평균보다 훨씬 낮은 소득을 얻는 반면 일부 미술가들은 평균보다 매우 높은 소득을 얻는다. 미국 미술가의 평균소득이 3만 427달러이고 소득이 한 푼도 없는 미술가가 8.2%인 반면 상위 0.5%의 미술가는 소득이 31만 달러를 넘어섰다.

오늘날 세계 미술시장에서 미술품 거래는 소수의 미술가에 집중되는 스타 현상을 단적으로 보여준다. 아트프라이스에 의하면 2010년 전 세계에서 이루어진 경매 거래액은 93억 6,000만 달러(10조 8,200억 원)이고 그 중 상위 500대 미술가의 작품이 71억 4,609만 달러(8조 2,600억 원)을 차지한다(〈6-22〉). 아트프라이스에 등록된 미술가 수는 약 45만 명이다. 0.1%밖에 되지 않는 상위 500명의 미술가가 미술시장의 76.3%를 장악하고 있으며 나머지 99.9%의 미술가들이 남은 23.7%를 놓고 서로 경쟁하고 있는 것이다. 500대 미술가는 거래작품수가 8.7%밖에 안 되지만 거래액은 76.3%를 차지하는 반면 나머지 99.9%의 미술가들은 거래작품수가 91.3%이지만 거래액은 23.7%밖에 안 된다. 작품당 가격 차이가 크기 때문이다.

불평등은 500대 미술가 내부에도 존재한다. 20명의 미술가 즉 상위 4%가 500대 미술가 전체 거래액의 41.2%를 차지하고 있다. 나머지 96%의 미술가가 남은 58.8%를 나누어 갖는다.

예술성과 경제성

미술가의 예술적 역량을 나타내는 양적 척도로서 쿤스트콤파스와 아트팩츠가 있다.

먼저 쿤스트콤파스Kunstkompass에 대해 보기로 한다. 〈6-23A〉에 2015년 쿤스트콤파스 100대 미술가 중 상위 50명이 예시되어 있다. 원래 쿤스트콤파스는 생존 작가를 대상으로 한 순위이지만 2015년에는 작고한 10대 미술가에 대한 별도의 순위도 발표되었다〈6-23B〉.

〈6-23A〉 쿤스트콤파스 100대 미술가 순위에서 상위 50대 미술가 (2015년)

순위	이름 (출생, 국적)	순위	이름 (출생, 국적)
1	Gerhard Richter (1932, 독일)	26	Jeff Wall (1946, 캐나다)
2	Bruce Nauman (1941, 미국)	27	Claes Oldenburg (1929, 미국)
3	Rosemarie Trockel (1952, 독일)	28	Matthew Barney (1967, 미국)
4	Georg Baselitz (1938, 독일)	29	Damien Hirst (1965, 영국)
5	Cindy Sherman (1954, 미국)	30	Mona Hatoum (1952, 영국)
6	Anselm Kiefer (1945, 독일)	31	Fischli & Weiss (1952 46, 스위스)
7	Olafur Eliasson (1967, 덴마크)	32	Christo & Jeanne-Claude (1935 35, 미국)
8	William Kentridge (1955, 남아공)	33	Thomas Demand (1964, 독일)
9	Richard Serra (1939, 미국)	34	Thomas Hirschhorn (1957, 스위스)
10	Pipilotti Rist (1962, 스위스)	35	Thomas Struth (1954, 독일)
11	Andreas Gursky (1955, 독일)	36	Ilya & Emilia Kabakov (1933 45, 러·미국)
12	Jeff Koons (1955, 미국)	37	Neo Rauch (1960, 독일)
13	Tony Cragg (1949, 영국)	38	Gilbert & George (1943 42, 이탈·영국)
14	Thomas Ruff (1958, 독일)	39	Jenny Holzer (1950, 미국)
15	Thomas Schütte (1954, 독일)	40	Daniel Buren (1938, 프랑스)
16	Imi Knoebel (1940, 독일)	41	Pierre Huyghe (1962, 프랑스)
17	Lawrence Weiner (1942, 미국)	42	Tobias Rehberger (1966, 독일)
18	Douglas Gordon (1966, 영국)	43	Carsten Höller (1961, 독일)
19	John Baldessari (1931, 미국)	44	Dan Graham (1942, 미국)
20	Jasper Johns (1930, 미국)	45	Isa Genzken (1948, 독일)
21	Christian Boltanski (1944, 프랑스)	46	Ai Weiwei (1957, 중국)
22	Maurizio Cattelan (1960, 이탈)	47	Marina Abramović (1946, 세르비아)
23	Bill Viola (1951, 미국)	48	Günther Uecker (1930, 독일)
24	Francis Alÿs (1959, 벨기에)	49	Ed Ruscha (1937, 미국)
25	Paul McCarthy (1945, 미국)	50	Ellsworth Kelly (1923, 미국)

〈6-23B〉 쿤스트콤파스 작고한 10대 미술가 순위 (2015년)

순위	이름 (출생-사망, 국적)	순위	이름 (출생-사망, 국적)
1	Andy Warhol (1928-1987, 미국)	6	Mike Kelley (1954-2012, 미국)
2	Joseph Beuys (1921-1986, 독일)	7	Sol LeWitt (1928-2007, 미국)
3	Sigmar Polke (1941-2010, 독일)	8	Cy Twombly (1928-2011, 미국)
4	Louise Bourgeois (1911-2010, 미국)	9	Franz West (1947-2012, 오스)
5	Martin Kippenberger (1953-1997, 독일)	10	Roy Lichtenstein (1923-1997, 미국)

100대 미술가를 국적별로 보면 독일 30명, 미국 26명, 영국 11명, 프랑스 4명, 오스트리아 3명, 스위스 3명, 이탈리아 3명, 네덜란드 2명, 덴마크 2명, 일본 2명 등이 포함되어 있다. 출신 국가 수는 20개 정도인데 그 중 미국과 독일의 비중이 높다. 미국미술가는 1995년 42%, 2000년 34%, 2005년 32%, 2010년 31%, 2015년 26%였으며,

〈6-24〉 쿤스트콤파스 100대 미술가의 출생 시기 (1971–2015년, 단위: 명)

	1971년	1981년	1991년	2001년	2011년	2015년
1905-1909년	2	0	0	0	0	0
1910-1914년	3	3	0	1	0	0
1915-1919년	2	0	0	0	0	0
1920-1924년	16	15	5	1	2	1
1925-1929년	**30**	17	9	6	3	2
1930-1934년	**27**	**23**	15	7	6	8
1935-1939년	17	**23**	16	10	12	11
1940-1944년	2	15	**19**	11	11	9
1945-1949년	1	4	**19**	13	13	12
1950-1954년	0	0	16	**15**	**15**	**14**
1955-1959년	0	0	1	**16**	**14**	**16**
1960-1964년	0	0	0	12	12	12
1965-1969년	0	0	0	8	11	13
1970-1974년	0	0	0	0	1	2
계	100	100	100	100	100	100
평균연령 (전체)	43세	49세	50세	53세	61세	65세
(상위20)	44세	51세	54세	57세	65세	67세

자료: Alain Quemin(2013), Kunstkompass 2015.

독일미술가는 1995년 28%, 2000년 30%, 2005년 32%, 2010년 32%, 2015년 30%였다. 이들 두 국가를 합치면 최소 61%에서 최대 70%였다.

출생 시기별로 보면 1920년대 3명, 1930년대 19명, 1940년대 21명, 1950년대 30명, 1960년대 25명, 1970년대 2명이다. 100대 미술가의 평균 연령은 점점 높아지는 추세다(〈6-24〉). 1971년 43세에서 2011년 61세, 2015년 65세로 되었다. 약 40년 사이에 평균 연령이 스무 살 정도 높아진 것이다. 상위 20대 작가의 평균 연령은 조금 더 높아서 2011년 65세, 2015년 67세다. 평균 연령 증가는 2000년대 이후 심화되었다. 2001년의 연령분포를 보면 1950년대 출생한 미술가 수가 가장 많은데 2015년까지도 여전히 그러하다.

다음은 아트팩츠Artfacts 순위다. 〈6-25〉는 2015년 아트팩츠 미술가 순위에서 상위 50위까지 미술가를 예시한 것이다. 아트팩츠는 쿤스트콤파스와 달리 작고한 미술가까지 포함해 점수와 순위를 부여한다, 2015년의 경우 100명 중 33명이 작고한 작가이고 나머지 67명이 현재 활동 중인 생존 작가다.

출생 시기별로 보면 19세기 후반(1860–1899년) 10명, 1900년대와 1910년대 3명, 1920

〈6-25〉 아트팩츠 순위에서 상위 50대 미술가 (2015년)

순위	이름	출생-사망 *출생	국적	순위	이름	출생-사망 *출생	국적
1	Andy Warhol	1928-1[illegible]87	미국	26	Wolfgang Tillmans	*1968	독일
2	Pablo Picasso	1881-1[illegible]73	스페인	27	Mike Kelley	1954-2012	미국
3	Bruce Nauman	*194[illegible]	미국	28	Fischli & Weiss	*1946	스위스
4	Gerhard Richter	*19[illegible]	독일	29	Richard Serra	*1939	미국
5	Joseph Beuys	1921-[illegible]86	독일	30	Ai Weiwei	*1957	중국
6	Cindy Sherman	*19[illegible]	미국	31	Dan Graham	*1942	미국
7	John Baldessari	*19[illegible]	미국	32	Hans-Peter Feldmann	*1941	독일
8	Lawrence Weiner	*19[illegible]	미국	33	Douglas Gordon	*1966	영국
9	Sol LeWitt	1928-[illegible]007	미국	34	Christian Marclay	*1955	스위·미국
10	Ed Ruscha	*19[illegible]7	미국	35	Marina Abramović	*1946	세르비아
11	Thomas Ruff	*19[illegible]3	독일	36	Martin Kippenberger	1953-1997	독일
12	Robert Rauschenberg	1925-[illegible]08	미국	37	Olafur Eliasson	*1967	덴마크
13	Louise Bourgeois	1911-[illegible]10	프랑스	38	Marcel Broodthaers	1924-1976	벨기에
14	Sigmar Polke	1941-[illegible]010	독일	39	Nam June Paik	1932-2006	한국
15	Francis Alys	*1[illegible]9	벨기에	40	Damien Hirst	*1965	영국
16	Georg Baselitz	*1[illegible]8	독일	41	Paul McCarthy	*1945	미국
17	Rosemarie Trockel	*1[illegible]52	독일	42	Paul Klee	1879-1940	독일·스위
18	Erwin Wurm	*1[illegible]54	오스	43	Yayoi Kusama	*1929	일본
19	William Kentridge	*1[illegible]55	남아공	44	Henri Matisse	1869-1954	프랑스
20	Man Ray	1890[illegible]976	미국	45	Valie Export	*1940	오스
21	Roy Lichtenstein	192[illegible]1997	미국	46	Gordon Matta-Clark	1943-1978	미국
22	Franz West	194[illegible]2012	오스	47	Mona Hatoum	*1952	레바논
23	Dieter Roth	193[illegible]1998	독일·스위	48	Carl Andre	*1935	미국
24	Harun Farocki	194[illegible]2014	독일	49	Martha Rosler	*1943	미국
25	Marcel Duchamp	188[illegible]1968	프랑스	50	Arnulf Rainer	*1929	오스

년대 13명, 1930년대 14명, 1940년대 29명, 1950년대 21명, 1960년대 9명, 1970년대 1명이다. 1940년대가 가장 많고 그 다음이 1950년대로 이 두 시기에 출생한 작가가 전체의 50%이다.

생존작가 67명만 따로 보면 1920년대 5명(7.5%), 1930년대 11명(16.4%), 1940년대 23명(34.3%), 1950년대 18명([illegible].9%), 1960년대 9명(13.4%), 1970년대 1명(1.5%)이다. 역시 1940년대가 가장 많고 그 다음이 1950년대로 이 두 시기에 출생한 작가가 전체의 61.2%를 차지한다. 생존 작가의 평균 연령은 68세다.

국적별로 보면, 미국 29명, 독일 21명, 영국 9명, 스위스 5.5명, 프랑스 5명, 오스트리아 5명, 스페인 4명, 일본 3명, 이탈리아 2.5명, 벨기에 2명 등이 포함되어 있다. 미국과 독일 두 나라의 미술가가 전체의 50%이다.

〈6-26A〉 세계 20대 미술가의 아트팩츠와 아트프라이스 순위 (2014년)

	Artprice 1-20위	Artprice 20-300위	Artprice 301위 이상
Artfacts 상위 20	Andy Warhol 1 Pablo Picasso 2 Gerhard Richter 4	Sigmar Polke 45 Ed Ruscha 54 Georg Baselitz 101 Cindy Sherman 107 Louise Bourgeois 117 Robert Rauschenberg 137 John Baldessar 251 Rosemarie Trockel 252	Sol LeWitt 320 Bruce Nauman 340 Joseph Beuys Lawrence Weiner Thomas Ruff Francis Alys Erwin Wurm William Kentridge Man Ray
	Artfacts 1-20위	Artfacts 20-300위	Artfacts 301위 이상
Artprice 상위 20	Andy Warhol 1 Pablo Picasso 2 Gerhard Richter 4	Roy Lichtenstein 21 Alberto Giacometti 74 Jeff Koons 86 Cy Twombly 118 Claude Monet 204 Willem De Kooning 214 Jean-Michel Basquiat 218 Mark Rothko 278	Francis Bacon 394 Amedeo Modigliani Qi Baishi Zhang Daqian Zao Wou-Ki Fu Baoshi Xu Beihong Huang Zhou Huang Binhong

미술가의 예술적 명성에 관한 이러한 평가가 미술시장에서 이루어지는 경제적 가치에 대한 평가와 어느 정도 연관성을 지니는 것인가 즉 미술가의 예술성과 경제성이 얼마나 관련되어 있는가 하는 문제를 살펴보자. 여기서는 아트팩츠와 아트프라이스의 2014년 자료를 서로 비교해보기로 한다(〈6-26A〉).

첫째, 세계 미술가들 중 아트팩츠 순위에서 상위 20위까지 미술가들의 아트프라이스 순위다. 앤디 워홀Andy Warhol, 1928-1887, 피카소Pablo Picasso, 1881-1973, 게르하르트 리히터Gerhard Richter, 1932- 등 3명은 20위 이내, 지그마 폴케Sigmar Polke, 에드 루샤Ed Ruscha, 게오르크 바젤리츠Georg Baselitz 등 8명은 21-300위에 포함되어 있다. 20명 중에서 모두 11명이 300위 이내에 들어 있다.

둘째, 아트프라이스 순위에서 상위 20위까지 미술가들의 아트팩츠 순위다. 20위 이내 3명, 21-300위 8명으로 모두 11명이 300위 이내에 들어 있다.

〈6-26B〉 세계 20대 동시대 미술가의 아트팩츠와 아트프라이스 순위 (2014년)

	Artprice 1-20위	Artprice 21-300위	Artprice 301위 이상
Artfacts '상위 20'	Martin Kippenberger [illegible] Damien Hirst 10 Cindy Sherman 13 Anselm Kiefer 17	Ai Weiwei 23 Franz West 89 William Kentridge 97 Mike Kelley 106 Rosemarie Trockel 136 Thomas Ruff 146 Olafur Eliasson 188 Fischli & Weiss 203 Paul McCarthy 218 Wolfgang Tillmans 235 Marina Abramovic 265	Francis Alys Erwin Wurm Douglas Gordon Christian Marclay Mona Hatoum
	Artfacts '1-20위'	Artfacts '20-200위'	Artfacts '201위 이상'
Artprice 상위 20	Cindy Sherman 1[illegible] Martin Kippenberger 14 Damien Hirst 17 Anselm Kiefer 2[illegible]	Richard Prince 35 Jeff Koons 39 Anish Kapoor 73 Keith Haring 94 Christopher Wool 100 Jean-Michel Basquiat 110	Wade Guyton Peter Doig Rudolf Stingel Mark Grotjahn Mark Tansey Nara Yoshitomo Zeng Fanzhi Xinjian Zhu Zhou Chunya Liu Wei

주: 〈6-26B〉의 Artfacts 순위는 1945년 이후 출생한 미술가들 중에서 순위임.

세계 동시대 미술가(여기서는 1945년 이후 출생한 미술가를 의미함)만을 대상으로 비교해 보더라도 이와 비슷한 결과가 나타난다(〈6-26B〉).

첫째, 아트팩츠 순위 기준으로 상위 20위까지 동시대 미술가의 아트프라이스 순위다. 마르틴 키펜베르거Martin Kippenberger, 1953-1997, 데미안 허스트Damien Hirst, 1965- , 신디 셔먼Cindy Sherman, 195[illegible]- , 안젤름 키퍼Anselm Kiefer, 1945- 등 4명이 20위 이내, 아이웨이웨이艾未未, Ai Weiwei, 1957- , 프란츠 웨스트Franz West, 1947-2012, 윌리엄 켄트리지William Kentridge, 1955- 등 11명은 21-300위에 포함되었다. 총 15명이 300위 이내다.

둘째, 아트프라이스 순위에서 상위 20위까지의 동시대 미술가들의 아트팩츠 순위다. 20위 이내 4명, 20-200위 6명으로 총 10명이 200위 이내다. (여기서 아트팩츠 순위는 전체 순위가 아니고 1945년 이후에 출생한 미술가 중에서 순위다. 아트프라이스의 자료가 1945년 이후 출생한 작가들을 대상으로 하기 때문에 그것과 기준을 일치시킨 것이다.)

아트팩츠 20대 미술가 중 다수는 아트프라이스에서도 최상위권이 속해 있으며, 아트프라이스 20대 미술가 중 다수도 아트팩츠 최상위권에 속해 있다. 결과적으로 미술계 전문가들에 의해 형성되는 미술가의 예술적 역량에 대한 평가와 미술시장에서 수요자에 의해 이루어지는 경제적 가치에 대한 평가는 완전히 분리된 것이 아니고 일정한 연관성을 지니고 있으며 현실적으로 서로 영향을 주고받는 관계라 할 수 있다.

미술가는 단순한 미술 생산자로서의 역할뿐만 아니라 미술계의 다른 주체들과 교감하면서 미술계artworld의 흐름을 만들어가는 역할을 한다. 오늘날 미술가의 작업에 대한 일반 대중의 관심이 나날이 증대하고 있고 미술가의 대외적 영향력도 커졌다. 일부 미술가들은 미술계 외부의 사회나 정치에도 상당한 힘을 미치기도 한다. 미술계는 미술가 외에 수집가, 화랑 운영자, 갤러리스트, 아트딜러와 아트컨설턴트, 경매회사 운영자, 경매사, 전시제작자, 미술관 운영자, 큐레이터, 비평가, 전문잡지 기자 등 다양한 주체들이 상호 결합되어 있는 커다란 생태계다. 아트리뷰ArtReview는 매년 모든 미술계 관계자들을 통틀어 가장 영향력 있는 동시대 미술계의 주도적 인물most influential people in the contemporary artworld 100명을 선정하고 있다. 그 중 미술가가 2005년 23명, 2010년 22명, 2015년 25명으로 가장 큰 비중을 차지했다(〈6-27〉). 2005년에는 데미안 허스트Damien Hirst, 1965-가 1위에 올랐고, 브루스 나우먼Bruce Nauman, 1941-이 9위였다. 2010년에는 마리나 아브라모비치Marina Abramović, 1946-가 5위, 제프 쿤스Jeff Koons 1955-가 7위였다. 2015년에는 아이웨이웨이Ai Weiwei, 1957-가 2위, 마리나 아브라모비치가 8위였다.

〈6-27〉 동시대 미술계에서 가장 영향력 있는 100명 중 미술가 (2005-2015)

순위	2005년 (23명)	순위	2010년 (22명)	순위	2015년 (25명)
1	Damien Hirst	5	Marina Abramović	2	Ai Weiwei
9	Bruce Nauman	7	Jeff Koons	8	Marina Abramović
11	Herzog and de Meuron	10	Cindy Sherman	11	Wolfgang Tillmans
13	Richard Serra	15	Ai Weiwei	14	Jeff Koons
20	Neo Rauch	16	Gerhard Richter	18	Hito Steyerl
22	Richard Prince	31	Isa Genzken	27	Gerhard Richter
25	Gerhard Richter	36	Wolfgang Tillmans	29	Pierre Huyghe
28	Takashi Murakami	38	Pierre Huyghe	30	Theaster Gates
34	Jeff Wall	39	Steve McQueen	32	Ryan Trecartin
35	Renzo Piano	43	Ryan Trecartin	37	Isa Genzken
37	Paul McCarthy	44	Theaster Gates	39	Anton Vidokle, Julieta Aranda & Brian Kuan Wood
39	Ed Ruscha	47	Hito Steyerl	41	Cindy Sherman
42	John Baldessari	50	Liam Gillick	42	Rirkrit Tiravanija
45	Marlene Dumas	52	Yayoi Kusama	45	Thomas Hirschhorn
49	Rem Koolhaas	54	Thomas Hirschhorn	51	Steve McQueen
52	Peter Doig	55	Christopher Wool	53	Yayoi Kusama
54	Anselm Kiefer	63	Rosemarie Trockel	54	Liam Gillick
58	Chris Ofili	66	Tino Sehgal	59	Christopher Wool
62	Jeff Koons	74	John Baldessari	64	Olafur Eliasson
72	William Eggleston	86	Mark Leckey	67	Luc Tuymans
75	Zaha Hadid	88	Olafur Eliasson	80	Akram Zaatari
85	The Christos	94	Akram Zaatari	81	William Kentridge
97	Rachel Whiteread			83	Trevor Paglen
				86	Bose Krishnamachari & Riyas Komu
				89	Rick Lowe

주: 1. 미술가 외에 다른 시각예술가 포함
2. 숫자는 100명 중의 순위를 나타냄

자료 : ArtReview, Power 100, 2005, 2010, 2015.

제7장 미술생산

7.1. 미술생산의 의의

7.1.1. 산업적 의의

일반적으로 산업은 생산자 수가 얼마나 많은가, 그리고 생산되는 재화가 얼마나 동질적인가에 따라 네 가지로 구분된다.

첫째, 경쟁competition산업이다. 수많은 생산자가 존재하고 이들이 공급하는 제품은 모두 동질재homogeneous goods인 산업이다. 동질재는 표준화되어 있고 다른 제품과 쉽게 대체될 수 있는 재화를 말한다. 경쟁시장에서는 제품이 똑같기 때문에 가격으로 경쟁을 해야 한다. 다른 생산자보다 비싼 가격으로 팔면 팔리지 않는다. 싸게 팔면 더 많이 팔 수 있지만 수익을 얻기 어렵다. 그러므로 경쟁산업에서는 모든 생산자가 비슷한 가격에 팔고 비슷한 수익을 얻는다.

둘째, 독점monopoly산업이다. 하나의 생산자만 있는 산업으로 여기서는 다른 제품들과 완전히 구별되고 대체될 수 없는 차별재differentiated goods 혹은 이질재heterogeneous goods가 공급된다. 독점산업에서는 생산자가 시장지배력을 행사한다. 재화의 가격을 자신이 정하고 경쟁산업에서 얻을 수 없는 초과수익을 얻는다.

셋째, 과점oligopoly산업이다. 둘 이상 몇 명의 생산자만 있는 산업이다. 이들이 공급하는 제품은 동질적인 경우도 있고 이질적인 경우도 있다. 과점산업에서도 생산자는 어느 정도의 시장지배력을 행사하고 약간의 초과수익을 얻는다. 경쟁시장과 달리 생산자가 몇 명 되지 않기 때문에 서로 담합해서 공동으로 가격을 정하고 수익을 더 늘리려고 할 수 있다.

넷째, 독점적 경쟁monopolistic competition산업이다. 많은 수의 생산자가 있는 산업이지만 각각 이질성을 지닌 차별재를 공급한다. 생산자가 차별재를 공급하는 점은 독점산업과 같고, 생산자가 다수라는 점은 경쟁산업과 같다. 이 산업에서는 경쟁산업과 독점산업의 성격이 복합적으로 나타난다. 독점적 경쟁산업에서는 제품차별화product differentiation가 핵심 변수다. 독점적 경쟁은 생산자가 자기 제품을 차별화하려고 의식적으로 노력함으로써 성립된다. 만일 어떤 제품이 다른 경합 제품들과 완전히 차별화된다면 생산자는 독점산업에 가까운 지위를 갖게 되고 반대로 제품의 차별성이 거의 없다면 경쟁산업에 가까운 지위에 놓이게 된다.

이 네 가지 산업 유형 중 미술산업은 독점적 경쟁산업에 속한다. 미술산업 내부에 많은 미술가들이 생산활동을 하고 있고 각자 서로 이질성을 지닌 미술품을 생산하고 있기 때문이다. 다른 독점적 경쟁산업과 마찬가지로 미술산업에서도 제품차별화가 관건이 된다. 생산하는 미술품이 개성과 독창성을 갖지 못한다면 미술가는 경쟁산업 생산자와 유사한 상황에 직면하게 된다. 반대로 매우 강력한 차별성을 확보하고 질적으로 우수한 작품을 만들어내는 미술가라면 독점산업 생산자와 유사한 지위를 가질 수 있다.

대다수 미술가들은 제품차별화의 정도가 미약하기 때문에 상당히 높은 경쟁에 직면하고 있으며 소수의 미술가들만 차별화된 작품을 생산한다. 미술가의 라이프사이클(7.3. 생산자 유형과 라이프사이클 및 〈7-8〉 참조)과 관련지어 보자면 입문단계 미술가들은 기존 미술가들을 모방하거나 낮은 수준의 차별성밖에 없는 작품을 생산한다. 성장단계부터는 점점 차별화의 수준이 높아지고 틈새시장을 가질 수 있게 된다. 그리고 성숙단계에 도달한 미술가들은 개성과 독창성을 담보하는 작품으로 주류 미술시장에서 자신의 영역을 확보하며, 이들 중에서 일부는 다른 대체재 없이 독점적 지위를 누리기도 한다. 그러나 미술산업 전체가 독점산업이 되거나 소수의 스타미술가들에 의한 과점산업이 되기는 어렵다. 한 사람 또는 몇 사람이 미술산업 전체 수요를 감당하는 것은 현실적으로 불가능하다.

〈7-1〉 미술생산의 산업적 의의

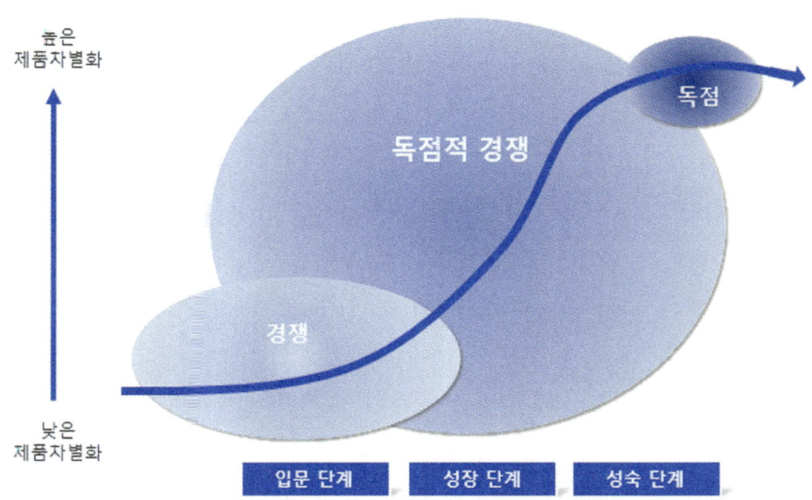

7.1.2. 기술적 의의

기술적 측면에서 미술생산의 특징은 첫째, 수공업적artisan, handcrafted생산이라는 점이다. 수공업은 기계를 사용하지 않고 손과 간단한 도구를 사용하는 생산을 의미한다. 수공업은 오래된 생산방식으로 사람들이 도구를 사용할 때부터 존재했고 근대 이전까지 지배적 생산방식이었다. 근대 이후 산업혁명을 통해 기계공업이 확립됨에 따라 수공업은 대부분의 산업 분야에서 쇠퇴했다. 그러나 실용미술을 제외한 순수미술 분야는 오늘날까지지도 수공업 방식으로 생산이 이루어지고 있다. 근대 이전인 15세기 르네상스 미술이나 20세기 후반의 탈근대 포스트모더니즘 미술이나 생산방식에서 근본적인 변화나 차이점이 없다.

미술생산은 수공업 방식에 의존하기 때문에 대량생산이 불가능하다. 대량생산은 동일한 제품을 반복적으로 많이 생산하는 것을 의미한다. 반 고흐Vincent van Gogh, 1853-1890는 여러 점의 자화상과 해바라기를 그렸지만 제목이 같을 뿐 실제로는 하나하나 다른 그림이다. 오늘날 일부 미술가들은 기계적 방법을 활용해서 작품을 제작하기도 하지만 기계가 미술가의 노동력을 대체할 정도로 비중 있게 사용되는 경우는 드물다. 미술품을 대량생산하는 것은 물리적으로 불가능하고 일반 공장에서 이용하는 대량생산 방식은 미술생산과 양립할 수 없다. 대량생산을 하면 즉 동일제품을 계속 많이 만들면 제품 당 평균비용은 줄어든다. 이것을 규모의 경제economy of scale라고 하는데 미술생산에서는 규모의 경제가 작동하지 않는다.

둘째, 노동집약적labor-intensive 생산이다. 미술작품 제작 과정에서 미술가의 직접 노동이 차지하는 비중은 절대적이다. 미술 생산과 관련된 다른 모든 요소들은 부차적인 의미밖에 없다.

노동집약적이라는 것은 미술품 생산에 노동력 말고는 달리 많은 자본이 필요하지 않다는 뜻이다. 일반 재화는 생산을 시작하려면 공장부터 짓고 기계, 설비 등을 구비해야 하지만 미술생산에는 그런 것이 필요 없다. 공장, 기계, 설비 등을 고정요소라 하고, 거기 들어가는 비용을 고정비용fixed cost이라 한다. 고정비용은 생산을 하든 안 하든 고정적으로 드는 비용이다. 미술생산은 고정비용이 거의 없기 때문에 진입장벽barriers to entry이 아주 낮고 누구나 마음먹기만 하면 쉽게 생산자로 참여하여 활동을 시작할 수 있다. 그만큼 경쟁의 압력이 큰 것이다.

셋째, 통합된integrated 생산이다. 일반적으로 제품 생산은 구상conception단계와 실행execution단계로 진행된다. 구상은 제품을 기획하고 설계하는 단계이고 실행은 그것을 실제로 제작하는 단계다. 오늘날 일반 재화 생산에서는 구상과 실행이 분리되어 각기 다른 주체에 의해 수행된다. 제품을 기획하고 설계하는 일은 경영자와 기술자가 맡고 그 제품을 제작하는 일은 일반 노동자가 맡는다. 구상과 실행의 관계는 머리와 손발의 관계와 같다. 미술생산에서는 그러한 분업과 협업이 없으며 모든 구상과 실행 기능을 미술가 개인이 통합적으로 수행한다. 미술가는 작품에 대해 '작가'author, auteur로서 전적인 책임을 지고 작품에 대한 권리도 혼자 갖는다.

미술생산에서 구상과 실행 기능이 분리된separated 생산방식은 전근대 길드guild제도 하에서 장인 미술가와 제자들의 공동작업 형태로 존재한 적이 있었다. 이는 근대 이후 개인주의적 생산이 지배적으로 되면서 사라졌다. 오늘날에도 미술가가 조수들을 고용하여 자신은 구상 기능을 수행하고 실행 기능은 조수들에게 맡기는 사례가 있지만 예외적인 경우라 할 수 있다.

이러한 통합된 생산방식 하에서는 전체 노동시간이 일정하다면 작품의 양과 질은 반비례하게 된다. 작품의 양을 늘리려면 작품 당 평균 노동시간을 줄여야 하는데 제작을 위한 실행노동은 줄이기 어렵다. 작품 제작에는 물리적으로 일정 시간 이상 투입해야 하기 때문이다. 결국 구상 노동시간을 줄여야 하는데 구상노동은 작품의 질과 직결된다. 〈7-2〉는

〈7-2〉 미술가의 구상노동과 실행노동

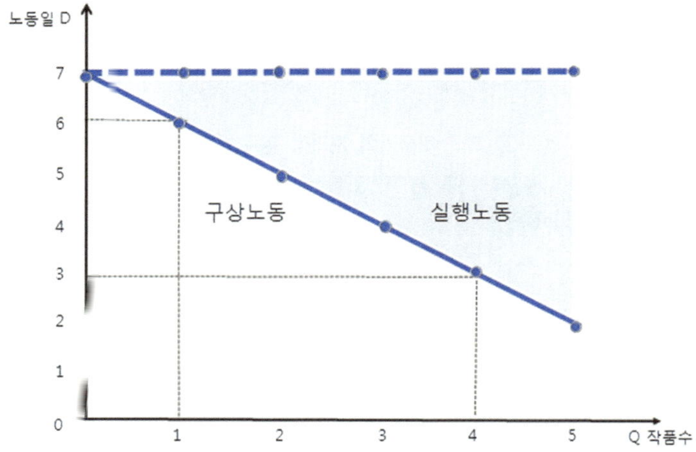

미술가가 일주일(7일)을 구상노동과 실행노동에 배분하는 사례를 예시하고 있다. 하루 8시간씩 작업하고, 작품 1점을 제작하는데 하루치의 노동이 투입되어야 한다고 하자. 만일 일주일 동안 작품 1점을 제작하고자 한다면 6일을 작품 구상에 투입할 수 있다. 그런데 이 미술가가 작품 4점을 제작하고자 한다면 작품 제작에 4일이 투입되어야 하므로 구상에 할애할 시간은 3일로 줄어든다. 작품 한 점 당 평균 구상 시간이 채 하루도 되지 않는 것이다. 작품 양을 늘리고도 작품의 질을 유지하려면 전체 노동시간을 더 늘려야 하고 작업에 깊이 몰입해 집중도를 높여 전체 노동강도intensity of labour를 더 강화해야 한다.

7.1.3. 지리적 특성

미술생산은 지리적으로 집중되는 특성을 지닌다. 특정한 도시를 중심으로 생산이 이루어지고 도시 내에서도 특정 지역을 중심으로 생산이 이루어진다.

2010년 미국의 경우 뉴욕에 전체 미술가의 6.9%인 14,265명이 거주하고 로스앤젤레스에 4.6%인 9,645명이 거주한다(<7-3>). 이들 두 도시에 대한 미술가의 집중도는 다른 직종의 일반노동자에 비해 높다. 뉴욕은 2.6배, 로스앤젤레스는 3.5배다.

미술생산이 지리적으로 집중되는 것은 그만큼 집중효과economies of agglomeration가 크기 때문이다.

예술가 집단은 다른 어느 직업군보다도 서로 많은 영향을 주고받는 공동체적 속성을 지닌다. 설치미술과 같은 분야는 미술생산자의 사회적 네트워크 자체가 작품 생산 활동에 필수적이다. 미술가의 창작활동 자체는 개인적인 작업이지만 그것을 가능케 하는 기획, 전시, 판매 등은 관련 네트워크가 없이는 불가능하다. 뿐만 아니라 예술가의 정체성을

〈7-3〉 미국 미술가의 지리적 분포 (2010년)

	미술가		사진가		예술가	전체노동자
	시내	(근교포함)	시내	(근교포함)		
뉴욕	14,265	22,235	9,330	14,640	140,915	4,104,330
	6.9%	10.7%	6.1%	9.5%	6.8%	2.7%
로스앤젤레스	9,645	20,470	4,840	11,185	96,150	1,979,040
	4.6%	9.9%	3.1%	7.3%	4.6%	1.3%
전국	207,590		153,930		2,081,735	154,037,475
	100.0%		100.0%		100.0%	100.0%

자료: NEA, Tables from the EEO, 2006-2010 Data에서 작성 (이 자료의 원 출처는 U.S. Census Bureau임.)

획득하고 예술가로서 인정을 받는 것도 모두 동료들과의 관계 속에서 이루어진다. 미술가의 창조성도 동료 예술가들의 상호작용 속에서 형성되고 성장한다.

문화의 생산, 유통, 소비 기능 등이 집중된 지역을 문화 지구cultural district라 부른다. 문화지구 가운데 문화 생산 기능은 없이 문화 소비 기능 중심인 유형도 있고, 문화 생산 기능을 중심으로 형성된 유형도 있다. 이들 중 후자를 특별히 문화 클러스터cultural cluster라 부른다. 문화 클러스터에서는 문화 생산자가 주도 역할을 하고 이들의 창작 네트워크가 중심에 자리 잡고 있다. 예술 지구arts district나 예술 클러스터arts cluster도 이와 유사한 맥락으로 사용되는 개념이다.

20세기 후반 뉴욕에서는 미술가들에 의해 클러스터들이 형성되었다. 1960-1970년대의 맨해튼 소호SoHo, 1990년대의 맨해튼 첼시Chelsea, 2000년대의 브루클린 윌리엄스버그Williamsburg 등이 그 사례다.

중국 베이징에서도 2000년대 들어 다산쯔 '798예술지구'(798艺术区, 798 Art Zone) 같은 클러스터가 조성되었다. 군수품 생산 지역으로 철거 예정이었던 다산쯔 지역은 오늘날 중국 미술의 국제화를 선도하는 지역이 되었다.

19세기 후반에서 20세기 전반까지는 파리가 세계 미술생산의 중심지였고 20세기 후반에는 뉴욕이 세계 미술생산을 주도했다. 21세기 들어와 세계 미술생산의 지리적 구조는 일극체제unipolar structure에서 다극체제multipolar structure로 변모했다. 동시대 미술을 파리, 뉴욕 두 도시가 차례로 지배했던 20세기와 비교하면 미술생산 중심지는 훨씬 분산되었다. 미국의 뉴욕, 로스앤젤레스, 유럽의 런던, 베를린, 파리, 밀라노, 동아시아의 베이징 외에도 많은 도시들이 미술생산의 거점으로 떠오르고 있다. 각국 정부가 문화 클러스터 혹은 예술 클러스터를 효과적인 도시 재생과 성장 수단으로 인식하면서 나라마다 클러스터 육성에 많은 정책적 노력을 기울이고 있다.

그러나 뉴욕 몇몇 지역이나 베이징 다산쯔의 사례에서 나타나듯이 미술가들이 형성한 클러스터가 장기적으로 유지되기 어렵다. 그 과정은 〈7-4〉에 나타낸 바와 같다.

미술가들에 의해 클러스터가 형성되는 지역은 본래 낙후된 지역들로 미술가들이 이곳에 진입하는 것은 저렴한 생활비 등 경제적 이유 때문이다. 미술가들 수가 늘고 화랑 등 관련업체들이 들어가 클러스터를 형성하면 그 다음에는 식당과 카페, 의류 및 패션 매장, 유흥 오락 시설 등 상업시설이 추가적으로 진입한다. 이 과정에서 문화 생산과 소비가

〈7-4〉 미술가 클러스터의 형성과 해체

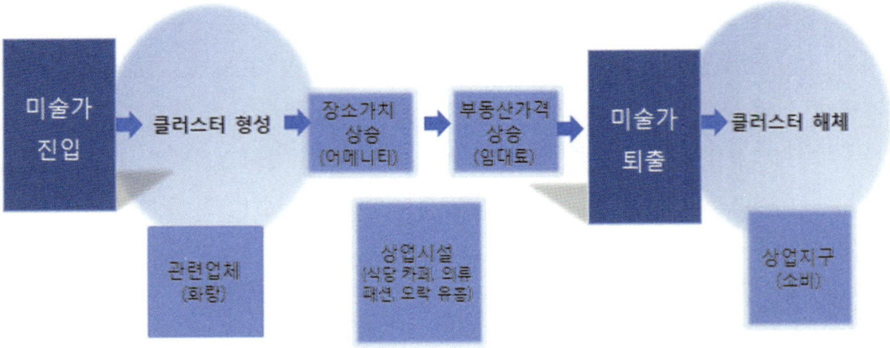

늘고 지역의 문화적 가치와 어메니티amenity가 향상되므로 지역의 장소 가치가 상승하고 부동산 가격과 임대료 등이 상승한다. 결국 생활 여건 악화로 가난한 미술가들은 그 지역에서 퇴출되고 문화 생산자 중심의 클러스터는 해체된다. 문화 소비 기능이 남고 그것을 중심으로 고급 상업지구로 재편된다. 지역 내 예술활동 확대로부터 발생한 이익은 부동산 가격 상승을 통해 부동산 개발업자들에게 귀속된다(Diana Crane, p.19).

7.2. 미술생산의 결정

생산자는 자신이 생산하는 재화의 가격과 비용을 고려하여 생산을 조절한다. 재화의 가격이 오르면 생산을 늘리고 재화를 생산하는데 드는 재료비 등 비용이 오르면 생산을 줄인다. 미술품 생산도 가격과 비용에 영향을 받는다. 그러나 미술품은 대량생산되어 시장에 공급되는 일반 재화와 성격이 다르기 때문에 여기서도 상이한 점이 있다.

미술품 생산을 결정하는 것은 경제적 동기뿐만이 아니다. 많은 미술가들은 비록 수익이 기대되지 않는 경우라도 생산 활동을 중단하지 않으며 평생 동안 예술의 사도로서 복무한다. 예술가로서의 삶과 자기표현이 훨씬 더 중요하기 때문이다.

7.2.1. 가격과 비용

가격

가격과 공급량의 관계를 그래프로 표시한 것을 공급곡선이라고 한다. 일반적인 재화는 가격이 오르면 생산이 늘어난다. 미술품은 가격이 오르든 내리든 생산을 늘리거나 줄일 수 없다. 미술품은 하나하나가 이질적이며 유일무이한 성격을 지닌다. 가격이 오르더라도 똑같은 작품을 더 생산해 팔지 못한다.

〈7-5〉는 미술품의 공급곡선을 나타낸 것이다. 가령 미술시장에 5점의 작품 A, B, C, D, E가 공급되었다고 하자. 이들 5작품은 모두 같은 미술가의 것일 수도 있고 여러 미술가의 것일 수도 있다. 5작품 각각의 공급곡선을 개별 공급곡선(S_A, S_B, S_C, S_D, S_E)이라 하고 5작품으로 구성된 시장 전체의 공급곡선을 시장 공급곡선(S)이라고 한다. 여기서 미술품 공급곡선의 특징을 찾아볼 수 있다.

첫째, 미술품의 개별 공급곡선은 일반 재화와 달리 수직선의 모습이다. 다른 재화는 가격이 오르면 공급량이 늘어나므로 개별 공급곡선이 오른쪽 위로 올라가는 모습이 된다. 하지만 미술품은 서로 이질적이고 각각 유일하므로 가격이 올라도 공급이 늘어날 수 없다.

한편 가격이 일정수준 이하로 내려가면 손해가 나므로 생산을 할 수 없다. 생산 활동 지속을 위해 필요한 최저 가격 수준이 존재하는 것이다. 미술품 제작에는 미술가의 창조적

〈7-5〉 미술품의 공급

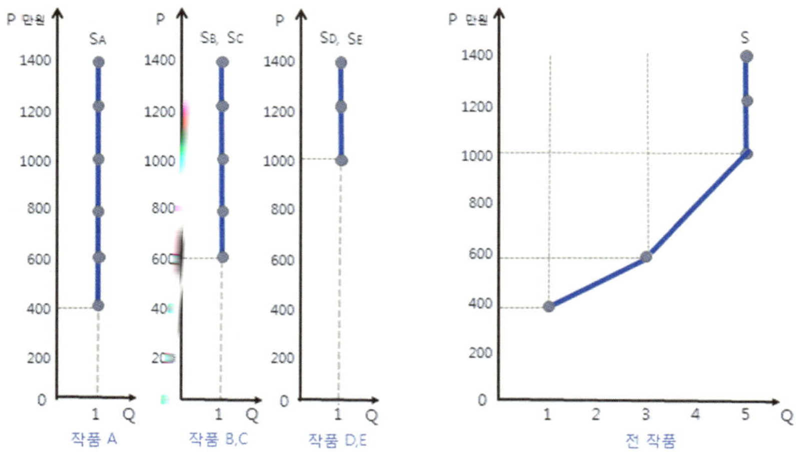

노력을 포함한 여러 비용이 투입되므로 최소한 그것을 보상할 수 있는 가격보다 높아야 미술품이 공급될 수 있다. 이 가격을 미술시장에서 유보가격reserve price이라 한다. 미술품의 개별 공급곡선에서 유보가격은 S_A는 400만 원, S_B, S_C는 600만 원, S_D, S_E는 1,000만 원으로 나타나 있다. 일반 기업에서는 생산을 안 해도 고정비용이 발생하기 때문에 손해가 될지언정 어느 정도까지는 더 낮은 가격이라도 생산과 공급을 계속한다. 고정비용이 거의 안 드는 미술생산에서는 유보가격 이하에서 미술품을 공급할 필요가 없다. 다만 예외적으로 비경제적인 다른 고려(예컨대 홍보 목적) 때문에 손해를 보면서 유보가격보다 더 낮은 가격에 공급하는 경우도 존재할 수 있다.

둘째, 미술품의 시장 공급곡선은 다른 일반 재화와 마찬가지로 오른쪽 위로 올라가는 형태다. 시장 가격이 400만 원일 때 미술품이 1점(A)만 공급될 수 있지만 가격이 600만 원이 되면 3점(A, B, C)이 공급될 수 있다. 가격이 1,000만 원이 되면 5점이 모두 공급된다. 시장 공급곡선은 개별 공급곡선을 수평으로 합친 것이다. 그런데 시장 공급곡선의 의미가 일반 재화와 미술품에서 같지 않다. 일반 재화는 동질적인 개별 재화들이므로 모두 같은 가격에 거래된다. 그러나 서로 이질적인 미술품의 경우는 개별 작품들이 각기 다른 가격으로 거래된다.

미술시장에서 가격이 오르면 미술품의 생산량이 늘어난다. 가격이 오르면 그만큼 이익이 늘기 때문이다. 가격이 오르면 이전에는 손해가 나서 생산할 수 없었던 작품도 이익을 낼 수 있고 생산을 하게 된다. 유보가격 이하의 작품 수가 줄어들고 더 많은 미술가가 더 많은 작품을 생산한다. 이처럼 시장가격이 상승하면 미술품의 전체적인 생산량이 늘어난다. 하지만 그것은 한 가지 동일한 미술품이 아니라 각기 이질적인 여러 미술품이라는 점에 유의해야 한다.

비용

하나의 미술품이 생산되려면 여러 생산요소가 투입되어야 한다. 미술가의 재능과 시간 같은 인적 요소, 물감과 다른 재료 같은 물적 요소도 들어가야 한다. 그 밖에 작업실을 임대하고 전기나 수돗물도 사용해야 한다. 미술품을 제작하는데 필요한 각종 생산요소를 구입하고 사용하는 일체의 비용을 제작비production cost라 한다.

다른 재화와 마찬가지로 미술품 제작비는 크게 인건비, 재료비, 기타 경비로 구분할 수 있다.

첫째, 인건비는 미술가에게 지급되는 보수다. 미술가가 작업한 기간뿐만 아니라 미술가의 예술적 경력과 명성에 따라서 차이가 있다. 인건비는 기회비용opportunity cost으로 추정할 수 있다. 만일 어떤 미술가가 그 시간에 미술품 제작에 종사하지 않고 다른 일을 했다면 받을 수 있을 최대 수입을 그 미술가에 대한 인건비로 간주하는 것이다.

미국 출신으로 영국에서 활동한 휘슬러James Abbott McNeill Whistler, 1834–1903는 1877년 런던에서 전시회를 개최했다. 이 전시에 대해 당대 최고의 영향력을 지닌 비평가 러스킨John Ruskin이 혹평을 했다. 휘슬러의 「검정과 황금색의 야상곡, 떨어지는 로켓」Nocturne in Black and Gold, The Falling Rocket, 1875, 60x47cm을 두고 '사람들 얼굴에다 페인트 통을 퍼부은 것'flinging a pot of paint in the public's face이라고 조롱했다. 러스킨의 혹평으로 휘슬러 수집가들은 크게 동요했다. 경제적 손해와 인격적 침해를 입은 휘슬러는 러스킨을 상대로 소송을 제기했다. 그 재판에서 러스킨은 작품 제작에 들인 시간에 비해 작품값200 guineas이 과도하게 높게 책정되었다고 주장했다. 이에 대해 휘슬러는 그 그림이 이틀 만에 그려진 건 사실이지만 필생의 노력을 집중시킨 결실이라고 반박했다. 현실적으로 미술가의 인건비가 제작비의 중요한 부분을 차지하고 있으나 인건비를 객관적이고 정확하게 산출하는 데는 어려움이 있다.

둘째, 재료비는 미술 작업의 기본적인 소재나 도구를 구입하는 비용이다. 재료비는 매체에 따라 차이가 크다. 조각은 회화보다 재료비가 더 든다. 회화에서도 유화는 아크릴화보다 재료비가 더 든다. 작품의 크기도 재료비에 영향을 미친다. 초대형 벽화는 거실용 그림보다 재료비가 훨씬 더 드는 게 당연하다.

셋째, 경비는 미술품 제작에 들어간 비용 중 필수적 비용이라고 할 수 있는 인건비와 재료비를 제외한 나머지 비용이다. 제작 기간 동안의 작업실 임대료, 전기와 수도 사용료, 통신료, 보험료, 세금 등이 여기에 포함된다.

〈7–5〉의 공급곡선에 나타난 작품 A의 비용 조건을 예를 들어 표시한 것이 〈7–6〉이다. 작품 A의 제작비는 인건비 100만 원, 재료비 50만 원, 경비 50만 원을 합쳐 200만 원이다. 미술가는 제작비 이하의 가격으로는 시장에 작품을 내놓을 수 없다. 일반적으로 미술품은 미술가가 소비자에게 직접 판매하는 것이 아니라 화랑 같은 매개자를 통해서 판매한다. 따라서 제작비 외에 판매비selling expenses가 추가된다. 여기에는 화랑의 판매 수수료 외에 전시장 임대료, 도록 제작비, 포장 · 운반비, 보험료 등 각종 판매경비가 포

〈7-6〉 미술품의 비용과 공급

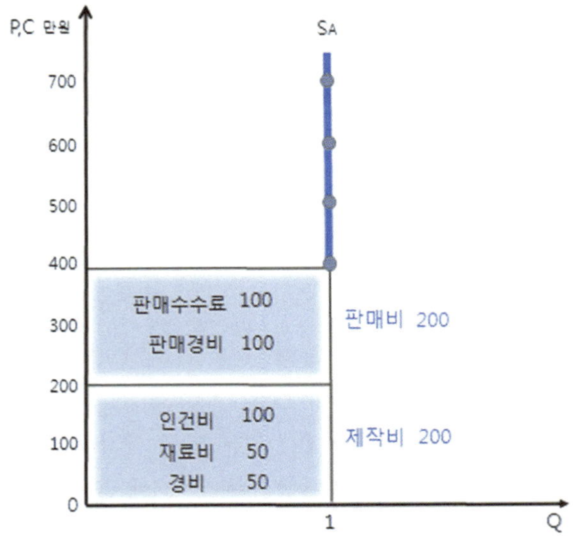

함된다. 작품 A의 판매비는 판매수수료 100만 원, 판매경비 100만 원을 합쳐 200만 원이다.

총비용은 제작비와 판매비를 합친 것으로 미술가가 미술품을 생산해서 시장에 공급할 수 있는 최저가격 즉 유보가격이 된다. 작품 A의 유보가격은 제작비 200만 원과 판매비 200만 원을 더한 400만 원이다. 〈7-5〉의 공급곡선에서 작품 A, 작품 B, C, 작품 D, E의 유보가격이 각각 400만 원, 600만 원, 1,000만 원으로 상이한 것은 총비용의 차이에 의해 발생한 결과이다.

미술가의 수익은 작품 가격에서 총비용을 뺀 것이다. 그러므로 판매비가 일정하다고 가정하면 제작비가 늘어날수록 미술가의 수익은 줄어들고 미술품 생산과 공급이 점점 줄어들 것이다. 반대로 제작비가 줄어들면 그만큼 미술품 생산과 공급이 늘어난다.

제작비가 많이 드는 분야에서는 미술품의 생산과 공급 가능성이 적다. 예를 들어 회화에 비해 제작비가 훨씬 많이 드는 건축 분야에서는 뛰어난 건축가들이 자신의 혁신적 아이디어를 실제 건축으로 현실화시키지 못하고 사장시켜야 하는 사례가 빈번했다. 20세기 전반 미스 반 데어 로에Ludwig Mies van der Rohe, 1886-1969 등 모더니즘 건축가들은 설계도만 그리는 '종이 건축가'로 세월을 보내야 했다. 20세기 후반에도 해체주의 건축가 프랭크 게리Frank Gehry, 1929- 등은 성공하기 전 오랫동안 그러한 아픔을 겪었다.

반면 제작비가 하락하면 미술품의 생산과 공급이 증가한다. 근대사회에서 미술생산이 크게 늘어난 것은 제작비 특히 재료비가 전반적으로 하락한 결과이기도 하다.

19세기 산업혁명 이후 근대적 화학공업이 발달하면서 미술품 제작비에서 재료비가 차지하는 비중이 크게 줄어들었다. 그동안에는 광물, 식물, 동물에서 물감의 재료인 안료를 추출해 사용했다. 비용도 많이 들고 필요한 양을 조달하는데 제약이 많았다. 화학공업 발달에 힘입어 인공 안료가 개발되자 물감을 훨씬 싸고 간편하게 조달할 수 있게 되었다. 자연 안료는 색채를 확장하는데 한계가 있으나, 인공 안료는 훨씬 많은 종류의 색채를 만들어낼 수 있다. 1824년 금속 튜브가 개발되었고 1841년 이를 이용한 튜브 물감 paint tube이 초상화가 랜드John Goffe Rand, 1801-1873에 의해서 개발되었다. 튜브 물감이 1860년대부터 대량생산됨으로써 그림 제작은 훨씬 편리해졌고 재료비는 크게 하락했다. 이전까지는 제작비에서 재료비가 절대적인 비중을 차지했으나 점차 인건비에 비해 부차적 요소가 되었다.

19세기 후반에는 수입이 많은 아카데미 화가가 아니라도 수많은 미술가들이 작품 활동에 나설 수 있었다. 튜브 물감은 화가가 작업실뿐만 아니라 야외에서도 작업할 수 있도록 해주었다. 이전에는 풍경화를 그리더라도 야외에서는 스케치만 하고 실제 작품은 작업실에서 완성했다. 튜브 물감을 사용할 수 있게 되자 인상주의 화가들은 야외로 캔버스를 들고 나가 현장에서 그림을 완성했다. 이 과정에서 빛을 강조하는 새로운 회화 기법으로 전통적인 아카데미 회화를 혁신했다. 르누아르Pierre-Auguste Renoir, 1841-1919는 '튜브 물감이 없었다면 이른바 인상주의자들은 없었을 것'이라고 했다.

20세기 후반에는 유화 물감 대신에 보다 저렴한 아크릴 물감이 쓰이면서 미술품 재료비가 다시 한 번 하락했다. 이전보다 훨씬 많은 작품이 생산될 수 있는 여건이 조성된 것이다.

전통적 매체인 회화 작업 위주의 미술가들에게 재료비 부담은 과거에 비해 줄어들었다. 그러나 캔버스 위에 그림을 그리는 것이 아니라 미디어아트나 설치미술 등 새로운 매체를 사용하는 분야가 새로 등장하면서 더 많은 재료비가 발생하고 있다. 이것은 오늘날 미술품이 높은 가격에 거래되는 이유 중 하나이기도 하다.

재료비의 하락에도 불구하고 오늘날 미술품의 가격이 크게 떨어질 수 없는 또 다른 이유는 인건비에 있다.

근대 이후 일반 재화 생산에서는 노동 대신 기계의 사용이 늘림으로써 자본집약적 생산방식으로 넘어갔으나 미술생산은 여전히 노동집약적 생산에 의존하고 있다. 그 결과 노동생산성이 계속 상승하는 일반 재화의 생산과 달리 미술품 생산에서는 노동생산성 상승이 거의 일어나지 않는다. 자동차 한 대를 생산하는데 걸리는 시간은 100년 전보다 획기적으로 줄어들었지만 그림 한 점을 완성하는 데 소요되는 시간은 예전이나 지금이나 달라질 이유가 없다. 일반 재화는 시간이 흐를수록 노동생산성이 증가하고 그만큼 비용과 제품 가격이 낮아지지만 미술품은 그렇게 될 수 없다.

7.2.2. 미술가의 자기표현

생산 활동은 경제적 동기에 의해 일어난다. 생산자들은 금전적 수익을 기대하면서 생산 활동에 종사하고 장기적으로 손실이 예상되면 생산을 중단한다. 미술가는 흔히 금전적 수익이 기대되지 않는 경우에도 작품 활동을 중단하지 않는다. 미술가가 작품 활동을 하는 이유 가운데 경제적 동기는 부차적이고 부분적인 경우가 많기 때문이다.

미술가가 제작하는 작품은 두 종류가 있는데, 하나는 주문작품commissioned work이고 다른 하나는 투자작품speculative work이다. 주문작품은 미술가를 알고 있는 고객의 요청에 의한 것이다. 전근대 사회에서는 모든 작품이 주문 제작되었다. 옛 거장들의 작품들은 미술가의 개성보다는 주문자의 취향과 선호를 표현한 것들이 많다. 오늘날에도 초상화 같은 작품은 주문 제작된다. 투자작품은 수요자가 정해지지 않은 채 미술가가 생산을 하고 나중에 수요자를 찾는 작품이다. 근대사회에서는 주문작품이 소수이고 투자작품이 대부분이다. 근대 미술가는 판매될 가능성이 있든 없든 재능과 시간을 투입해 작품을 제작하고 작품의 수요자를 기다린다.

미술시장에서 판매가능성도 불확실하고 금전적 수익을 올릴 가능성이 불확실한데도 작품생산을 계속하는 이유는 미술생산이 가격, 비용, 수익 등의 경제적 고려만으로 결정되지 않기 때문이다.

미술품은 단순히 미술가의 생계수단이 아니라 예술가로서 자신을 표현하는 수단이다. 미술품이 경제적 가치와 예술적 가치를 아울러 지니듯이 미술가의 작품 생산 활동 역시 생계를 위한 경제적 활동인 동시에 자기표현self-expression의 예술적 활동이다.

인상주의, 후기인상주의 화가 중에는 반 고흐Vincent van Gogh, 1857-1991처럼 살아서 거의 평가받지 못했지만 미술에 헌신한 이들이 있다. 반 고흐는 미술계 가문 출신으로 삼촌은 구필 화랑Galerie Goupil 지점을 운영했다. 반 고흐는 구필 화랑 직원, 선교사 등 직업을 여러 번 바꾸다 스물일곱의 나이에 뒤늦게 화가가 되었다. 형의 재능을 확신한 동생 테오Theo van Gogh, 1857-1991는 형이 죽을 때까지 그림 재료비와 생활비를 댔다. 대신 그림은 아트딜러였던 테오가 가졌다. 반 고흐는 공식적인 미술교육을 받지 못했고 거의 독학으로 자신의 스타일을 형성했다. 「감자먹는 사람들」De Aardappeleters, 1885, 82×114cm이후 전통적 양식에서 벗어나 인상주의와 일본 판화(우키요에)를 연구했고 「해바라기」 연작(1888-1889) 등을 통해 새로운 양식을 구축했다. 반 고흐는 1886년 3월부터 프랑스 파리에서 1388년 2월부터는 프랑스 남부의 아를에서 1890년 5월부터는 파리 근교 오베르쉬르 우아즈Auvers-sur-Oise에서 작품활동을 했다. 아를 시절에는 고갱Paul Gauguin을 그곳으로 불러 예술가 공동체의 꿈을 실현하고자 했으나 뜻대로 되지 않았고 1888년 12월 심한 좌절감 속에 자신의 귀를 자르기도 했다. 그는 정신질환으로 오랜 고통에 시달렸다. 그것을 「별이 빛나는 밤」La Nuit étoilée, The Starry Night, 1889, 74×92cm이나 「까마귀가 나는 밀밭」Champ de blé aux corbeaux 1890, 50x103cm 등에서 자신만의 개성과 독창성으로 형상화했다. 반 고흐는 매일 매일을 '그림 그리는 기관차'처럼 생활했다. 화가로 살았던 십년동안 유화 860여점과 드로잉 · 스케치 · 수채화 · 판화 1,300여점 등 모두 2,100점 넘는 작품을 남기고 1890년 7월 서른일곱으로 세상을 마감했다.

미술품 생산에는 미술가의 경제적 동기가 크든 작든 작용하지만 미술가의 자기표현이라는 예술적 동기 또한 작용한다. 미술가의 자기표현 욕구가 강할수록 미술품의 생산은

〈7-7〉 미술생산의 결정

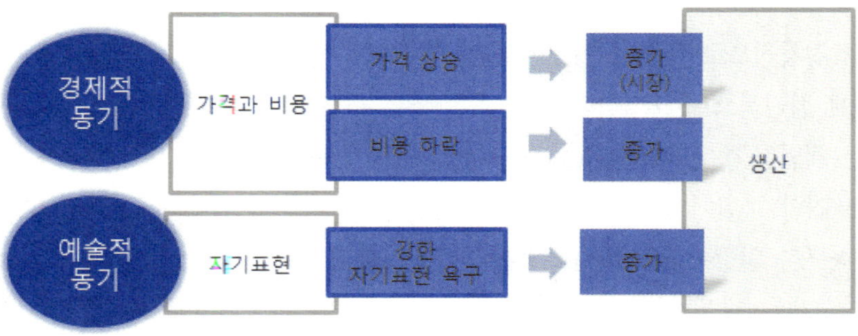

늘어난다.

순수미술의 상업화가 대폭 진전된 지금도 미술품 생산을 경제적 요소와 결부시키지 않으려는 미술가들이 많다. 경제적인 관점에서 보자면 이들의 작품은 과잉 생산된 재화다. 하지만 이들의 작품이 시장에 나가 수요자를 찾지 못하고 되돌아오고 작업실이나 그 옆 창고에서 재고로 쌓인다 하더라도 그것은 한 미술가의 사상과 감정이 담긴 소중한 예술품임에 변함이 없다.

7.3. 생산자 유형과 라이프사이클

근대 이전에는 미술가가 얼마나 대상을 진짜처럼 그렸는가 하는 재현 능력이 미술가의 우열을 평가하는 중요한 요소였다. 근대 이후 시장제도에서는 얼마나 남들과 다르게 그렸는가 하는 개성과 독창성이 모든 예술적 평가의 핵심 기준이 되었다. 미술생산에서 기존의 양식이나 경향을 파괴하고 그것과 차별화된 새로운 양식과 경향을 창조했는지 여부가 가장 중요한 기준으로 받아들여지고 혁신성의 정도에 따라 미술가와 미술작품의 가치가 평가된다. 수많은 미술가들이 경쟁하는 독점적 경쟁시장에서 제품차별화를 통해 자신의 고유한 브랜드를 갖지 못하면 미술 생산자로서 지위를 유지하는 것 자체가 곤란하다.

실험미술가와 개념미술가

미술생산에서 혁신 방식에 따라 미술 생산자를 두 유형으로 구분할 수 있다(David W. Galenson and Robert Jensen, 2001, David W. Galenson, 2009 외).

첫째는 실험적 혁신자experimental innovator인 미술가, 즉 실험미술가다. 이들은 천천히 사고하고 점차적으로 혁신을 이룩한다. 시행착오의 방식을 통해 작업을 하며 자신의 최고 성과에 점진적으로 도달한다.

둘째는 개념적 혁신자conceptual innovator인 미술가, 즉 개념미술가다. 이들은 빠르게 사고하며 우연한 기회에 급진적으로 혁신을 이룩한다. 비상식적이고 극단적인 방식으로 작업의 돌파구를 만들어내고 갑작스럽게 최고 성과에 도달한다.

실험미술가를 '탐색자'seeker라 한다면, 개념미술가는 '발견자'finder라 할 수 있다. 실험미술가는 대체로 자신의 미술가 경력을 한참 쌓은 후 대표작을 내고 말년에 이르러 명성을 얻는다. 이에 반해 개념미술가는 경력이 많지 않은 단계에서 대표작을 내놓고 비교적 젊은 나이에 명성을 얻는다. 또한 실험미술가는 대표작이 한 점이 아니라 여러 점의 묶음이 되는 경향이 있다. 반면에 개념미술가는 단일한 걸작 한 점이 대표작이 되는 경향이 있다.

16세기 초의 미켈란젤로Michelangelo Buonarroti, 1475–1564 대 라파엘로Raffaello Sanzio, 1483–1520, 20세기 초의 세잔Paul Cézanne, 1839–1906 대 피카소Pablo Picasso, 1881–1973, 제2차 세계대전 후의 폴록Jackson Pollock, 1912–1956 대 앤디 워홀Andy Warhol, 1928–1987은 비슷한 시대에 미술활동을 했던 대표적인 실험미술가 대 개념미술가의 비교 사례들이다. 세잔 대 피카소의 경우, 세잔은 60대에도 지속적으로 자신의 화풍을 발전시켜갔으며 말년에 이르러 여러 점의 「생트빅투아르 산」Mont Sainte-Victoire, 1905, 여러 점의 「목욕하는 사람들」Les Grandes Baigneuses, 1905 같은 대표작을 그렸다. 피카소는 26세 때 대표작 「아비뇽의 아가씨들」Les Demoiselles d'Avignon, 1907, 244×234cm을 그렸고 입체파 화풍을 수립했다.

20세기 후반 미국 미술계에서는 미술가의 주된 유형이 실험미술가로부터 개념미술가로 바뀌는 현상이 나타났다. 20세기 후반 미국에서 활동한 미술가들 가운데 1900–1920년에 태어난 추상표현주의 미술가 그룹과 1921–1940년에 태어난 팝아트 미술가 그룹이 가장 가치 있는 작품을 산출한 연령대를 비교하면 추상표현주의 미술가들에 비해 팝아트 미술가가 훨씬 젊어졌음을 알 수 있다.

그러나 모든 미술가를 이러한 두 유형 중 하나로 분류하기는 어렵다(Victor Ginsburgh and Sheila Weyers, 2006). 많은 미술가들은 평생에 걸쳐 개념적 혁신과 실험적 혁신을 반복하면서 예술적 경지를 높여나가고 있다. 폴록은 실험미술가로 분류되지만 그의 독창적인 물감 흘리기 기법drip painting technique의 액션 페인팅action painting은 오랜 시행착오가 아니라 1947년경 우연한 계기로 '발견'한 것이었다.

미술가의 라이프사이클

미술가의 생산 활동은 생애 전체에 걸쳐 한 가지 양상으로 진행되는 것이 아니고 일정한 단계를 거치면서 몇 가지 구분되는 양상으로 전개된다. 이것을 미술가의 라이프사이클

〈7-8〉 미술가의 라이프사이클

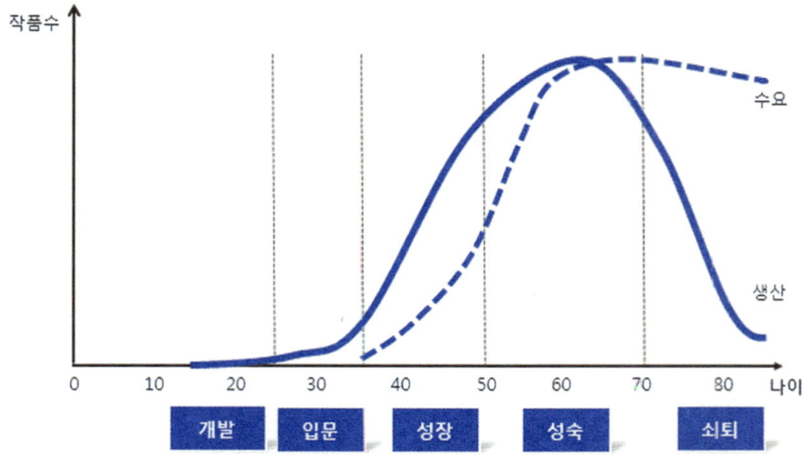

artistic lifecycle이라 한다. 전형적인 미술가의 라이프사이클은 다섯 단계로 구성된다.

첫째, 개발development단계다. 예비 미술가로서 교육 훈련을 이수하는 단계다. 미술가 직업에 필요한 역량을 개발하는 과정이지만 이 과정을 거친 이들이 모두 실제로 직업 미술가로 입문하지는 않는다.

둘째, 입문introduction단계다. 이 단계에서 직업 미술가로 입문하고 전시회 노출visibility이 시작된다. 대개 구심점이 되는 교수나 선배 미술가, 비평가, 아트딜러가 주도하는 집단에 들어가는 것으로 시작된다. 단체전을 통해 이름을 알리고 작은 잡지에 실린다. 추종 또는 모방 작품을 생산하며 아직 작품 시장은 존재하지 않는다. 작가는 앞으로 어떻게 될지 알 수 없는 물음표question mark의 존재다. 상당수는 이 단계에서 탈락하고 다음 단계로 나아가지 않는다.

셋째, 성장growth단계다. 자신의 독자적 스타일을 확립해나가는 단계로 전시회 노출 횟수가 점점 증가한다. 호의적인 비평가가 등장하고 미술계에서 주목을 받으며 명성도 조금씩 상승한다. 작품 시장이 형성되고 작품 가격도 점차 상승한다. 그러나 작품거래는 1차시장에서만 이루어진다.

넷째, 성숙maturity단계다. 자신의 스타일을 확립하고 그것을 다른 사람들에게 확산하는 단계다. 추종자와 모방자가 출현하고 작가의 명성은 최고점에 도달한다. 전시회 노출도 이 시기에 최대가 된다. 미술관 전시회나 비엔날레에 초청되고 미술관이 작품을 구입하기 시작한다. 2차시장에서 작품이 거래되고, 화랑의 대표작가나 주요작가가 된다. 작품 시장이 확대되면서 작품가격도 크게 높아져 상당한 수입원cash cow이 된다.

다섯째, 쇠퇴decline단계다. 다른 새로운 스타일의 등장으로 동시대 미술계에서 영향력이 약화되며 작가와 작품은 미술계에서 거의 주목을 받지 못한다. 현재보다 과거의 명성이 더 중요해지며 주요 전시의 초청은 줄어들고 대신 개인 회고전retrospective exhibition 등이 중심이 된다. 비록 동시대 미술계에 미치는 영향력은 약화되었지만 미술시장에서의 영향력은 그것과 별개로 더 오래 지속되는 것이 일반적이다. 특히 성숙기에 확고한 명성을 정립한 작가는 그 이후에도 미술시장에서 일정한 작품 수요를 유지한다.

모든 미술가가 이러한 다섯 단계의 라이프사이클을 순차적으로 다 거치지는 않는다. 중간에 탈락하는 미술가가 많다. 일부 미술가는 일정 기간이 지난 후 다시 새로운 라이프사이클을 시작하는 경우도 있다. 작품 활동이 가장 활발한 성숙단계에 도달하는 나이도 미술가 유형에 따라 상이하다.

어떤 미술가는 젊은 나이에 많은 작품을 만들어내는가 하면 다른 미술가는 나이가 들어서까지 꾸준히 작품을 만들어낸다. 여기서 작품 양과 작품 질은 비례하는 것으로 알려져 있다. 이것을 성공확률 일정 법칙constant probability of success model이라 한다(Dean K, Simonton, 1988). 초년이든 말년이든 일생 중에서 가장 작품 활동이 왕성한 시기에 질적으로 최고인 작품이 나온다는 것이다. 그러한 시기에는 다른 시기보다 훨씬 많은 시간을 미술생산에 집중적으로 투입하기 때문에 그만큼 높은 성과를 이루어낼 수 있다. 〈7-9〉에서 보듯이 개념미술가는 초년에 많은 작품을 만들어내고 그 중에서 대표작이 나온다. 반대로 실험미술가는 말년에 가장 활동이 왕성하고 그 중에서 몇 점의 대표작이 나온다.

대체로 자신의 최고작품을 내는 시기에 그 미술가의 명성이 확립될 가능성이 크다. 따라서 개념미술가는 젊어서 명성을 확립하고 살아있는 동안 동료 미술가나 미술계에 큰 영향력을 미치게 된다. 실험미술가는 말년에 명성이 확립되기 때문에 거의 평생 동안 큰 주목을 받지 못하고 지낼 수도 있다. 일부 미술가는 당대 미술계에서 예술적 역량을 전혀 인정받지 못하는 경우도 있다. 이들은 사후에 가서야 비로소 명성을 확립하기 때문에 후대의 미술계에만 영향력을 미친다.

〈7-9〉 실험미술가와 개념미술가의 라이프사이클

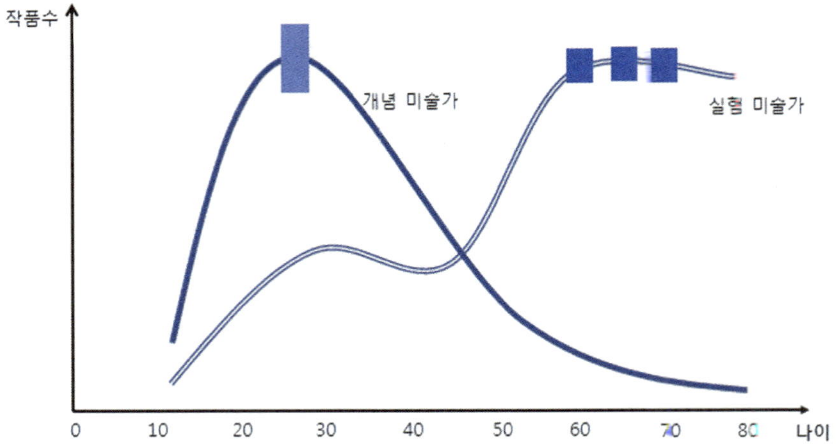

주: 네모 표시는 작가의 대표작을 의미함

7.4. 전시회와 비엔날레의 의의

7.4.1. 전시회

미술생산은 미술가의 작품 기획 및 제작으로 끝나는 것이 아니라 그 후속 과정인 작품 전시로 이어진다. 크게 보면 미술생산은 미술가가 작품을 기획하고 준비하는 시작 단계, 작품을 실제로 제작하는 중간 단계를 거쳐, 작품을 전시하고 판매하는 후속 단계에서 최종적으로 완결된다. 이 3단계의 과정을 각각 제작 전pre-production단계, 제작production단계, 제작 후post-production단계라 할 수 있다.

미술전시회 또는 미술전art exhibition은 생산된 미술품을 관람자나 구매자에게 선보이는 행사다. 상설전permanent exhibition이 아닌 경우라면 보통의 미술전은 기간을 정해 진행된다. 미술전은 성격에 따라 몇 가지로 나눌 수 있다.

첫째, 전시 목적에 따라 상업 전시commercial exhibition와 비상업 전시non-commercial exhibition가 있다. 상업 전시는 미술가가 작품을 판매하기 위한 전시다. 상업 화랑의 전시와 아트페어art fair전시가 그 예다. 비상업 전시는 판매 목적이 아닌 전시로서 미술관 전시가 대표적이고 비엔날레 전시도 대부분 비상업 전시다.

둘째, 참가하는 미술가 수에 따라 개인전과 단체전이 있다. 개인전solo exhibition, solo show은 한 미술가의 작품만 단독으로 전시하는 것이다. 개인 회고전retrospective exhibition이 여기 포함된다. 그룹전 혹은 단체전group exposition, group show은 둘 이상 다수의 미술가 작품을 함께 전시하는 것이다. 특정 미술단체에 소속된 회원들이 정기적으로 개최하는 회원전mebers' exhibition이 여기 포함된다.

셋째, 작품 선정 방식에 따라 공모전과 비공모전으로 나눌 수 있다. 공모전은 작품을 공개적으로 모집해 전시하는 것을 말한다. 대개의 공모전은 모집된 미술품에 대해 심사를 해서 통과된 작품들을 전시하는 심사전juried exhibition이다. 1769년 이래 매년 개최되어온 영국 로열아카데미 여름 전시회Royal Academy Summer Exhibition가 그 예다. 미술시장이 활발하게 작동하지 못하던 시대에 국가가 주도하는 공모전은 신인들의 미술계 진출에 중요한 역할을 했다. 공모된 작품을 심사하지 않고 모두 전시하는 비심사전non-juried exhibition 또는 자유참가전open exhibition도 있다.

비공모전은 작품을 비공개 방식으로 모집해 전시하는 것이다. 초대전invitational exhibition이 한 예다. 전시기획자가 특정미술가들에게 작품을 출품해 줄 것을 요청하고 그 작품들을 모아 전시하는 비엔날레 전시가 여기에 속한다. 초대전 외에 대부분의 개인전과 단체전은 비공모전 방식으로 진행된다.

19세기 후반 이후 지금까지 미술 발전의 역사는 미술 전시회와 깊이 얽혀있다. 미술가들이 모여 하나의 분파를 만든 다음 기존 미술에 반대하는 대항전counter exhibition을 조직하는 것은 현대 미술사에서 새로운 흐름을 만드는 대표적인 방식이었다. 집단적 제품차별화를 통해 고유한 브랜드를 만들어내는 것이다. 프랑스 인상주의자들이 처음으로 그러한 일을 한 이래 20세기 아방가르드 미술가들은 일련의 단체전을 통해 자신들이 원하는 성취를 이룩했다.

전시제작자

20세기 후반 각종 전시가 늘고 전시시장exhibition market이 형성되면서 전시제작자가 독립된 직업으로 성장했다. 전시제작자fraiseur d'expositions, Ausstellungsmacher는 미술관에 소속되어 일하는 큐레이터curator와 유사한 직업이다. 그러나 미술관 큐레이터와 구분해 공식 기관에 소속되어 있지 않은 독립 큐레이터freelance curator를 지칭하는 경우가 많다. 오랜 시간 미술계에 몸담아 오면서 비엔날레 같은 대규모 동시대 미술 전시회를 조직하고 전시회를 통해 대중에 영향을 끼치는 사람들이다.

20세기 후반 전시제작자에 의한 전시의 담론들이 미술계에서 주목을 받고 특히 1990년대 들어 비엔날레 개최가 세계적 추세로 되면서 전시제작자의 역할이 크게 부상했다.

과거 미술품 전시는 미술품 제작에 부수된 일이었고 전시제작자는 미술가를 보조하는 매개자 역할을 수행했다. 과거의 전시제작자는 미술가가 가져온 작품을 전시공간에 적절한 방식으로 배치하는 일이 전부인 일종의 기술자였다.

20세기 말 전시제작자의 역할이 강조되면서 '창조자로서 전시제작자'curator as creator 같은 인식이 나타나고 작가-전시제작자author-curator 혹은 전시작가exhibition author라는 개념도 등장했다. 마치 1950년대 후반 프랑스 작가주의 영화에서 감독이 영화 전체에 대해 책임지는 작가로서의 지위를 부여받은 것처럼 전시제작자도 전시에 대해 그러한 지위에 있다는 의미다. 전시 제작은 미술작품 제작과 마찬가지로 개성과 독창성이 요구된다. 전시제작자는 더 이상 하위의 지위에서 미술가를 보조하는 기술자가 아니라 자신의 구상과 개념에 따라 전시를 기획하고 그것에 책임을 지는 예술가다. 오늘날 비엔날레 같은 대규모 전시는 전시제작자가 참가할 작가와 작품을 스스로 선별한다. 이런 의미에서 전시제작자를 전시기획자로 고쳐 부르는 경우도 많다.

스타 전시제작자star curator들도 등장했다.

그 중 스위스의 하랄트 제만Harald Szeemann, 1933-2005은 200회 이상의 전시회를 제작했다. 28살 때 베른 쿤스트할레Kunsthalle Bern관장을 맡게 된 그는 1969년 '태도가 형식이 될 때: 머리에 살기'When Attitudes Become Form: Live in Your Head전으로 전시제작 역사의 이정표를 세웠다. 포스트 미니멀리즘과 개념미술을 유럽 미술관에 처음 결집시킨 전시였다. 이 획기적인 전시는 제도권 미술계에 큰 충격을 주었고 그는 미술관장직에서 물러나게 되었다. 그의 어머니도 이 전시회를 보고 경악해 아들에게 '이런 우스꽝스러운 전시'these gag exhibitions를 그만두라고 당부했다 한다. 그 후 제만은 독립 큐레이터로 일하기 시작했다. 1972년 최연소 예술감독으로 제5회 카셀 도쿠멘타documenta 5를 제작해 이 전시회를 국제 미술계의 중심으로 승격시켰다. 1997년에는 리옹 비엔날레Biennale d'art contemporain de Lyon 감독을, 1999년과 2001년에는 베네치아 비엔날레La Biennale di

Venezia의 감독을 연속해서 맡았다. 그는 자신의 전시제작 접근법을 '구조화된 무질서' structured chaos라고 묘사했다.

스웨덴의 퐁튀스 훌텐Pontus Hultén, 1924-2006은 1958년부터 1973년간 스톡홀름 현대미술관Moderna Museet 관장으로 일했다. 미술관을 신축적이고 개방적인 공간으로 정의하고 저녁에도 영화, 콘서트, 강연, 토론회 등 다양한 활동을 개최했다. 그는 미술관의 첫째 임무는 대중을 만들어내는 것, 그냥 전시만 하는 것이 아니라 미술관에 추진력을 줄 관객을 만들어내는 것이라고 주장했다. 1966년에는 니키 드 생팔Niki de Saint Phalle, 1930-2002의 설치조각 「그녀」Hon, Elle, 1966, 23.5×10×6m를 전시해 세계적인 주목을 받았다. 이 작품은 길이 23.5미터, 높이 6미터의 거대한 여성 형태로 그 내부는 장차 생팔의 남편이 될 장 팅겔리Jean Tinguely, 1925-1991가 페르 올로프 울트베트Per Olof Ultvedt, 1927-2006와 같이 구성했다. 훌텐은 1974년부터 1981년까지 파리 퐁피두센터Centre Georges Pompidou 초대 관장을 역임하며 다양한 실험을 선보였다. 1984년부터 1990년까지는 베네치아의 팔라초 그라시Palazzo Grassi 미술관 운영을 맡았다.

이들 외에도 미국의 세스 시겔라우브Seth Siegelaub, 1941-2013, 프랑스의 쉬잔 파제Suzanne Pagé, 1950- , 독일의 카스퍼 쾨니히Kasper König, 1943- , 스위스의 한스 오브리스트Hans Ulrich Obrist, 1968- , 나이지리아 출신의 오쿠이 엔위저Okwui Enwezor 1963- 등이 있다.

미술가에서 전시제작자와 큐레이터로의 권력 이동은 미술활동의 축이 제작에서 전시로, 미술품의 성격이 재화에서 서비스로 이행하는 것과 맞물려 있으며 20세기 후반 미술계 전체의 탈중심화 경향을 반영한다. 그렇지만 전시제작자나 큐레이터가 미술가보다 우위에서 중심적 역할을 수행하는 것은 또 다른 문제를 발생시킨다. 큐레이터가 동시대미술의 영역에서 문화적 해설자로서 역할을 하는 점은 바람직하다. 하지만 그것을 넘어서 미술생산자가 전시의 조연으로 전락하고 미술품이 전시의 소품이 되는 상황은 미술생산자와 불가피한 충돌을 야기하고 다른 주체들에게도 불편함을 줄 수 있다.

7.4.2. 비엔날레

비엔날레biennale는 2년마다 열리는 세계적인 미술전시회 행사다. 3년마다 열리는 트리엔날레triennale나 그보다 주기가 더 긴 행사들도 넓게 보아 비엔날레와 같은 범주에 속한다.

비엔날레는 작품 판매를 위한 상업 전시가 아니라 비상업 전시다. 물론 비엔날레를 계기로 거기 참가한 미술가의 명성이 높아지고 그의 작품 가격이 오르는 경우가 많다. 또 비엔날레에 출품된 작품들도 전시가 끝나는 대로 거래되기도 한다. 그렇지만 비엔날레 자체는 작품 판매를 하는 곳이 아니다.

비엔날레는 특정 전시제작자가 예술감독으로서 전체 전시를 통괄적으로 기획한다. 보통은 단일한 주제를 걸고 작품들을 통일성 있게 선정해 전시한다. 제도권 미술로서의 한계를 지니는 미술관 전시, 판매 목적이 우선인 화랑과 아트페어의 상업적 전시와는 차별되는 대안적 전시를 표방하므로 실험적이고 예술적인 작품 중심이 된다.

비엔날레는 다른 미술 전시들에 비해 전문가적 전시로서의 성격을 갖는다. 대중의 눈높이가 아니라 미술 전문가의 눈높이에 맞추어 전시가 기획된다. 미술가, 비평가, 미술관 종사자, 아트딜러와 화랑 종사자, 주요 수집가 등 미술계를 이끌어가는 사람들을 주 대상으로 하는 것이다. 대부분의 비엔날레는 동시대미술의 발전 양상을 다양한 측면에서 제시하고 새로운 미술 흐름의 방향을 탐색하는 의도를 지닌다.

하지만 비엔날레에 대한 대중의 관심과 참여가 늘면서 오늘날에는 대중 교육과 대중적 행사가 포함되는 추세이고 전문가적 전시라는 성격도 약화되고 있다. 결과적으로 아트페어 같은 대규모 상업 전시와 차별성이 부족한 비엔날레도 등장하고 있다. 또한 비엔날레의 문화산업으로서의 가치가 부각되면서 1990년대 이후 많은 지역과 도시들이 정책적으로 비엔날레를 만들고 육성했다. 그 결과 지역 경제나 지역 정치와의 연관성이 우선시되고 예술성에 대한 고려는 부차적으로 취급되는 경우도 있다. 비엔날레가 많아지다 보니 각각의 특징과 차별성이 부족한 경우도 늘었다.

그럼에도 주요 비엔날레들은 단순히 지역 문화산업의 일부로 편입되기를 거부하고 중요한 국제 미술행사로서의 지위를 유지하고 있으며 스스로 존재 의의를 높이기 위해 여러 가지 노력을 기울이고 있다.

7.5. 미술생산 현황

7.5.1. 국내

전체 현황

전시회 개최횟수를 기준으로 미술생산 활동을 살펴보면 1980년대 이후 오늘날까지 국내 미술가의 생산활동은 점차 증가했다. 1982년부터 2014년까지 국내 미술가들이 국내에서 개최한 전시는 총 21만 790회다. 그 가운데 2000-2004년이 15.9%, 2005-2009년이 22.4%, 2010-2014년이 29.9%로 비중이 점차 늘어났다. 국내 미술가들이 해외에서 개최한 전시회는 총 5,798회다. 그 가운데 2005-2009년이 27.1%로 비중이 가장 크고 2010-2014년은 24.5%로 이보다 약간 줄었다. 이는 세계 미술시장의 영향으로 보인다. 그러나 장기적으로 국내 미술가의 해외 전시 또한 증가 추세라 할 수 있다.

〈7-10〉 국내 전시와 해외 전시 추이 (1982-2014년, 단위: 회)

		1982-89년	1990-94년	1995-99년	2000-04년	2005-09년	2010-14년	계 1982-2014
국내 전시	국내 미술가	14,984	24,953	27,121	33,602	47,209	62,921	210,790
		7.1%	11.8%	12.9%	15.9%	22.4%	29.9%	100.0%
	해외 미술가	462	849	781	646	3,357	4,082	10,177
		4.5%	8.3%	7.7%	6.3%	33.0%	40.1%	100.0%
	계	15,446	25,802	27,902	34,248	50,566	67,003	220,967
		7.0%	11.7%	12.6%	15.5%	22.9%	30.3%	100.0%
해외 전시	국내 미술가	309	801	877	823	1,569	1,419	5,798
		5.3%	13.8%	15.1%	14.2%	27.1%	24.5%	100.0%

주: 1. 1985년 자료 누락.
2. 2014년 해외미술가의 국내 전시 및 국내미술가의 해외 전시 자료 누락.

〈7-11〉 국내 전시의 분야별 추이 (1982-2014년)

	1982-89	1990-94	1995-99	2000-04	2005-09	2010-14
한국화	1,970	2,901	2,583	15,170	15,258	19,342
서양화	4,323	8,892	8,106			
	42.0%	47.3%	39.4%	45.1%	53.3%	60.6%
조각	1,088	1,589	1,480	1,716	1,899	2,078
	7.3%	6.4%	5.5%	5.1%	6.6%	6.5%
공예·디자인	1,335	2,530	3,272	3,977	3,717	3,315
	8.9%	10.1%	12.1%	11.8%	13.0%	10.4%
사진	1,252	2,222	2,621	2,852	2,768	2,996
	8.4%	8.9%	9.7%	8.5%	9.7%	9.4%
설치·영상				1,842	1,917	2,090
				5.5%	6.7%	6.6%
기타	5,016	6,819	9,059	8,045	4,174	2,087
	33.5%	27.3%	33.4%	23.9%	14.6%	6.5%

주: 1. 2000-2003년 '설치 · 영상'은 '신매체' 항목임.
2. 1985년 자료는 누락됨.
3. 2005년까지는 전체 전시회 자료이고, 2006년 이후는 개인전 자료임.

자료: 한국문화예술진흥원/한국문화위원회, 「문예연감」, 각년도.

미술생산 활동을 분야별로 나누어 보면 〈7-11〉과 같다.

한국화, 서양화 등 회화의 비중이 가장 높다. 1982-2014년간 시기에 따라 최소 39.4%에서 최대 60.6%를 차지했다. 나머지 분야는 조각이 최소 5.1%에서 최대 7.3%, 공예 · 디자인이 최소 8.9%에서 최대 13.0%, 사진이 최소 8.4%에서 최대 9.7%, 설치 · 영상이 최소 5.5%에서 최대 6.7%로 나타나 있다.

미술 전시는 공모전과 비공모전으로 구분되고 비공모전에는 대부분의 개인전과 단체전이 포함된다. 먼저 공모전 현황에 관해 살펴본 다음 개인전과 단체전 현황을 살펴보기로 한다.

공모전

국내 공모전은 조선미술전람회(선전, 鮮展)에서 시작되었다. 일제 강점기인 1922년 처음 개최되었다. 조선총독부가 식민지 문화정책의 일환으로 창설한 것이며 일본의 '문부성전람회'('문전, 文展)를 모델로 했다. 1944년 제23회에 이르기까지 매년 개최되었고 많은 신진 미술가들의 등용문이 되었다. 서양화의 이인성1912-1950은 1929년에, 박수근1914-1965은 1932년에 이 전시회를 통해 등단했다. 동양화의 김기창1913-2001도 1931년에

〈7-12〉 국내 주요 공모전

	이름	주관	기간
1	조선미술전람회 (선전)	조선총독부	1922-1944 (23회)
2	대한민국미술전람회 (국전)	정부(문교부, 문화공보부)	1948-1981 (30회)
3	현대작가초대미술전	조선일보사	1957-1969 (13회)
4	동아국제사진살롱	동아일보사	1966-2004 (39회)
5	동아국제판화비엔날레	동아일보사	1970-1981 (3회)
6	한국미술대상전	한국일보사	1970-1980 (7회)
7	동아미술제	동아일보사	1978-
8	중앙미술대전	중앙일보사	1978-
9	대한민국미술대전	한국미술협회	1982-
10	대한민국사진대전	한국사진작가협회	1982-

등단했다. 이인성은 그 후 「가을 어느 날」1934, 96x161cm 등의 작품으로 이 전시회에서 계속 입상해 최고 스타가 되었다.

해방 후 대한민국미술전람회(국전)가 1949년에 창설되었다. 1981년 제30회까지 개최(1950-1952년은 한국전쟁으로 열리지 않음)되었다. 동양화, 서양화, 조각, 공예, 서예의 5부문으로 시작했으며 1955년 제4회부터 건축이 들어가고 1964년 제13회부터 사진이 들어가 7부문으로 늘어났다. 심사위원 선정 문제 등을 둘러싸고 분규가 많았으나 1970년대까지 신인 등용문으로 미술계에 기여했다.

30회 동안 국전에는 총 50,660점이 출품되었고 그 중 13,165점이 입상했다. 출품작 대비 입상작 비율은 평균 26.0%이다. 입상은 대통령상 혹은 대상, 특선, 입선으로 구분되었다. 분야별로 보면 출품작은 동양화 6,321점(12.5%), 서양화 17,037점(33.6%), 조각 2,804점(5.5%) 등이고, 입상작은 동양화 2,067점(15.7%), 서양화 3,615점(27.5%), 조각 1,500점(11.4%) 등이다.

대통령상 수상작을 보면 제1회(1949년) 유경채의 서양화 「폐림지 근방」, 제2회(1953년) 이준의 서양화 「만추」, 제3회(1954년) 박상옥의 서양화 「휴일(2)」, 제4회(1955년) 박노수의 동양화 「선소운」, 제5회(1956년) 박내현의 동양화 「노점」, 제6회(1957년) 임직순의 서양화 「좌상」, 제7회(1958년) 장이석의 서양화 「그늘의 노인」 등이다. 제19회(1970년) 김형근의 서양화 구상 「과녁」은 표절 문제로 논란이 되었다. 제27회(1978년)는 황창배의 동양화 「비51」가 수상했다.

국전이 폐지된 뒤 대한민국미술대전(미술대전)이 창설되어 1982년 제1회 전시회가 개최되었다. 국가가 직접 관장한 국전과 달리 미술대전은 민간(처음에는 한국문화예술진흥원, 1986년 제5회부터 한국미술협회)이 운영했다. 국전에 있던 기성작가 부문을 폐지하고 신인작가 발굴 부문만 따로 분리해 신인공모전으로 개편했다. 또 국전에서 회화를 동양화와 서양화로 구분하던 것을 한국화와 양화로 개칭하여 구분했다.

〈7-13〉 대한민국미술전람회(국전) 출품작과 입상작 (단위: 점)

회	연도	출품작					입상작					대통령상
		동양화	서양화	조각	기타	계	동양화	서양화	조각	기타	계	
1	1949	71	543	41	185	840	21	93	17	66	197	유경채
2	1953	-	-	-	-	-	22	92	9	57	180	이준
3	1954	-	-	-	-	-	27	79	8	53	167	박상옥
4	1955	74	331	25	181	611	52	94	18	61	225	박노수
5	1956	-	-	-	-	568	53	86	41	84	264	박내현
6	1957	130	280	54	181	645	61	84	27	103	275	임직순
7	1958	107	285	44	241	677	60	117	23	84	284	장이석
8	1959	130	358	39	197	724	63	129	29	90	311	안상철
9	1960	165	504	80	268	1,017	57	151	45	99	352	이의주
10	1961	186	860	131	295	1,472	76	139	54	121	390	강석원
11	1962	242	903	160	369	1,674	101	157	58	176	492	김창락
12	1963	255	1061	143	377	1,836	104	145	51	202	502	박한유
13	1964	255	823	153	935	2,166	91	108	74	342	615	김봉기
14	1965	232	759	164	830	1,985	78	159	96	307	640	박종배
15	1966	194	747	172	823	1,936	22	189	65	324	600	강태성
16	1967	211	824	169	956	2,160	46	203	72	366	687	김진명
17	1968	189	871	152	1,240	2,452	40	99	79	309	527	서희환
18	1969	201	755	141	1,235	2,332	51	77	61	299	488	박길웅
19	1970	226	591	112	658	1,587	48	58	44	114	264	김형근
20	1971	162	427	73	498	1,160	60	59	39	100	258	김수현
21	1972	180	438	73	529	1,220	62	67	44	110	283	표승현
22	1973	208	522	92	917	1,739	61	84	45	203	393	이영찬 외
23	1974	266	603	76	986	1,931	120	151	59	300	630	박영성 외
24	1975	347	706	86	1,245	2,384	113	156	59	280	608	강정완 외
25	1976	355	837	121	1,516	2,829	104	131	63	201	499	원문자 외
26	1977	359	792	126	1,439	2,716	97	135	55	264	551	이반
27	1978	-	-	-	-	2,215	93	144	57	274	568	황창배
28	1979	442	719	114	1,425	2,700	104	145	61	309	619	한창조 외
29	1980	543	723	130	2,040	3,436	93	144	72	356	665	대상 10점
30	1981	591	775	133	2,149	3,648	87	140	75	329	631	대상 9점
계		6,321	17,037	2,804	21,715	50,660	2,067	3,615	1,500	5,983	13,165	

주 : 1. 입상은 대통령상(29, 30회는 대상) 이하 특선과 입선을 포함함.
2. 기타는 서예(1–30회), 공예(1–30회), 건축(4–30회), 사진(13–30회) 분야 포함.
3. 2, 3회는 전체 출품작 현황자료 누락, 5, 27회는 분야별 출품작 현황자료 누락.

선전-국전-미술대전으로 이어지는 공모전 외에 언론사에서 주관한 각종 공모전도 영향을 미쳤다. 일제강점기인 1930년대에는 동아일보사 주최인 학생미술전람회를 비롯한 학생 대상의 공모전이 자주 열렸다. 해방 후 조선일보가 주최한 현대작가초대미술전은 1957년 초대전으로 시작해 1962년부터 공모전으로 성격을 바꾸었다.

1970년에는 한국일보사 주최인 한국미술대상전이 개최되었다. 국전에 대항할 만큼 대규모의 '민전'으로서 국전과 차별화를 꾀해 주목받았다. 제1회 대상 수상작은 김환기 1913-1974의 「어디서 무엇이 되어 다시 만나랴」1970, 236x172㎝였다. 이 작품의 제목은 김광섭의 시 '저녁에'(1969, 월간중앙)의 한 구절에서 따온 것이다. 1978년에는 동아미술제가 '새로운 형상성'을 기치로 내걸고 시작되었고, 중앙미술대전도 '다양성의 공존'을 표방하며 시작되었다.

1970년대에 공모전은 국전 대 민전이라는 대립구도가 형성되었고 그 위상이 정점에 이르렀다. 민전은 국전에 모든 것을 걸어야 했던 신진작가들에게 무대를 넓혀 주었다. 그러나 국전이든 민전이든 공모전의 전반적 위상은 이 시기 이후 크게 낮아졌다. 미술시장이 발전하면서 공모전은 낡은 제도가 되었다. 신진작가에 대한 지원이 상업화랑, 미술관, 문화재단 등으로 다변화되면서 공모전의 신진작가 발굴 역할은 상대적으로 축소되었다.

개인전과 단체전

일제강점기인 1916년 김관호1890-1958에 의해 서양화 개인전이 평양에서 처음으로 열렸고, 1921년에는 나혜석에 의해 국내 두 번째로 서울에서 개인전이 열렸다.

그러나 20세기 한국 미술사를 추동시킨 동력은 단체전이었다. 이 시기부터 미술가들은 미술단체를 조직하고 단체전을 통해서 자신들의 예술적 입장을 표명했다. 서구 근대미술은 전통사회의 서화와는 이질적이었다. 그 개념과 이론을 수용해 작품에 반영하는 과제는 미술가 개개인이 아니라 집단적으로 풀어가야 할 공동과제였다. 동시대 서구 미술에 대한 정보도 제한적이어서 자료를 공유하고 공동 학습을 해나갈 필요가 있었다.

일제강점기인 1918년 서화협회가 조직되었고 최초의 근대적 전시회인 서화협회전이 1921년부터 1936년까지 모두 15회 개최되었다. 이를 시발점으로 몇몇 미술단체가 구성되고 전시활동을 전개했다. 이 시기 미술단체의 구성은 화풍보다는 학연, 지연 등 사회적 관계가 큰 요소를 차지했다. 훗날 「군상 1—해방고지」1948, 181x222.5cm라는 걸작을 남긴 이쾌대1913-1965의 경우도 화풍이 상이한 이중섭1916-1956 등과 미술단체를 결성해 활동했는데 그 기반은 일본 도쿄에서 유학생활을 같이한 것이다.

본격적인 미술운동으로서 미술단체 활동은 해방 후 1950년대에 시작되었다. 20세기 말까지 크게 세 가지 경향과 관련된 미술운동을 찾을 수 있다.

첫째, 모더니즘이다. 이 흐름은 1950년대 후반 앵포르멜Informel회화의 도입으로 시작되었고 1970년대 후반 단색화로 불리는 모노크롬monochrome 회화르 전개되었다. 앵포르멜 회화는 1957년 결성된 현대미술가협회를 통해 도입이 이루어졌다 1960년대에는 60년 미술가협회, 악뛰엘(Actuel)회 등이 유럽 앵포르멜과 미국 추상표현주의Abstract Expressionism를 수용하고 발전시켰다. 1969년 창립한 한국아방가르드협회(AG)는 1975년 마지막 전시까지 각종 전위적 실험으로 한국 미술계에 이론적, 조형적으로 많은 영향을 끼쳤다. 박서보1931-가 주도한 에콜 드 서울은 1975년에 창립된 후 한국 단색화의 확산에 중심적 역할을 했다.

둘째, 현실주의다. 이 흐름은 1970년대 말에 형성되어 1980년대를 거치면서 크게 성장했으며 1990년대 이후 쇠퇴했다. 이전의 앵포르멜에서 모노크롬 단색화까지 모더니즘 계열의 조형적 실험은 서구, 일본과 긴밀한 관련을 맺고 있던 운동으로 당대 한국의 사회 현실과 유리되어 있었다. 이런 상황에서 현실주의 미술 운동이 등장한 것은 자연스러운 일이었다. 1979년에 결성된 '현실과 발언'에는 오윤1946-1986, 임옥상1950- , 김정헌1946- 등의 미술가와 성완경, 최민, 윤범모 등의 비평가가 참여했다. 1980년에 창립전을 개최했는데 한국문화예술진흥원 미술회관(아르코미술관)에서의 당초 창립전은 미술관이 조명등을 꺼버리면서 하루 만에 끝났고 한 달 뒤에 동산방화랑에서 다시 창립전을 열었다. 이들은 민중미술 혹은 민족미술을 표방했고 미술을 사회적 현실과 연계시킨 비판적 리얼리즘을 내세웠다. 이들이 다룬 주제는 소비사회 비판, 민족분단 문제, 일상생활의 발견 등 다양했다. 현실과 발언의 활동은 1985년 신학철1944- 등이 가세한 민족미술협의회 창립으로 이어졌다. 1994년 국립현대미술관에서 '민중미술 15년: 1980-1994'전을 개최한 것은 민중미술이 제도권으로 진입하고 있음을 상징적으로 보여준다. 하지만 신학철의 작품 「모내기」1987, 112x162cm를 둘러싼 사법적 논란에서 드러나듯이 그 과정이 순조롭지는 않았다.

〈7-14〉 20세기 국내 주요 미술단체의 활동

단체	시기	장르	회원	창립전	전시회수
서화협회(書畵協會)	1918-1939	전체	안중식, 조석진, 김규진, 고희동 등	1921.4.1	총15회,1936
녹향회(綠鄕會)	1928-1931	서양화	김주경, 오지호 등	1929.5.14. 천도교 기념관	2회전 1931
후소회(後素會)	1936-	한국화	김기창, 장우성, 백윤문 등 김은호의 문하생	1936.10.30-11.3 조선실업구락부	44회전, 2015
신사실파	1947-1953	서양화	김환기, 유영국, 이규상, 장욱진, 이중섭 등	1948.12.7-14 화신화랑	3회전, 1953
모던아트협회	1957-1960	서양화	한묵, 박고석, 유영국, 이규상, 문신, 천경자 등	1957.4.9-15 동화화랑	6회전, 1960
현대미술가협회	1957-1961	추상	김창열, 하인두, 장성순, 박서보 등	1957.5.1-9 미국공보관	6회전,1960 연합전. 1961
목우회(木友會)	1958년-	구상	이종우, 이병규, 김인승, 박상옥, 손응성 등	1958.11.10-16 중앙공보관	77회전, 2015
묵림회(墨林會)	1960-1964	한국화	서세옥, 민경갑, 장운상, 송영방 등	1960.3.22-31 중앙공보관	8회전, 1964, 소품전 2회
60년미술가협회	1960-1961	비구상	김종학, 윤명로 등	1960.10.5-14 덕수궁	2회전, 1961 연합전, 1961
악뛰엘(Actuel)회	1962-1964	비구상	김창렬, 김종학, 장성순, 박서보, 윤명로 등	1962.8.18-24 중앙공보관	2회전, 1964
오리진 회화협회	1963-1980	비구상	권영우 서승원 등	1963.9 중앙공보관	21회전, 1979 연합전, 1980
한국아방가르드협회(AG)	1969-1975	비구상	김구림, 박석원, 서승원, 하종현 (비평) 이일, 김인환, 오광수 등	1970.5.1-7 중앙공보관	3회전, 1972 서울비엔날레, 1974
ST(Space and Time)	1971-1981	비구상	이건용 이일 등	1971.4.19.-24 국립공보관	7회전, 1980 연합전, 1981
에꼴 드 서울(Ecole de Seoul)	1975-1995	비구상	박서보 등	1975.7.30-8.5 국립현대미술관	20회전, 1995
현실과 발언	1979-1990	민중미술	오윤, 임옥상, 김정헌, 손장섭, 심정수, 민정기 (비평) 원동석, 성완경, 최민, 윤범모 등	1980.10.17. 미술회관 1980.11.13-19 동산방화랑	10회 정기 동인전, 1990
타라 TA_RA	1981-1989	미디어아트	김관수, 오재원, 이훈, 육근병, 이교준	1981. 동덕미술관	8회, 1989
난지도	1985-1986	설치미술	신영성 등	1985.2.20-26 관훈미술관	물의 신세대전, 1986
메타복스 META-VOX	1985-1989	설치미술	김찬동 안원찬 오상길 하민수 홍승일 등	1985.9.17-23 후화랑	5회 해체전, 1989
민족미술협의회	1985-1995	민중미술	오윤, 임옥상, 김정헌, 신학철 등	1985.11.2	
로고스와 파토스 Logos &Pathos	1986-1999	설치미술	문범, 홍명섭 등	1986.8.27-9.2 관훈미술관	14회전, 1999
뮤지엄 Museum	1987-1988	설치미술	최정화, 이불, 고낙범 등	1987.2.11-17 관훈미술관	2회전, 1988

셋째, 포스트모더니즘이다. 이 흐름은 대략 1980년대 중반에 등장해 1990년대에 세력을 갖게 되었다. 이들은 현실 참여적 동시대 민중미술과 거리를 두었으며 이전의 모더니즘 미술이 회화 중심의 평면성에 머물러 있는 것도 비판했다. 다원주의를 표방하며 평면성에서 탈피한 새로운 매체들을 실험했으며 특히 설치미술과 미디어아트를 통해 매체의 확장을 추구했다. 1981년의 타라, 1985년의 난지도와 메타복스, 1986년의 로고스와 파토스, 1987년의 뮤지엄은 이전 모더니즘과의 관계에서 서로 상이한 점은 있으나 탈모더니즘적인 매체 확장을 추구한 점에서는 공통적이다.

1990년대 이후 미술전시에서 단체전의 의의는 축소되었다. 거대 담론이나 시대적 문제를 중시한 모더니즘과 현실주의에서는 단체전이 개인전에 비해 강력한 힘을 가질 수 있었다. 그러나 다원주의와 다양한 매체를 내세우고 개인적이고 미시적인 담론이 우세한 포스트모더니즘에서는 그렇지 않다. 특정 거대 이념이나 양식이 아니라 개별성과 다양성이 존중된다. 또한 1990년대는 미술의 국제화가 크게 진전되었다. 미술가 개개인이 세계 미술계의 흐름에 일상적으로 접근하게 되면서 세계 미술 정보를 공유하고 학습한 성과를 단체전으로 발표하는 것은 미술계에서 큰 의미를 지니지 못하게 되었다.

〈7-15〉 20세기 후반 한국 미술의 흐름

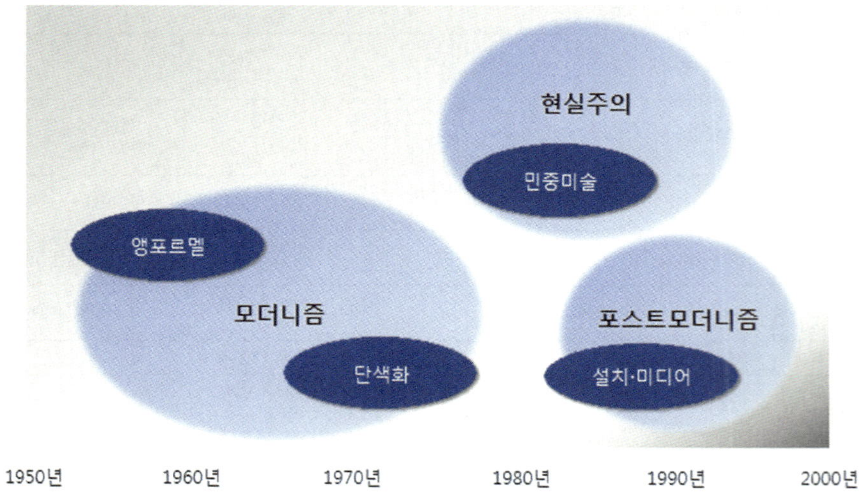

단체전을 통한 미술운동은 대체로 거대담론이 우세한 모더니즘 시대, 또 국제화가 진전되지 않은 시대의 산물이다. 오늘날 단체전은 미술가 상호간 사적 네트워크로서의 역할은 하고 있으나 공동의 미학을 대외적으로 알리는 장으로서의 역할은 줄어들었다.

국내에서는 1990년대 중반 이전보다 2000년대 중반 이후 단체전의 비중이 상대적으로 줄어들었다(〈7-16〉). 1988-1996년간에는 단체전이 56.7%로 개인전보다 많이 개최되었으나 2006-2014년에는 개인전이 52.5%로 단체전보다 많이 개최되었다. 오늘날 단체전은 미술운동에 대한 예술적 고려보다는 전시경비 부담이나 경기 침체 등 경제적 이유 때문에 줄고 느는 경우가 많다.

미술가별로 연간 개인전과 단체전 활동이 얼마나 되는지 작품활동 동향을 살펴보면 〈7-17〉과 같다. 2012년 한 해 동안 개인전을 개최한 실적이 있는 미술가는 45.5%이고, 한 미술가당 평균 0.8회 개최했다. 2012년 한 해 동안 단체전에 출품한 실적이 있는 미술가는 71.0%로 한 미술가당 평균 5.5.회 출품했다. 개인전이나 단체전을 통해 발표한 작품수는 평균 13.8점이었다.

〈7-16〉 개인전과 단체전 (1988-2014년, 단위: 회)

	1988-1996년	2006-2014년
개인전	16,450 (43.3%)	52,783 (52.5%)
단체전	21,509 (56.7%)	47,819 (47.5%)
계	37,959 (100.0%)	100,602 (100.0%)

자료: 한국문화예술진흥원/한국문화위원회, 「문예연감」, 각년도.

〈7-17〉 국내 미술가의 작품활동 (2000-2012년, 단위: 회)

		2000년	2003년	2006년	2009년	2012년
개인전	발표율	23.0%	32.5%	34.5%	27.0%	45.5%
	발표횟스(회)	0.4	0.5	1.1	0.6	0.8
단체전	출품률	87.4%	92.0%	92.0%	83.0%	71.0%
	출품횟수(회)	6.2	7.3	6.5	5.9	5.5
작품	작품수(점)	16.5	21.0	22.4	19.3	13.8

자료: 문화체육관광부・한국문화관광연구원, 「문화예술인 실태조사」, 각년도.

비엔날레

국내에서 개최되는 비엔날레로는 광주비엔날레Gwangju Biennale가 대표적인 행사다. 1995년에 개최된 제1회 광주비엔날레에서는 '경계를 넘어서'라는 주제로 국제 현대 미술전인 본전시회가 열렸으며 그 밖에 '증인으로서의 예술'전, '광주 5월 정신'전 등의 특별전을 포함하여 모두 13개의 전시회가 열렸다. 세계 49개 국가로부터 87명의 미술가가 참여했으며 비엔날레 유료관람자 수는 153만 명이었다. 이것은 세계 비엔날레 역사상 최대 관람자수 기록이었다.

제2회 광주비엔날레는 '지구의 여백'이라는 주제로 1997년에 열렸다. 제3회 광주비엔날레는 '인(人)+간(間)'이라는 주제로 2000년에 열렸으며 이후 2년마다 개최되어 왔다.

2014년에 개최된 10회 광주비엔날레 20주년 특별전('달콤한 이슬, 1980 그 후')에서는 홍성담1955-의 대형 걸개그림 「세월 오월」2014, 2.5x10.5m의 전시가 유브되어 물의를 일으켰다. 예술행사로서 비엔날레에 대한 정치적 개입 문제와 예술적 표현의 자유가 논란이 되었다.

〈7-18〉 광주비엔날레 현황 (1995-2016년)

	개최시기	주제	전시기획자 예술감독	미술가	관람자 (유료)	총예산
1회	1995.9.20-11.20	경계를 넘어	임영방 (조직위원장)	49국 87명	163만(153)	
2회	1997.9.1-11.27	지구의 여백	유준상 (조직위원장)	35국 78명	91만(85)	
3회	2000.3.29-6.7	인(人)+간(間)	오광수	37국 90명	61만(45)	
4회	2002.3.29-6.29	멈춤, PAUSE, 止	성완경	29국 93명	56만(32)	
5회	2004.9.10-11.13	먼지한톨 물한방울	이용우	39국 84명	52만(42)	88억
6회	2006.9.8-11.11	열풍변주곡	김홍희	32국 90명	70만(42)	97억
7회	2008.9.5-11.9	연례보고: 일년동안의 전시	오쿠이 엔위저 Okwui Enwezor	36국 116명	35만(29)	95억
8회	2010.9.3-11.7	만인보 10,000 Lives	마시밀리아노 지오니 Massimiliano Gioni	29국 133명	49만(29)	94억
9회	2012.9.7-11.11	라운드 테이블	김선정 외 6인	40국 92명	64만(23)	109억
10회	2014.9.5-11.9	터전을 불태우라	제시카 모건 Jessica Morgan	39국 105명	(18)	107억
11회	2016.9.2-11.6		마리아 린드 Maria Lind			

자료: 광주비엔날레 홈페이지 및 광주비엔날레 전시결과보고서, 1회-6회 등.

광주비엔날레에 이어 2000년대 들어 부산비엔날레Busan Biennale도 개최되고 있다. 2002년 제1회 부산비엔날레는 '문화에서 문화로'를 주제로 내걸었고 현대 미술전, 바다미술제, 부산조각 프로젝트 등 3개의 주행사가 진행되었다. 부산 비엔날레는 이 지역에서 이전까지 개최되던 몇몇 미술행사들을 통합한 성격이어서 비엔날레로서 고유한 정체성을 확립하는데 어려움을 겪었다.

2012부산비엔날레는 로저 뷔르겔Roger M. Buergel이 기획한 '배움의 정원'Garden of Learning이라는 주제로 22개국 114명의 미술가가 404점의 작품을 전시했고 33만 명이 관람했다. 2014부산비엔날레는 올리비에 캐플랭Olivier Kaeppelin이 기획한 '세상 속에 거주하기'Inhabiting the World라는 주제로 30개국 161명의 미술가가 499점을 전시했다. 관람객은 24만 명이었다.

세마 비엔날레 미디어시티서울SeMA Biennale Mediacity Seoul은 서울시립미술관SeMA이 주최하는 미디어아트 중심의 국제 비엔날레다. 제1회 미디어시티서울은 2000년에 '도시: 0과 1사이'라는 주제로 개최되었다. 2014년 제8회 미디어시티서울은 '귀신 간첩 할머니'라는 주제로 개최되었다. 설치미술가이자 영화감독인 박찬경1965-이 기획했고 17개국 42명(팀)의 작가가 참가했다.

해외 전시

다음은 국내 미술의 해외 진출에 관해 보기로 한다. 개인전, 단체전, 비엔날레 전시로 구분하여 차례로 살펴본다.

먼저 개인전이다. 해방 후 한국 미술가가 해외에 자신을 알리기 시작한 것은 1950년대의 일이다. 김환기1913-1974는 1956년 파리의 베네지트 갤러리Galerie M. Benezit에서 개인전을 개최했다. 지금까지 해외에서 개최된 개인전 중에는 백남준1932-2006이 2000년(2000.2.11-4.26) 뉴욕 구겐하임미술관Solomon R. Guggenheim Museum에서 개최한 '백남준의 세계'The Worlds of Nam June Paik전이 널리 주목된 행사였다. 이 미술관이 개관한 이래 최대인 25만 8,187명이 전시를 관람했다. 그 뒤를 이어 이우환1936-은 2011년(2011.6.24.-9.28) 구겐하임미술관에서 '이우환: 무한의 제시'Lee Ufan: Marking Infinity전을 개최했다. 또한 이우환은 2014년(2014.6.17-11.2) 프랑스 베르사유 궁전의 동시대미술 전시 프로그램 전시자로 선정되어 그곳에서 작품을 전시Lee Ufan, la subtilité au Château de Versailles했다.

다음은 단체전이다. 한국 현대미술을 알리기 위한 단체전으로는 1958년 한국현대회화Contemporary Korean Paintings전이 뉴욕에서 개최되었고 1968년에는 한국현대회화전韓国現代絵画展이 도쿄에서 개최되었다. 1970년대 이후 개최된 해외 주요 전시를 유형별로 보면 다음과 같다(〈7-19〉).

첫째, 한국 단색화 전시다. 1975년 도쿄에서 '한국 5인의 작가, 다섯 가지의 흰색'韓国・五人の作家五つのヒンセク〈白〉전이 개최되었고 1977년 도쿄에서 '한국현대미술의 단면전'韓国現代美術の断面展이 개최되었다. 1992년에는 리버풀에서 '자연과 함께'Working with Nature: Traditional Thought in Contemporary Art from Korea전이 개최되었다.

〈7-19〉 20세기 후반에 개최된 주요 해외 단체전

전시회 이름	시기	장소	참여 작가
한국현대회화 Contemporary Korean Paintings	1958.2.25-3.22	미국 뉴욕, 월드하우스 갤러리 World House Gallery	고희동, 김기창, 김환기, 김흥수, 남관, 도상봉, 문학진, 박래현, 박서보, 박수근, 변종하, 이상범, 이응노, 장욱진, 최영림 등 35명 (큐레이터 엘런 프세티)
한국현대회화전 韓国現代絵画展	1968.7.19-9.1	일본 도쿄, 도쿄국립근대미술관 東京国立近代美術館	곽인식, 김종학, 남관, 박서보, 변종하, 유영국, 윤명로, 이성자, 이우환, 최영림, 하종현 등 20명
한국 5인의 작가, 다섯 가지의 흰색 韓国・五人の作家五つのヒンセク〈白〉	1975.5.6-5.24	일본 도쿄, 도쿄화랑 東京画廊	권영우, 박서보, 서승원, 이동엽, 허황 등 5명 (큐레이터 나카하라 유스케, 이일)
한국현대미술의 단면전 韓国・現代美術の断面展	1977.8.16-8.28	일본 도쿄, 도쿄센트럴미술관 東京セントラル美術館	곽인식, 김구림, 김창열, 박서보, 서승원, 이강소, 이우환 등 19명
한국 드로잉의 오늘 Korean Drawing Now	1981.6.27-9.7	미국 뉴욕, 브루클린미술관 Brooklyn Museum of Art	김구림 김창열 남관 박서보 서세옥 이강소 하종현 등 47명 (큐레이터 브루클린미술관 진 바로)
민중미술 MinJung Art: New Movement of Political Art from Korea	1988.9.29-11.5	미국 뉴욕, 아티스츠 스페이스 Artists Space	민정기, 박불똥, 이종구, 임옥상, 정복수 등 10명 기관 3 (큐레이터 성완경)
자연과 함께 Working with Nature: Traditional Thought in Contemporary Art from Korea	1992.4.8-6.21	영국 리버풀, 테이트갤러리 Tate Liverpool	김창렬, 박서보, 이우환, 정창섭, 윤형근, 이강소 등 6명 (큐레이터 리버풀 테이트갤러리, 루이스 빅스)
태평양을 건너서 Across the Pacific: Contemporary Korean and Korean American Art	1993.10.15-1994.1.9	미국 뉴욕, 퀸스미술관 Queens Museum of Art	박불똥, 손장섭, 이수경, 이종구, 최정화 등 11명 (큐레이터 이영철, 제인 파버)
호랑이의 꼬리 The Tiger's Tail: 15 Korean Contemporary Artist for Venice	1995.6.8-10.15	이탈리아 베네치아, 팔라초 벤드라민 Palazzo Vendramin ai Carmini	곽덕준,김수자,백남준,윤명로,임옥상,하종현 등15명 (큐레이터 김선정)

둘째, 한국 민중미술 전시다. 1988년 뉴욕에서 개최된 '민중미술'MinJung Art: New Movement of Political Art from Korea전이 대표적 사례다. 그 뒤 2007년 일본 5개 도시의 미술관에서 '민중의 고동: 한국 미술의 리얼리즘 1945-2005년'民衆の鼓動:韓國美術のリアリズム1945-2005전의 순회전시가 개최되었다.

셋째, 한국 동시대미술 전시다. 1990년대 이후 늘어난 해외 전시는 대부분 여기에 속한다. 초기의 사례로는 1993년 뉴욕에서 개최된 '태평양을 건너서'Across the Pacific: Contemporary Korean and Korean American Art전과 1995년 베네치아 비엔날레에서 초대 형식의 첫 한국미술 특별전으로 개최된 '호랑이의 꼬리'The Tiger's Tail: 15 Korean Contemporary Artist for Venice전이 대표적이다.

이후 동시대미술 전시로 1997년 뉴욕에서 큐레이터 김유연이 제작한 '호랑이의 눈'The Eye Of The Tiger, a Panorama of Contemporary Korean Art전, 2007년 칠레와 2008년 아르헨티나에서 국립현대미술관이 제작한 '박하사탕'Peppermint Candy: Contemporary Art from Korea전, 2009년 로스앤젤레스와 휴스턴에서 큐레이터 김선정이 제작한 '당신의 밝은 미래'Your Bright Future: 12 Contemporary Artists from Korea 2009전 등이 있다. 또한 2009년과 2010년에는 런던 사치갤러리에서 두 차례 '한국의 눈'(Korean Eye: Moon Generation, 2009 & Korean Eye: Fantastic Ordinary, 2010)전이 개최되었다.

한국 미술의 해외 전시는 1980년대까지는 드물게 이루어졌으나, 1990년대 이후에는 미술시장의 국제화 추세 속에서 본격적으로 전개되었다. 1990-2013년간 전시의 국가별 분포를

〈7-20〉 국내 미술가의 해외 전시 국가별 추이 (1990-2013년)

	1990-1999년		2000-2009년		2010-2013년		계	
미국	356	21.2%	507	21.2%	413	29.1%	1,276	23.2%
일본	519	30.9%	513	21.4%	159	11.2%	1,192	21.7%
중국	98	5.8%	430	18.0%	292	20.6%	820	14.9%
프랑스	261	15.6%	252	10.5%	110	7.8%	623	11.4%
독일	81	4.8%	136	5.7%	89	6.3%	306	5.6%
영국	12	0.7%	77	3.2%	99	7.0%	188	3.4%
이탈리아	26	1.5%	81	3.4%	32	2.3%	139	2.5%
기타	325	19.4%	396	16.6%	225	15.9%	946	17.2%
계	1,678	100.0%	2,392	100.0%	1,419	100.0%	5,491	100.0%

주 : 중국 1992-1993년에는 러시아 포함됨.
자료: 한국문화예술진흥원/한국문화위원회, 「문예연감」 1991-2014에서 작성.

보면 미국이 23.2%로 가장 많고, 다음으로 일본 21.7%, 중국 14.9% 순이다. 시기별로는 1990년대에는 일본이 30.9%로 가장 많았고 그 다음이 미국 21.2%, 프랑스 15.6% 순이었다. 2000년대에는 미국이 21.2%, 일본이 21.4%로 비슷했으며 그 다음이 중국 18.0%였다. 2010년 이후 최근 몇 년간 미국의 비중은 높아진 반면 일본의 비중은 상당히 낮아졌다. 초기의 일본-미국 중심에서 최근에는 중국-미국 중심으로 변화가 나타나고 있다.

마지막으로 해외 전시 중 비엔날레 전시 현황을 보자.

비엔날레 전시는 아니지만 1950년대부터 해외 공모전 참가가 시작되었다. 1953년 김종영1915-1982이 '국제 조각 콩쿠르'International Sculpture Competition: The Unknown Political Prisoner에 입선하여 런던 테이트갤러리Tate Gallery에서 작품을 전시했다. 비엔날레 전시 참가는 1960년대 초에 시작되었는데, 1961년 파리 비엔날레와 1963년 상파울루 비엔날레가 초기 사례다. 1961년 제2회 파리비엔날레에는 김창열 등 4명이 참가(큐레이터 김병기)했으며, 1963년 제7회 상파울루 비엔날레에는 김환기, 김기창, 서세옥, 유영국 등 7명과 단체 2팀이 참가(큐레이터 김환기)했다.

〈7-21〉 베네치아 비엔날레 참가 현황 (1986-2015년)

	개최시기	전시제작자	미술가
42회	1986.6.29-9.28	이일	고영훈, 하동철
43회	1988.6.25-9.30	하종현	김관수, 박서보
44회	1990.5.23-9.30	이승택	조성묵, 홍명섭
45회	1993.6.13-10.10	서승원	하종현 독일관(백남준, *황금사자상)
46회	1995.6.11-10.15	이일	전수천(*특별언급상), 곽훈, 김인겸, 윤형근,
47회	1997.6.15-11.9	오광수	강익중(*특별언급상), 이형우
48회	1999.6.12-11.7	송미숙	이불(*특별언급상), 김수자, 노상균,
49회	2001.6.10-11.4	박경미	서도호, 마이클 주
50회	2003.6.15-11.2	김홍희	황인기, 박이소, 정서영, 김소라, 김홍석, 장영혜, 주재환
51회	2005.6.12-11.6	김선정	김범, 김소라, 김홍석, 문성식, 박기원, 박세진, 배영환, 오형근, 정연두, 최정화, 함진
52회	2007.6.10-11.21	안소연	이형구
53회	2009.6.7-11.22	주은지	양혜규
54회	2011.6.4-11.27	윤재갑	이용백
55회	2013.6.1-11.24	김승덕	김수자
56회	2015.5.9-11.20	이숙경	문경원, 전준호 임흥순 (*은사자상)

자료 : 한국문화예술위원(2014a) 등에서 작성.

그 후 많은 비엔날레 참가가 이루어졌는데 그 가운데 1992년 육근병이 제9회 카셀 도쿠멘타에 참가해 주목을 받았다.

베네치아 비엔날레 참가는 1986년에 시작되었다(〈7-21〉). 이 비엔날레에서 1993년 독일관이 황금사자상을 받았는데 이는 백남준이 공동기획한 전시관이다. 1995년 백남준의 노력으로 한국관이 정식으로 설치되었다. 이 한국관 전시를 통해 1997년 제46회 전수천1947- , 1998년 제47회 강익중1960- , 1999년 제48회 이불1964-이 차례로 특별언급상Special Mention을 받았다. 2015년에는 임흥순1969-이 본전시를 통해서 은사자상을 수상했다. 수상작은 여성 노동문제를 다룬 95분짜리 다큐멘터리 영상 「위로공단」Factory Complex, 2014이다. 봉제공장 '시다'(보조 노동자)로 40년 넘게 일한 작가의 어머니와 백화점 매장 일을 하는 여동생의 삶에서 영감을 얻었다고 한다.

7.5.2. 해외

세계 미술생산의 흐름과 변화를 20세기 후반을 중심으로 간단히 살펴보기로 한다.

20세기 후반 세계 미술생산은 미국 뉴욕을 중심으로 재편되었다. 여기서 액션페인팅action painting을 비롯한 추상표현주의Abstract Expressionism가 1950년대 세계 미술을 주도했다. 유럽에서도 그와 유사한 성격의 앵포르멜Informel, Tachism이 부상했다. 단지 이탈리아 등에서 사회적 리얼리즘social realism이 현실주의 미술의 명맥을 이었다.

19세기 후반부터 이어진 모더니즘 미술의 흐름은 1950년대 추상표현주의를 정점으로 급속하게 쇠퇴했다. 1960년대는 모더니즘 미술이 자신의 종말을 확인하고 미래의 미술에 자리를 넘겨준 시기였다. 1960년대는 미술사에서 가장 큰 변화가 일어난 시기 중 하나이며 수많은 미술운동이 미래 미술의 주도권을 놓고 각축하고 충돌한 시기였다. 미국을 중심으로 전개된 미니멀아트Minimal Art와 대지미술land art, earth art, 플럭서스Fluxus운동, 프랑스의 누보레알리슴Nouveau Réalisme, 이탈리아의 아르테포베라Arte Povera 등이 이 시기에 등장했다. 이 여러 흐름 가운데 모더니즘 미술과 가장 단절적이며 미래의 미술에 가장 큰 영향을 미친 것은 단연 팝아트Pop Art였다. 또한 미니멀아트에 뒤이어 등장한 개념미술Conceptual Art 역시 전통적 미술의 개념과 내용을 획기적으로 변화시켰다.

1970년대에는 하이퍼리얼리즘Hyper-realism이 주목을 받았고, 보디아트body art, behaviour

〈7-22〉 20세기 후반 세계 미술의 흐름

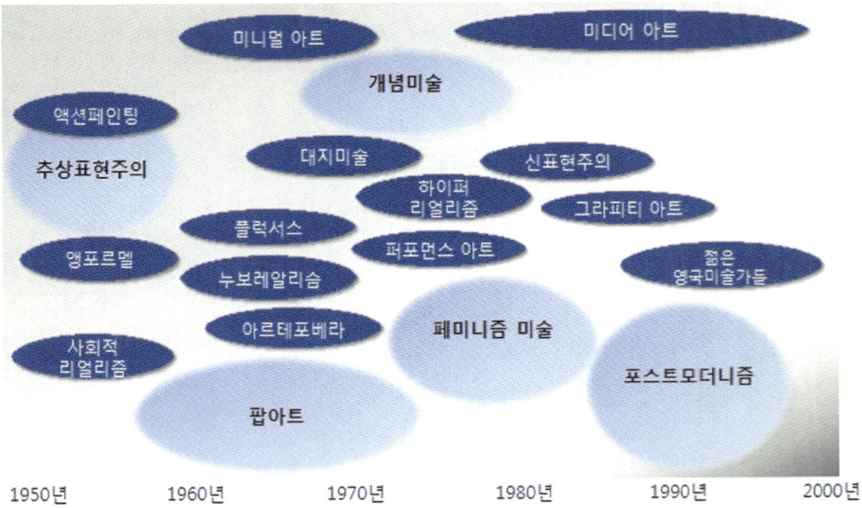

art 등으로 불린 퍼포먼스아트performance art가 다시 부활했다. 특히 1970년대는 페미니즘 미술feminism art이 독자적 세력을 형성하기 시작한 시기라는 점에서 의의가 있다. 1980년대에는 신표현주의Neo-Expressionism가 대두하여 회화가 여전히 건재함을 알렸고 그라피티아트graffiti art도 제도권 미술로 편입되었다. 1980년대부터 포스트모더니즘이 미술의 대세로 자리 잡았다.

포스트모더니즘 이후 미술의 내용과 형식에서 거대 담론은 사라진 대신 미시적인 담론만 남고 미술생산의 성격도 순전히 개인적 작업으로 협소하게 인식되었다. 이 시기에 진전된 미술의 상업화는 그러한 경향을 더욱 촉진했다. 결과적으로 포스트모더니즘 시대에 들어선 이후 미술계에는 이렇다 할 거대한 혁신의 흐름은 나타나지 않았다. 다만 1990년대 영국에서 '젊은 영국 미술가들'YBAs이라는 브랜드를 공유한 한 무리의 미술가들이 세계 미술시장에서 주목을 받았다. 또한 1970년대부터 차츰 성장해온 미디어아트Media Art가 동시대 미술생산의 중심부에 진입해 자신의 자리를 확립한 점을 지적할 수 있다.

19세기 후반 모더니즘 시대가 시작된 이후 20세기 후반 포스트모더니즘 시대에 도달하기까지 세계 미술의 전반적 흐름은 특별히 뛰어난 미술가 개인이 아니라 여러 미술가들의 모임, 즉 미술단체에 의해 주도되었다. 여러 미술가들이 특정한 미술 이념을 중심으로 함께 모여 미술단체를 구성하고 자신들의 미술 이념을 표방하는 단체 전시를 개최함으로써 미술의 흐름을 혁신하거나 영향을 미치고자 했다.

〈7-23〉은 19세기 후반부터 20세기 후반까지 세계 미술의 흐름에 영향을 미친 주요 전시회를 정리한 것이다.

〈7-23〉 세계 주요 전시회 현황 (1850년-2000년)

	연도	전시회 이름	개최도시
1	1863	낙선전 Salon des Refusés	파리
2	1874	인상파 전 (제1회) La Société anonyme coopérative des artistes peintres, sculpteurs et graveurs (Exposition des Impressionnistes)	파리
3	1884	앙데팡당 전 (제1회) Salon des Indépendants	파리
4	1897	빈분리파 (제1회) Vienna Secession	빈
5	1905 1910-11	살롱도톤 (제3회) Salon d'Automne 살롱도톤 (1910년, 1911년) Salon d'Automne	파리
6	1906	다리파 전 (제1회) Die Brücke Exhibition	드레스덴
7	1911	청기사파 전 (제1회) Der Blaue Reiter Exhibition	뮌헨
8	1912	존더분트 전 Sonderbund Westdeutscher Kunstfreunde und Künstler	쾰른
9	1913	아모리쇼 The International Exhibition of Modern Art (Armory Show)	뉴욕
10	1915	0.10: 마지막 미래파 회화전 0.10: The Last Futurist Exhibition of Pictures	상트페테르부르크 Petrograd
11	1920	제1회 국제 다다 페어 Erste Internationale Dada-Messe (The First International Dada Fair)	베를린
12	1922	제1회 러시아 미술전 Erste Russische Kunstausstellung (The First Russian Art Exhibition)	베를린
13	1936	입체파와 추상미술 Cubism and Abstract Art	뉴욕
14	1936	런던 국제 초현실주의전 The London International Surrealist Exhibition	런던
15	1937	퇴폐미술 전 Die Ausstellung Entartete Kunst (Degenerate Art)	뮌헨
16	1938	국제 초현실주의전Exposition Internationale du Surréalisme	파리
17	1942	초현실주의 첫 서류들 First Papers of Surrealism	뉴욕
18	1942	'금세기 미술' 화랑 개관전 Art of this Century	뉴욕
19	1951	9번가 전 Ninth Street Show	뉴욕
20	1955	카셀 도쿠멘타 (제1회) Documenta	카셀
21	1955	구타이 미술전 (제1회) Gutai Art Exhibition,	도쿄,
22	1956	이것이 내일이다 This is Tomorrow	런던
23	1959	신미국미술 The New American Painting	뉴욕
24	1962	딜라비 Dylaby: Dynamisch Labyrinth	암스테르담
25	1962	뉴 리얼리스트 국제전 International Exhibition of the New Realists	뉴욕,
26	1966	일차 구조 Primary Structures	뉴욕
27	1968	아르테포베라 + 아지오니포베레 Arte Povera + Azioni Povere	아말피 Amalfi
28	1968	대지 작품들 Earth Works	뉴욕
29	1969	1월 5-31, 1969년 January 5-31, 1969	뉴욕
30	1969	태도가 형식이 될 때: 머리에 살기 When Attitudes Become Form: Live in Your Head	베른
31	1970	정보 Information	뉴욕
32	1971	손스빅 71 Sonsbeek 71	아른험 Arnhem
33	1972	카셀 도쿠멘타 (제5회) Documenta 5	카셀
34	1974	불도저 전 Bulldozer Exhibition	모스크바
35	1977	그림들 Pictures	뉴욕

36	1980	타임스 스퀘어 전 Times Square Show	뉴욕
37	1981	회화의 새로운 정신 A New Spirit in Painting	런던
38	1985	무정형 Les Immatériaux	파리
39	1986	친구의 방들 Chambres d'Amis	헨트 Ghent
40	1986	아바나 비엔날레 (제2회) Havana Biennial	아바나
41	1988	프리즈 Freeze	런던
42	1989	중국현대예술전 China Avant-Garde Exhibition	베이징
43	1989	지구의 마법사들 Magiciens de la Terre	파리
44	1991	과거와 함께 하는 장소들 Places with a Past: New Site-Specific Art in Charleston	찰스턴 Charleston
45	1993	휘트니 비엔날레 (1993년) Whitney Biennial	뉴욕
46	1996	트래픽 Traffic	보르도
47	1997	움직이는 도시들 Cities on the Move	빈
48	1997	센세이션 Sensation: Young British Artists from the Saatchi Collection	런던
49	1998	상파울루 비엔날레 (제24회) São Paulo Biennial	상파울루

19세기 후반의 인상주의에 이어 20세기 전반의 야수파, 입체파, 독일 표현주의, 그리고 그 후의 다다와 초현실주의까지 아방가르드 모더니즘 미술의 진전은 모두 이러한 전시회와 연관되었다.

마티스Henri Matisse, 1869–1954의 「모자를 쓴 여인」La Femme au chapeau, 1905, 81x60cm 등이 출품된 1905년의 제3회 '살롱도톤'Salon d'Automne전은 야수파Fauvism의 출발을 알렸고, 장 메챙제Jean Metzinger의 「벽난로가 있는 누드」Nu à la cheminée(Nude), 1910와 「티 타임」Le goûter, 1911, 76x70cm 등이 출품된 1910년과 1911년의 '살롱도톤'전은 입체파Cubism의 발흥을 공식화했다.

독일 표현주의는 키르히너Ernst Ludwig Kirchner, 1880–1938의 주도로 1906년 드레스덴에서 개최된 '다리파 전'(제1회)Die Brücke Exhibition과 칸딘스키Wassily Kandinsky, 1866–1944의 주도로 1911년 뮌헨에서 개최된 '청기사파 전'(제1회)Der Blaue Reiter Exhibition을 통해 등장했다.

1920년 베를린에서 열린 '제1회 국제 다다 페어'The First International Dada Fair (Erste Internationale Dada–Messe)는 베를린 다다운동이 공식적으로 모습을 드러낸 행사였다. 당시 패권을 차지하고 있던 표현주의와 반대 되는 지점에서, 정치적 아방가르드로서 다다이즘의 성격을 포토몽타주 등의 기법으로 강력하게 표출했다. 라울 하우스만Raoul Hausmann 1886–1971의 「기계머리(시대정신)」Mechanical Head (The Spirit of Our Time), 1920, 한나 회흐Hannah Höch, 1889–1978의 「바이마르 공화국의 살찐 배를 부엌칼로 가르다」Cut with the Kitchen Knife through the Beer–Belly of the Weimar Republic (Schnitt mit dem Küchenmesser), 1919 등이 전시되었다.

1936년 '입체파와 추상미술'Cubism and Abstract Art전은 뉴욕 현대미술관MoMA이 기획하여 뉴욕과 6개 다른 도시에서 개최했다. 아방가르드 미술이 악명 높은 히틀러의 나치미술이나 스탈린의 사회주의 리얼리즘 미술을 위해 억압(1937년 '퇴폐미술 전'Die Ausstellung Entartete Kunst)되고 박멸된 시점에 20세기 초반 아방가르드 미술 역사를 정리한 전시로서 주목되었다.

1936년 '런던 국제 초현실주의전'The London International Surrealist Exhibition, 1938년 파리의 '국제 초현실주의전'Exposition Internationale du Surréalisme, 1942년 뉴욕의 '초현실주의 첫 서류들'First Papers of Surrealism전과 '금세기 미술'Art of this Century화랑 개관전은 초현실주의가 세계 미술의 새로운 중심이 되었음을 확인시킨 전시였다.

20세기 후반에도 전시회의 영향력은 약화되지 않았다. 그것은 추상표현주의, 팝아트, 개념미술, 포스트모더니즘 미술에 이르기까지 미술사의 중요한 흐름을 소개하고 확산시킨 주된 통로였다.

1942년 페기 구겐하임Marguerite "Peggy" Guggenheim에 의해 설립된 '금세기 미술'화랑은 개관전을 통해 유럽 초현실주의를 미국에 소개했고, 그 이후에는 1943년 '잭슨 폴록'Jackson Pollock: Paintings and Drawings전 등을 개최함으로써 미국 추상표현주의를 형성시킨 기반이 되었다.

팝아트는 1956년 런던에서 개최된 '이것이 내일이다'This is Tomorrow전에서 시작되었다. 여기서 리처드 해밀턴Richard Hamilton, 1922-2011의 「오늘의 가정을 그토록 색다르고 멋지게 만드는 것은 무엇인가?」Just what is it that makes today's homes so different, so appealing?, 1956, 26×25cm 등의 작품이 소개되었다. 1962년 뉴욕의 시드니 재니스 갤러리Sidney Janis Gallery에서 개최된 '뉴 리얼리스트 국제전'International Exhibition of the New Realists을 계기로 팝아트는 추상표현주의를 대신해 미국 미술시장의 새 주도권을 형성했다. 앤디 워홀Andy Warhol, 1928-1987의 「200개의 캠벨 수프깡통」200 Campbell's Soup Cans, 1962, 183x254cm, 로이 릭턴스타인Roy Lichtenstein 1923-1997의 「냉장고」The Refrigerator, 1962, 173x142cm 등이 전시되어 화랑 내부가 수퍼마켓같이 바뀌었다. 타임Time은 이처럼 '가장 진부하고 저속한 물건들'을 전시한 작가들을 일러 '케이크 조각 화파'Slice of Cake School라고 비꼬았다.

1968년에는 뉴욕의 드완 갤러리Dwan Gallery에서 '대지 작품들'Earth Works전이 개최됨으로써 대지미술이 동시대미술의 한 영역으로 들어왔다. 이어 1969년 베른 쿤스트할레 Kunsthalle Bern미술관의 하랄트 제만Harald Szeemann, 1933–2005이 기획한 '태도가 형식이 될 때: 머리에 살기'When Attitudes Become Form: Live in Your Head전과 1970년 뉴욕 현대미술관MoMA의 '정보'Information전은 개념미술의 다양한 세계를 제시했다. 그러나 이들 혁신적인 전시는 기존 미술계에 충격을 던지고 분노를 유발했으며, 타임Time은 1972년 모더니즘 비평가Robert Hughes의 기고문 '아방가르드의 쇠락과 몰락'The Decline and fall of the Avant-Garde을 실어 '소위 진보적인 미술들'을 비난했다.

1977년 뉴욕의 대안공간 아티스츠 스페이스Artists Space에서 개최된 '그림들'Pictures전은 차용미술appropriation art로서 포스트모더니즘 미술의 단면을 제시했다. 이 5인전을 통해 셰리 레빈Sherrie Levine, 1947–도 이름을 얻었다. 1985년 파리 퐁피두센터에서 프랑스 철학자 리오타르Jean-François Lyotard가 기획한 '무정형'Les Immatériaux전은 자신의 철학적 테제를 기반으로 모더니즘 전시와 차별화된 포스트모더니즘 전시를 선보였다. 이어 1989년 파리에서 열린 '지구의 마법사들'Magiciens de la Terre전과 베이징에서 열린 '중국현대예술전'China Avant-Garde Exhibition은 국제화된 미술생산의 현 상황을 드러내고 포스트모더니즘의 탈식민주의 성격 형성에 기여했다.

포스트모더니즘 이후에도 수많은 단체전이 개최되고 있으나 이전처럼 미술가 그룹이 특정한 미술 이념과 연계하여 미술운동으로서 개최하는 전시는 거의 사라졌다.

비엔날레

다음은 세계 비엔날레에 대해 살펴보기로 한다. 순수 예술 행사로서 비엔날레는 19세기 말 등장했다. 베네치아 비엔날레Biennale di Venezia가 세계 최초의 비엔날레로 1895년 시작되었다.

20세기 전반까지도 베네치아 비엔날레가 유일했으나 20세기 후반에는 세계 각지에서 자신만의 특색을 지닌 비엔날레들이 많이 등장했다. 기성 미술가가 아닌 젊은 미술가만을 대상으로 하는 파리 비엔날레Biennale de Paris라든가 미국의 동시대 미술적 혁신을 대변하는 휘트니 비엔날레Whitney Biennial 등이 그러한 예이다. 휘트니 비엔날레는 참여자격이 미국 미술가로 제한되어 있다.

1990년대에는 '비엔날레 붐'으로 불릴 정도로 많은 비엔날레가 세계 각지에서 탄생했다.

〈7-24〉 세계의 주요 비엔날레

비엔날레	설립년도	개최도시
베네치아 비엔날레 Biennale di Venezia	1895	이탈리아 베네치아
상파울루 비엔날레 Bienal de São Paulo	1951	브라질 상파울루
카셀 도쿠멘타 Dokumenta	1955	독일 카셀
파리 비엔날레 Biennale de Paris (Manifestation Internationale des Jeunes Artistes)	1959	프랑스 파리
휘트니 비엔날레 Whitney Biennial	1973 (1932)	미국 뉴욕
시드니 비엔날레 Biennale of Sydney	1973	오스트레일리아 시드니
뮌스터 조각 프로젝트 Skulptur Projekte Münster	1977	독일 뮌스터
리옹 현대미술 비엔날레 Biennale d'art contemporain de Lyon	1984	프랑스리옹
아바나 비엔날레 Havana Biennial Art Exhibition	1984	쿠바 아바나
이스탄불 국제 비엔날레 International Istanbul Biennial	1987	터키 이스탄불
다카르 비엔날레 Dak'Art (Biennale de l'Art Africain Contemporain)	1992	세네갈 다카르
광주 비엔날레 Gwangju Biennale	1995	한국 광주
상하이 비엔날레 Shanghai Biennale	1996	중국 상하이
마니페스타 Manifesta (European Biennial of Contemporary art)	1996	유럽 각 도시 (2016, 취리히)
베를린 현대미술 비엔날레 Berlin Biennale für zeitgenössische Kunst	1998	독일 베를린
요코하마 트리엔날레 Yokohama Triennale	2001	일본 요코하마
싱가포르 비엔날레 Singapore Biennale	2006	싱가포르

주: 1. 카셀 도쿠멘타는 5년마다, 뮌스터 조각 프로젝트는 10년마다 개최됨.
2. 휘트니 미국미술관Whitney Museum of American Art은 1932년부터 연례 전시를 개최했으며, 이것을 1973년에 비엔날레로 개편함.

1992년 세네갈의 다카르 비엔날레Dak'Art, 1995년 한국의 광주 비엔날레Gwangju Biennale, 1996년 중국의 상하이 비엔날레Shanghai Biennale가 대표적인 예이다. 1996년에는 네덜란드 로테르담에서 마니페스타Manifesta도 시작되었다. 이 비엔날레는 개최 도시가 고정되어 있지 않고 여러 도시에서 옮겨가며 열린다.

2년에 한 번씩 열리기 때문에 비엔날레로 불리고 있으나 주기가 2년이 아닌 경우도 비엔날레의 범주에 넣는 경우가 많다. 3년에 한 번씩 열리는 트리엔날레triennale도 있고 그보다 주기가 더 긴 경우도 있다. 2007년 6월에는 유럽에서 베네치아 비엔날레, 카셀 도쿠멘타Dokumenta, 뮌스터 조각 프로젝트Skulptur Projekte Münster가 한꺼번에 개최되었고 같은 때에 바젤의 아트페어까지 겹쳐 많은 미술 애호가들이 '그랜드 투어'라는 명목으로 유럽으로 몰린 일이 있었다. 아트바젤은 1년에 한 번 열리지만, 베네치아 비엔날레는 2년에 한 번, 카셀 도쿠멘타는 5년에 한 번, 뮌스터 조각 프로젝트는 10년에 한 번 열리는

〈7-25〉 카셀 도쿠멘타 현황 (1955-2017년)

이름	개최시기	예술감독/큐레이터	미술가수(명)	작품수(점)	관람자수(명)	예산(천DM, 천€)
documenta	1955.7.16-9.18	Arnold Bode	148	670	130,000	379
II. documenta	1959.7.11-10.11	Arnold Bode /Werner Haftmann	339	1,770	134,000	991
documenta III	1964.6.28-10.6	Arnold Bode /Werner Haftmann	353	1,414	200,000	1,860
4 documenta	1968.6.27-10.6	Arnold Bode /documenta Boards	150	1,000	207,000	2,817
documenta 5	1972.6.30-10.8	Harald Szeemann	222	1,100	220,000	3,480
documenta 6	1977.6.24-10.2	Manfred Schneckenburger	623	1,400	355,000	4,800
documenta 7	1982.6.19-9.28	Rudi Fuchs	182	1,000	387,381	6,958
documenta 8	1987.6.12-9.20	Manfred Schneckenburger	317	520	486,811	8,961
DOCUMENTA IX	1992.6.13-9.20	Jan Hoet	195	1,000	615,640	18,646
documenta X	1997.6.21-9.28	Catherine David	138	569	628,776	21,732
Documenta11	2002.6.8-9.15	Okwui Enwezor	117	450	650,924	€18,075
DOCUMENTA	2007.6.16-9.23	Roger M. Buergel /Ruth Noack	119	516	750,584	€26,054
dOCUMENTA(13)	2012.6.9-9.16	Carolyn Christov-Bakargiev	194	n	904,992	€30,673
	1-13회 합계		3,097	11,409	5,671,108	€110,115
	1-13회 평균		238	951	436,239	€8,470
documenta 14	2017.6.10-9.17	Adam Szymczyk				

주 1. 1997년 제10회까지 예산의 단위는 독일 마르크(천DM)이고 그 후는 유로(천€)임.
2. 2012년 13회 작품수는 불명이며, 전시구조상 정확한 작품수를 알 수 없다고 밝힘.
자료 : 카셀 도쿠멘타 홈페이지http://www.kassel.de/의 documenta Archiv에서 작성.

행사다.

오늘날 세계 각지에서 개최되는 비엔날레 중에 베네치아 비엔날레와 카셀 도쿠멘타가 가장 널리 알려져 있다. 베네치아 비엔날레는 세계 모든 비엔날레의 원형으로서 정통성을 지니고 있으며, 카셀 도쿠멘타는 그동안 실험성과 예술성에서 다른 비엔날레에 앞선 평가를 받아왔다.

카셀 도쿠멘타는 1955년에 처음 개최 되었으며 1970년대부터는 5년마다 한 번 씩 개최되고 있다(〈7-25〉). 2012년까지 13회 개최되었는데 총 3,097명의 미술가가 참가했고 1만 1,409점 이상의 작품을 전시했다. 그동안 관람한 사람 수는 567만 명에 달한다.

한편 베네치아 비엔날레는 창설 당시부터 파리 만국박람회를 모델로 하여 국가별로 전시관을 각각 운영하는 방식을 채택했다. 또한 1930년대에는 미술 뿐 아니라 다른 장르의 예술도 비엔날레에 참여했다. 베네치아 국제영화제Mostra Internazionale d'Arte Cinematografica della Biennale di Venezia도 1932년 비엔날레 부속 행사로 시작되었다가 나중에 독립했다.

1995년 이후 베네치아 비엔날레 현황을 보면 〈7-26〉과 같다.

2013년 55회 비엔날레는 2010년 광주비엔날레를 맡았던 마시밀리아노 지오니 Massimiliano Gioni, 1973-가 전시제작을 맡았으며 주제는 '백과사전식 궁전'The Encyclopedic Palace이었다. 본전시에 38개 국가로부터 160명의 미술가가 참가했고, 관람자 수는 47만여 명이었다. 2015년 56회 비엔날레는 2008년 광주비엔날레를 맡았던 오쿠이 엔위저 Okwui Enwezor, 1963-가 전시제작을 맡았으며 주제는 '세계의 미래'All The World's Futures였다. 본전시에 53개 국가로부터 미술가 136명이 참가했고, 관람자 수는 50만 명이었다. 본전시 외에 각 나라별로 국가관 전시를 개최하는데 89개국이 참가했다.

베네치아 비엔날레는 1986년 제42회부터 참가작가와 각국의 국가관 중에서 우수작을 선정해 시상하는 제도를 운영하고 있다. 상의 종류에는 그동안 다소 변동이 있었으나 최근에는 가장 뛰어난 전시를 선보인 작가와 국가관에 수여하는 황금사자상, 장래가 촉망

〈7-26〉 베네치아 비엔날레 현황 (1995-2015년)

		본전시			국가관 참가국
		예술감독	주제 (미술가 수)	관람자수 (총관람자수)	
46회	1995.6.11-10.15	Jean Clair	The face and the human body	-	-
47회	1997.6.15-11.9	Germano Celant	Future, Present, and Past	-	58
48회	1999.6.12-11.7	Harald Szeemann	dAPERTutto	-	-
49회	2001.6.10-11.4	Harald Szeemann	Plateau of Humankind	243,400	-
50회	2003.6.15-11.2	Francesco Bonami	Dreams and Conflicts	260,100	-
51회	2005.6.12-11.6	María de Corral / Rosa Martînez	The Experience of Art / Always a Little Further	265,000 (915,000)	70
52회	2007.6.10-11.21	Robert Storr	Think with the Senses	319,332 (827,000)	76
53회	2009.6.7-11.22	Daniel Birnbaum	Making Worlds 90명	375,702	77
54회	2011.6.4-11.27	Bice Curiger	ILLUMInations 83명	440,000	89
55회	2013.6.1-11.24	Massimiliano Gioni	The Encyclopedic Palace 38국 160명	475,000	88
56회	2015.5.9-11.20	Okwui Enwezor	All The World's Futures 53국 136명	501,502	89

주 : 관람자수는 본전시에 대한 것이고, 괄호 안은 본전시와 각 국가관 전시를 포함한 총관람자수임
자료 : 베네치아 비엔날레 홈페이지http://www.labiennale.org/에서 작성

〈7-27〉 베네치아 비엔날레 수상자 (1986-2015년)

		황금사자상	은사자상 (젊은작가상)	황금사자상 (공로상)
42회	1986	Frank Auerbach 1931- 독일·영국 Sigmar Polke 1941-2010 독일	Nunzio Di Stefano 1954- 이탈리아	-
43회	1988	Jasper Johns 1930- 미국	Barbara Bloom 1951- 미국	-
44회	1990	Giovanni Anselmo 1934- 이탈리아, Bernd & Hilla Becher 1931-2007 & 1934-2015독일	Anish Kapoor 1954- 인도·영국	-
45회	1993	Richard Hamilton 1922-2011영국, Antoni Tapies 1923-2012 스페인, Robert Wilson 1941- 미국	Matthew Barney 1967- 미국	-
46회	1995	Ronald B. Kitaj 1932-2007 미국, Gary Hill 1951- 미국	Kathy Prendergast 1958- 아일랜드	-
47회	1997	Marina Abramović 1946- 세르비아, Gerhard Richter 1932- 독일	Douglas Gordon 1966- 영국 Pipilotti Rist 1962- 스위스 Rachel Whiteread 1963- 영국	Emilio Vedova 1919-2006 이탈리아, Agnes Martin 1912-2004 미국
48회	1999	Doug Aitken 1968미국, Cai Guo-Qiang 1957- 중국, Shirin Neshat 1957- 이란	-	Louise Bourgeois 1911-2010 프랑스·미국, Bruce Nauman 1941- 미국
49회	2001	Janet Cardiff & George Bures Miller 1957- & 1960- 캐나다, Marisa Merz 1967- 이탈리아, Pierre Huyghe 1962- 프랑스	Federico Herrero 1978- 코스타리카 Anri Sala 1974- 알바니아 John Pilson 1968- 미국, A-1-53167 (Aníbal López) 1964-2014 과테말라	Richard Serra 1939- 미국, Cy Twombly 1929-2011 미국
50회	2003	Peter Fischli & David Weiss 1952- & 1946- 스위스	Oliver Payne & Nick Relph 1977- & 1979- 영국	Michelangelo Pistoletto 1933- 이탈리아, Carol Rama 1918-2015 이탈리아
51회	2005	Thomas Schütte 1954- 독일	Regina José Galindo 1974- 과테말라	Barbara Kruger 1945- 미국
52회	2007	León Ferrari 1920-2013 아르헨티나	Emily Jacir 1970- 팔레스타인	Malick Sidibé 1936- 말리
53회	2009	Tobias Rehberger 1966- 독일	Nathalie Djurberg 1978- 스웨덴	Yoko Ono 1933- 일본, John Baldessari 1931- 미국
54회	2011	Christian Marclay 1955- 미국	Haroon Mirza 1977- 영국	Elaine Sturtevant 1924-2014 미국, Franz West 1947-2012 오스트리아
55회	2013	Tino Sehgal 1976- 영국·독일	Camille Henrot 1978- 미국	Maria Lassnig 1919-2014 오스트리아, Marisa Merz 1931- 이탈리아
56회	2015	Adrian Piper 1948- 미국	Im Heung-Soon 1969- 한국	El Anatsui 1944- 가나

되는 젊은 작가에게 수여하는 은사자상, 그리고 일종의 공로상인 황금사자상을 수여하고 있다. 그밖에 특별언급상을 수여하는 경우도 있다. 1986년 이후 국가관에 수여된 것을 제외하고 개인 미술가에 수여된 세 가지 상의 수상자 내역은 〈7-27〉에 나타나 있다.

대부분의 비엔날레는 제도권 미술이 도외시하는 비주류 미술의 참가를 옹호한다. 탈중심주의를 표방하고 주류의 경향에서 벗어나 제3세계, 페미니즘, 성적 소수자 등 비주류의 담론을 수용하고 그에 맞는 양식과 매체 실험으로 미술의 개념과 실천 범위를 확장시키고 있다.

1951년 출범한 브라질 상파울루 비엔날레Bienal de São Paulo의 사례에서 알 수 있듯이 비서구 국가들에서의 비엔날레는 문화식민주의 상황에서 벗어나 미술적 정체성을 확립하려는 목적으로 활용되기도 한다. 상파울루 비엔날레의 정신은 그 후 제3세계의 여러 비엔날레에 계승되었다. 예를 들어 1984년에 시작된 쿠바의 아바나 비엔날레Havana Biennial Art Exhibition는 단순히 세계 미술가들의 행사가 아니라 라틴 아메리카와 카리브해의 동시대 미술가들 목소리를 주도적으로 대변하고 있다.

제8장 화랑과 아트페어

8.1. 화랑의 의의

화랑 또는 갤러리gallery, art gallery는 미술가가 제작한 미술품이 처음 유통되는 1차 미술시장의 대표적인 제도이다. 근대 이후 미술시장의 성장과 함께 발전해온 화랑은 경매회사와 더불어 미술품 매개자로서 가장 중요한 역할을 수행한다.

미술품을 전시하고 판매하는 화랑 즉 갤러리라는 명칭은 본래 미술품을 귀족과 부호의 저택 회랑gallery에 진열하던 것에서 유래했다. 화랑의 기본적인 역할은 생산자인 미술가와 소비자인 수집가의 거래를 형성시켜 미술품을 유통시키는 것이다.

화랑을 소유하고 운영하는 주체를 아트딜러art dealer 혹은 갤러리스트gallerist라 부른다(미술관 일을 하는 큐레이터처럼 화랑 일을 하는 사람들 모두를 갤러리스트로 부르기도 한다). 아트딜러는 미술가가 생산한 작품이 수집가에게 순조롭게 도달하도록 하는 통로 역할을 하는 사람이다. 아트딜러는 미술가를 경제적으로 후원하며 생산을 촉진하고 전시회를 개최하여 적합한 소비자를 찾을 수 있게 도와준다. 또한 소비자에게는 미술품을 구매할 장소와 기회를 제공하고 미술품을 이해하고 감상할 수 있도록 도와준다.

아트딜러의 기원은 14세기 후반 르네상스 시대의 미술상Francesco di Marco Datini, 1335-1410으로 거슬러 올라가지만 아트딜러가 하나의 직업으로 정착된 것은 근대 미술시장의 성장 이후다. 근대사회에 접어들자 미술가들은 더 이상 궁정이나 귀족으로부터 후원과 주문에 의존할 수 없게 되었고 어떻게든 자기 작품을 스스로 판매할 방도를 찾아야 했다. 처음에는 작업실로 찾아오는 수집가에게 팔거나 직접 시장에 작품을 들고 나가 팔기도 했다. 그러다 직접 파는 것보다는 아트딜러에게 작품판매를 맡기고 미술가 자신은 생산에 전념하는 분업관계를 택하게 되었다.

아트딜러는 미술시장을 안정시키는데 기여했다. 미술품은 사치재로 경기변동에 따른 수요의 변동 폭이 크다. 아트딜러는 수요가 적은 시기에 미술품을 구입하고 수요가 많을 때 그것을 되팔아 차익을 얻을 수 있다. 아트딜러의 개입은 미술시장의 급격한 변동을 완충시키고 미술가의 생활을 안정시키는데 도움을 준다.

아트딜러는 미술의 전문성을 높이는 데도 기여한다. 근대 미술시장이 처음 형성된 17세기 네덜란드에서는 특정 분야에 전문성을 가진 화가들이 대거 등장했는데 이것은 아트딜러의 역할과 관계가 있다. 아트딜러는 고객의 수요를 파악해 어떤 화가에게 그가 다른 화가보다 잘 그리는 분야의 그림을 그리도록 유도했다. 그 결과 네덜란드 화가들은 정물화, 동물화, 풍경화, 해양화, 초상화 등 한 가지 분야에 집중하게 되었다. 정물화라도 그냥 정물화가 아니라 꽃이나 식탁 장면 등 한 가지 주제만 다루었다.

아트딜러는 일반적으로 자신의 화랑을 소유하고 있지만 그렇지 않은 개인 아트딜러 혹은 독립 아트딜러private art dealer, freelance art dealer도 있다. 독립적으로 활동하는 개인 아트딜러는 근대 초기부터 존재했다. 이들은 자신의 고유한 예술적 관점과 취향을 표현하는 공간은 갖고 있지 않지만 대신 여러 화랑의 다양한 공간을 활용하면서 미술가 쪽이나 수집가 쪽의 에이전트와 조언자로서 자유롭게 활동할 수 있는 장점이 있다. 수집가의 수집활동을 돕는 개인 아트딜러를 아트컨설턴트art consultant, art advisor라 부른다. 아트컨설턴트는 수집가를 대리하며 수집가로부터 고정된 보수 혹은 변동되는 보수를 받는다. 필리프 세갈로Philippe Ségalot, 1958-는 오랫동안 수집가 프랑수아 피노François Pinault, 1936-에게 자문역을 했다. 규모가 커지면 아트컨설팅 사무소를 운영하기도 한다.

화랑의 대부분은 아트딜러가 영리 목적으로 운영하는 상업화랑for-profit commercial gallery이다. 상업화랑은 상설전시와 기획전시 형태로 전시회를 개최하거나 아트페어에 참여하는 것이 기본 업무이다. 그 밖에 전속작가artists represented by gallery제도 등 미술가 관련 프로그램을 운영하고 고객에 대한 컨설팅을 비롯한 소비자 관리 프로그램을 운영한다. 일부 화랑은 개인이 아닌 기업이 운영을 지원한다. 상설전시나 기획전시보다는 대관전시를 목적으로 하는 대여화랑vanity gallery도 있다.

〈8-1〉 아트딜러의 유형

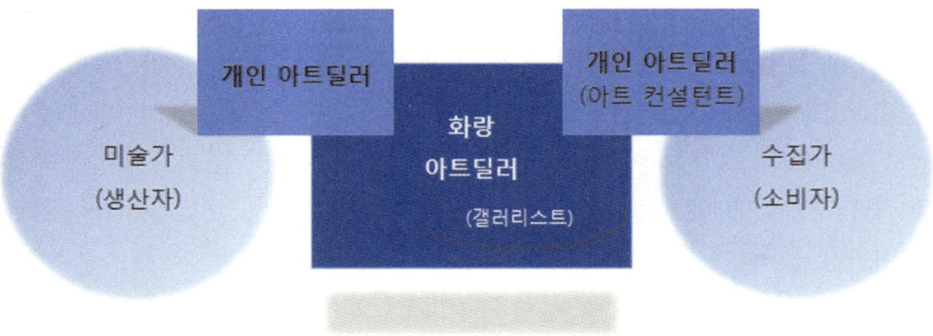

화랑과 아트딜러는 판매수익을 목적으로 존립하는 경제적 주체다. 화랑의 일차적인 역할은 미술품이 돈을 매개로 안정적으로 유통될 수 있도록 하여 미술품의 생산과 소비가 중단되지 않고 지속적으로 이루어지도록 하는 것이다. 이런 점에서 화랑과 미술가의 관계, 화랑과 소비자의 관계는 항상 판매수익이라는 경제적 이해관계와 결부되어 있다. 그러나 화랑과 아트딜러가 단순히 미술품 거래로부터 판매수익을 얻는 상업적 역할만 수행하는 것은 아니다. 세상에 알려지지 않은 미술가들을 후원함으로써 이들이 미술활동을 해나갈 경제적 기반을 제공하며 수집가들과도 인간적 유대를 형성하고 그들의 눈과 손발을 대신하기도 한다.

아트딜러 중에는 순수한 아트딜러보다 스스로 수집가를 겸하는 아트딜러가 많다. 과거부터 아트딜러는 일반적으로 그림을 잘 이해하고 자신이 특정 작가의 작품을 애호하는 수집가다. 미술시장이 활성화되면서 오늘날에는 투자목적으로 미술품을 보유하는 경향이 커졌다. 많은 작품을 소장하고 있다가 가격이 오르면 되파는 것이다. 영국의 찰스 사치 Charles Saatchi, 1943–나 미국의 래리 가고시안Larry Gagosian, 1945–은 대규모 화랑을 운영하면서 동시에 수집가(투자가)인 대표적 사례다.

화랑과 아트딜러가 긍정적 역할만 하는 것은 아니다. 아트딜러가 성공하지 못한 가난한 미술가들 위에 군림하며 돈을 버는 데만 관심을 두고 미술가나 수집가를 자신의 상업적 이익 실현의 도구로 삼을 수도 있다. 돈과 예술, 어느 쪽에 초점을 맞추느냐는 미술가마다 다르듯이 아트딜러마다 다르다. 유능한 아트딜러는 상업성과 예술성의 대립 문제를 항상 고민하며 양자를 조화시키고자 노력하는 사람일 것이다.

화랑의 입장에서는 미술가는 화랑의 얼굴이자 자산이므로 화랑을 대표할만한 미술가를 확보하는 것이 화랑을 성공적으로 운영하는 관건이 된다. 미술가로서도 화랑의 직접적인 지원을 받음으로써 작품 생산을 안정적으로 이어나갈 수 있다. 그러므로 서로 긴밀한 협력관계를 형성하려는 유인이 양쪽 모두에 존재한다. 그 결과 많은 화랑과 미술가는 자유로운 관계보다 계약을 통해 특수한 관계를 형성한다. 보통 미술가가 특정한 화랑에서만 작품 전시와 판매를 하도록 하고 그 대가로 아트딜러는 미술가 인건비를 포함한 작품 제작비의 전부나 일부를 책임지는 것이다.

전속작가제도는 진전된 계약 관계로서 화랑이 사실상 미술가를 고용하는 형태가 된다. 미술가는 화랑으로부터 생활비를 제공받고 그 대가로 정해진 양의 미술품을 생산하여 화랑에 제공하는 것이다. 20세기 후반에 미술시장이 확대되면서 화랑과 미술가의 전속계약이 크게 활성화 되었다. 특히 팝아트가 유행하던 1960년대 중반부터 미술 붐이 절정에 달한 1990년경까지 아트딜러는 미술가에게 생활비를 지급하면서 독점적 관계를 유지하는 것이 일반적이었다. 1990년대 들어 미술시장이 침체되고 미술가들 역시 한 화랑에만 전속되는 것에 불만을 가지면서 독점적 전속 계약은 일정 부분 완화되었다. 아트딜러가 먼저 제작비를 대고 작품이 팔린 후에 아트딜러가 제작비를 회수하고 판매수익을 같이 나누는 방식도 도입되었다. 작품 제작비로 1만 달러를 들였고 작품이 2만 달러에 팔렸다면, 아트딜러가 먼저 1만 달러를 회수하고 나머지 1만 달러를 미술가와 아트딜러가 나누어 갖는 것이다. 화랑과 미술가는 긴밀한 전속 관계에서 자유롭고 독립적인 관계에 이르기까지 다양한 방식으로 결합된다.

대안공간

오늘날 상업화랑과 별도로 비영리 화랑non-profit gallery도 존재한다. 실험적이고 혁신적이지만 판매가능성이 적거나 애당초 판매를 염두에 두지 않은 작품 즉 상업성을 배제하고 예술성을 추구하는 작품을 전시하는 공간이다. 이들 공간을 상업화랑과 구분하여 흔히 대안공간alternative space, alternative non-profit space으로 부른다.

대안공간은 방치된 건물이나 창고 등을 미술전시 공간으로 활용한다. 이곳에서는 미술품의 직접적인 거래가 이루어지지 않으며 운영도 아트딜러가 아니라 미술전문가가 맡는다.

상업화랑은 미술시장 내에서 상업성을 지닌 작품과 기성작가를 옹호하는 곳이지만 대안공간은 시장 바깥에 있는 실험적 작품과 신진작가를 지원하는 곳이다. 대안공간은 상업화랑 뿐만 아니라 공공 미술관에 대해서도 대안적 성격을 지닌다. 공공 미술관들은 이미 확립된 미학적 입장을 존중하고 대체로 주류 미술을 옹호하며 비서구 미술, 유색인종 미술, 여성 미술, 성적 소수자 미술 등 다양한 비주류 미술에 대해서는 거리를 둔다. 대안공간은 상업화랑과 공공 미술관을 포함한 제도권의 전시 공간 전반에 걸쳐 문제를 제기하고 그것들과 차별화된 비주류 작품의 전시를 모색하는 공간이다.

대안공간은 제도권 미술의 발전에도 긍정적인 영향을 미친다. 대안공간의 진보적이고 실험적인 작업의 성과들은 다시 제도권으로 흘러들어가 새로운 미술 흐름을 형성하는 원천이 되고 기존 화랑이나 미술관 제도에 대해서 변혁의 힘으로 작용한다. 대안공간의 활동과 프로그램들은 20세기 말 미술관 제도의 변화에 직접 영향을 미쳤다. 대안공간은 실험적인 비주류 미술을 위한 전시공간을 제공할 뿐만 아니라 그것을 통해 동시대 미술의 흐름에 적극적으로 개입하고 있는 것이다.

대안공간은 상품으로서 예술에 반대하고 영리를 목적으로 하지 않으므로 국가의 공공지원이나 민간의 후원을 받아 운영된다. 자체 수익모델을 가진 상업화랑이나 명확한 외부의 지원 기반을 가진 공공 미술관과 달리 대안공간은 재정적인 측면에서 취약하기 때문에 장기적인 전망 속에서 활동을 기획하거나 발전을 도모하기 어렵다. 또한 대안공간은 성격상 상업화랑과 공공 미술관의 중간 지점에 위치하고 있기 때문에 고유하고 독자적인 영역을 확보하지 못한 채 정체성의 혼란을 겪을 수 있다.

〈8-2〉 대안공간의 의의

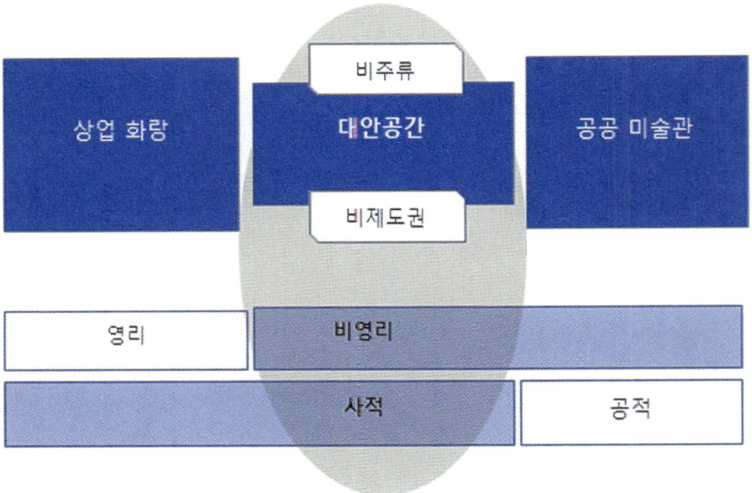

8.2. 화랑의 가격결정

미술품이 처음으로 거래되는 시장을 1차시장이라고 하는데 화랑은 1차시장을 대표한다. 새 작품이 판매되는 1차시장에는 화랑 외에 미술가의 작업실, 아트페어 등도 포함되지만 전통적으로 화랑이 중심적인 역할을 해왔다.

1차시장에는 이름 없는 신진 미술가 작품이나 일반 미술가의 새 작품이 거래된다. 따라서 시장 참가자들은 품질 불확실성과 정보 비대칭성에 시달리며 상당한 거래비용 transaction cost을 지불해야 한다.

1차시장에서 특히 구매자는 제품의 판매장소, 제품의 질, 제품의 재판매 가치, 대체품의 가격이나 이용가능성 등에 관한 정보를 충분히 제공받을 수 없다. 어느 화랑에 가야 원하는 미술품을 구입할 수 있는지, 그 미술품의 가격이 적절한지, 앞으로 되팔기는 쉬운지, 그 경우 얼마나 수익을 기대할 수 있는지 등에 대해 확실한 정보가 없다. 1차시장에 참가해 작품을 구입하는 경우 높은 위험을 감수해야 하고 작품에 대한 보다 정확하고 적절한 정보를 얻기 위해서는 시간, 노력, 비용 면에서 상당한 대가를 지불해야 한다. 이러한 정보비용이 미술품의 거래비용을 높이는 요소이다. 거래비용은 어떤 제품을 구입할 때 가격 외에 지불하는 모든 비용이다. 미술품을 구입하기 전에 미술품과 미술가에 관한 정보를 탐색하는데 비용이 소요되고 구입하고 나면 수수료, 포장 · 운반비, 보험료, 세금 등이 추가적으로 소요된다.

다른 시장과 마찬가지로 1차시장에서도 가격은 수요와 공급에 의해 결정된다. 전형적인 경우 미술가는 아트딜러와 전속 관계를 형성하고 있고 아트딜러가 미술가의 작품 전시와 판매를 담당하고 있다. 구매자는 화랑에 가서 전시된 작품과 그것의 판매가격을 파악한다.

이 판매가격은 미술가의 유보가격reserve price에 일정한 액수를 더한 마크업 가격 mark-up price이다. 유보가격은 미술가의 작품을 시장에 내놓게 하기 위한 최저가격으로서 미술품 제작비와 판매비에 의해 정해진 것이다. 미술품 제작비는 미술가의 기회비용으로서 인건비가 포함되며 작품에 들어간 재료비와 작업실 임대료 등 그 밖의 경비를 합산한 것이다. 판매비에는 화랑의 판매수수료, 전시장 임대료, 도록 제작비, 포장 · 운반비, 보험료 등이 포함된다.

〈8-3〉 화랑 판매가격의 구성

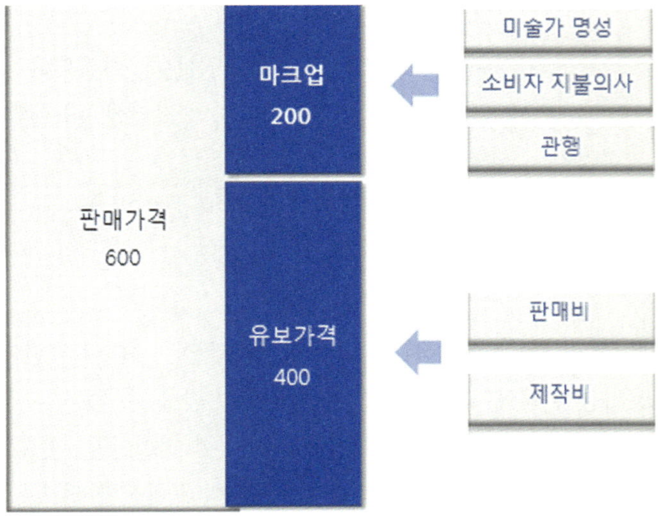

마크업 가격은 유보가격에 일정한 비율의 금액, 예컨대 50%의 금액을 더해서 설정한 판매자 가격이다. 유보가격에서 얼마나 마크업할 것인지는 미술가와 아트딜러가 협의하여 정한다. 보통 다음과 같은 3가지 측면을 고려하여 판매가격이 결정된다.

첫째는 미술가의 명성reputation이다. 유명작가의 경우는 제작비 등의 비용에 대한 고려는 부차적이고, 비용과 상관없이 높은 판매가격을 설정할 수 있다. 반대로 미술시장에서 지위를 갖지 못한 신진작가의 경우 제작비에 접근하는 낮은 판매가격을 설정하고 판매 추세를 봐서 점차적으로 가격을 높여 나갈 것이다. 둘째는 소비자의 지불의사willingness to pay다. 가격을 높이더라도 소비자가 그 가격에 구입하지 않는다면 무의미하다. 잠재적 소비자들을 직접 조사하거나 전문가의 도움을 받아 소비자들의 선호와 의사를 파악함으로써 적당한 판매가격을 설정할 수 있다. 셋째는 관행 혹은 경험법칙rule of thumb이다. 지금까지 미술계에서 관습적으로 설정하는 가격을 따르거나 비슷한 지위에 있는 다른 미술가의 판매가격을 참고하는 것이다. 이것은 위험을 줄이는 중요한 방법이다.

〈8-4〉 화랑의 가격결정

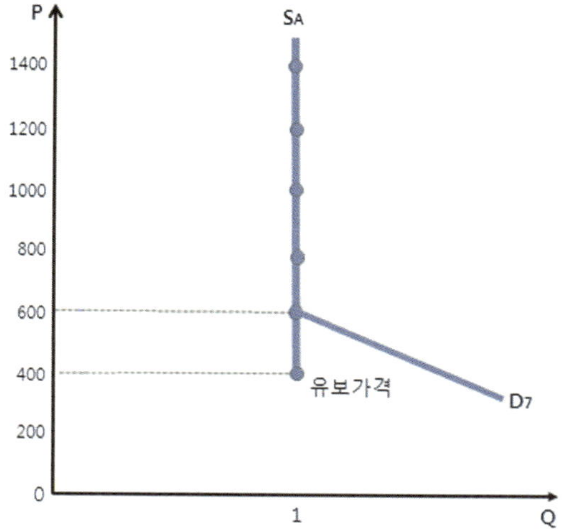

〈8-4〉는 1차시장에서 화랑의 가격결정 과정을 그래프로 나타낸 것이다. 여기서는 제7장의 〈7-6〉에서 다룬 작품 A의 예를 들어 보기로 한다.

이 미술품의 공급량은 1개로 고정되어 있어 공급곡선 S_A는 수직선이 된다. 〈7-6〉에서 이 미술품의 제작비는 인건비를 포함하여 200만 원이고 판매비도 200만 원으로 총비용은 400만 원이다. 이 400만 원이 유보가격이며 유보가격 이하에서는 미술품은 공급될 수 없다.

이제 화랑은 이 미술품에 대해 판매가격을 600만 원으로 설정했다고 하자. 이 가격은 유보가격 400만 원에서 200만 원(50%)을 마크업한 것이다. 그러면 실제로 이 가격에 팔릴 수 있는지는 이 가격이나 그 이상을 지불할 용의를 가진 수요자가 있느냐에 달려있다.

작품 A에 대한 수요곡선은 제4장의 〈4-4〉에서 다룬 수요곡선이라고 하자. 작품 A에 대한 수요자는 모두 15명이며, 그 중에서 1,600만 원까지 지불 용의가 있는 사람 1명(1번 수요자), 1,400만 원까지 지불하려는 사람이 1명(2번 수요자), 1,200만 원까지 지불하려는 사람이 1명(3번 수요자), 1,000만 원까지 지불하려는 사람이 1명(4번 수요자)이다. 또, 800만 원까지 지불하려는 사람이 2명(5-6번 수요자), 600만 원까지 지불하려는 사람이 3명(7-9번 수요자), 400만 원까지 지불하려는 사람이 6명(10-15번 수요자)이다.

수요 공급의 조건이 이와 같을 때, 총 15명의 수요자 가운데 6명(10–15번 수요자)을 제외하고 나머지 9명은 판매가격이 600만 원으로 설정된 작품 A를 구입하고자 할 것이다. 이 9명 가운데 가장 먼저 구입의사를 밝힌 사람firstcomer이 작품 A의 소유자가 된다. 여기서는 600만 원을 지불할 용의가 있던 3명(7–9번 수요자) 중 1명(7번 수요자, D7)이 그 주인공이 되었다고 가정한다.

그런데 만일 600만 원을 초과해서 지불할 용의가 있던 사람들(1–6번 수요자)이 그 미술품 소유자가 되었다면, 이들은 소비자잉여consumer's surplus를 누릴 수 있었다. 소비자잉여란 어떤 제품을 사기 위해 지불하려고 마음먹었던 금액과 실제로 지불한 금액의 차이로서, 소비자는 그 차이만큼 추가적 이익을 누린다고 해석할 수 있다. 1,600만 원을 지불하려고 했던 사람(1번 수요자)이 그것을 구매했다면 소비자잉여는 1,000만 원이 되고, 800만 원을 지불하려고 했던 사람(5–6번 수요자)이 구매했다면 소비자잉여는 200만 원이 된다.

화랑이 600만 원의 판매가격을 설정하더라도, 만약 이 가격을 지불할 용의가 있는 수요자가 없다면 그 가격에 팔 수 없다. 이러한 경우 만일 600만 원보다 낮더라도 유보가격 400만 원보다 높은 가격을 제시하는 수요자가 있다면 그 가격에 할인해 판매할 수도 있다. 특히 신진작가의 경우 유보가격보다 높으면 일단 거래를 성사시키는 쪽으로 일이 진행될 가능성이 있다.

반대로 유명작가는 작품을 구하려는 많은 대기자들이 있다. 먼저 도착해 구매의사를 밝히더라도 화랑이 판매 여부를 나중에 정해 알려줄 수도 있다. 화랑은 작가의 명성을 장기적으로 잘 관리하기 위해 가급적 '좋은 수집가'에 작품을 판매하고자 한다. 화랑과 오래 거래하고 신뢰를 쌓은 단골 고객이거나 추후에 미술관에 기증할 것이라는 조건을 붙이는 고객 등에게 우선권을 부여할 수 있다. 2차시장의 경매에서는 가장 높은 가격을 지불하기만 하면 작품을 소유하지만 개인적 거래가 이루어지는 1차시장의 화랑에서는 꼭 그렇지 않을 수 있다.

품질효과와 가격결정

정보 비대칭성이 존재하는 1차시장에서 품질을 평가하는데 어려움을 겪는 구매자는 작품 가격을 품질의 신호나 지표로 활용하는 경우 제4장에서 살펴 본 바와 같이 수요곡선이 〈4–4〉와 다르게 된다. 일정 수준 이하로 가격이 너무 낮아지면 질 낮은 작품으로 인식되어 수요가 오히려 감소하므로 수요곡선은 〈4-5〉와 같은 형태가 되는 것이다. 이것을 품질효과로 부르는데 이러한 품질효과가 작용하는 상황에서는 화랑은 판매가격 설정에서 가격에 따른 수요의 변화 즉 소비자의 지불의사 변화를 우선적으로 고려할 필요가 있다.

화랑이 어떤 조각가가 주조한 작품을 판매하고자 하는데 그것은 15점 한정판이라고 하자. 또 제작비와 판매비를 합쳐 총 3,000만 원이 들어서 한 점당 유보가격은 200만 원(3,000÷15)이라고 하고 이 작품에 대한 수요곡선이 〈4-5〉와 같다고 하자. 이러한 상황에서 화랑의 가격결정 문제는 〈8-5〉를 통해 살펴볼 수 있다.

화랑이 판매가격을 1,600만 원으로 하면 1점을 팔 수 있고 그 때의 판매수입은 1,600만 원이 된다. 또 판매가격을 조금 낮추어 1,400만 원으로 하면 2점을 팔고 판매수입은 2,800만 원이 된다. 판매가격을 좀 더 낮추면 판매수입이 더 늘어날 수 있다. 판매가격을 600만 원으로 낮추면 9점을 팔고 판매수입은 5,400만 원이 된다. 만일 수요곡선 일반적인 형태인 〈4-4〉와 같다면 판매가격을 더 낮추어 400만 원으로 설정할 경우 제작된 15점을 전부 팔 수 있고 판매수입도 6,000만 원으로 늘어난다. 그러나 품질효과가 작용하는 상황이라면, 판매가격이 400만 원으로 내려가면 그와는 정반대의 결과가 나타난다. 수요가 8점으로 줄어들고 판매수입도 3,200만 원으로 줄어들게 되는 것이다.

〈8-5〉 품질효과와 가격설정

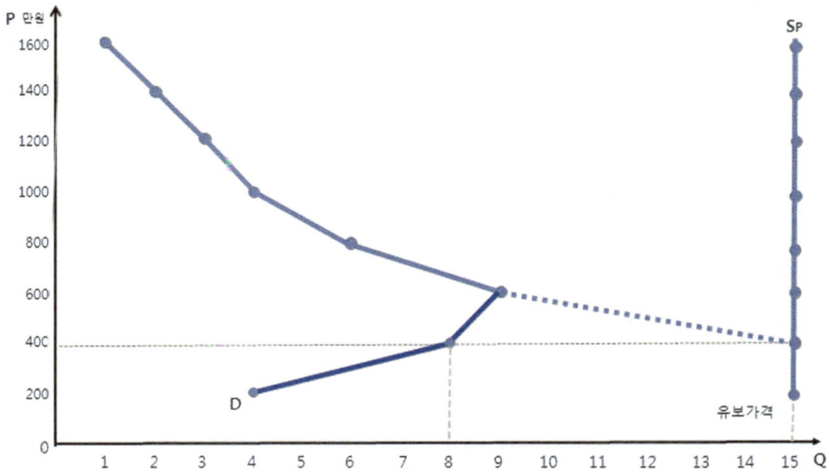

8.3. 아트페어의 의의

화랑은 미술품이 생산되어 처음 거래되는 1차시장을 대표한다. 그 외에 중요한 것으로서 아트페어가 있다. 아트페어는 연례적으로 개최되는 대규모 전시행사로 여러 화랑들이 공동으로 참여하여 미술품을 전시하고 판매하는 미술행사이다. 화랑과 마찬가지로 전시작품을 판매하는 곳이지만 몇 가지 점에서 차이가 있다.

첫째, 화랑은 자신의 미술품을 상설 전시도 하기 때문에 언제든지 고객이 방문하여 작품을 감상하고 구입할 수 있다. 아트페어는 일정 기간 동안 열리는 한시적인 전시 행사이다.

둘째, 화랑의 기획 전시는 대개 특정한 미술가나 미술가 단체의 작품을 대상으로 하지만 아트페어에서는 한 장소에서 다양한 미술가들의 작품이 구별 없이 전시된다.

셋째, 화랑이 비교적 소수의 애호가들을 상대하는 곳이라면 아트페어는 대중을 상대로 하는 곳이다. 화랑은 그 화랑과 개인적으로 친분을 가진 수집가들이 주로 드나들지만 아트페어는 불특정 다수의 대중에게 개방되어 있다.

아트페어는 보통 화랑이 주도하는 행사지만 화랑이나 다른 에이전트의 매개 없이 미술가들이 직접 주최하는 아트페어도 있다. 전자를 갤러리 페어galleries' fair, 후자를 아티스트 페어artists' fair로 구분해 부르기도 한다.

아트페어는 주기적으로 개최되는 대규모 전시행사라는 점에서 비엔날레와 같지만 몇 가지 점에서 비엔날레와 차이가 있다.

첫째, 아트페어는 상업적 전시행사지만 비엔날레는 판매 목적이 아닌 비상업적 성격의 행사다. 아트페어와 비엔날레의 관계는 상업화랑과 대안공간의 관계와 유사하다.

둘째, 아트페어는 비엔날레보다 개최 주기가 짧다. 아트페어는 대개 1년 단위로 개최되지만 비엔날레는 2년 혹은 그 이상을 주기로 개최된다.

아트페어는 미술품 판매를 촉진하기 위한 상업화랑 주도의 행사다. 그러나 상업적 목적을 넘어 비엔날레와 유사한 대안적이고 비영리적인 아트페어가 개최되기도 한다.

세계 최초의 아트페어인 아트쾰른Art Cologne는 1967년 독일의 쾰른에서 시작되었다. 쾰른 쿤스트마르크트Kölner Kunstmarkt라는 이름으로 18개의 독일 화랑이 200여 명의 작가를 소개했으며 총100만 마르크 정도의 판매 성과를 달성했다. 전시와 시장을 접목시켜 새로운 판로를 개척한 이 행사는 그 후 해마다 이어졌고 1984년부터 아트쾰른Art Cologne이란 이름을 개최되었다.

20세기 후반에 시작된 아트페어는 비엔날레 등 다른 미술 제도에 비해 늦게 출범했으나 세계적인 미술 상업화 추세 속에 급속하게 성장했다. 세계 곳곳에서 다양한 아트페어가 생겨났으며 미술품을 거래하는 핵심 제도로 자리 잡았다. 오늘날 아트페어는 화랑, 경매시장과 더불어 미술시장의 3대 축을 형성하고 있다.

아트페어는 미술 축제로서 성격을 가지고 있다. 참여 화랑들의 전시판매 부스 외에 다채로운 부대행사가 개최된다. 세미나와 콘퍼런스 같은 학술 프로그램, 전문 안내자 혹은 해설자인 도슨트docent와 함께하는 작품 감상이나 미술가와의 대화 등 교육 프로그램도 함께 진행된다.

아트페어는 미술시장에 거리를 두어온 일반 대중을 끌어들임으로써 미술시장의 저변을 확대하는데 크게 기여했다. 유명 아트페어의 경우 작품들은 일반 관람객들에게 공개되기 전에 명사VIP들을 대상으로 한 프리뷰preview기간에 실질적 판매가 이루어지고 이미 구매자를 정하는 경우도 있다. 가격 면에서도 주요 아트페어는 가볍게 관람하러 온 사람에게 적합한 구매처가 아닐 수 있다. 그러나 아트페어만큼 많은 작품을 한꺼번에 보고 많은 미술가를 접할 수 있는 곳은 어디에도 없다. 일반인들로서는 화랑의 고상한 분위기보다 아트페어의 자유로운 분위기가 적응하기에 훨씬 용이하다. 아트페어는 다양한 미술품을 한 자리에 모아놓고 자유로운 경쟁을 거치기 때문에 작품가격 등 여러 측면에서 1차시장이 지닌 불투명성을 해소하는데도 도움이 된다. 또한 동시대 주요 미술가의 인기 작품 위주로 전시하기 때문에 동시대 미술시장의 흐름을 개괄적으로 파악할 수 있어 평소 미술시장의 동향에 익숙하지 않은 일반인들에게도 유용하다.

이처럼 아트페어는 미술시장의 성장을 촉진하는 긍정적인 측면을 지니고 있으나 다른 한편으로는 예술성보다 상업성을 지나치게 부각시키고 이벤트적 성격의 각종 부대행사에 치중함으로써 진정한 미술 발전에는 크게 기여하지 못하는 측면도 있다.

8.4. 화랑과 아트페어 현황

8.4.1. 국내

우리나라에서 근대적 화랑은 1900년 상인 정두환의 서화포書畵鋪, 1908년 최영년의 한성서화관漢城書畵館, 1913년에 서화가인 김규진의 고금서화관古今書畵觀 등에서 시작되었다. 김규진은 1903년 고종의 명을 받고 일본에서 사진 기술을 배워와 한국인 최초의 사진관인 천연당사진관을 열었다. 천연당사진관에 부설된 고금서화관은 사진, 서화 판매, 표구를 겸했다.

일제강점기에는 오봉빈이 1929년 서울에 상업화랑 조선미술관朝鮮美術館을 열었다. 이 화랑은 1941년까지 운영되었다. 오봉빈은 일본에서 도요대학 철학과를 졸업하고 돌아온 지식 청년이었다. 조선미술관 외에 1930년대 초부터 화신백화점, 일본인 경영의 미스코시三越와 초지야丁字屋 백화점에도 화랑이 등장했다. 개인전이나 단체전에 전시공간을 빌려주는 대여화랑이었다. '화랑'이라는 용어가 정착한 것은 그때부터이다.

1947년에는 서울에 개인 경영의 대원화랑이 등장하여 한국전쟁 이전까지 운영되었다. 한국전쟁 이후 1954년에는 천일백화점 직영의 상업화랑인 천일화랑이 설립되었으나 오래 가지 못했다.

반도화랑은 1956년에 설립된 이후 1970년까지 국내 유일의 상업화랑으로 운영되면서 우리나라 미술시장의 맥을 이었다. 이 화랑은 미술에 관심이 있던 한국 주재 외국인 부인들이 서울미술협회Seoul Art Society를 조직하고 반도호텔(지금의 롯데호텔 자리) 1층 로비 한 켠에 작은 공간을 얻어 시작했다. 개관전은 '박수근 · 김종하 2인전'이었으며 1959년부터 미술가 이대원1921-2005이 운영에 참여했다. 초기에 이 화랑은 박수근을 비롯한 국내 화가 작품을 외국인 거주자와 방문객에게 연결하는 통로 구실을 했다. 한정된 계층을 상대로 화가와 구매자가 직접 거래하는 형태를 띠고 있었다.

1970년대부터 국내 미술시장이 성장하면서 화랑 수도 늘어났다. 1970년에 현대화랑이 개관했다. 1961년부터 반도화랑에 들어가 근무하면서 이 화랑을 실질적으로 운영해 온 박명자1943-가 독립하여 설립한 것이다. 현대화랑을 필두로 1970년 김문호의 명동화랑, 1971년 권상능의 조선화랑, 1972년 유진의 진화랑 등이 잇달아 개관함으로써 근대적 개념의 1차미술시장이 형성되었다. 이들 화랑은 한국 미술시장의 초기 성장을 뒷받침했다.

1980년대 후반 미술시장의 호황으로 화랑의 숫자는 다시 크게 늘어났다. 그동안 서울 종로의 인사동과 그 근처가 화랑의 유일한 중심이었으나 서울 강남의 청담동과 그 근처에 새로운 중심이 형성되었다. 전문직에 종사하는 고소득층 수집가의 강남 이주가 늘어나면서 화랑들이 주 고객의 거주지역으로 옮겨간 것이다. 1990년대부터 2000년대 초까지는 미술시장 정체와 함께 화랑도 정체기를 맞이했다.

2000년대 중반 미술시장의 호황에 힘입어 화랑도 다시 활성화되었다. 이 시기에 서울이 아닌 지방에도 화랑 거리가 조성되기 시작했다. 부산 해운대의 달맞이 언덕 부근이 그 예이다. 또 서울 강남의 청담동에 2006년 독일계의 마이클슐츠 갤러리Gallery Michael Schultz, 2007년 프랑스계의 오페라 갤러리Opera Gallery 등 외국 화랑들이 진출해 문을 열었다. 우리나라 화랑의 해외 진출은 1995년 가나화랑이 파리에 가나보부르Gana-Beaubourg를 설립하면서 시작되었고 2000년대 이후 크게 증가했다.

〈8-6〉에서 보는 바와 같이 2014년 우리나라 화랑 수는 모두 433개이고 화랑에서 일하는 직원 수는 총 1,177명이다. 한 화랑에 평균 2.7명의 직원이 일한다. 우리나라 화랑의 연간 전시 개최횟수는 4,881회로 화랑 당 평균적으로 연간 11.3회의 전시를 열고 있다. 화랑의 전시 참가작가 수는 총 16,609명이며 관람자 수는 총 1,237,853명이다. 판매작품수는 총 10,045점이며 작품판매금액은 2,048억 원이다. 화랑 당 평균 23점을 판매

〈8-6〉 국내 화랑 현황 (2008-2014년)

	2008년	2009년	2010년	2011년	2012년	2013년	2014년
화랑수(개)	183	295	324	371	397	432	433 (1)
종사자수(명)	737	866	1,173	1,204	1,137	1,151	1,177 (2.7)
전시개최횟수(회)	3,075	4,786	4,613	5,341	4,915	6,118	4,881 (11.3)
참가작가수(명)	8,215	16,029	17,111	17,319	11,920	16,433	16,609 (38)
관람자수(명)	983,150	606,107	779,358	1,074,551	1,421,437	2,002,197	1,237,853 (2,859)
판매작품수(점)	8,734	12,091	13,685	15,167	8,487	9,869	10,045 (23)
작품판매금액(백만원)	215,403	258,591	344,596	296,308	275,136	194,504	204,841 (473)

자료: 문화체육관광부 · 예술경영지원센터, 「미술시장 실태조사」, 각년도.

〈8-7〉 국내 3대 화랑 매출액 현황 (2008-2011년, 단위: 백만원)

	2008년	2009년	2010년	2011년	2008-2011년 평균	
국제갤러리	38,803	25,960	68,477	52,474	46,429	(16.7%)
갤러리현대	40,634	30,802	47,196	35,760	38,598	(13.8%)
가나아트갤러리	32,303	24,401	34,304	24,293	28,825	(10.3%)
3대화랑	111,740	81,163	149,977	112,527	113,852	(40.8%)
전체화랑	215,403	258,591	344,596	296,308	278,725	(100.0%)

자료: 문화체육관광부 · 예술경영지원센터, 「미술시장 실태조사」, 각년도. 김봉수(2013).

하며 판매금액은 평균 5억 원 정도이다.

국내 화랑 중에서 국제갤러리, 갤러리현대, 가나아트갤러리 등이 비중이 큰 화랑이다. 2008년-2011년간 전체 화랑의 매출액 중에서 이들 세 화랑이 차지하는 비중은 40.8%였다(〈8-7〉).

갤러리현대는 1970년 현대화랑으로 설립되었고 현재 국내에서 운영 중인 화랑 중 가장 오래된 것이다. 1970년 박수근 유작전, 1972년 이중섭 유작전, 1973년 천경자전, 1977년 김환기 회고전 등 주요 작가의 기획전을 통해 미술품 유통 과정에서 화랑의 지위를 확립하는 계기를 마련했다. 1987년 시카고 아트페어에 참여했고 갤러리현대로 명칭을 바꾸었다. 1990년 백남준1932-2006의 퍼포먼스 「늑대의 걸음으로: 서울에서 부다페스트까지」를 개최했다. 2005년 K옥션 설립에 참여했고, 2008년에는 갤러리현대 강남을 개관해 강남과 강북에 각각 전시장을 두게 되었다. 2008년-2011년간 연평균 매출액 386억 원으로 전체 화랑의 13.8%를 차지했다.

국제갤러리는 1982년에 국제화랑으로 문을 열었다. 1988년부터 해외 아트페어에 참가하기 시작했고 1998년부터는 아트 바젤에 참가했다. 2003년 빌 비올라Bill Viola, 1951-와 아니쉬 카푸어Anish Kapoor, 1954-의 개인전을 개최했다. 2014년에는 한국 단색화가 7인전인 '단색화의 예술'전을 개최했다. 2008년-2011년간 연평균 매출액 464억 원으로 전체 화랑의 16.5%를 차지했다.

가나아트갤러리는 1983년 가나화랑으로 출발했다. 1985년부터 파리의 아트페어FIAC에 참가했다. 1995년에는 파리에 가나보부르Gana-Beaubourg를 설립했다. 1998년 전시장을 포함한 복합문화센터 가나아트센터를 개관했고 2009년 경매회사 서울경매(서울옥션)를 설립했다. 2000년에는 가나인사 아트센터를 개관하고 2002년 가나아틀리에, 2007년

〈8-8〉 국내 전시회의 전시공간 분포 (2014년)

	화랑	비영리 전시공간	미술관	국공립 박물관	지지체 전시공간	기타	계
개인전	4,397	441	742	15	641	18	6,254
	70.3%	7.1%	11.9%	0.2%	10.2%	0.3%	100.0%
단체전	2,946	559	1,293	274	1,855	67	6,994
	42.1%	8.0%	18.5%	3.9%	26.5%	1.0%	100.0%
전체	7,343	1,000	2,035	289	2,496	85	13,248
	55.4%	7.5%	15.4%	2.2%	18.8%	0.6%	100.0%
공간수	748	136	166	71	212	57	1,390
	53.8%	9.8%	11.9%	5.1%	15.3%	4.1%	100.0%

자료: 한국문화위원회, 「문예연감」 2015.

가나아트 부산을 개관했다. 2008년-2011년간 연평균 매출액 288억 원으로 전체 화랑의 10.3%를 차지했다.

국내 미술가들에게 작품 발표와 판매의 장으로서 화랑이 지닌 의의는 매우 높다. 국내 미술가들이 어디서 얼마나 전시를 하는지 전시공간별로 살펴보면 〈8-8〉과 같다. 전시회를 주로 개최하는 곳은 화랑으로 개인전과 단체전을 합쳐 화랑에서 55.4%가 개최된다.

개인전은 화랑에서 70.3%가 개최되고 비영리 전시공간 7.1%, 미술관 11.9%, 지자체 전시공간 10.2% 등이다. 단체전은 화랑에서 42.1%가 개최되고 비영리 전시공간 8.0%, 미술관 18.5%, 지자체 전시공간 26.5% 등이다.

화랑의 판매수수료는 화랑과 미술가 간의 역학관계를 나타내는 지표다. 2009년 우리나라 화랑은 기획전시의 경우 평균적으로 판매대금의 50%를 판매수수료로 받고 있다. 기획전시 100건 중에서 판매수수료 11-20%가 1건, 21-30%가 7건, 31-40%가 7건, 41-50%가 68건, 51-60%가 16건, 61-70%가 1건이다. 기획전시 외에 큰 비중을 차지하는 아트페어의 판매수수료는 국내 아트페어가 평균 50%이며 해외 아트페어가 평균 52%이다. 그 밖에 위탁판매의 판매수수료는 평균 44%이며, 대관전시는 평균 2%로 판매수수료가 없는 경우가 대부분이다.

미술생산과 관련하여 화랑의 역할 중에서 핵심적인 것이 전속작가제도라 할 수 있다. 2010-2013년간 우리나라 화랑 중에서 전속작가제도를 운영하고 있는 화랑의 비율은 평균 32.2%다(〈8-9A〉). 전속작가제도를 운영하는 화랑의 경우 한 화랑 당 전속작가 수는 평균 6.7명이다. 우리나라 미술가 중에서 평균 840명 정도가 화랑의 전속작가로 활동하고 있다.

〈8-9A〉 국내 화랑의 전속작가제도 운영 현황 (2010-2014년)

	2010년	2011년	2012년	2013년	2014년	평균
전체 화랑수	324개	371개	397개	432개	433개	391개
전속작가 운영 화랑수	96개	138개	122개	151개	123개	126개
전속작가 운영화랑 비율	29.6%	37.2%	30.7%	35.0%	28.4%	32.2%
총 전속작가수	525명	861명	611명	929명	1,275명	840명
평균(1화랑) 전속작가수	5.5명	6.2명	5.0명	6.2명	10.4명	6.7명

자료: 문화체육관광부 · 예술경영지원센터, 「미술시장 실태조사」, 각년도.

〈8-9B〉 국내 화랑의 전속작가에 대한 지원 현황 (2010-2014년)

		2010년	2011년	2012년	2013년	2014년	평균
생산 지원	작업실	26.2%	25.7%	21.7%	13.6%	19.1%	21.3%
	제작비	43.7%	37.4%	43.6%	69.3%	25.5%	43.9%
유통 판매 지원	전시회개최	91.3%	82.7%	85.1%	69.1%	85.4%	82.7%
	도록 및 전시홍보물 제작	85.1%	74.8%	79.5%	59.0%	78.4%	75.4%
	작가홍보	94.1%	79.4%	74.5%	54.8%	71.7%	74.9%
	해외교류	59.4%	44.1%	43.4%	30.7%	43.8%	44.3%

자료: 문화체육관광부 · 예술경영지원센터, 「미술시장 실태조사」, 각년도.

다음으로 전속작가에 대해 어떤 지원이 얼마나 이루어지는지 살펴보기로 하자(〈8-9B〉). 전속작가제도를 운영하더라도 생산 단계에서부터 관여하고 생산자를 관리하면서 그들을 대표하는 화랑과 이미 생산된 작품을 모아서 판매만 하는 화랑은 차이가 있다. 아트페어에 따라서는 전속작가가 있는 화랑만 참여하도록 제한하는 경우도 있다.

전속작가에 대해 생산단계에서 지원을 하는 화랑의 비율은 작업실 지원 21.3%, 제작비 지원 43.9%다. 유통 · 판매단계에서 지원을 하는 화랑의 비율은 전시회 개최(전시실)지원 82.7%, 도록 및 전시홍보물 제작 지원 75.4%, 작가 홍보 지원이 74.9%, 해외교류 지원이 44.3%다. 전체적으로 볼 때 유통 · 판매단계 지원보다는 생산단계에 대한 지원 비율이 낮다. 특히 작업실 지원 비율이 가장 낮다.

국내 화랑의 구매자 중에 개인이 가장 큰 역할을 하고 있다. 2009-2014년 간 구매금액을 기준으로 구매자 분포를 살펴보면(〈8-10〉), 개인은 최저 48.1%에서 최고 77.3%까지 차지했고 평균 비중은 64.2%였다. 그 다음은 기업으로 평균 18.4%, 미술시장관계자 평균 5.6%, 해외고객 평균 5.9%, 미술관 평균 3.5%, 정부 및 지자체 평균 1.4%순이다.

〈8-10〉 국내 화랑의 구매자 분포 (구매금액 기준)

	2009년	2010년	2011년	2012년	2013년	2014년	평균
개인	48.1%	77.3%	73.6%	61.3%	76.0%	48.8%	64.2%
미술시장관계자	3.1%	4.8%	4.9%	9.9%	3.1%	7.9%	5.6%
해외고객	9.5%	2.6%	4.1%	13.0%	3.2%	2.8%	5.9%
기업	33.5%	10.1%	11.7%	12.9%	7.9%	34.4%	18.4%
미술관	0.8%	2.5%	3.4%	2.6%	6.1%	5.3%	3.5%
정부및지자체	0.4%	2.2%	2.3%	0.3%	2.6%	0.7%	1.4%
기타	4.7%	0.5%			1.0%		2.1%
계	100.0%	100.0%	100.0%	100.0%	100.0%	100.0%	100.0%

자료: 문화체육관광부 · 예술경영지원센터, 「미술시장 실태조사」, 각년도.

대안공간

우리나라 대안공간의 현황을 보기로 하자. 대안공간은 화랑과 미술관 등 기존 제도권에서 수용하기 어려운 실험적 미술의 전시를 위한 공간이다. 우리나라에서는 1980년대에 민중미술의 등장, 포스트모더니즘 논쟁, 공모전을 비롯한 미술제도 비판 등과 관련하여 대안적 형식의 전시가 늘어났다.

1990년대 말에 IMF 경제위기로 실험적 미술의 전시 공간이 더욱 위축되자 대안공간이 공식적으로 등장했다. 1999년 한 해 동안에 서울의 '루프,' 풀,' '사루비아 다방,' 부산의 '반디'(1999년 '섬'에서 2002년 이름 바뀜), '오픈스페이스 배'(1999년 '아트 인 오리'에서 2006년 이름 바뀜) 등이 문을 열었다. 이어서 2000년 서울의 '쌈지 스페이스'가 등장했다.

국내 대안공간에 대한 실태조사(이동연 외, 2007)에 의하면 2006년 기준으로 이들은 연간 평균 10건의 전시를 개최하고 있으며 그 중 기획전의 비중이 56%를 차지했다. 그 외에 세미나 토론회 등 학술프로그램을 연간 평균 4회 운영했다.

대안공간의 활동은 불안정한 재정적 상황 속에서 이루어지고 있다. 대안공간의 연간 평균지출은 8,135만 원(중앙값 6,000만 원)인데 연간 평균수입은 4,838만 원(중앙값 3,750만 원)이었다. 18곳의 대안공간 중 수입이 전혀 없는 곳이 6곳이었다. 대안공간의 예산 중 58%는 외부지원에 의존하고 있는데 공적지원이 39%, 민간(개인 · 기업)지원이 14%, 기타 5%였다. 대안공간 중 94%는 중앙정부, 지방정부, 문화재단 등으로부터 공적지원을 받았다. 국내 대안공간의 활동은 외부지원을 기반으로 이루어지고 있으며 특히 공적지원의 수혜 여부는 대안공간의 활동 지속 여부와 직결되어 있다.

아트페어

국내 최초의 아트페어는 1979년 한국화랑협회에 의해 개최되었다. 이 협회는 '한국화랑협회전'이라는 이름으로 아트페어를 주최했는데 이것이 나중에 '화랑미술제'Korea Galleries Art Fair로 발전했다. 서울 코엑스에서 매년 개최되고 있다.

1900년대에 몇몇 아트페어가 등장했다. '새로운 국제미술을 위한 선언과 포럼'의 뜻을 가진 마니프MANIF 서울국제아트페어는 1995년에 시작되었고 예술의 전당에서 매년 개최되고 있다.

국내 아트페어는 2000년대 들어서 크게 활성화되었다. 2014년 국내에서 개최된 총35개의 아트페어 중에서 31개는 2000년 이후에 시작된 아트페어들이다.

2002년에 처음 열린 한국국제아트페어Korea International Art Fair(키아프KIAF)는 오늘날 국내 아트페어 중 가장 중요한 행사로 자리 잡았다. 부산 벡스코에서 제1회 행사를 개최했고, 2003년 제2회 행사부터는 서울 코엑스에서 개최하고 있다. 2002년의 제1회 행사에서는 작품 판매액이 7억 원에 불과 했으나 2011년 행사에서는 130억 원으로 증가했다. 한국국제아트페어는 규모면에서 세계적 수준으로 평가되고 있다. 2011년 참가 화랑 수는 195개로 세계 6위이고 관람자 수는 7만 명으로 세계 4위다.

그 밖의 아트페어 중에는 2006년에 시작된 서울오픈아트페어Seoul Open Art Fair(SOAF), 2009년에 시작된 광주국제아트페어Art Gwangju 등이 비교적 활성화되어 있다.

국내 아트페어는 수도권에서 주로 개최된다. 2014년 35개 아트페어 중 수도권에서 열린 것이 24개이고 그 중 서울이 21개다. 대부분의 아트페어는 1년을 주기로 매년 한 차례 개최되고 있다.

〈8-11〉의 아트페어 현황을 보면, 2014년 아트페어에 참가한 화랑 수는 1,082개, 참가한 작가 수는 12,904명이다. 한 아트페어에 평균 31개의 화랑이 참가하고 369명의 작가가 참여한 것이다. 관람자는 총 71만 여 명으로 한 아트페어에 평균 2만 명이 관람했다. 아트페어의 판매작품 수는 총 10,028점이고 작품 판매액은 624억 원이다. 한 아트페어에서 평균 287점을 판매하며, 판매액은 평균 18억 원 정도다.

〈8-11〉 국내 아트페어 현황 (2008-2014년)

	2008년	2009년	2010년	2011년	2012년	2013년	2014년
아트페어수 (개)	29	32	34	36	35	35	35 (1)
종사자수 (명)	163	305	261	234	294	234	277 (7.9)
아트페어 개최횟수 (회)	n	34	40	38	37	36	36 (1.0)
참가화랑수 (개)	589	776	1,059	860	1,112	1,079	1,082 (31)
참가작가수 (명)	7,287	8,464	9,823	10,404	10,249	12,002	12,904 (369)
관람자수 (명)	498,494	334,683	489,367	567,895	515,380	856,086	715,511 (20,443)
판매 작품수 (점)	3,871+	7,584	5,994	7,119	10,774	15,373	10,028 (287)
작품 판매금액 (백만원)	41,107	34,434	48,387	46,446	42,021	66,113	62,427 (1,784)

주 : 2008년 아트페어 판매작품수 3,871점은 작가 직접참가(화랑참가 제외) 수치임.
자료: 문화체육관광부 · 예술경영지원센터, 「미술시장 실태조사」, 각년도.

8.4.2. 해외

후원제도가 퇴조하고 미술시장이 그것을 대신하게 되면서 미술가와 수요자를 연결하는 아트딜러의 활동이 중요해졌다. 19세기 후반 프랑스에서는 아트딜러들이 특정 미술가와 전속계약을 맺어 작품 전부를 인수하는 일도 나타났다. 1860년 아트딜러 스트방스Arthur Stevens는 밀레Jean-François Millet, 1814-1875와 계약을 맺어 매달 1,000프랑씩 지원하고 3년간 완성될 작품 25점을 모두 인수하기로 했다.

아트딜러들은 미술에 대한 높은 안목과 전문성을 발휘하여 미술계의 혁신과 변화를 주도하는 역할도 담당해왔다. 아트딜러들의 적극적인 지지와 후원이 없었다면 시장경제 속에서 혁신적인 미술가가 자리를 잡고 성장할 수 없었을 것이다. 미래의 미술을 지배할 새롭고 비전통적인 미술을 등장시키기 위해 노력하는 아트딜러는 '문화 기업가'cultural entrepreneur라 부를 수 있다. 슘페터Joseph Schumpeter는 기업가를 혁신innovation을 통해 경제 발전에 기여함으로써 자신의 이윤을 창출하는 존재로 정의했다.

19세기 후반 혁신적인 인상주의와 후기인상주의를 탄생시킨 미술가들 뒤에는 뒤랑뤼엘Paul Durand-Ruel, 볼라르Ambroise Vollard, 베르냉죈 형제Josse & Gaston Bernheim-Jeune같은 아트딜러들이 있었다. 미술가들 못지않게 이들 아트딜러도 재정적 어려움(뒤랑뤼엘은 두 번이나 파산 위기에 처했다)을 겪었지만 대중적 수요 기반도 없고 비평가들로부터도 멸시당하고 있던 미술가들에 대한 후원을 중단하지 않았다. '미술품 거래에서 작품 자체가 중요하지 아트딜러는 중요하지 않다. 진정한 아트딜러는 자각을 가진 애호가이자 예술적 신념에 따라 일시적인 경제적 이익을 희생할 준비가 되어 있고 투자가들과 한 배를 타기보다는 그들에 맞설 용기가 있는 사람이어야 한다.' 이것이 인상주의를 최초로 옹호한 아트딜러 뒤랑뤼엘의 생각이었다.

뒤랑뤼엘은 아무도 관심을 두지 않던 이들 미술가의 혁신성에 주목했다. 피사로Camille Pissaro, 1830-1903 800여 점, 마네Edouard Manet, 1832-1883 200여 점, 모네Claude Monet, 1840-1926 1,000여 점, 르누아르Pierre-Auguste Renoir, 1841-1919 1,500여 점, 드가Edgar Degas 1834-1917와 시슬레Alfred Sisley 1839-1899 400여 점을 구입했다. 또 화가들에게 일정하게 매월 또는 매주 급료를 지불하는 전속계약을 맺고 화랑의 부담으로 개인전을 열어주었다. 1876년에는 자신의 화랑에서 제2회 인상주의 전시회를 개최했다. 볼라르는 1895년 세잔Paul Cézanne, 1839-1906의 작품 150여 점을 모아 첫 전시회를 열었다. 베르냉죈 형제는 반 고흐Vincent van Gogh, 1853-1890가 죽은 후 1901년 자신들의 화랑에서 반 고흐의 첫 전시회를 열었다.

20세기 전반 모더니즘 미술가에게도 아트딜러는 후원자로서 큰 역할을 했다. 사회와 대중으로부터 고립된 이들을 예술적으로 지지하고 경제적으로 지원했으며 부호 수집가와 연결시켜 주었다. 프랑스에서 최초의 입체파 전시회를 개최했던 독일 출신 칸바일러Daniel-Henry Kahnweiler는 20세기 전반을 대표하는 아트딜러이다.

그 외에도 독일 출신으로 프랑스에서 활동하며 입체파 확산에 기여했던 우데Wilhelm Uhde, 폴란드 출신으로 자신과 비슷한 처지에 있었던 모딜리아니Amedeo Modigliani, 1884-1920 등 파리파 화가들을 지원했던 즈보로프스키Leopold Zborowski같은 아트딜러가 있었다. 독일에는 베를린 분리파 운동을 후원하고 인상주의 미술의 확산에 앞장 선 카시러Paul Cassirer, 잡지 '슈투름'Der Sturm을 발간하며 표현주의 화가들을 후원한 발덴Herwarth Walden이 있었다.

20세기 후반 아트딜러와 화랑의 역할은 20세기 전반보다 훨씬 광범하고 주도적으로 되었다. 제2차 세계대전 이후 뉴욕에는 화랑이 급속도로 늘어나 미술가와 수집가를 연결하는 통로가 확대되었다. 1940년대 초에 20여개였던 화랑은 1970년대에 300여개로 늘어났다. 추상표현주의, 팝아트, 포스트모더니즘 등 전후 미술 발전의 주요 계기마다 화랑이 주도적 역할을 맡았다.

20세기 전반을 대표하는 미술품 수집가이기도 한 페기 구겐하임Marguerite "Peggy" Guggenheim은 1942년 뉴욕에 '금세기 미술'Art of This Century화랑을 열고 1947년까지 운영했다. 이 몇 년 동안 그녀는 미국 독자적인 모더니즘 형성에 기여함으로써 세계 미술의 중심지를 유럽에서 미국으로, 파리에서 뉴욕으로 옮겨놓는 역할을 했다. 그녀는 폴록Jackson Pollock, 1912–1956, 드 쿠닝Willem de Kooning, 1904–1997, 로스코Mark Rothko, 1903–1970, 마더웰Robert Motherwell, 1915–1991 등 미국의 젊은 미술가들을 발굴했다. 무명이던 폴록도 이 화랑의 전속작가artist represented로 지원을 받았다. 이들은 '뉴욕파'로 불리며 추상표현주의를 대표하는 미술가가 되었다. 추상표현주의는 1950년대 재니스Sidney Janis의 시드니 재니스 갤러리Sidney Janis Gallery(1948년 설립), 에머리히André Emmerich의 안드레 에머리히 갤러리André Emmerich Gallery(1954년 설립) 등 뉴욕 주요 화랑의 후원 속에 성장했다.

1960년대 팝아트 성장의 계기도 아트딜러들에 의해 마련되었다. 재니스는 1962년 자신이 운영하는 화랑에서 워홀Andy Warhol, 1928–87 등 팝아트 미술가들을 모아 '뉴 리얼리스트 국제전'International Exhibition of the New Realists을 개최했다. 추상표현주의를 후원하던 뉴욕 유명 화랑에서 팝아트 전시회를 개최하자 대다수 비평가들은 충격을 받았고 일부 비평가와 언론은 열광했다. 비평가 로젠버그Harold Rosenberg는 '이 전시회는 뉴욕의 미술계를 강타한 지진'이라고 표현했다. 1960년대 추상표현주의 대 팝아트 사이의 대립은 단순히 미학적 차원의 문제는 아니었다. 이것은 동일한 고객 집단을 두고 경쟁하는 화랑들 사이의 상이한 경영전략을 반영했다. 추상표현주의와 팝아트는 안드레 에머리히 갤러리와 시드니 재니스 갤러리 간 경쟁에서 가장 중요한 카드였다.

재니스의 팝아트 전시회 이후 카스텔리Leo Castelli 같은 아트딜러는 더 이상 추상표현주의 전시회를 열지 않았고 팝아트의 촉진자로 나섰다. 카스텔리는 20세기 후반 미국 미술계에서 가장 영향력이 큰 아트딜러였다. 그는 1957년 뉴욕에 자신의 화랑Leo Castelli Gallery을 열고 재스퍼 존스Jasper Johns, 1930–와 로버트 라우션버그Robert Rauschenberg, 1925–2008, 프랭크 스텔라Frank Stella, 1936– , 리처드 세라Richard Serra, 1939– 등 수많은 미국 미술가를 발굴해 후원했다. 주택 벽을 칠하는 페인트 공이었던 프랭크 스텔라, 이삿짐센터에서 일하던 리처드 세라는 카스텔리의 생활비 지원을 받아 직업 미술가의 길로 들어서게 되었다. 한 때 카스텔리의 부인이었던 소나벤드Ileana Sonnabend도 뉴욕에서 유력한 아트딜러로서 활동했다. 한편 분Mary Boone은 1979년 줄리언 슈나벨Julian Schnabel, 1951-을 발굴하는 등 이른바 신표현주의 계열의 미술가를 집중 지원함으로써 새로운 미술의 흐름을 촉진했고 1980년대 미술 붐을 주도했다.

20세기 후반에 이르러 미술가 직업이 상업화되고 스타미술가의 시대가 전개된 것은 이처럼 아트딜러들이 급성장하고 미술시장의 주도권을 장악한 것과 관련이 깊다. 이 시기는 미술이 대단히 복잡해지고 다원화되어 과거처럼 한두 가지 미술 조류가 전체 미술을 이끌어가는 상황이 아니었다. 미술시장이 팽창하고 투기적 미술수요가 늘면서 비평가들의 영향력은 급속히 쇠퇴했다. 대신 아트딜러가 동시대미술을 움직이는 주체로 부상했다. '자본'의 의미가 내포된 아트딜러의 존재가 부각될수록 미술의 '예술'적 특성은 해체되고 자본으로의 편입이 가속화되었다.

아트딜러는 돈이 되면 누구든 상업미술가로 변모시켰다. 비주류 하위문화인 그라피티graffiti 화가들까지 상품화해서 시장에 내놓았다. 길거리 벽을 캔버스로 삼아 낙서를 하던 흑인 장미셸 바스키아Jean-Michel Basquiat, 1960-1988와 동성애자 키스 해링Keith Haring, 1958-1990은 갑자기 미술계로 끌려들어가 스타미술가가 되었다.

스타미술가는 아트딜러들이 만들어낸 성과물이다. 제프 쿤스Jeff Koons, 1955- , 데미안 허스트Damien Hirst, 1965-를 비롯해 대부분의 스타미술가들은 특정 아트딜러와 그의 화랑에 전속되어 활동했다. 아트딜러들은 적극적인 언론 홍보와 마케팅으로 스타미술가의 시장을 형성하고 확대시켰다.

가고시안 갤러리Gagosian Gallery를 운영하는 래리 가고시안Larry Gagosian은 동시대 미술계의 대표적 아트딜러다. 제프 쿤스도 이 화랑의 전속 작가였으며 1996년에는 미국 최초로 데미안 허스트의 엽기적이고 기상천외한 전시회를 개최했다.

〈8-12〉 미국의 주요 화랑 (2012년)

화랑	아트딜러	설립년도	지점수	수입 (백만$,)
가고시안 갤러리 Gagosian Gallery	Larry Gagosian	1979	11	925
페이스 갤러리 The Pace Gallery	Arne Glimcher	1960	6	450
아쿠아벨라 갤러리 Acquavella Galleries	William Acquavella	1921	1	400
엘앤엠 아츠 L&M arts	Dominique Lévy and Robert Mnuchin	2005	2	275
데이비드 즈워너 갤러리 David Zwirner Gallery	David Zwirner	1993	3	225
하우저 & 워스 Hauser & Wirth	Iwan Wirth	1992(1998)	4	225
매리언 굿먼 갤러리 Marian Goodman Gallery	Marian Goodman	1977	2	150
매슈 막스 갤러리 Matthew Marks Gallery	Matthew Marks	1991	5	100
폴라 쿠퍼 갤러리 Paula Cooper Gallery	Paula Cooper	1968	2	100
글래드스톤 갤러리 Gladstone Gallery	Barbara Gladstone	1996	3	100

주 : 1. 하우저 & 워스의 괄호 안은 미국 진출 연도임.
2. 엘앤엠 아츠는 Dominique Lévy가 2013년 별도로 Dominique Lévy Gallery를 설립함으로써 Mnuchin Gallery르 됨.
자료 : 지점수와 2012년 매출은 *Forbes*, 2012.5.21에서 작성.

〈8-12〉는 2012년을 기준으로 미국에서 활동 중인 주요 화랑과 아트딜러를 나타낸 것이다. 1979년 설립된 가고시안 갤러리는 11개 지점을 갖고 있으며 연간 9억 2,500만 달러의 수입을 기록했다. 미국 4 지점(뉴욕 3, 로스앤젤레스 1), 유럽 6 지점(런던 2, 파리 1, 로마 1, 제네바 1, 아테네 1), 아시아 1 지점(홍콩 1)이 있다. 가고시안 갤러리는 세계 최대의 화랑이고 경매회사 중에서도 가고시안보다 수입이 많은 것은 크리스티와 소더비 뿐이다. 가고시안 갤러리는 그동안 동시대 주요 작가의 상당수를 대표(전속)해왔으며 2012년에도 77명을 대표했다. 그 중에는 앤디 워홀Andy Warhol, 로이 릭턴스타인Roy Lichtenstein, 로버트 라우션버그Robert Rauschenberg, 브루스 나우먼Bruce Nauman, 에드 루샤Ed Ruscha, 사이 톰블리Cy Twombly, 장미셸 바스키아Jean-Michel Basquiat, 제프 쿤스Jeff Koons, 데미안 허스트Damien Hirst, 무라카미 다카시Takashi Murakami, 리처드 세라Richard Serra, 안드레스 구르츠키Andreas Gursky, 쿠사마 야요이Yayoi Kusama 등이 포함되어 있었다.

영국에는 1993년에 아트딜러 제이 조플링Jay Jopling이 설립한 화이트큐브White Cube가 있다. 사치 갤러리Saatchi Gallery와 함께 젊은 영국 미술가들Young British Artists (YBAs)을 처음 후원한 화랑 중 하나다. 그 후로도 트레이시 에민Tracey Emin 1963- , 마크 퀸Marc Quinn, 1964-, 길버트와 조지Gilbert & George, 1943- & 1942- 등을 대표했다.

아트딜러들은 오늘날 세계 미술계에서 가장 영향력이 큰 인물들이다. 〈8-13〉에서 2010년-2014년 간 동시대 세계 미술계의 가장 영향력 있는 인물 현황을 볼 수 있다. 1위 래리 가고시안Larry Gagosian, 2위 이안 워스Iwan Wirth(위르트), 3위 데이비드 즈위너David Zwirner(츠비르너) 등 아트딜러 또는 갤러리스트가 최상위에 있으며 36명의 미술계 유력인사 중에서 아트딜러 직업에 종사하는 사람이 모두 13명 포함되어 있다.

〈8-13〉 세계 동시대 미술계에서 가장 영향력 있는 인물 현황 (2010-2014년)

			2010	2011	2012	2013	2014	평균
1	Larry Gagosian 미국	아트딜러	1	4	2	4	8	3.8
2	Iwan Wirth 스위스	아트딜러	3	8	4	3	3	4.2
3	David Zwirner 독일	아트딜러	4	9	5	2	2	4.4
4	Hans Ulrich Obrist 스위스	큐레이터	2	2	10	5	6	5.0
5	Nicholas Serota 영국	미술관	7	6	8	6	1	5.6
6	Glenn D. Lowry 미국	미술관	5	3	9	8	4	5.8
7	Ai Weiwei 중국	작가	13	1	3	9	15	8.2
8	Beatrix Ruf 독일	큐레이터,	19	10	7	7	17	12.0
9	Cindy Sherman 미국	작가	27	7	13	13	10	14.0
10	Adam D. Weinberg 미국	미술관	11	13	15	18	18	15.0
11	Marc & Arne Glimcher 미국	아트딜러	18	15	17	17	20	17.4
12	Marc Spiegler 미국	아트페어	23	20	16	16	14	17.8
13	Marian Goodman 미국	아트딜러	22	27	18	14	9	18.0
14	Gerhard Richter 독일	작가	55	11	6	15	16	20.6
15	François Pinault 프랑스	수집가	10	19	21	19	34	20.6
16	Marina Abramović 세르비아	작가	35	23	35	11	5	21.8
17	Eli & Edythe Broad 미국	수집가	8	17	26	28	35	22.8
18	Carolyn Christov-Bakargiev 미국	큐레이터	65	14	1	20	19	23.8
19	Jay Jopling 영국	아트딜러	25	31	20	22	32	26.0
20	Patricia Phelps de Cisneros 베네수엘라	수집가	40	25	27	25	26	28.6
21	Barbara Gladstone 미국	아트딜러	24	22	24	29	46	29.0
22	Bernard Arnault 프랑스	수집가	36	29	28	31	23	29.4
23	Matthew Slotover & Amanda Sharp 영국	아트페어	41	24	23	27	37	30.4
24	Maja Hoffmann 스위스	수집가	45	37	33	26	22	32.6
25	Tim Blum & Jeff Poe 미국	아트딜러	33	39	34	30	28	32.8
26	Nicholas Logsdail, Alex Logsdail & Greg Hilty 영국	아트딜러	48	30	29	32	29	33.6
27	Monika Sprüth & Philomene Magers 독일	아트딜러	46	44	38	33	11	34.4
28	Dakis Joannou 그리스	수집가	28	40	36	37	42	36.6
29	Agnes Gund 미국	수집가	14	38	44	42	49	37.4
30	Gavin Brown 영국	아트딜러	30	46	40	34	40	38.0
31	Massimiliano Gioni 이탈리아	큐레이터	91	80	19	10	25	45.0
32	Jeff Koons 미국	작가	47	66	58	56	7	46.8
33	Matthew Marks 미국	아트딜러	57	45	39	41	62	48.8
34	Sadie Coles 영국	아트딜러	49	60	49	55	41	50.8
35	Michael Ringier CH	수집가	59	58	55	58	59	57.8
36	Tobias Meyer/Alexander Rotter & Cheyenne Westphal 독일 / 독일	경매	51	69	75	46	61	60.4

주 : 2010-2014년의 5년간 한 해도 빠짐없이 선정된 인물을 대상으로 재정리한 것임.
자료: ArtReview, Power 100, 2010-2014.

〈8-14〉 세계 아트딜러 현황 (2008-2013년)

	2008-2009년				2013년			
	사업체수	종사자수	판매액(백만유로)		사업체수	종사자수	판매액(백만유로)	
미국	55,000	187,000	8,076	35%	68,500	479,500	10,600	43%
유럽연합	55,000	187,000	11,771	51%	46,290	324,030	8,600	34%
영국	7,960	27,064	7,811	34%	6,850	47,950	5,700	23%
프랑스	9,050	30,770	1,351	6%	7,050	42,300	1,400	6%
이탈리아	5,475	18,615	628	3%	6,100	42,700	200	1%
독일	4,000	13,600	556	2%	4,250	25,500	200	1%
중국	40,000	136,000	1,894	8%	36,500	292,000	4,000	16%
기타	225,000	765,000	1,446	6%	143,550	1,004,850	1,700	7%%
계	375,000	1,275,000	23,187	100%	294,840	2,100,380	24,900	100%

주: 2008-2009년의 사업체수와 종사자수는 2009년, 판매액은 2008년 자료임.
자료: TEFAF(The European Fine Art Foundation), 2010 & 2014.

2013년 현재 전세계적으로 대략 29만 여개의 화랑이 운영되고 있다(〈8-14〉). 미국에 68,500개, 유럽연합EU에 46,290개, 중국에 36,500개가 있다. 판매액 비중은 미국이 43%, 유럽연합이 34%, 중국이 16%다. 2008-2009년까지만 해도 미국과 유럽연합이 양대 축으로서 군림해 왔으나 2010년대 들어 중국의 비중이 높아졌다. 중국의 판매액 비중이 2008년 8%에서 2013년 16%로 두 배가 되었다. 아직도 세계 1차시장에서는 미국과 유럽의 주도성이 유지되고 있으나 중국이 이들을 추격하는 양상이다(제9장에서 보는 것처럼, 2차시장에서는 중국이 미국 · 유럽연합과 대등한 지위로 올라섰다).

세계 아트딜러의 판매방식별 매출액 비중을 보면(〈8-15〉), 2014년 화랑 판매 46%, 아트페어 판매 40%, 온라인 판매 6% 등으로 나타나 있다. 화랑 판매가 가장 비중이 크나 2010년에서 2014년 사이에 국제 아트페어 비중이 늘어난 점이 주목된다.

〈8-15〉 세계 아트딜러의 판매방식별 매출액 비중 (2010-2014년)

	2010년	2013년	2014년
화랑	45%	50%	46%
국내·지역 아트페어	20%	19%	19%
국제 아트페어	10%	14%	21%
온라인	13%	5%	6%
사적 거래	12%	7%	5%
경매	-	5%	3%

자료: TEFAF(The European Fine Art Foundation), 2010 & 2014.

한편 2013년 세계 아트딜러의 구매자 구성은 개인이 78%, 공공기관 9%, 기업이 7%, 기타 6%다. 판매 작품의 가격대는 5만 유로 미만이 77%로 다수를 차지하고 있으며 그 중 3,000유로 미만이 26%였다. 50만 유로 이상은 3%이고 그 중 200만 유로 이상은 1%였다(TEFAF, 2014).

대안공간

미국이나 서유럽에서 대안공간이 출현한 것은 1960년대 말의 일로 이 시기는 반문화 운동 시대로 특징지을 수 있다. 이른바 68혁명에서 드러나듯이 기존의 모든 사회제도에 일대 변혁을 요구하는 상황이었다.

기존 미술제도에 대한 비판도 나타났다. 미술관으로 대표되는 제도권 미술의 전시 공간, 화랑을 중심으로 한 상업화된 미술의 생산과 유통구조, 미술계의 폐쇄적 구조들이 비판의 주요 대상이 되었다. 제도화된 미술관이나 상업화랑은 대안공간의 모색을 가져온 주된 계기였다. 비제도권 비주류 미술의 전시공간으로서 대안공간은 새로운 미술관new museum이자 대안적 화랑alternative gallery이었다.

기존의 제도권 내 미술공간이 아닌 창고 등 다양한 공간에서 미술활동이 전개되었다. 이러한 대안공간에서는 이때까지 제도권 미술에서 무시했던 실험적 주제들을 다루었다. 당시 반문화운동을 통해서 사회적 약자와 흑인, 여성, 성적 소수자들의 차별적 지위가 주목된 것처럼 백인 미술, 남성 미술, 성적 다수자 미술 위주의 제도권 주류 미술과 구별되는 새로운 미술을 탐색했다.

대안공간은 1960년대 말부터 우후죽순처럼 등장했다. 미국 뉴욕에 설립된 화이트 칼럼스White Columns(1969, 처음 명칭은 112 Workshop), 피에스원 현대미술센터P.S.1 Contemporary Art Center(1971, 처음 명칭은 Institute for Art and Urban Resources), 아티스츠 스페이스Artists Space(1972) 등은 초기의 주요 대안공간들이다. 뉴뮤지엄New Museum of Contemporary Art(1977)처럼 대안공간의 성격을 띤 미술관도 등장했다.

이 시기 대안공간이 활성화될 수 있었던 것은 공공지원을 중심으로 한 외부지원이 있었기 때문이다. 아티스츠 스페이스는 뉴욕주 예술위원회 New York State Council on the Arts(NYSCA)의 기금으로 설립되었다. 1970년부터 미국 연방정부는 국립예술기금National Endowment for the Arts(NEA)을 통해 대안공간을 지원하기 시작했다. 1977년에는 미국의

59개 대안공간이 지원을 받았다.

1970년대까지 대안공간은 중요한 역할을 수행했다. 윌리엄 웨그먼William Wegman 1942- , 개리 시몬스Gary Simmons, 1964- , 안드레스 세라노Andres Serrano, 1950- 등은 화이트 칼럼스를 통해 데뷔했다. 신디 셔먼Cindy Sherman, 1954- , 제니 홀처Jenny Holzer, 1950- , 바바라 크루거Barbara Kruger, 1945- 등은 아티스츠 스페이스에서 작품을 전시했다. 1977년 셰리 레빈Sherrie Levine, 1947- , 로버트 롱고Robert Longo, 1953- 등이 참가한 '그림들'Pictures 전을 개최하여 차용미술appropriation art로서 포스트모더니즘 미술의 발흥을 알린 곳도 이곳이다.

1980년대 들어 정치적 보수화가 진행되고 진보적 미술을 포함한 미술 전반에 대한 공공지원이 후퇴하면서 비영리적 대안공간은 상당한 타격을 입었다. 일부 대안공간 미술가들은 상업화랑에 편입되었다. 일부는 대안공간의 논리를 표방하면서도 미술관 체제로 운영되었다. 피에스원 현대미술센터는 2000년 뉴욕현대미술관Museum of Modern Art(MoMA)에 합병되어 모마 피에스원MoMA PS1으로 운영되고 있다.

아트페어

1967년 독일의 아트쾰른Art Cologne을 시작으로 아트페어가 세계 각지로 확산되면서 현대 미술시장의 중요한 축이 되었다.

아트 쾰른에 이어 1970년 스위스에서 아트바젤Art Basel이 시작되었다. 이것은 그 후 세계 최고의 아트페어로 발전했고 1973년부터 규모 면에서 아트쾰른을 능가했다. 2002년에는 북미로 진출하여 아트바젤 마이애미비치Art Basel Miami Beach를 시작했다. 그 후 동아시아로 진출하여 '홍콩 국제아트페어'를 인수하고 2013년부터 아트바젤 홍콩Art Basel HK을 개최했다. 이로써 아트바젤은 세계 3대 미술시장에서 모두 아트페어를 운영하게 되었다.

1974년에는 프랑스 파리에서 피악FIAC이 시작되었고 1975년에는 네덜란드 마스트리흐트에서 테파프TEFAF가 시작되었다. 테파프는 고미술 아트딜러들이 모여 시작한 것으로 고대, 중세, 모던아트, 동시대미술 등 전 시기의 미술품을 다루는 럭셔리 아트페어로 인식되었다.

스페인 마드리드의 아르코ARCO는 1982년 시작되었다. 미국에서는 1980년부터 시카고에서 아트페어가 열렸고 1999년에는 뉴욕에서 아모리쇼Amory Show가 시작되었다. 이 아트페어는 1913년에 열렸던 역사적인 전시회 아모리쇼의 이름을 계승한 것이다.

2000년대 들어 영국 런던에서 프리즈 아트페어Frieze Art Fair가 2003년 출범했다. 영국 미술전문지 프리즈Frieze의 발행인들Amanda Sharp & Matthew Slotover이 창설한 아트페어다. 상업성과 실험성을 겸비하여 동시대미술의 성과를 적절히 접목시킨 아트페어로 평가받았다.

2000년대 들어서 동아시아가 세계 미술의 축으로 부상하면서 중국과 한국 등 동아시아 아트페어들이 약진했다. 2002년에 한국의 한국국제아트페어KIAF가 시작되었고 2004년에는 중국 베이징의 아트베이징Art Beijing, 중국국제화랑박람회CIGE(China International Gallery Exposition)와 일본의 아트 도쿄(도쿄아트페어Art Fair Tokyo)가 시작되었다. 2007년에

〈8-16〉 세계의 주요 아트페어

아트페어	설립년도	개최도시	참가 화랑수(개)	관람자수(명)
아트 쾰른 Art Cologne	1967년	독일 쾰른	200	60,000
아트 바젤 Art Basel	1970년	스위스 바젤	300	62,500
피악 FIAC (Foire Internationale d'Art Contemporain)	1974년	프랑스 파리	195	85,000
테파프 TEFAF (The European Fine Art Fair)	1975년	네덜란드 마스트리흐트	220	72,500
아트 시카고 Art Chicago	1980년 (1993년)	미국 시카고	130	52,000
아르코 ARCO (Arte Contemporaneo en España)	1982년	스페인 마드리드	195	150,000
아트 마이애미 Art Miami	1991년	미국 마이애미	100	32,000
아모리쇼 Amory Show	1999년	미국 뉴욕	275	60,000
아트 바젤 마이애미비치 Art Basel Miami Beach	2002년	미국 마이애미	250	42,000
한국 국제아트페어 KIAF (Korea International Art Fair)	2002년	한국 서울	195	70,000
프리즈 아트페어 Frieze Art Fair	2003년	영국 런던	175	60,000
중국 국제화랑박람회 CIGE (China International Gallery Exposition)	2004년	중국 베이징	100	40,000
도쿄 아트페어 Art Fair Tokyo	2004년	일본 도쿄	130	50,000
상하이 컨템퍼러리 아트페어 SH Contemporary Art Fair	2007년	중국 상하이	130	25,000
홍콩 국제 아트페어 ART HK (Hong Kong International Art Fair) 아트바젤 홍콩Art Basel HK	2008년 2013년	홍콩	140	63,500

주: 참가 화랑수와 관람자수는 2011년 자료임.
자료: ArtVista 외.

상하이세계예술박람회(상하이컨템퍼러리아트페어 SH Contemporary Art Fair), 2008년에 아트 홍콩(홍콩국제아트페어ART HK)등이 속속 등장해 자리 잡고 있다. 특히 아트 홍콩(홍콩 국제아트페어)은 아시아 동시대미술 아트페어의 중심으로 부상했다. 기존의 동아시아 아트페어들이 내수시장에 중점을 두었던 것과 달리 홍콩 국제아트페어는 해외 유명 갤러리들이 참여하는 국제적 행사로서 자리 잡았다. 이 아트페어는 2013년 아트바젤 홍콩Art Basel HK으로 재편되어 새롭게 출발했다.

오늘날 전세계적으로 수많은 아트페어가 개최되고 있다. 미술행사 정보 사이트인 아트비스타ArtVista가 파악한 아트페어 수는 2010년 264개이며 관람자 수는 모두 550만 명이다.

제9장 경 매

9.1. 경매의 의의

일반적인 재화 구매 방식과 달리 경매auction는 많은 구매자가 하나의 재화를 두고 서로 경쟁하므로 그 속성상 상호작용적이다. 이러한 상호작용은 이질성과 희소성으로 말미암아 일반 시장에서는 그 가치를 쉽게 결정하기 어려운 미술품 같은 재화의 경제적 가치를 결정하는 중요한 방식이다. 경매는 최소 3명의 참가자가 필요한 거래방식이다. 서로 경쟁하는 구매자 2명과 이들 중 승자를 선택하는 판매자 1명이 최소한 필요하다.

경매는 미술품을 상품으로 취급하며 그것의 시장성을 투명하게 반영한다. 화랑의 판매가격이 다소 주관적인데 반해 경매가격은 보다 객관적으로 시장의 평가를 반영한다. 각 미술품에 대해 경매에 참여한 소비자들은 그것의 물리적 속성, 미술가의 명성, 예술적 가치, 투자가치 등을 종합적으로 평가한다.

경매는 크게 공개 경매open-bid auction와 비공개 경매sealed-bid auction로 나눌 수 있다. 공개 경매에는 영국식 경매English auction와 네덜란드식 경매Dutch auction가 있다.

영국식 경매는 낮은 가격부터 오름차순으로 진행되는 경매 방식이다. 판매자(판매자를 대신한 경매사auctioneer)는 현재의 입찰가격bid price을 구매희망자들 모두에게 알려주면서 구매희망자들이 점점 더 높은 가격을 부르도록 유도한다. 결국 가장 높은 입찰가격을 제시한 마지막 사람에게 낙찰된다. 여기서 최고 입찰가격이 판매자가 원하는 최저가격, 즉 판매자 유보가격(내정가격)reserve price, reservation price보다 낮으면 경매는 이루어지지 않고 유찰된다.

〈9-1〉 경매의 종류

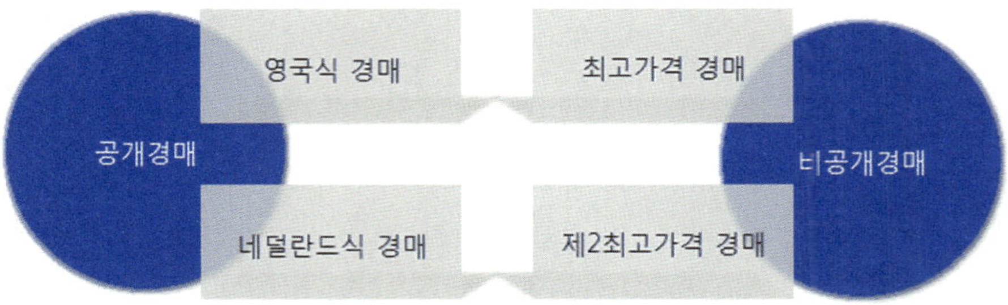

네덜란드식 경매는 높은 가격부터 내림차순으로 진행되는 경매 방식이다. 판매자가 높은 가격을 제시한 후 그 가격에 구매하려는 사람이 없으면 판매가격을 점차 낮추어 간다. 그러다 제시된 판매가격을 최초로 받아들이는 구매희망자가 생기면 그에게 낙찰된다. 여기서 판매자가 최종적으로 낮추어 제시한 가격이 구매희망자가 지불하려는 최고가격, 즉 구매자 유보가격(내정가격)보다 높으면 경매는 이루어지지 않고 유찰된다. 네덜란드식 경매는 원래 튤립 경매에서 시작되었다. 짧은 시간 내에 판매 여부를 결말지을 수 있기 때문에 신선도가 중요한 꽃, 채소, 생선 등의 경매에 자주 쓰인다.

한편, 비공개 경매는 구매희망자들이 각자 자신의 입찰가격을 봉투에 넣고 밀봉하여 제출한 다음 가장 높은 가격을 제시한 사람에게 낙찰되는 방식이다. 영국식이나 네덜란드식의 공개 경매와 달리 구매희망자들은 다른 사람들이 제시하는 가격을 즉시 알 수 없다. 비공개 경매에서는 가장 높은 가격을 제시한 사람에게 낙찰되지만 낙찰가격을 정하는 방식은 두 가지가 있다.

하나는 최고가격 경매first-price auction방식으로 낙찰자가 자신이 제시한 입찰가격으로 낙찰 받는 방식이다. 다른 하나는 제2최고가격 경매second-price auction방식으로 낙찰자가 두 번째 높은 가격을 제시한 다른 사람의 입찰가격으로 낙찰 받는 방식이다. 세 사람이 각각 1,600만 원, 1,400만 원, 1,200만 원을 제시했다면, 1,600만 원을 제시한 사람이 1,400만 원에 그것을 낙찰 받는 것이다. 제2최고가격 경매는 구매희망자들이 자신이 지불할 수 있는 가격보다 낮게 입찰하는 행동을 억제하는 방법이 된다.

이들 몇 가지 경매방식 가운데 미술품 경매는 일반적으로 영국식 경매 방식으로 이루어진다. 그러나 이들 중 어떤 방식으로 경매를 진행하더라도 판매자가 얻는 수입(판매가격)은 결과적으로 거의 같아진다. 이것을 수입등가 정리Revenue Equivalence Theorem라고 한다(William Vickrey, 1961). 어떤 경매방식에서든 가장 높은 금액을 지불하려는 사람이 경매에서 이기게 되고 그가 실제로 지불하는 금액은 두 번째 높은 입찰자가 지불하려고 하는 금액과 거의 동일한 수준이 된다는 것이다.

미술품이 거래되는 경매시장은 오프라인 경매시장과 온라인 경매시장으로 구분할 수 있다. 오프라인 경매시장은 구매자들이 한 자리에 모여서 전통적인 방식으로 경매에 참여하지만, 온라인 경매시장은 구매자들이 상호 분리된 공간에서 인터넷에 접속해 경매에 참여한다. 오프라인에서는 경매 시작 시간은 정해져 있지만 종료 시간은 따로 정하지 않고 경매를 진행한다. 그러나 온라인 경매에서는 경매 종료 시간이 규정되어 있다. 판매자가 미리 정해둔 시간에 경매가 종료되는 고정마감시간fixed-end-time 경매와 마지막 입찰이 이루어진 후 일정 시간, 예를 들어 1분이 지나면 경매가 종료되는 변동마감시간flexible-end-time 경매가 있다

9.2. 경매의 절차

일반적으로 경매는 경매전 단계, 경매 단계, 경매후 단계의 3단계를 거치면서 진행된다.

첫째, 경매전 단계는 경매를 위한 준비 단계다. 경매가 이루어지기 위해서는 작품을 팔고자 하는 사람이 경매회사에 그것을 위탁해야 한다. 미술품 경매 의뢰는 흔히 3D와 관련하여 늘어난다. 죽음death, 이혼divorce, 재산분할division이 경매를 늘리는 요인이다. 판매희망자인 위탁자consigner는 먼저 작품의 사진, 사진파일, 슬라이드 등을 경매회사에 보내 출품 신청한다. 경매회사 작품 담당 전문가인 스페셜리스트specialist가 경매할 만한 가치가 있다고 판단하면 본격적인 경매절차가 시작된다. 위탁자는 작품을 제출하고 경매도록 제작비, 감정료, 출품료, 보험료 등 경매 준비에 필요한 각종 경비를 미리 부담한다.

그 다음은 작품에 대한 감정이 진행되는데, 경매회사의 내부 전문가가 평가하는 경우도 있지만 외부 전문가에게 맡겨 평가를 받는 경우도 있다. 작품 감정이 끝나고 경매회사와 판매자 사이에 희망 최저가격인 유보가격(내정가격) 등에 대한 협의가 끝나면 출품이 확정된다. 유보가격은 경매회사나 판매자가 공개하지 않는다. 유보가격을 넘지 못하면 작품은 팔린 것이 아니다. 경매에서 유보가격 이상의 입찰이 없다면 그 작품은 유찰된 것이고 판매자가 되가져가(buy in) 그의 소유로 남게 된다. 경우에 따라서 경매회사가 위탁자에게 최소 낙찰가격을 보장하기도 한다. 이 경우 실제 경매에서 그 이하에 팔리거나 유찰되더라도 경매회사는 약속한 보장가격 혹은 개런티guarantee를 지불한다. 그 차액은 경매회사가 부담하며 유찰될 경우 경매회사가 작품을 소유한다.

경매 일자 등 구체적인 일정이 정해지면 본격적인 경매 준비에 들어간다. 먼저 경매도록auction catalogue을 제작한다. 도록은 작품을 촬영하여 그 이미지를 수록하며 일련의 작품번호Lot No.가 기재된다. 경매회사는 이 도록을 회원들이나 구매희망자들에게 배포하고

경매와 관련된 홍보도 진행한다. 경매회사는 경매도록에서 추정가격estimates, estimated price을 구매희망자들에게 제공하기도 한다. 추정가격이 낮은 추정가격과 높은 추정가격(예컨대 4,000-6,000만 원)으로 제시될 경우 종종 낮은 추정가격minimum estimates은 유보가격과 연계되고, 높은 추정가격maximum estimates은 작품의 실질가치로서 기대 낙찰가격과 연계될 수 있다. 물론 추정가격은 어디까지나 참고가격이며 실제 낙찰가격과는 무관하다. 경매가 시작되기 전에 구매희망자들이 작품을 미리 살펴보고 검토할 수 있도록 시사회를 개최하는데 이것을 프리뷰preview라 부른다. 프리뷰는 보통 경매 7일전이나 3,4일 전부터 경매 1일 전까지 진행된다. 구매희망자는 입찰하고자 하는 작품에 대해 경매회사 스페셜리스트가 작성한 작품상태보고서, 즉 컨디션 리포트condition report를 요청할 수 있다.

둘째, 경매 단계는 경매장에서 경매가 실제로 진행되는 단계다.

경매는 특정한 경매장saleroom에서 경매사auctioneer가 진행한다. 경매장에는 입장권을 가진 사람이 들어갈 수 있고 입장권은 대개 무료이지만 그 수는 제한되어 있다. 경매가 시작되기 전 구매희망자들은 등록을 하고 팻말paddle을 교부받거나 번호가 있는 자리를 배정받는다. 경매가 시작되면 경매 작품을 실물로 전시해 보여주거나 영상으로 보여준다. 경매도록에 기재된 작품번호 순서대로 경매를 진행하는 것이 일반적이다. 여러 번호의 작품을 한꺼번에 경매에 부칠 수도 있다.

〈9-2〉 경매의 절차

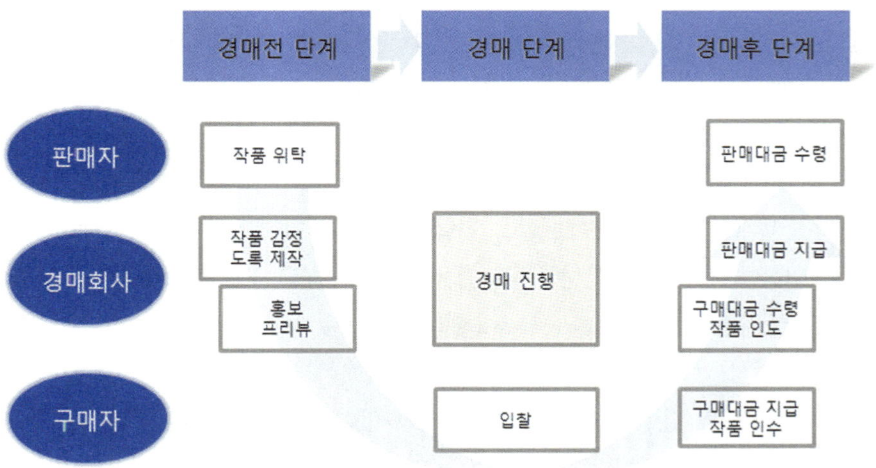

경매는 현장(공개) 입찰 외에 서면 입찰, 전화 입찰, 온라인 입찰 등 여러 방식을 병행하여 진행된다. 서면 입찰 등의 경우도 경매회사에 사전 접수해야 한다. 현장 입찰자와 서면 입찰자가 같은 입찰가격을 제시한 경우 서면 입찰자에게 우선권을 부여하는 등 각 입찰 방식 간의 우선순위는 미리 정해져 있다.

앞서 언급한대로 미술품 경매는 낮은 가격에서 시작해 점차 올라가는 영국식 경매 방식이 적용된다. 경매 시작가격opening price은 입찰을 시작하는 가격인데, 이것은 유보가격(내정가격)의 구속을 받지 않아 그 아래에서 정해질 수도 있고 그 위에서 정해질 수도 있다. 유보가격 아래에서 시작하는 것은 비효율적인 일로 보일 수도 있다. 그러나 다소 낮은 가격에서 시작하는 것이 더 많은 경쟁과 입찰을 유발한다면 낙찰가격을 높이는 데 더 효과적이다. 시작가격은 여러 사정을 종합적으로 고려해서 경매사가 정한다.

구매희망자들인 입찰자bidder들은 경쟁적으로 가격을 높여가고 유보가격을 넘어선 수준에서 가장 높은 입찰가격을 제시한 사람에게 낙찰successful bid된다. 경매사가 최고 입찰가격을 1회 이상 부르고 경매봉gavel, hammer을 두드린 다음 최고 입찰자 번호를 지정하면 낙찰가격hammer price과 낙찰자가 최종 결정된 것이다. 낙찰 여부와 낙찰가격은 경매장의 분위기에 따라 크게 달라지며 따라서 경매사의 역할이 매우 중요하다.

소더비 뉴욕의 수석 경매사로 일한 토비아스 마이어Tobias Meyer는 피카소Pablo Picasso, 1881-1973의 「파이프를 든 소년」Garçon à la pipe, 1905, 100x81cm (2004년 5월, 10,417만 달러)과 「도라 마르의 초상」Dora Maar au chat, 1941, 130x97cm (2006년 5월, 9,522만 달러), 뭉크 Edvard Munch, 1863-1944의 「절규」The Scream, 1895, 81x59cm (2012년 5월, 11,992만 달러), 앤디 워홀 Andy Warhol, 1928-1987의 「실버 카 크래시」Silver Car Crash (Double Disaster), 1963, 240x400cm (2013년 11월, 10,540만 달러) 등의 경매를 맡아 수완을 발휘했다.

셋째, 경매후 단계는 경매가 완료된 작품에 대한 사후 처리가 진행되는 단계다.

우선 낙찰 받은 구매자가 구매대금을 지급해야 한다. 낙찰 받은 사람은 낙찰가격에 구매수수료(낙찰수수료)와 세금을 합산한 구매대금(구매가격, purchase price)을 지급한다. 원래 경매수수료는 판매자만 부담seller's commission했는데 그 뒤 구매자까지 수수료를 부담buyer's premium하는 방식으로 바뀌었다. 구매수수료는 경매회사나 경매지역에 따라 차이가 있다. 국내 경매회사의 경우 대개 낙찰가격의 10%가 기준이고 미국 경매회사는 12%가 기준이다. 낮은 가격대에 대해서는 더 높은 구매수수료가 부과된다. 구매자는 구매수수료 외에 세금(구매수수료의 10%인 부가가치세)을 부담한다. 구매자는 대개 낙찰일로부터 일주일 정도 기한 이내에 구매대금을 지급해야 한다.

구매대금이 지급되면 구매자에게 작품이 인도되는데 대개 경매회사의 보증 책임 없이 '있는 그대로' 이전된다. 도록에 인쇄된 기본적인 사항은 경매회사가 보증하지만 그 밖의 작품 상태나 속성 등에 대해서는 구매자가 자신의 책임 하에 살펴봐야할 사항이다.

마지막으로 경매회사가 판매자에게 판매대금을 지급함으로써 경매 절차는 모두 마무리된다. 판매대금은 낙찰가격에서 판매수수료(위탁수수료)와 세금(판매수수료의 10%인 부가가치세, 양도차익에 대한 양도세)을 공제하고 지급된다. 판매수수료는 구매수수료와 마찬가지로 국내 경매회사의 경우 낙찰가격의 10%가 기준이고 낮은 가격대에 대해서는 더 높은 비율로 부과된다. 이러한 경매회사의 판매수수료는 작품 판매가격의 50% 정도에 달하는 화랑의 판매수수료보다는 적은 편이다.

9.3. 경매가격의 의의

9.3.1. 경매가격의 결정

2차시장인 경매에서 판매자 혹은 공급자의 성격은 1차시장인 화랑과 다르다. 1차시장에서 판매자는 미술품을 생산한 미술가이다. 그러나 2차시장에서는 1차시장에서 미술품을 구매한 소비자가 판매자로 나선다. 즉 2차시장은 미술품 생산자와 소비자 간에 거래가 이루어지는 시장이 아니라 미술품 소비자와 소비자 간에 거래가 이루어지는 시장이다. 대개의 경매에서는 구매희망자 수가 제한되어 있고 각자 다른 선호를 가지고 있다. 이러한 조건하에서 경매가 진행되면 그 결과는 〈9-3〉에서 보는 바와 같다.

우선 경매에서 판매자 혹은 공급자로 나선 사람은 제8장에서 작품 A를 구입한 그 사람(7번 수요자)이라고 하자. 그가 600만 원에 작품을 구입한 후 3년 동안 자기 거실에 걸어두고 감상하며 즐거움을 누렸으며 이제 투자수익을 얻기 위해 경매장에 내놓은 것이라고 하자. 그는 1,000만 원 이상에 낙찰되면 이 작품을 다른 사람에게 넘길 생각이 있으며 그 이하의 가격이면 팔지 않고 다시 집으로 가져올 생각이다. 즉 판매자가 설정한 유보

〈9-3〉 경매의 가격결정

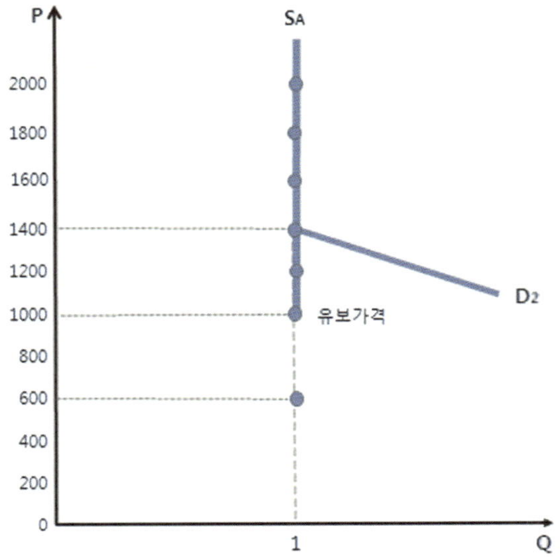

가격 혹은 내정가격은 1,000만 원이다.

이 작품에 대한 수요는 제4장에서 다룬 〈4-4〉나 제8장의 〈8-4〉에서 살펴본 것과 동일하다고 하자. 당시 작품 A의 수요자는 모두 15명이었는데 그 중 1명이 현재 경매의 판매자로 나선 상황이다. 나머지 14명은 경매의 구매희망자가 되는 셈이다. 지난 3년간 이들의 선호가 달라지지 않았다면 그 중 이 경매에서 1,600만 원까지 제시할 사람이 1명, 1,400만 원까지 제시할 사람이 1명, 1,200만 원까지 제시할 사람이 1명, 1,000만 원까지 제시할 사람이 1명 있다. 총 14명의 구매희망자 중에서 이들 4명을 제외하고 나머지 10명은 실제 구매자가 될 수 없다. 판매자가 설정한 유보가격 1,000만 원 이상을 지불할 용의가 있어야 하기 때문이다.

경매가 진행되고 가격이 올라가면 결국 가장 높은 가격을 지불할 용의를 가진 구매희망자 즉 1,600만 원을 지불할 용의가 있는 구매자(1번 수요자)에게 낙찰된다. 그러나 그는 1,600만 원보다 낮은 가격에 그 작품을 사게 된다. 그는 1,600만 원까지 지불할 용의가 있지만 다른 구매희망자가 지불하려고 하는 최고 가격이 1,400만 원이므로 1,400만 원에서 1원이라도 더 지불하면 그 작품을 낙찰 받게 된다. 따라서 영국식 경매로 진행된 미술품의 경매에서 낙찰자는 가장 높은 가격을 지불할 용의가 있는 구매희망자가 되지만 실제 낙찰가격은 두 번째 높은 가격을 제시한 다른 사람의 입찰가격에 따라 정해진다. 이것은 제2최고가격 경매 방식으로 진행되었을 경우와 유사한 결과다.

경매수수료와 세금 등을 고려하지 않은 단순한 상황을 가정하면, 낙찰자는 자신이 지불하려고 마음먹었던 가격 1,600만 원과 실제 지불한 1,400만 가량과의 차액 200만 원 가량을 소비자잉여로 향유하게 되는 셈이다. 판매자는 판매가격 1,400만 원과 자신의 유보가격 1,000만 원의 차액인 400만 원을 추가 수익으로 얻는다.

9.3.2. 승자의 저주와 걸작효과

승자의 저주winner's curse란 경매에서 경쟁자를 이기고 승자가 되는 것이 축복이 아니라 오히려 저주가 될 수 있다는 것이다. 경매 참가자들이 제시한 평균적인 가격이 그 미술품의 시장가치를 나타내는 것이라고 볼 때 낙찰자는 시장가치에 비해 지나치게 높은 가격을 지불하고 낙찰 받은 셈이다.

〈9-4〉에서 어떤 미술품에 대해 많은 사람들은 10억 원 전후, 대략 9억 원에서 11억 원 사이의 금액을 지불하고자 한다. 이것을 그 미술품에 대한 시장가치로 간주할 수 있다.

〈9-4〉 승자의 저주

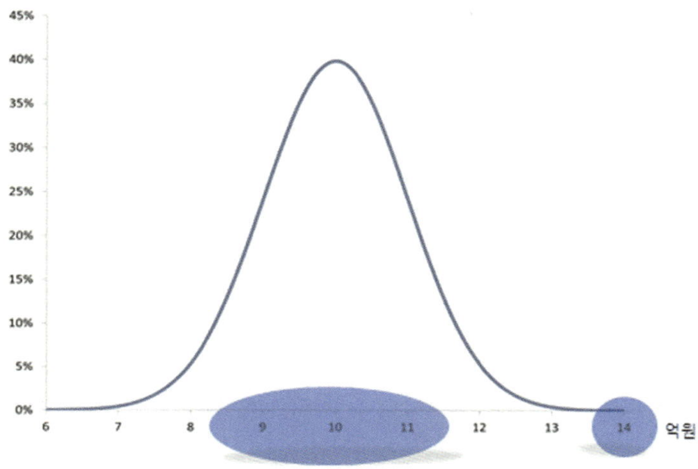

그러나 경매에서 이들과 경쟁해 승리하기 위해서는 더 높은 가격을 지불해야 하므로 시장의 일반적 평가를 초과하는 가격 예컨대 14억 원에 낙찰 받게 된다. 뒷날 이 구매자가 그 미술품을 되팔고자 할 때 또 다시 예외적인 구매자가 나타나지 않는 한 자신이 구매한 가격보다 낮추어 10억 원 전후에 팔아야 하므로 손실을 입게 된다.

경매에서 승리하기 위하여 과도한 입찰가격을 제시함으로써 낙찰에 성공한 것이 불행과 저주가 되는 사례는 현실 세계에서도 자주 발견된다.

특히 경매 현장 분위기나 경매시장 종류에 따라서도 영향을 받는다. 예를 들어 경매 현장에서 경쟁이 차분하게 진행될 수도 있고 과열될 수도 있다. 현장 분위기가 과열될 경우 훨씬 더 높은 수준에서 낙찰가격이 결정되고 경매 승리자는 과도한 지불을 하게 된다. 경매시장 종류에 따라서도 다를 수 있다. 온라인 경매보다는 참가자들이 한 장소에 모여 서로 대면하며 경쟁을 벌이는 오프라인 경매에서 더 흔히 발생한다.

작품 가격도 영향을 미칠 수 있다. 고가의 작품일수록 희소성이 있고 유사한 작품이 드물기 때문에 그것에 대한 사람들 간의 평가가 큰 편차를 나타내고 그만큼 과도하게 높은 가격에 낙찰될 가능성이 있다. 고가의 작품일수록 그것을 살 수 있는 구매층이 소수로 제한되고 판매 가능성이 줄어들기 때문에 저가의 작품보다 승자의 저주가 현실화될 위험이 높다.

앞서 본 제2최고가격 경매는 이러한 승자의 저주를 염두에 둔 구매희망자들이 자신이 지불할 수 있는 가격보다 낮게 입찰하는 행동을 억제하는 방법이 될 수 있다.

한 아트딜러Edward Merrin는 '1천 달러짜리 10점보다 1만 달러짜리 한 점을 구입하는 것이 낫고 그럴 여유가 있다면 10만 달러짜리 한 점을 구입하는 것이 1만 달러짜리 10점보다 낫다'고 했다. 미술계에서 흔히 통용되는 이러한 개념을 '걸작효과'masterpiece effect라 부른다. 여기서 걸작이란 예술적으로 훌륭한 작품이라는 뜻보다는 가격이 높은 작품이라는 뜻이고 낫다는 것도 예술적 가치가 아니라 투자가치 면에서 평가한 것이다.

실증 연구에 의하면 고가의 작품 하나가 평범한 작품 여럿보다 투자가치 면에서 유리하다는 걸작효과는 실제 존재하지 않으며 사실은 그와 정반대의 효과가 나타난다.

근대 판화의 가격에 대한 페산도의 연구(James E. Pesando, 1993)에서는 고가의 작품이 평범한 작품들에 비해 수익률이 11% 더 낮았다. 메이와 모제스(Jianping Mei & Michael Moses, 2002)는 1875년부터 125년간에 걸친 미술품 가격변동을 조사해 높은 가격을 지불하고 구입한 작품들이 평균 이하의 수익률을 거두었음을 입증했다. 높은 가격을 지불하고라도 걸작을 낙찰 받는 것이 중간 혹은 낮은 가격의 보통 작품보다 장기적으로 더 큰 수익을 가져올 것이라는 기대와 다른 결과다. 걸작에 대해 사람들이 시장가격보다 지나치게 높은 가격을 지불overbidding하기 때문에 그것을 되팔 때 평균적인 시장가격으로 복귀mean reversion하는 '부정적 걸작효과'negative masterpiece effect가 발생한다는 설명이다.

실제 1980년대 후반 큰 폭으로 가격이 상승한 인상주의 작품들이 1990년대 거래에서는 가격이 떨어져 다시 평균으로 돌아갔다. 수퍼컬렉터 프랑수아 피노François Pinault는 드가의 조각 작품 「14세의 어린 무희」Petite danseuse de quatorze ans, 1881, 35×24.5x98cm를 1999년 소더비 뉴욕에서 구입했다가 2003년 크리스티 뉴욕에서 되팔았다. 구입가는 1,230만 달러이고 판매가는 1,030만 달러였다. 세계 미술시장에서 미술품의 최고 가격이 계속 갱신되고 있으나 전반적으로 볼 때 고가의 미술품이 보통 미술품보다 더 큰 폭으로 가격이 상승하지는 않았다.

여기에 대해 다른 설명은 이른바 생존자 편향survivorship bias 때문에 일어나는 현상이라는 것이다(William N. Goetzmann, 1996). 생존자 편향이란 어떤 과정에서 살아남은 것의 실적만 보고 살아남지 못한 것의 실적을 고려하지 않는 일종의 논리적 오류다. 고가의 걸작들은 그 값이 떨어지더라도 계속 끝까지 경매에서 살아 남아있지만 저가의 작품들은 값이 떨어지고 팔릴 가능성이 낮아지면 경매에 더 이상 나오지 않고 사라진다. 그러므로 걸작은 실적이 좋든 나쁘든 전체가 다 평가되는 반면 저가의 작품들은 실적이 나쁜 것들은 다 빠지고 실적이 좋은 것만 남아 평가된다는 것이다.

이와 관련하여 동시대 작품에서는 부정적 걸작효과가 나타나지만 인상주의 작품에서는 그렇지 않다는 연구도 있다(Orley Ashenfelter and Kathryn Graddy, 2003). 여기서 걸작은 상위 20%의 가격대 작품이고, 일반 작품은 나머지 80%의 가격대 작품으로 산정한 것이다. 동시대 작품에서는 연평균 5% 포인트 정도의 큰 차이가 났으나, 인상주의 작품에서는 유의미한 차이가 없었다.

〈9-5A〉 걸작과 일반 작품의 수익률 : 동시대 작품

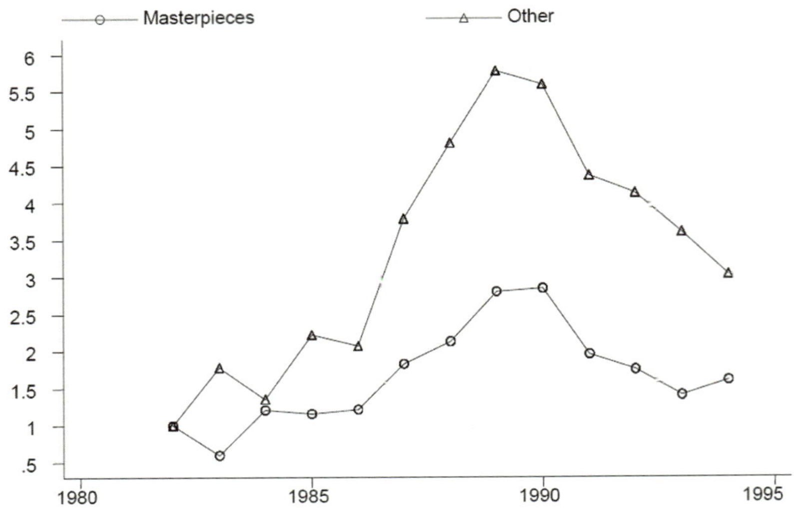

자료 : Orley Ashenfelter and Kathryn Graddy (2003).

〈9-5B〉 걸작과 일반 작품의 수익률 : 인상주의 작품

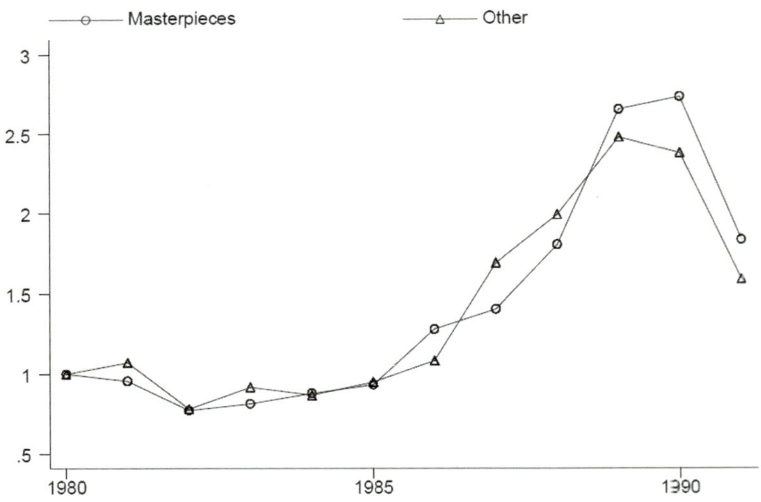

자료 : Orley Ashenfelter and Kathryn Graddy (2003).

9.4. 경매 현황

9.4.1. 국내

우리나라 미술품 경매는 1979년에 신세계가 처음 실시했으나 1981년 3회를 마지막으로 더 이어지지 않았다. 그 이후 고미술 분야에서는 몇 차례의 경매가 실시되었으나 대개 일회성 경매로 지속성을 갖지는 못했다. 고미술 분야에서 오늘날까지 사업 중인 경매회사로서 가장 오래된 것은 1996년 설립된 아이옥션이다.

1970년대 말과 1980년대 말의 미술 붐은 화랑을 중심으로 전개된 것이다. 1990년대 전반까지 우리나라 미술품 거래는 화랑을 통해 이루어지거나 아니면 미술가와 수집가의 직접 거래로 이루어졌다. 특히 한 번 구입한 미술품을 다시 판매하는데 필요한 공식적 통로가 결여되어 있어 미술시장의 본격적인 성장에 제약이 있었다.

1차시장만 있고 2차시장이 없는 이러한 기형적 상황은 1990년대 말 경매시장이 등장하면서 변화되기 시작했다. 우리나라 최초의 미술품 전문 경매회사라 할 수 있는 서울옥션은 1998년에 출범했다. 이 경매회사는 가나아트의 '서울경매'로 시작하여 1999년에 독립했다. 서울옥션은 제1회 경매에서 낙찰금액 1억 8,000만 원으로 출발했으나 그 후 성장을 거듭하여 2007년에는 연간 낙찰금액이 963억 원에 이르게 되었다. 2007년 경매에서 박수근의 「빨래터」1950년대, 37x72cm가 45억 2,000만 원에 낙찰되어 우리나라 경매사상 최고가격을 기록했다.

이어 2005년에는 K옥션(Korea Premier Auction)이 출범했다. K옥션은 갤러리현대 등이 대주주로 참여하여 설립한 경매회사다. K옥션은 제1회 경매에서 낙찰금액 50억 원 낙찰률 74%를 기록했고, 제2회 경매에서는 123점 중에 100점이 낙찰되어 우리나라 경매사상 처음으로 낙찰률 80%다를 기록했다(최병식, 2008a). 2007년 K옥션의 연간 낙찰금액은 612억 원에 달했다. 2007년 경매에서 박수근의 「시장의 사람들」1961, 25x62cm이 25억 원에 낙찰되었다.

이들 두 경매회사는 2007년 국내 경매회사 전체 낙찰금액 2,075억 원의 76%를 차지했으며 오늘날까지 경매시장에서 주도적 지위를 유지하고 있다.

〈9-6〉 서울옥션과 K옥션 주요 현황 (1998-2014년)

		서울옥션	K옥션
설립년도		1998년	2005년
경매횟수		230회	114회
오프라인		208회	73회
온라인		22회	41회
출품 작품수		14,059점	17,051점
낙찰 작품수		11,512점	11,667점
낙찰총액	2007년	963억원	612억원
	2011년	151억원	
	2012년	194억원	
낙찰가격 최고작품 (국내작가, 국내경매)		2007년, 45억 2,000만원 박수근, 「빨래터」	2007년, 25억원 박수근, 「시장의 사람들」

자료: 최병식(2008a), 서진수(2009), 김봉수(2013), 김영석(2015).

경매회사들은 과거의 화랑에 비해 공개적이고 투명한 거래로서 단기간에 우리나라 미술시장에서 주도적 지위를 확보했다. 양대 경매회사는 기존의 대형 화랑이 참여해 설립한 것이어서 1차시장과 2차시장의 구분을 모호하게 하는 측면이 있으나 국내 경매회사들은 대체로 전통적인 1,2차시장의 영역 구분을 존중하고 있다.

2014년 국내에 10개의 경매회사가 있다(〈9-7〉). 경매시장은 2007년 최대 호황을 누린 이후 규모 면에서 전반적으로 위축되었다. 2014년 우리나라의 연간 경매 판매금액은 779억 원으로 최대 호황기인 2007년에 비하면 37.5% 수준이다.

〈9-7〉 국내 경매회사 현황 (2008-2014년)

	2008년	2009년	2010년	2011년	2012년	2013년	2014년
경매회사수(개)	9	10	12	14	13	11	10
종사자수(명)	118	118	121	145	123	103	120
경매개최횟수(회)	283	304	1,010	872	320	527	400
일반경매	31	33	74	55	47	32	34
온라인경매	252	271	936	817	273	495	366
경매참가자수(명)	39,570	10,250	13,135	10,778	7,632	8,441	6,600
낙찰작품수(점)	8,885	7,818	8,242	10,977	7,818	9,755	11,292
낙찰작품금액(백만원)	123,138	52,410	57,115	73,422	75,780	54,872	76,445
판매작품수(점)	11,461	11,744	9,898	11,231	8,116	9,922	11,414
작품판매금액(백만원)	133,222	58,456	58,595	78,238	85,274	59,216	77,868

자료: 문화체육관광부 · 예술경영지원센터, 「미술시장 실태조사」, 각년도.

〈9-8〉 국내 경매회사의 가격대별 거래 현황 (2014년)

	1,000만 미만	1,000-3000만 미만	3,000만-1억 미만	1억 이상	계
작품수 (점)	8,748	1,787	703	176	11,414
	76.6%	15.7%	6.2%	1.5%	100.0%
금액 (백만원)	9,887	13,150	25,187	29,642	77,866
	12.7%	16.9%	32.3%	38.1%	100.0%

2014년 경매회사에서 일하는 직원 수는 총 120명으로 경매회사 당 평균 12명의 직원이 일한다. 연간 경매 개최횟수는 400회다. 경매회사 당 평균 연간 40회의 경매를 개최한다. 경매참가자수는 총 6,300명, 판매작품수는 총 11,414점, 작품판매금액은 779억 원이다. 경매회사 당 평균 1,141점을 판매하며 판매금액은 평균 78억 원 정도이다.

2014년 경매회사를 통해 판매된 작품을 가격대별로 나누어 살펴보자(〈9-8〉). 1,000만 원 미만의 작품은 8,748점이 거래되어 작품 수에서 전체의 76.6%를 차지했다. 반면 1억 원 이상 고가 작품은 176점이 거래되어 1.5%의 비중을 차지했다. 거래금액에서는 정반대의 현상이 나타난다. 1억 원 이상이 38.1%를 차지하지만 1,000만 원 미만은 12.7%를 차지했다.

국내 화랑과 마찬가지로 국내 경매에서도 개인이 가장 큰 구매자 역할을 하고 있다. 2009-2014년 간 구매금액을 기준으로 구매자 분포를 살펴보면(〈9-9〉) 개인은 최저 59.4%에서 최고 83.3%까지 차지했고 평균 비중은 71.4%였다. 전반적으로 화랑보다 경매에서 개인 비중이 더 높다. 그 다음은 미술시장관계자로 평균 13.1%이다. 기업은 화랑의 구매자 비중에서는 평균 18.4%로 개인과 더불어 중요한 역할을 했으나 경매에서는 해외고객, 미술관과 마찬가지로 큰 역할은 못하고 있다.

〈9-9〉 국내 경매회사의 고객 분포 (구매금액 기준)

	2009년	2010년	2011년	2012년	2013년	2014년	평균
개인	59.4%	83.3%	77.6%	71.9%	72.5%	63.4%	71.4%
미술시장관계자	18.6%	7.7%	10.3%	13.5%	16.0%	12.3%	13.1%
해외고객	14.8%	1.6%	3.3%	4.0%	1.8%	9.5%	5.8%
기업	4.7%	5.2%	5.8%	6.8%	7.3%	9.1%	6.5%
미술관	2.4%	1.8%	3.0%	3.2%	2.2%	5.7%	3.1%
정부및지자체	0.0%	0.5%	0.1%	0.5%	0.3%	0.1%	0.3%
계	100.0%	100.0%	100.0%	100.0%	100.0%	100.0%	100.0%

자료: 문화체육관광부 · 예술경영지원센터, 「미술시장 실태조사」, 각년도.

〈9-10〉 일반 경매회사와 온라인 경매회사의 낙찰실적 비교 (2009-2014년)

		2009년	2010년	2011년	2012년	2013년	2014년	평균
회사수 (개)	일반	7	8	9	9	6	5	7.3
	온라인	3	4	5	4	5	5	4.3
낙찰작품수 (점)	일반	3563	3,976	6,811	7,196	6,538	5,639	5,621
	온라인	4255	4,266	4,166	622	3,217	5,653	3,697
낙찰금액 (백만원)	일반	49576	51,350	70,054	74,648	52,056	70,834	61,420
	온라인	2834	5,765	3,368	1,132	2,815	5,611	3,588
낙찰률	일반	56.3%	57.0%	59.5%	65.2%	62.2%	75.7%	62.7%
	온라인	51.9%	36.5%	38.9%	72.1%	40.4%	46.0%	47.6%

자료: 문화체육관광부 · 예술경영지원센터, 「미술시장 실태조사」, 각년도.

다음으로 온라인 경매시장에 대해 살펴보자. 컴퓨터와 인터넷, 그리고 모바일의 보급으로 미술품 거래에서 온라인 거래의 비중이 커지고 있다. 2001년 온라인 경매회사 아츠넷artsnet이 처음 설립되었으며, 2006년 포털아트porart(www.porart.com)가 설립되어 대표적인 온라인 경매회사로 성장했다. 국내 온라인 경매는 온라인 경매회사들이 주도하고 있으며 오프라인(일반) 경매회사들도 진행하고 있다. 2014년 국내 10개 경매회사 중에 온라인 경매만 진행하는 회사가 5개다.

온라인 경매시장은 오프라인 경매시장에 비해 비중이 낮다. 2009-2014년간 온라인 경매회사의 낙찰작품수는 연평균 3,697점으로 일반 경매회사의 65.8%에 달하지만, 낙찰금액은 연평균 36억 원 정도로 일반 경매회사의 5.8%에 불과하다(〈9-10〉). 비교적 저가의 미술품을 대량 유통시킴으로써 일반 경매시장과 차별화된 틈새시장을 확보했다. 2009년 온라인 경매로 판매된 작품의 평균가격은 97만 원으로 일반 경매의 1,093만 원의 10분의 1 수준이다. 온라인 경매시장은 일반 경매시장보다 낮은 가격으로 미술품의 대중화하고 미술 수요를 확대시키고 있다.

경매가격

국내 경매시장에서 경매가격 추이를 살펴보기로 하자. 먼저 국내작가의 경매에서 최고가격 추이를 보면(〈9-11A〉, 〈9-11B〉), 국내경매에서는 2000년 김환기의 작품이 3억 9,000만 원에 거래된 후 새로운 경매 최고가는 박수근의 작품들이 기록했다. 2007년 5월 서울옥션에서 45억 2,000만 원에 거래된 「빨래터」1950년대, 37x72cm는 2015년 말까지 국내

〈9-11A〉 국내작가의 경매 최고가격 추이 (2000-2015년)

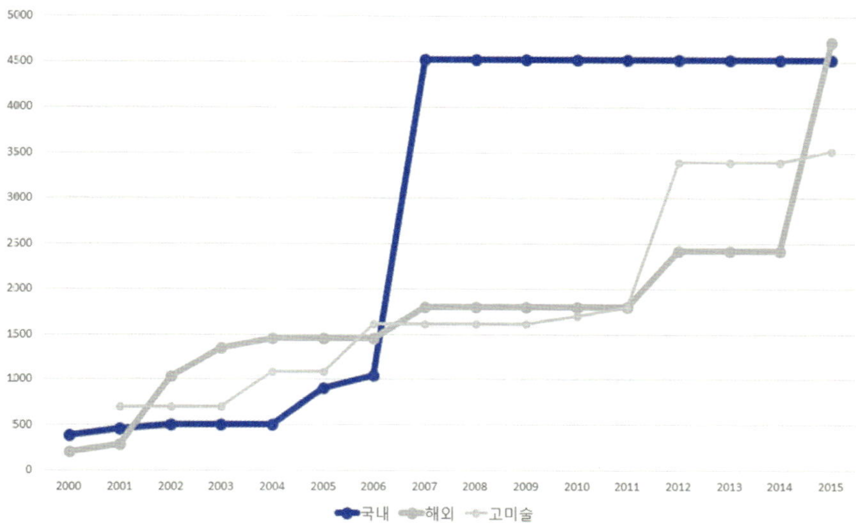

에서 경매된 국내작가의 작품 가운데 최고가를 기록했다.

국내작가의 해외경매에서는 1996년 박수근의 작품이 크리스티 뉴욕에서 2억 1,000만 원에 거래된 이래 2004년까지 박수근이 기록을 갱신했다. 2007년과 2011년에는 이우환이 새로운 기록을 만들었다. 2015년 말까지 해외에서 경매된 국내작가 작품가운데 최고가 작품은 2015년 10월 서울옥션 홍콩경매에서 47억 2,000만 원에 거래된 김환기의 「무제 19-VII-71 #209」1971, 253x202cm다. 이 작품은 국내외 통틀어 국내작가 최고 경매가다.

2015년 말을 기준으로 국내 경매회사와 국내작가가 지금까지 달성한 경매 최고가격 현황을 살펴보기로 하자(〈9-12〉).

이 시점까지 국내경매회사가 판매한 작품 중 가장 가격이 높은 작품은 미국 작가 로이 릭턴스타인Roy Lichtenstein, 1923-1997의 「판화판, 거울, 과일이 담긴 그릇의 정물화」Still Life with Stretcher, Mirror, Bowl of Fruit, 1972, 245x137cm다. 2008년 10월 서울옥션 홍콩 경매에서 104억 6,700만 원에 거래되었다.

〈9-11B〉 국내작가의 경매 최고가격 추이 (2000-2015년, 단위: 백만원)

	일자	가격	작가	작품	경매장
국내 경매	2000.4.	390	김환기	무제 15-VII 72#305 (1972) 176.5x126.5cm	서울옥션
	2001.9.	460	박수근	앉아있는 여인 (1960년대) 28x22cm	서울옥션
	2002.3.28	475	박수근	초가집 (1958) 15x30cm	서울옥션
	2002.5.1	505	박수근	아이업은 소녀 (1950년대) 38x17cm	서울옥션
	2005.1.25	520	박수근	노상 (1962) 21x24.5cm	서울옥션
	2005.11.	710	박수근	나무와 사람들 (1965) 20x30.5cm	K옥션
	2005.12.14	900	박수근	시장의 여인 (1960년대) 29x30cm	서울옥션
	2006.12.13	1,040	박수근	노상 (1962) 30x13cm	K옥션
	2007.3.7	2,500	박수근	시장의 사람들 (1961) 25x62cm	K옥션
	2007.5.22	4,520	박수근	빨래터 (1950년대) 37x72cm	서울옥션
해외 경매	1996.3.26	210 ($270)	박수근	농가 (1961) 22x27cm	크리스티뉴욕
	2002.3.22	750 ($578)	박수근	겨울 22.5x44cm	크리스티 뉴욕
	2002.11.	1,030 (￡532)	박수근	악 (樂) 31x54.5cm	소더비 런던
	2003.3.24	1,350 ($1,128)	박수근	한일 (閑日) 53x45.5cm	크리스티 뉴욕
	2004.3.14	1,460 ($1,240)	박수근	앉아있는 여인과 항아리 65x53cm	크리스티 뉴욕
	2007.5.16	1,800 ($1,944)	이우환	점으로부터 시리즈 78083 (78083 From Point Series) (1978) 162x130cm	소더비 뉴욕
	2012.11.26	2,421 (H$17,280)	이우환	점으로부터 (3점 세트) From Point (3pcs) (1977) 162x97cm x 3점	서울옥션 홍콩
	2015.10.5	4,720 (H$31,000)	김환기	무제 19-VII-71 #209 (1971) 253x202cm	서울옥션 홍콩
국내 고미술	2001.4.	700	정선	노송영지 老松靈芝 (1755) 147x103cm	서울옥션
	2004.12.	1,090	작자미상	청자 상감매화대나무새무늬 매병	서울옥션
	2006.2.	1,620	작자미상	백자 철화구름용무늬 항아리	
	2010.3.	1,710	작자미상	와유첩 臥遊帖	옥션단
	2011.3.	1,800	작자미상	백자 청화구름용무늬 항아리	마이아트옥션
	2012.9.	3,400	작자미상	퇴우이선생진적	K옥션
	2015.12.16	3,520	작자미상	청량산괘불탱 淸凉山 掛佛幀 (1725) 960x442cm	서울옥션

국내에서 거래된 외국작가 작품으로 최고가를 기록한 것은 반 고흐Vincent van Gogh, 1853-1890의 「누워있는 소」Lying Cow, 1883, 30x50cm다. 이 작품은 2008년 6월 K옥션에서 29억 5,000만 원에 거래되었다.

2015년 말까지 국내작가의 경매 최고 가격은 1위 김환기 「무제 19-VII-71 #209」1971, 253x202cm, 2위 박수근 「빨래터」1950년대, 37x72cm, 3위 이중섭 「황소」1953, 35x52cm, 4위 김환기 「꽃과 항아리 (정물)」1957, 98x147cm, 5위 박수근 「시장의 사람들」1961, 25x62cm, 6위 이우환 「점으로부터 (3점 세트)」From Point (3pcs), 1977, 162x97cm x3, 7위 이우환 「선으로부터 NO.760219」From Line, NO.760219, 1976, 162x130cm, 8위 박수근 「나무와 세 여인」1962, 65.5x50.5cm, 9위 김환기 「영원한 것들」1956, 127.5x103cm, 10위 박수근 「농악」1960년대, 54x31.5cm 등이다. 이 작품들은 모두 20억 원 이상에 거래되었다. 이 중

〈9-12〉 국내 경매회사 및 국내작가 경매 최고가격 현황 (2015년 말)

전체	국내	작가	작품	가격	경매일자	경매장
*	*	로이 릭턴스타인	판화판,거울,과일이 담긴 그릇의 정물화 Still Life with Stretcher, Mirror, Bowl of Fruit (1972) 245x137cm	10,467	2008.10.7	서울옥션 홍콩
*	*	윌렘 드 쿠닝	무제 XVI Untitled XVI (1982) 203x178cm	6,753	2008.10.7	서울옥션 홍콩
*	*	루이즈 부르주아	콰란타니아 Quarantania (1953) 68.5x68x203.5(H) *조각	5,426	2015,10.5	서울옥션 홍콩
1		김환기	무제 19-VII-71 #209 (1971) 253x202cm	4,720	2015.10.5	서울옥션 홍콩
2	1	박수근	빨래터 (1950년대) 37x72cm	4,520	2007.5.22	서울옥션
*	*	마르크 샤갈	동물들과 음악 Bestiary and Music (1969) 140x155cm	4,136	2010.10.4	서울옥션 홍콩
*	*	알렉산더 칼더	무제 Untitled (1947) 117x107x173(H) *조각	3,878	2015.11.29	서울옥션 홍콩
*	*	쿠사마 야요이	No.Red.A.B.C (1960) 129x133cm	3,804	2015.11.29	서울옥션 홍콩
3	2	이중섭	황소 (1953) 35x52cm	3,560	2010.6.29	서울옥션
**	**	작자미상	청량산괘불탱 淸凉山 掛佛幀 (1725) 960x442cm	3,520	2015.12.16	서울옥션
**	**	정선,이황,송시열	퇴우이선생진적첩 退尤二先生眞蹟帖 (1746년경) 32x22cm	3,400	2012.9.11	K옥션
4	3	김환기	꽃과 항아리 (정물) (1957) 98x147cm	3,050	2007.5.22	서울옥션
*	*	빈센트 반 고흐	누워있는 소 Lying Cow (1883) 30x50cm	2,950	2008.6.11	K옥션
*	*	앤디 워홀	자화상 (1986) 30.5×30.5cm	2,700	2007.9.15	서울옥션
*	*	로이 릭턴스타인	토마토와 추상 Tomato and Abstraction (1982) 102×152cm	2,643	2013.11.24	서울옥션 홍콩
*	*	게르하르드 리히터	회색 구름231-1 (1969) 150.5×201cm	2,520	2007.9.15	서울옥션
5	4	박수근	시장의 사람들 (1961) 25x62cm	2,500	2007.3.7	K옥션
*	*	제프 쿤스	꽃의 언덕Mound of Flowers (1991)	2,448	2014,11.24	서울옥션 홍콩
6		이우환	점으로부터 (3점 세트) From Point (3pcs) (1977) 162x97cm x 3점	2,421	2012.11.26	서울옥션 홍콩
*	*	앤디 워홀	플라워 Flower (1964) 61x61cm	2,400	2008.6.18	서울옥션
7		이우환	선으로부터 From Line, NO.760219 (1976) 162x130cm	2,370	2014.11.11	소더비 뉴욕
8		박수근	나무와 세 여인 (1962) 65.5x50.5cm	2,240	2012.9.11	크리스티 뉴욕
9	5	김환기	영원한 것들 (1956) 127.5x103cm	2,100	2010.6.29	서울옥션
10	6	박수근	농악 (1960년대) 54x31.5cm	2,000	2007.3.9	서울옥션
11	7	박수근	공기놀이하는 아이들 (1960년대) 43x65cm	2,000	2009.4.29	서울옥션
12		김환기	귀로 (1950년대) 100x80cm	2,000	2015.11.28	K옥션 홍콩
12		김환기	무제 16-Ⅱ-70 #147 (1970) 208x151.5cm	2,000	2015.11.28	서울옥션 홍콩
14		김환기	블루 마운틴 Blue Mountain (1956) 100x65cm	1,980	2015.5.30	크리스티 홍콩
15		박수근	앉아있는 소녀 (1960년대) 74x52.5cm	1,960	2015.10.5	서울옥션 홍콩
16	8	박수근	귀로 (1962) 16x12cm	1,900	2003.4.10	서울옥션
*	*	게르하르트 리히터	추상 (1987)	1,860	2007.9.15	서울옥션
17		이우환	선으로부터 (1975) 162x130cm	1,809	2014.5.26	서울옥션 홍콩
18		이우환	점으로부터 시리즈 78083 (78083 From Point Series) (1978) 162x130cm	1,800	2007.5.16	소더비 뉴욕
*	*	앤디 워홀	마오 (1973) 30.5×25cm	1,800	2007.9.15	서울옥션
**	**	작가미상	의겸등필수월관음도 義謙等筆 水月觀音圖 144x105.5cm	1,800	2015.9.15	서울옥션
**	**	작가미상	백자대호 白磁大壺 (18세기초) 42x42x42(H) *공예	1,790	2015.11.29	서울옥션 홍콩
*	*	앤디 워홀	플라워 Flowers (1978)	1,724	2014.11.24	서울옥션 홍콩
19	9	김환기	무제 1-VI-70 #174 (1970) 233x177cm	1,700	2009.6.24	K옥션
*	*	마르크 샤갈	부케 81x65cm	1,700	2012.6.27	서울옥션
20	10	김환기	무제 16-VII-68 #28 (1968) 177×127cm	1,668	2014.12.17	서울옥션
21		박수근	목련 (1964) 27x54cm	1,643	2015.5.31	K옥션 홍콩
22	11	이우환	선으로부터 (1978) 77x180cm	1,600	2007.9.15	서울옥션
23	12	김환기	섬 이야기 (1940) 80x100cm	1,600	2015.12.15	K옥션

주 : 1. 별표 하나(*)는 외국인 작가 작품, 별표 둘(**)은 고미술 작품.

2. 순위는 국내작가 대상임. 앞 순위는 국내외 경매, 뒷 순위는 국내 경매 기준임.

3. 국내는 낙찰가격 기준. 해외는 2014년까지 경매가격 기준이며 2015년은 낙찰가격 기준임.

6점은 국내경매에서 거래되었고 4점은 해외경매에서 거래되었다.

작가별로는 박수근 4점, 김환기 3점, 이중섭 1점. 이우환 2점이다. 시기별로는 1950년대 4점, 1960년대 3점, 1970년대 3점이다.

<9-13>은 국내작가 중에서 2005-2014년간 경매 거래금액이 가장 많은 20인의 현황이다. 이우환은 총567점이 거래되었고 거래금액은 총717억 원이었다. 그 다음이 김환기로 총338점이 거래되었고 거래금액은 667억 원이다. 3위는 박수근 169점 503억 원이고, 4위는 이대원 639점 274억 원, 5위는 김종학 600점 217억 원이다. 상위 20인 작가의 작품을 합치면 10년간 총5,594점이 거래되었고 거래금액은 총 3,668억 원이다.

<9-13> 경매거래 상위 20작가 현황 (2005-2014년)

	거래 작품수	거래 금액	최고가격 거래		
			가격	작품	거래 일자와 장소
이우환 1936-	567	71,174	2,370	선으로부터 From Line, NO. 760219 (1976) 162x130cm	소더비 뉴욕 2014.11
김환기 1913-1974	338	66,672	4,720	19-Ⅶ-71 #209 (1971) 253x202cm	서울옥션 홍콩 2015.10
박수근 1914-1965	169	50,301	4,520	빨래터 (1950년대) 37x72cm	서울옥션 2007.5
이대원 1921-2005	639	27,428	660	농원 (1987) 90x194cm	서울옥션 2013.12
김종학 1937-	600	21,728	580	시냇가의 물총새 (2006) 150x450cm	서울옥션 2007.9
천경자 1924-2015	312	18,758	1,200	초원 II (1978) 105.5x130cm	K옥션 2007.5
오치균 1956-	251	18,049	500	길 (1999) 122.5x82cm	서울옥션 2007.9
김창열 1929-	421	17,313	560	물방울 (1981) 257.5x194cm	크리스티 홍콩 2008.5
이중섭 1916-1956	53	11,742	3,560	황소 (1953) 35x52cm	서울옥션 2010.6
장욱진 1917-1990	324	11,683	603	진진묘 (眞眞妙) (1970) 33x24cm	서울옥션 온라인 2014.10
도상봉 1902-1977	73	7,380	300	라일락 (1969) 45.5x53cm	서울옥션 2007.5
이상범 1897-1972	358	6,261	250	추경산수 (秋景山水) 또는 영막모연 (嶺幕暮煙) (1957) 261x96cm	서울옥션 2012.9
박서보 1932-	178	5,375	1,154	묘법 Ecriture No. 65-75 (Writing No. 65-75) 130x195cm	크리스티 홍콩 2015.11
유영국 1916-2002	70	5,304	500	무제 (1960) 130x160cm	서울옥션 2008.6
김흥수 1919-2014	116	5,008	410	무제 (시기불명) 130x162cm	서울옥션 2008.3
정상화 1932-	150	4,991	1,142	무제 05-3-25 (2005) 259x194cm	서울옥션 홍콩 2015.10
전광영 1944-	140	4,696	300	집합 06-AP016 Aggregation 06-AP016 (2006) 218x333cm	크리스티 홍콩 2008.5
오지호 1905-1982	91	4,506	150	항구 (1975) 53x41cm	서울옥션 2007.9
김기창 1913-2001	651	4,277	178	태양을 먹은 새 (1968) 38.5x31cm	서울옥션 2007.9
김형근 1930-	93	4,176	540	도라지꽃 속의 여인 (1983) 115.x93cm	서울옥션 2007.9
20인 합계	5,594	366,820			

자료: 거래작품수와 거래금액은 김영석 (2015).

9.4.2. 해외

경매의 기원은 고대 로마제국으로 거슬러 올라가지만 근대적 의미의 미술품 경매는 18세기에 시작되었다. 이 시기에 출범한 경매회사 가운데 영국의 소더비와 크리스티는 지금까지 세계 양대 경매회사로서 지위를 유지하고 있다.

소더비Sotheby's는 서점주인이던 베이커Samuel Baker가 영국 런던에 설립했다. 처음에는 희귀한 고서 중심으로 경매를 했으나 얼마 안가서 사업 영역을 회화 등 순수미술과 보석, 골동품 등 장식예술 쪽으로 바꾸었다. 순수미술의 비중이 커지면서 크리스티와 경쟁 관계를 형성했다.

20세기 후반 들어 미술시장이 전반적으로 활성화되자 소더비도 성장했다. 특히 1957년 경영을 맡은 윌슨Peter Wilson, 1913-1984은 혁신적인 시도로써 소더비 성장에 기여했다. 1958년 10월에 개최한 골드슈미트 컬렉션Jacob Goldschmidt's Collection 경매는 마네Édouard Manet ,1832-1883 3점, 세잔Paul Cézanne, 1839-1906 2점, 반 고흐Vincent van Gogh, 1857-1890 1점, 르누아르Pierre-Auguste Renoir, 1841-1919 1점 등 인상주의와 후기인상주의 작품 7점을 대상으로 했다. 윌슨은 이 경매를 처음으로 일과 시간이 아닌 저녁 시간에 개최해 정치 · 경제 · 문화계의 유명인사 1,400명을 초청한 파티와 함께 진행했다. 경매를 고급 사교모임으로 자리매김하고자 한 것이다. 그 이전까지 경매장은 소수의 전문 미술상이나 수집가 외에 일반인은 드나들지 않는 곳이었다. 이 행사는 큰 성공을 거두었고 단지 21분 만에 7점 모두 거래되었다. 세잔의 「붉은 조끼를 입은 소년」Garçon au gilet rouge, 1890, 89.5×72cm는 22만 파운드에 팔려 경매사상 최고가를 기록했고, 총 판매금액 78만 파운드도 단일 경매행사 최고 기록이었다. 이 행사를 계기로 인상주의 회화는 부와 명예의 상징으로 인식되고 작품 가격이 크게 상승했다. 또 중요한 경매는 낮경매day sale가 아니라 저녁경매evening sale로 진행하는 전통도 수립되었다.

소더비는 1955년 미국에 소더비 뉴욕Sotherby's New York 경매장을 냈고 1964년에는 당시 미국 최대의 미술품 경매회사였던 파크버넷Parke-Bernet을 인수했다. 이후 소더비는 세계 각지로 진출했다. 1970년대 석유파동으로 인한 불황으로 어려움을 겪은 소더비는 종래 판매자에게서만 받던 수수료를 구매자에게도 받는 새로운 제도를 도입했다. 2000년 소더비 뉴욕은 수장고와 함께 화랑을 겸비함으로써 1차시장으로 사업을 확대했고

2004년 온라인 경매 시스템을 도입했다.

2004년 소더비 뉴욕은 피카소Pablo Picasso, 1881-1973의 「파이프를 든 소년」Garçon à la pipe, 1905, 100x81cm을 이탈리아 사업가Guido Barilla에게 1억 417만 달러에 판매해 경매사상 최초로 1억 달러의 벽을 넘어섰다. 그 후 2012년에는 뭉크Edvard Munch, 1863-1944의 「절규」The Scream, 1895, 81x59cm를 미국 사업가Leon Black에게 당시 최고가인 1억 1,992만 달러에 판매했다.

크리스티Christie's는 1766년 크리스티James Christie에 의해 런던에서 출범했다. 소더비와 달리 처음부터 미술품을 주로 거래했다. 초기에는 왕실 소장품을 경매했고 고객은 귀족들이었다. 소더비와 마찬가지로 크리스티도 20세기 후반 크게 성장했다. 1977년 미국으로 진출하여 크리스티 뉴욕Christie's New York 경매장을 열었다. 크리스티는 명품 제조그룹인 케링Kering의 회장 프랑수아 피노Faniçois Pinault, 1936-가 1998년 인수하여 지금까지 소유하고 있다.

1990년 크리스티 뉴욕은 반 고흐Vincent van Gogh, 1857-1890의 「가셰 박사의 초상」Portrait du docteur Gachet, 1890, 66x57cm을 일본 대부호Ryoei Saito에게 8,250만 달러에 판매했다. 이것은 20세기말까지 미술품 경매 최고가격이었다. 크리스티 뉴욕은 2015년 피카소의 「알제의 여인들 (버전 O)」 Les femmes d'Alger (Version O), 1955, 114x146cm를 1억 7,937만 달러에 카타르 왕가Hamad bin Jassim bin Jaber Al Thani에 판매했다. 이는 2015년 말까지 경매를 통해 거래된 미술품을 통틀어 최고가격이다.

2011년 소더비와 크리스티는 세계 각지에 각각 9개와 10개의 경매장을 가지고 있다(〈9-14〉). 2013년 이들 두 경매회사의 판매액은 각각 31.08억 달러, 35.58억 달러로서

〈9-14〉 소더비와 크리스티 현황

	소더비	크리스티
설립년도	1744년	1766년
경매장 (2011년)	9개 런던, 파리, 제네바, 취리히, 밀라노, 뉴욕, 토론토, 홍콩, 도하	10개 런던(2개), 파리, 제네바, 취리히, 밀라노, 암스테르담, 뉴욕, 홍콩, 두바이
판매액 (2013년)	31.08억 달러 (25.8%)	35.58억 달러 (29.5%)
주요 경매작품	피카소 「파이프를 든 소년」 2004년 (10,417만 달러) 뭉크 「절규」 2012년 (11,992만 달러)	반 고흐 「가셰 박사의 초상」 1990년 (8,250만 달러) 피카소 「알제의 여인들 (버전 O)」 2015년 (17,937만 달러)

자료: Artprice.com, 소더비(Sotheby's)와 크리스티(Christie's) 홈페이지.

〈9-15〉 판매금액 상위인 세계 5대 경매 행사 (2014년)

경매회사	경매이름	경매일자	판매 작품수 (점)	작품 판매금액 (백만$)	최고 낙찰가격 (백만$)
크리스티 뉴욕	전후 및 동시대미술	2014.11.12	75	751.6	73
크리스티 뉴욕	전후 및 동시대미술	2014. 5.13	68	656.6	75
소더비 뉴욕	인상주의 및 모던아트	2014.11. 4	58	370.6	90
소더비 뉴욕	동시대미술	2014.11.11	67	299.1	40
소더비 뉴욕	동시대미술	2014. 5.14	48	279.4	26.8

자료: Artprice.com.

세계 경매시장 전체 판매액의 25.8%, 29.5%를 나누어 차지하고 있다. 소더비와 크리스티는 20세기 후반에 비하면 그 영향력이 상대적으로 낮아졌지만 여전히 세계 경매시장 양대 축으로서의 지위를 유지하고 있다.

오늘날 세계 경매행사 중 가장 규모가 크고 주목되는 행사는 양대 경매회사에서 진행하는 것들이다. 〈9-15〉에서 보면 2014년 세계 5대 경매행사는 모두 이들 두 회사의 프로그램이다. 크리스티 뉴욕의 전후 및 동시대미술 경매(5월과 11월)는 각각 7억 달러 전후의 매출을 기록한다.

필립스Phillips는 크리스티에 근무하던 한 직원Harry Phillips이 1796년 런던에 설립한 경매회사다. 소더비와 크리스티에 이어 3위 경매회사의 자리를 오랫동안 유지해왔다. 이 회사는 1999년 루이뷔통 모에 헤네시LVMH(Louis Vuitton-Moet-Henessy)그룹의 회장 아르노Bernard Arnault, 1949-가 인수 합병해 새로운 이름Phillips de Pury & Company으로 바뀌었다가 2013년 원래 이름으로 되돌아갔다.

2000년대 후반 경매시장에 나타난 특징적 현상은 중국의 약진이다. 중국의 경매회사들은 자국 미술수요의 확대를 배경으로 성장했다. 2005년에 설립된 베이징폴리옥션Beijing Poly international Auction(北京保利国际拍卖)과 1993년에 설립된 중국자더China Guardian(中國嘉德國際拍賣)는 전통적 3위 경매회사이던 필립스를 이미 추월했다. 2012년 베이징폴리옥션에서 중국화가 리커란Li Keran(李可染), 1907-1989의 「만산홍편」Mountains in red(萬山紅遍), 1964, 131x84cm이 2억 9,325만 위안(544억 원)에 거래되었다.

〈9-16〉에는 세계 주요 경매회사의 판매액 점유율이 나와 있다. 2014년 크리스티와 소더비에 이어 베이징폴리옥션이 5.9%, 중국자더가 5.2%를 차지하며 필립스 2.1%를 앞섰다.

테파프TEFAF의 추정에 따르면 2013년 전세계적으로 13,685개의 경매회사가 운영되고 있다(〈9-17〉). 미국에 4,080개, 유럽연합EU에 2,915개, 중국에 460개가 있다. 판매액 비중은 미국이 33%, 유럽연합이 29%, 중국이 33%이다. 2008-2009년까지만 해도 세계 경매시장에서 미국과 유럽연합이 양대 축으로서 군림해 왔으나 2010년대 들어 중국의 비중이 크게 높아졌다. 아트프라이스artprice.com 자료를 보더라도 중국의 경매시장 비중은 2002년 1.1%, 2004년 1.9%, 2006년 4.9%, 2008년 7.7%에 불과했으나 2010년

〈9-16〉 세계 주요 경매회사의 시장 점유율 추이 (2007-2013년, 단위: %)

<table>
<tr><th></th><th>2007</th><th>2008</th><th>2009</th><th>2010</th><th>2011</th><th>2012</th><th>2013</th></tr>
<tr><td>크리스티 Christie's</td><td>38.7</td><td>39.2</td><td>31.8</td><td>26.0</td><td>25.0</td><td>22.2</td><td>29.5</td></tr>
<tr><td>소더비 Sotheby's</td><td>36.0</td><td>34.4</td><td>27.3</td><td>26.0</td><td>23.0</td><td>20.4</td><td>25.8</td></tr>
<tr><td>(2회사 합계)</td><td>(74.7</td><td>(73.6)</td><td>(59.1)</td><td>(52.0)</td><td>(48.0)</td><td>(42.6)</td><td>(55.3)</td></tr>
<tr><td>베이징 폴리옥션</td><td>1.8</td><td rowspan="4">26.4</td><td rowspan="4">40.9</td><td rowspan="4">48.0</td><td>8.0</td><td>4.5</td><td>5.9</td></tr>
<tr><td>중국 자더</td><td>1.0</td><td>8.0</td><td>4.1</td><td>5.2</td></tr>
<tr><td>필립스 Phillips</td><td>2.6</td><td rowspan="2">36.0</td><td>2.2</td><td>2.1</td></tr>
<tr><td>기타</td><td>19.9</td><td>46.6</td><td>31.5</td></tr>
</table>

자료: Artprice.com 외.

〈9-17〉 세계 경매회사 현황 (2008-2013년)

	2008-2009년				2013년			
	사업체수	종사자수	판매액(백만유로)		사업체수	종사자수	판매액(백만유로)	
미국	3,500	70,000	6,608	35%	4,080	107,678	7,400	33%
유럽연합	4,000	80,000	9,299	49%	2,915	79,728	6,600	29%
영국	1,255	25,100	6,391	34%	1,005	30,328	3,800	17%
프랑스	630	12,600	1,105	6%	370	9,620	1,400	6%
이탈리아	300	6,000	514	3%	170	4,420	200	1%
독일	110	2,200	455	2%	240	6,240	300	2%
중국	300	6,000	1,894	10%	460	8,930	7,400	33%
기타	17,200	344,000	1,170	6%	6,230	161,980	1,100	5%
계	25,000	500,000	18,971	100%	13,685	358,316	22,500	100

주: 2008-2009년의 사업체수와 종사자수는 2009년, 판매액은 2008년 자료임.
자료: TEFAF(The European Fine Art Foundation), 2010 & 2014.

대 접어들어 2010년 33.0%, 2012년 41.0%, 2014년 37.2%로 갑자기 비중이 높아졌다. 세계 경매시장에서 미국과 유럽연합의 양극 체제가 중국이 가세한 3극 체제로 변모한 것이다.

경매거래액을 기준으로 동시대 미술가의 순위를 보더라도 중국 미술가의 비중이 높다(〈9-13A〉). 2015년 동시대 미술가 가운데 경매거래액이 가장 많은 100명을 국가별로 보면 중국이 40명으로 가장 많다. 그 다음이 미국 21명, 독일 11명, 영국 10명 등의 순이다. 중국은 계속해서 가장 높은 비중을 유지하며, 2000년대보다 2010년대에 비중이 더욱 높아졌다.

경메거래액 기준으로 동시대 상위 10대 미술가를 보면(〈9-18B〉), 중국미술가들은 2007-2015년 사이에 해마다 2명에서 5명까지 이름을 올렸다. 그 중 쩡판즈와 장샤오강은 중국 동시대미술을 대표한다.

쩡판즈Zeng Fanzhi(曾梵志), 1964-의 「마스크 시리즈 No.6」Mask Series No.6, 1996, 200x360cm은 2008년 크리스티 홍콩에서 7,537만 홍콩 달러(수수료 포함, 약 105억 원)에 판매되었다. 마스크 시리즈는 대도시에서 살아가는 사람들의 피곤한 삶을 내면화한 작품이다. 그 시리즈의 하나인 「최후의 만찬」The Last Supper, 2001, 220x400cm은 2013년 소더비 홍콩 경매에서 1억 8,040만 홍콩달러(수수료 포함, 약 249억 원)에 판매되었다. 이는 아시아 동시대미술 최고가 기록이다. 또한 2013년 크리스티 홍콩 경매에서는 '병원 시리즈'의 하나인 「병원 삼면화 No.3」Hospital Triptych No.3, 1992, 150x115cm x3 가 1억 1,324만 홍콩달러(수수료 포함, 약 155억 원)에 판매되었다.

〈9-18A〉 경매거래액 상위 100대 동시대 미술가의 국가별 분포 (2007-2015년)

	2007년	2009년	2011년	2013년	2015년
미국	23명	20명	17명	19명	21명
독일	16명	8명	7명	8명	11명
영국	7명	10명	8명	8명	10명
프랑스	0명	1명	0명	1명	0명
이탈리아	6명	4명	2명	2명	2명
스페인	2명	2명	2명	3명	1명
중국	30명	34명	45명	42명	40명
일본	4명	4명	3명	3명	3명
기타	12명	17명	16명	14명	12명
계	100명	100명	100명	100명	100명

자료 : Artprice.com에서 작성.

〈9-18B〉 경매거래액 상위 10대 동시대 미술가 현황 (2007-2015년)

	2007년	2009년	2011년	2013년	2015년
1	Jean-Michel Basquiat (1960-1988)	Damien Hirst (1965-)	Jean-Michel Basquiat (1960-1988)	Jean-Michel Basquiat (1960-1988)	Jean-Michel Basquiat (1960-1988)
2	Damien Hirst (1965-)	Jean-Michel Basquiat (1960-1988)	Zeng Fanzhi (1964-)	Jeff Koons (1955-)	Christopher Wool (1955-)
3	Zhang Xiaogang (1958-)	Richard Prince (1949-)	Jeff Koons (1955-)	Christopher Wool (1955-)	Jeff Koons (1955-)
4	Peter Doig (1959-)	Jeff Koons (1955-)	Zhang Xiaogang (1958-)	Zeng Fanzhi (1964-)	Peter Doig (1959-)
5	Yue Minjun (1962-)	Peter Doig (1959-)	Chen Yifei (1946-2005)	Zhou Chunya (1955-)	Martin Kippenberger (1953-1997)
6	Richard Prince (1949-)	Zeng Fanzhi (1964-)	Richard Prince (1949-)	Peter Doig (1959-)	Zeng Fanzhi (1964-)
7	Zeng Fanzhi (1964-)	Zhang Xiaogang (1958-)	Wang Yidong (1955-)	Chen Yifei (1946-2005)	Richard Prince (1949-)
8	Keith Haring (1958-1990)	Takashi Murakami (1962-)	Takashi Murakami (1962-)	Damien Hirst (1965-)	Zhu Xinjian (1953-2014)
9	Jeff Koons (1955-)	Anish Kapoor (1954-)	Damien Hirst (1965-)	Mark Grotjahn (1968-)	Keith Haring (1958-1990)
10	Christopher Wool (1955-)	Chen Yifei (1946-2005)	Zhou Chunya (1955-)	Andreas Gursky (1955-)	Damien Hirst (1965-)

자료 : Artprice.com.

장샤오강Zhang Xiaogang(张晓刚), 1958-의 세폭화(삼면화) 「영원한 사랑」Forever Lasting Love, 1987, 125x97.5cmx3 은 2011년 소더비 홍콩에서 7,906만 홍콩 달러(수수료 포함, 약 110억 원)에 판매되었다. 또 2014년 소더비 홍콩에서는 「혈연-대가족 3호」Bloodline: Big Family No.3, 1995, 180x230cm가 9,420만 홍콩달러(수수료 포함, 약 128억 원)에 판매되었다. 혈연-대가족 시리즈는 문화혁명기에 찍은 낡은 가족사진을 토대로 한 연작이다.

중국미술가들 외에는 동시대 상위 10대 미술가에 작고한 작가로 장미셸 바스키아Jean-Michel Basquiat, 1960-1988와 키스 해링Keith Haring, 1958-1990 등이 포함되어 있고, 생존해 활동 중인 작가로는 제프 쿤스Jeff Koons, 1955- , 데미안 허스트Damien Hirst, 1965- , 피터 도이그Peter Doig, 1959- , 리처드 프린스Richard Prince, 1949- , 크리스토퍼 울Christopher Wool 1955- , 무라카미 다카시Takashi Murakami, 1962- 등이 이름을 올렸다.

2000년대 이후 세계 경매시장에서 나타난 또 하나의 변화는 온라인 경매가 늘어난 것이다. 온라인 경매는 전통적인 경매에 비해 거래비용을 절약하고 거래시간도 크게 단축할 수 있는 등 많은 이점이 있다. 아트넷artnet과 같이 오프라인 기반을 갖지 않은 온라인 전문 경매회사도 등장했다. 아트넷은 1998년 같은 이름의 기존 업체를 인수하여 설립되었다. 미술품 전문 경매업체는 아니지만 이베이ebay에서도 많은 미술품이 거래되고 있다.

그러나 오늘날 온라인 경매시장을 주도하는 것도 기존 오프라인 경매회사들이다. 아트넷의 판매액은 소더비의 1%도 되지 않는다. 소더비나 크리스티를 비롯한 대형 경매회사들은 2000년대 이후 온라인 경매 시스템을 도입했다. 이들은 오프라인 시장에서 쌓은 노하우와 공신력을 토대로 온라인 경매시장에서도 주도권을 확보했다. 오프라인 경매와 온라인 경매 시스템을 상호 보완적으로 결합하거나 선택적으로 활용함으로써 판매수익의 극대화를 도모해 나가고 있다. 2013년 판매액 기준으로 온라인 경매의 비중은 전체 경매의 약 5%다(TEFAF, 2014).

경매가격

세계 경매시장에서 거래된 작품의 가격대별 분포를 보면(〈9-19〉) 2014년의 경우 작품수에서 3,000유로 미만의 저가 작품이 49.8%로 거의 절반을 차지하고 5만 유로 미만의 중저가 작품은 92.1%를 차지한다. 거래금액에서는 3,000유로 미만 작품의 비중은 1.8%에 불과하며 5만 유로 미만 작품도 16.1%다. 반면 5만 유로 이상은 작품수에서는 7.83%지만 비중은 거래금액 비중은 83.9%에 달한다. 100만 유로 이상은 작품수에서는 0.43%이지만 거래금액은 거의 절반인 48.2%를 차지한다. 2014년 경매에서 1,530점의 작품이 100만 유로가 넘는 가격으로 거래되었고 1,000만 유로를 넘은 가격으로 거래된 작품도 96점이다.

〈9-19〉 세계 경매시장 거래 작품의 가격대별 분포 (2013-2014년)

	2013년		2014년	
	작품수	거래금액	작품수	거래금액
€1,000만 이상	0.02%	15.5%	0.03%	18.9%
€1,000만 미만 - €100만 이상	0.4%	28.4%	0.4%	29.3%
€100만 미만 - €5만 이상	7.0%	38.5%	7.4%	35.7%
€5만 미만 - €3,000 이상	42.1%	15.8%	42.3%	14.3%
€3,000미만 - €1,000 이상	27.9%	1.6%	27.4%	1.4%
€1,000 미만	22.5%	0.4%	22.4%	0.4%
합계	100,0%	100.0%	100,0%	100,0%

자료: Artprice.com.

세계 경매시장에서 거래된 미술품의 최고가격은 20세기 후반부터 지속적으로 갱신되어 왔다. 1980년대에는 인상주의 작품에 수요가 몰려 가격이 폭등했다. 2000년대 중반 미술 붐이 조성되고 중동 지역과 중국 등에서 신흥 수요가 창출되면서 새로운 가격 상승 추세가 나타났다.

〈9-20A〉는 1950년대 이후 2015년까지 회화의 경매기록 추이를 보여주고 〈9-20B〉는 1980년대부터 2015년까지 조각의 경매기록 추이를 보여준다.

〈9-20A〉 세계 경매 최고가격 추이: 회화 (1950년대-2015년, 단위: 백만 달러)

	작가	작품	가격	거래 일자와 장소
1	세잔Paul Cézanne	붉은 조끼를 입은 소년 Garçon au gilet rouge (1890) 89.5×72cm	0.616 [£0.220]	1958.10.15. 소더비 런던
2	루벤스Peter Paul Rubens	동방박사의 경배 Adoration of Magi (1617) 251×338cm	0.66 [£0.275]	1959.6.24. 소더비 런던
3	렘브란트Rembrandt van Rijn	호메로스의 흉상을 바라보는 아리스토텔레스 Aristotle with a bust of Homer (1653) 143.5x136.5cm	2.30	1961.11.15. 파커베넷 뉴욕
*	레오나르도 다빈치 Leonardo da Vinci	지네브라 데 벤치 Ginevra de'Benci (1474-78) 38x37 cm	5.00	1967.2.10. *비경매
4	벨라스케스 Diego Velázquez	후안 데 파레하의 초상 Portrait of Juan de Pareja (1650) 81x70cm	5.50 [£2.31]	1971. 크리스티 런던
5	터너 J. M. William Turner	줄리엣과 유모 Juliet and Her Nurse (1836) 89x121cm	7.04	1980.5.29. 소더비 뉴욕
6	터너 J. M. William Turner	포크스턴 바다풍경 Seascape, Folkestone (1845) 88x117.5cm	10.02 [£7.30]	1984.6.5. 소더비 런던
7	만테냐 Andrea Mantegna	동방박사의 경배 Adoration of the Magi (1495-1505) 49x66cm	10.50 [£8.10]	1985. 4.18 크리스티 런던
8	반 고흐 Vincent Van Gogh	15송이 해바라기를 담은 꽃병 Vase with Fifteen Sunflowers (1889) 95x73cm	39.90 [£24.75]	1987.3.30. 크리스티 런던
9	반 고흐 Vincent van Gogh	붓꽃 Irises (1889) 71×93 cm	53.90	1987.11.11. 소더비 뉴욕
10	반 고흐 Vincent van Gogh	가셰 박사의 초상 Portrait du docteur Gachet (1890) 66x57cm	82.50	1990.5.15 크리스티 뉴욕
11	피카소 Pablo Picasso	파이프를 든 소년 Garçon à la pipe (1905) 100x81cm	104.17	2004.5.4. 소더비 뉴욕
*	폴록 Jackson Pollock	넘버5, 1948 No.5, 1948 (1948) 240x120cm	140.00	2006.11 *비경매(소더비)
12	피카소 Pablo Picasso	조각 받침 위의 누드 Nu au plateau de sculpteur (1932) 162x130cm	106.48	2010.5.4. 크리스티 뉴욕
*	세잔 Paul Cézanne	카드놀이 하는 사람들 Les Joueurs de cartes (1893) 97×130 cm	250.00+	2011.4 *비경매
13	뭉크 Edvard Munch	절규 The Scream (1895) 81x59cm	119.92	2012.5.2. 소더비 뉴욕
14	베이컨 Francis Bacon	루치안 프로이트의 세 가지 연구 Three Studies of Lucian Freud (1969) 198×147.5cm	142.41	2013.11.12. 크리스티 뉴욕
*	고갱 Paul Gauguin	언제 결혼할 거니? Nafea Faa Ipoipo (1892) 101x77cm	300.00	2015.2 *비경매
15	피카소 Pablo Picasso	알제의 여인들 (버전 O) Les femmes d'Alger (Version O) (1955) 114x146cm	179.37	2015.5.11. 크리스티 뉴욕

〈9-20B〉 세계 경매 최고가격 추이: 조각 (1980년대-2015년, 단위: 백만 달러)

	작가	작품	가격	거래 일자와 장소
1	드브리스 Adriaen de Vries	춤추는 파우누스 Dancing Faun (Juggling Man) (1615경) 77cm(H) *조각	10.69 [£6.80]	1989.12.7 소더비 런던
*	카노바 Antonio Canova	미의 세 여신 The three graces (1817) *조각	11.50 [£7.50]	1994 *비경매
2	드가 Edgar Degas	14세의 어린 무용수 Petite Danseuse de Quatorze Ans (1881) 98cm(H) *조각	11.80	1996.11.12. 소더비 뉴욕
3	드가 Edgar Degas	14세의 어린 무용수 Petite Danseuse de Quatorze Ans (1881) 98cm(H) *조각	12.30	1999.11.11 소더비 뉴욕
4	자코메티 Alberto Giacometti	큰 여성 입상 I Grande Femme Debout I (1954) 269cm(H) *조각	14.30	2000.11.8 크리스티 뉴욕
5	브랑쿠시 Constantin Brâncuși	다나이드 Danaïde (1913) 28cm(H) * 조각	18.16	2002.5.7 크리스티 뉴욕
6	브랑쿠시 Constantin Brâncuși	공간 속의 새 L'Oiseau dans l'espace (1923) 122cm(H) *조각	27.46	2005.5.5 크리스티 뉴욕
*	Damien Hirst	신의 사랑을 위하여 For the Love of God (2006) *조각	75.00 [£50.00]	2007.6 *비경매
7	피카소 Pablo Picasso	여성 두상 Tete de femme (Dora Maar) (1941) 80cm(H) *조각	29.10	2007.11.7 소더비 뉴욕
8	브랑쿠시 Constantin Brâncuși	마담 LR Madame LR (Portrait de Mme LR) (1917) *조각	37.62 [£29.19]	2009.2.24 크리스티 파리
9	자코메티 Alberto Giacometti	걸어가는 남자 I L'Homme qui marche I (1961) 183cm(H) *조각	104.33 [£65.00]	2010.2.3 소더비 런던
10	자코메티 Alberto Giacometti	손가락으로 가리키는 남자 L'Homme au doigt (1947) 180cm(H) *조각	141.30	2015.5.11 크리스티 뉴욕

회화에서는 1958년 세잔Paul Cézanne의 「붉은 조끼를 입은 소년」Garçon au gilet rouge, 1890, 89.5×72cm 이후 2015년까지 경매를 통해서 총 15번 최고가격이 갱신되었다. 1980년-1990년 사이에 갱신된 것이 6번, 2004년-2015년 사이에 갱신된 것이 5번, 나머지 기간이 4번이다. 1971년에서 1980년 사이와 1990년에서 2004년 사이에는 최고가격 갱신이 한 번도 없었다. 비경매 거래까지 포함하면 총19번 최고가격이 갱신되었다. 그 중 1980년-1990년에 이루어진 것이 6번, 2004년-2015년 사이에 이루어진 것이 8번, 나머지 기간은 5번이다.

작가별로 보면 반 고흐Vincent van Gogh와 피카소Pablo Picasso가 3번이고, 터너J. M. William Turner가 2번이다. 세잔Paul Cézanne, 루벤스Peter Paul Rubens, 렘브란트Rembrandt van Rijn, 벨라스케스Diego Velázquez, 만테냐Andrea Mantegna, 뭉크Edvard Munch, 베이컨Francis Bacon이 각각 1번씩이다.

조각에서는 1989년 드브리스Adriaen de Vries의 「춤추는 파우누스」Dancing Faun(Juggling Man), 1615경, 77cm 이후 2015년까지 경매를 통해서 최고가격이 총 10번 갱신되었다. 그 중 2005년-2014년 사이에 이루어진 것이 5번이다. 비경매 거래까지 포함하면 총12번 최고가격이 갱신되었고, 그 중 6번이 2005년-2014년 사이에 이루어졌다.

작가별로 보면 자코메티Alberto Giacometti와 브랑쿠시Constantin Brâncuși가 3번, 드가Edgar Degas가 2번, 드브리스Adriaen de Vries와 피카소Pablo Picasso가 각각 1번이다.

다음으로 2015년 말을 기준으로 세계에서 거래된 작품 중 가장 높은 가격으로 거래된 작품들을 살펴보기로 하자(〈9-21〉).

이 시점까지 비경매거래까지 포함해서 가장 높은 가격으로 거래된 작품은 고갱Paul Gauguin의 「언제 결혼할 거니?」Nafea Faa Ipoipo, 1892, 101x77cm다. 2015년 2월 3억 달러로 카타르 왕가에 판매되었다. 두 번째는 세잔Paul Cézanne의 「카드놀이 하는 사람들」Les Joueurs de cartes, 1893, 97×130cm이다. 2011년 4월 2억 5,000만 달러르 역시 카타르 왕가에 판매되었다. 세 번째는 로스코Mark Rothko의 「넘버 6」No. 6(Violet, Green and Red), 1951이다. 2014년 8월 1억 8,600만 달러에 미국 수퍼컬렉터Kenneth C. Griffin에게 판매되었다.

경매를 통해 공식적으로 거래된 작품 가운데 가장 높은 가격의 작품은 피카소의 「알제의 여인들(버전 O)」Les femmes d'Alger (Version O), 1955, 114x146cm이다. 2015년 5월 크리스티 뉴욕에서 1억 7,937만 달러로 카타르 왕가Hamad bin Jassim bin Jaber Al Thani에 판매되었다. 2위는 모딜리아니Amedeo Modigliani의 「누워 있는 누드」Nu couché, 1917, 60×92cm다. 2015년 11월 크리스티 뉴욕에서 1억 7,040만 달러로 중국 류이첸Liu Yiqian(刘益谦)에게 판매되었다. 그는 택시기사 출신의 기업가Sunline Group이자 상하이 롱뮤지엄Long Museum(龙美术馆) 설립자다.

3위는 베이컨Francis Bacon의 「루치안 프로이트의 세 가지 연구」Three Studies of Lucian Freud, 1969, 198×147.5cm다. 2013년 11월 크리스티 뉴욕에서 1억 4,241만 달러로 수퍼컬렉터 스티브 윈Steve Wynn의 전 부인에게 판매되었다. 4위는 조각 작품으로 자코메티Alberto Giacometti의 「손가락으로 가리키는 남자」L'Homme au doigt ,1947, 180cm다. 2015년 5월 크리스티 뉴욕에서 1억 4,130만 달러에 거래되었다. 5위는 뭉크Edvard Munch의 「절규」The Scream, 1895, 81x59cm다. 2012년 5월 소더비 뉴욕에서 1억 1,992만 달러로 미국 기업가Leon Black에게 판매되었다.

2015년 말까지 경매를 통해서 거래된 작품 중에 경매가격이 5,000만 달러를 넘은 작품은 모두 61점이다. 이 가운데 회화가 53점이고 조각이 8점이다.

작가별로는 피카소Pablo Picasso 9점, 앤디 워홀Andy Warhol과 로스코Mark Rothko 각각 6점이다. 반 고흐Vincent van Gogh와 자코메티Alberto Giacometti 각각 5점, 모딜리아니Amedeo Modigliani와 베이컨Francis Bacon 각각 4점이다. 이들 7명의 작품이 39점으로 전체 61점 중 64%를 차지한다.

미술품 가격이 지속적으로 오르고 최고가를 갱신하는 것은 일부 미술가에게 도움이 되고 일부 투자가에게도 큰 즐거움을 주는 일이다. 그렇지만 미술관이나 일반 수요자에게는 심각한 재앙이 될 수 있다. 세계 유수의 미술관이라 하더라도 미술품 한 점 수집하는데 수 천만 달러 혹은 그 이상의 자금을 들일만한 여력은 없다. 미술품에 그렇게 높은 가격을 지불하는 것은 세계 굴지의 대부호 수집가들뿐이다. 그들이 호의를 베풀어 미술품을 미술관에 대여, 기증, 유증하지 않는 한 미술을 애호하는 일반 대중은 영원히 그 미술품을 감상할 기회를 상실하게 된다.

〈9-21〉 세계 경매가격 상위 작품 현황 : 회화 및 조각 (2015년 말 기준)

	작가	작품	경매가격 백만$ [백만£,€,Fr,¥] 경매회사	경매 일자
*	고갱 Paul Gauguin	언제 결혼할 거니? Nafea Faa Ipoipo (1892) 101x77cm	300.00 *비경매	2015.2
*	세잔 Paul Cézanne	카드놀이 하는 사람들 Les Joueurs de cartes (1893) 97×130 cm	250.00+ *비경매	2011.4
*	로스코 Mark Rothko	넘버 6 No. 6 (Violet, Green and Red), 1951	186.00 [€140.00-] *비경매	2014.8
*	렘브란트 Rembrandt van Rijn	마에르턴 솔만스와 오프연 코핏의 초상 De huwelijksportretten van Maerten Soolmans en Oopjen Coppit (1634) 208x132cm	180.60 [€160.00] *비경매	2015.9
1	피카소 Pablo Picasso	알제의 여인들 (버전 O)』 Les femmes d'Alger (Version O) (1955) 114x146cm	179.37 크리스티 뉴욕	2015.5
2	모딜리아니 Amedeo Modigliani	누워 있는 누드 Nu couché (1917) 60×92cm	170.40 크리스티 뉴욕	2015.11
*	피카소 Pablo Picasso	꿈 Le Rêve (1932) 130x97cm	155.00 *비경매	2012.11
3	베이컨 Francis Bacon	루치안 프로이트의 세 가지 연구 Three Studies of Lucian Freud (1969) 198×147.5cm	142.41 크리스티 뉴욕	2013.11
4	자코메티 Alberto Giacometti	손가락으로 가리키는 남자 L'Homme au doigt (1947) 180cm(H) *조각	141.30 크리스티 뉴욕	2015.5
*	폴록 Jackson Pollock	넘버5, 1948 No.5, 1948 (1948) 240x120cm	140.00 *비경매(소더비)	2006.11
*	드 쿠닝 Willem de Kooning	여인 III, Woman III (1953) 173x123cm	137.50 *비경매	2006.11
*	클림트 Gustav Klimt	아델레 블로흐바우어의 초상 I Portrait of Adele Bloch-Bauer I (1907) 138×138 cm	135.00 *비경매(크리스티)	2006.6
*	레오나르도 다빈치 Leonardo da Vinci *추정	살바토르 문디 Salvator Mundi (1500전후) 66x45cm	127.50 *비경매	2013.5
5	뭉크 Edvard Munch	절규 The Scream (1895) 81x59cm	119.92 소더비 뉴욕	2012.5
*	모딜리아니 Amedeo Modigliani	푸른 쿠션에 기댄 누드 Nu Couché au Coussin Bleu (1917) 60x92cm	118.00- *비경매	2012

	작가	작품	경매가격 백만$ [백만£,€,Fr,¥] 경매회사	경매 일자
*	존스 Jasper Johns	깃발 Flag (1954) 107x154cm	110.00 *비경매	2010.3
6	피카소 Pablo Picasso	조각 반상 위의 누드 Nu au plateau de sculpteur (1932) 162x130cm	106.48 크리스티 뉴욕	2010.5
*	뉴먼 Barnett Newman	애너의 빛 Anna's Light (1968) 274x610cm	105.70+ [¥1,030.00+] *비경매	2013.10
7	워홀 Andy Warhol	실버 카 크래시 Silver Car Crash (Double Disaster) (1963) 240x400cm	105.40 소더비 뉴욕	2013.11
8	자코메티 Alberto Giacometti	걸어가는 남자 1 L'Homme qui marche I (1961) 183cm(H) *조각	104.33[£65.00] 소더비런던	2010.2
9	피카소 Pablo Picasso	파이프를 든 소년 Garçon à la pipe (1905) 100x81cm	104.17 소더비 뉴욕	2004.5
10	자코메티 Alberto Giacometti	전차 Chariot (1950) 145cm(H) *조각	100.97 소더비 뉴욕	2014.11
*	워홀 Andy Warhol	여덟 명의 엘비스 Eight Elvises (1963) 200x370cm	100.00 *비경매(필립세갈로)	2008.10
*	세잔 Paul Cézanne	누아르 성의 숲에서 본 생빅투아르산 La Montagne Sainte-Victoire vue du bosquet du Château Noir (1904) 66x81cm	100.00 *비경매	2013.
11	릭턴스타인 Roy Lichtenstein	간호사 Nurse (1964) 122x122cm	95.37 크리스티 뉴욕	2015.11
12	피카소 Pablo Picasso	도라 마르의 초상 Dora Maar au chat (1941) 130x97cm	95.22 소더비 뉴욕	2006.5
13	클림트 Gustav Klimt	아델레 블로흐바우어의 초상 II Portrait of Adele Bloch-Bauer II (1912) 190x120cm	87.94 크리스티 뉴욕	2006.11
14	로스코 Mark Rothko	오렌지, 빨강, 노랑 Orange, Red, Yellow (1961) 216x206cm	86.88 크리스티 뉴욕	2012.5
15	베이컨 Francis Bacon	세폭화 Triptych (1976) 198x147.5cm	86.28 소더비 뉴욕	2008.5
16	뉴먼 Barnett Newman	블랙 파이어 I Black Fire I (1961) 290x213cm	84.16 크리스티 뉴욕	2014.5
17	반 고흐 Vincent van Gogh	가셰 박사의 초상 Portrait du docteur Gachet (1890) 66x57cm	82.50 크리스티 뉴욕	1990.5
18	워홀 Andy Warhol	세 명의 엘비스 Triple Elvis (Ferus Type) (1963) 208x 175cm	81.90 크리스티 뉴욕	2014.11
19	로스코 Mark Rothko	넘버 10 No.10 (1950) 229x146cm	81.90 크리스티 뉴욕	2015.5
20	베이컨 Francis Bacon	존 에드워즈 초상의 세 가지 연구 Three Studies for a Portrait of John Edwards (1984) 198 x148cm	80.80크리스티 뉴욕	2014.5
21	모네 Claude Monet	수련 연못 Le Bassin aux Nymphéas (1919) 100x201cm	80.45 [£40.90] 크리스티 런던	2008.6
*	존스 Jasper Johns	부정 출발 False Start (1959) 171x137cm	80.00 *비경매(리처드그레이)	2006.10
*	워홀 Andy Warhol	청록 마릴린 Turquoise Marilyn (1964) 102x102cm	80.00 *비경매(래리가고시안)	2007.5
22	르누아르 Pierre-Auguste Renoir	물랭 드 라 갈레트의 무도회 Bal au Moulin de la Galette (1876) 78x114cm	78.10 소더비 뉴욕	1990.5
23	루벤스 Peter Paul Rubens	영아 학살 Massacre of the Innocents (1611) 142x182cm	76.70 [£49.51] 소더비 런던	2002.7
24	로스코 Mark Rothko	넘버1 No.1 (Royal Red and Blue) (1954) 289x171.5cm	75.12 소더비 뉴욕	2012.11
*	허스트 Damien Hirst	신의 사랑을 위하여 For the Love of God (2006) 17x 13x19cm *조각	75.00 [£50.00] *비경매	2007.6
25	바스키아 Jean-Michel Basquiat	크라운 호텔 Crown Hotel (Mona Lisa Black Background) (1982) 124x216cm	74.36 [£56.98] 소더비 파리	2013.6
*	홀바인 Hans Holbein, der Jüngere	다름슈타트 마돈나 Darmstadt Madonna (1526) 146.5x102cm	73.00+ [£50.00+] *비경매	2011.7
26	로스코 Mark Rothko	화이트 센터 White Center (Yellow, Pink and Lavender on Rose) (1950) 206x141cm	72.84 소더비 뉴욕	2007.5
27	워홀 Andy Warhol	그린 카 크래시 Green Car Crash (Green Burning Car I) (1963) 229x203cm	71.72 크리스티 뉴욕	2007.5
*	티치아노 Tiziano Vecellio	디아나와 칼리스토 Diana and Callisto (1559) 185x202cm	71.70 [£45.00] *비경매	2012.5
28	반 고흐 Vincent van Gogh	수염 없는 자화상 Portrait de l'artiste sans barbe (1889) 41x33cm	71.50 크리스티 뉴욕	1998.11
29	모딜리아니 Amedeo Modigliani	두상 Tête (1912) 73cm(H) *조각	70.73 소더비 뉴욕	2014.11
*	티치아노 Tiziano Vecellio	디아나와 악타이온Diana and Actaeon (1559) 185x202cm	70.60 [£50.00] *비경매	2009.2
30	톰블리 Cy Twombly	무제 Untitled (New York City) (1968) 173x229cm	70.50 소더비 뉴욕	2015.11

	작가	작품	경매가격 백만$ [백만£,€,Fr,¥] 경매회사	경매 일자
*	티치아노 Tiziano Vecellio	알폰소 다발로 후작의 초상 Portrait of Alfonso d'Avalos, Marquis of Vasto (1533) 110x80cm	70.00 [£50.00] *비경매	2003.11
31	베이컨 Francis Bacon	말하고 있는 조지 다이어의 초상 Portrait of George Dyer Talking (1966) 200x150cm	70.00 [£42.19] 크리스티 런던	2014.2
32	워홀 Andy Warhol	네 명의 말런 Four Marlons (1966) 206x165cm	69.61 크리스티 뉴욕	2014.11
32	톰블리 Cy Twombly	무제 Untitled (1970) 155.5x190cm	69.61 크리스티 뉴욕	2014.11
34	모딜리아니 Amedeo Modigliani	소파에 앉은 누드 Nu assis sur un divan (La Belle Romaine) (1917) 100x65cm	68.96 소더비 뉴욕	2010.11
*	에이킨스 Thomas Eakins	그로스 클리닉 The Gross Clinic (1875) 240x200cm	68.00 *비경매	2007.4
35	피카소 Pablo Picasso	라 고미즈 La Gommeuse (1901) 81x54cm	67.45 소더비 뉴욕	2015.11
36	피카소 Pablo Picasso	여인 흉상 Buste de femme (Femme à la résille) (1938) 65x54cm	67.37 크리스티 뉴욕	2015.5
37	반 고흐 Vincent van Gogh	알리스캉의 가로수 길 L'Allée des Alyscamps (1888) 92x73.5cm	66.33 소더비 뉴욕	2015.5
38	로스코 Mark Rothko	무제 Untitled (1952) 274x427cm	66.24 크리스티 뉴욕	2014.5
39	치바이스 Qi Baishi	송백고립도 松柏高立圖 Eagle Standing on Pine Tree (1946) 266x100cm	65.50 중국자더 베이징	2011.5
40	마네 Édouard Manet	봄 Le Printemps (1881) 74x51.5cm	65.13 크리스티 뉴욕	2014.11
*	드 쿠닝 Willem de Kooning	형사 가제트 Police Gazette (1955) 201x176cm	63.50 *비경매(리처드그레이)	2006.10
41	워홀 Andy Warhol	그녀 인생의 남자들 Men in Her Life (1962) 212x215cm	63.36 필립스 뉴욕	2010.11
42	워홀 Andy Warhol	인종 폭동 Race riot (1964) 150×170cm	62.89 크리스티 뉴욕	2014.5
43	왕몽 Wang Meng	갈치천이거도 葛稚川移居图 Zhi Chuan Moving to Mountain (1350) 139×58cm	62.10 베이징 폴리	2011.6
44	반 고흐 Vincent van Gogh	정물, 데이지와 양귀비 꽃병 Nature morte, vase aux marguerites et coquelicots (1890) 66x51cm	61.77 소더비 뉴욕	2014.11
45	스틸 Clyfford Still	1949-A-넘버1 1949-A-No.1 (1949) 236x201cm	61.69 소더비 뉴욕	2011.11
46	세잔 Paul Cézanne	정물 Rideau, Cruchon et Compotier (1894) 60x73cm	60.50 소더비 뉴욕	1999.5
47	말레비치 Kazimir Malevich	절대주의 구성 Suprematist Composition (1916) 88.5×71cm	60.00 소더비 뉴욕	2008.11
48	쿤스 Jeff Koons	풍선 개 (오렌지색) Balloon Dog (Orange) (1994-2000) 307×363×114cm *조각	58.40 크리스티 뉴욕	2013.11
49	폴록 Jackson Pollock	넘버 19, 1948 Number 19, 1948 (1948) 78x57cm	58.36 크리스티 뉴욕	2013.5
*	반 고흐 Vincent van Gogh	조셉 룰랭의 초상 Portrait of Joseph Roulin (1889) 64x55cm	58.00+작품4점, *비경매	1989.8
*	반 고흐 Vincent van Gogh	사이프러스 나무가 있는 밀밭 Champ de blé avec cyprès (1889) 73x93cm	57.00 *비경매	1993.5
50	프로이트 Lucian Freud	휴식하는 공제조합 감독관 Benefits Supervisor Resting (1994) 150.5x161cm	56.16 크리스티 뉴욕	2015.5
51	피카소 Pablo Picasso	팔짱 낀 여인 Femme aux bras croisés (1902) 81×58 cm	55.00 크리스티 뉴욕	2000.11
52	반 고흐 Vincent van Gogh	붓꽃 Irises (1889) 71×93 cm	53.90 소더비 뉴욕	1987.11
53	그리스 Juan Gris	체크무늬 식탁보의 정물 Nature morte à la nappe à carreaux (1915) 116.5x89cm	56.66 [£34.80] 크리스티 런던	2014.2
54	자코메티 Alberto Giacometti	얇은 큰 두상 Grande tête mince (1955) 67cm(H) *조각	53.28 크리스티 뉴욕	2010.5
55	모네 Claude Monet	수련 Nymphéas (1906) 88x100cm	52.88 [£31.72] 소더비 런던	2014.6
56	모딜리아니 Amedeo Modigliani	두상 Tête (1912) 65cm(H) *조각	52.62 [€43.19] 크리스티 파리	2010.6
57	피카소 Pablo Picasso	피에레트의 결혼 Les Noces de Pierrette (1905) 115×195cm	51.67 [Fr315.00] 비노세-고도 파리	1989.11

	작가	작품	경매가격 백만$ [백만£,€,Fr,¥] 경매회사	경매 일자
58	피카소 Pablo Picasso	앙헬 페르난데스 데 소토의 초상 Portrait bleu de Angel Fernández de Soto (1903) 70×55cm	51.59 [£34.76] 크리스티 런던	2010.6
59	몬드리안 Piet Mondrian	구성 넘버 III Composition No. III, with Red, Blue, Yellow, and Black (1929) 61x61cm	50.56 크리스티 뉴욕	2015.5
60	로스코 Mark Rothko	넘버 15 No 15 (1952) 232x201cm	50.44 크리스티 뉴욕	2008.5
61	자코메티 Alberto Giacometti	얇은 큰 두상 Grand tête mince (Grand tête de Diego) (1955) 67cm(H) *조각	50.01 소더비 뉴욕	2013.11

주: 1. 경매 혹은 거래 당시의 구매가격(낙찰가격+구매수수료 포함)이 5,000만 달러를 넘은 작품들로서, 표시한 경매가격은 구매가격 기준임.
2. 별표(*)는 사적거래나 비경매거래임.
3. 파란 색깔은 조각 작품을 나타냄.

제10장 미술정책

10.1. 미술정책의 의의

시장 원리가 예술에서도 잘 작동하므로 미술을 전적으로 시장에 맡겨야 한다고 주장도 있다(William D. Grampp, 1989). 그러나 이러한 생각은 현실적 분석이 아니라 이론적 신념에 근거한 것이다. 예술적 다양성이나 소수자 취향 보호 등의 면에서 미술시장은 나름대로 장점을 가지고 있으나 실제로 시장에서는 외부효과와 관련된 시장실패가 존재한다.

미술시장이 미술가의 운신 폭을 좁히고 경우에 따라서는 예술적 혁신에 장애가 될 수도 있다. 시장에서는 모든 것이 그렇듯이 미술도 상업화되며, 상업성과 예술성은 항상 일치하지 않는다. 또 미술시장 수요자들은 스타미술가에게만 과도한 편향을 보일 수 있다. 그러므로 창조성과 혁신능력을 지닌 미술가에 대해 정부가 지원하는 것은 시장의 한계를 보완하는 일이 될 수 있다.

미술에 대한 정부개입에도 문제가 있다. 외부효과가 존재하지 않는데도 정치적 이유로 특정한 미술을 지원하는 경우도 있다. 반대로 시장에 반영되지 않는 가치가 있는데도 정부가 개입하지 않는 경우도 있다. 미술에서 시장만이 혹은 그 반대로 정부만이 해답이라는 결론을 내리기에 앞서 이들이 가진 장점과 단점을 살펴보아야 한다.

이론적으로 시장은 자원을 효율적으로 배분하고 소비자의 선호를 적절히 충족시키는 기능을 지닌다. 이러한 기능을 시장이 제대로 수행한다면 미술의 생산과 소비도 시장에 맡겨두는 것이 타당하며 정부개입은 불필요하다. 그러나 시장이 특수한 사정으로 그러한 기능을 제대로 수행할 수 없는 경우라면 정부개입이 정당화된다. 시장실패market failure는 시장이 자원의 효율적 배분을 달성하지 못하는 것으로, 시장에 대한 정부개입 근거가 된다. 미술에 대한 공공지원도 이런 관점에서 필요성을 살펴볼 수 있다.

시장실패의 주요 원인 가운데 하나는 외부효과external effect, externality다. 외부효과란 어떤 활동이 다른 활동에 아무런 보상 없이 이익(benefit, 긍정적 외부효과)이나 손해(cost, 부정적 외부효과)를 주는 것을 말한다. 예를 들어 자기 집 앞에 예쁜 꽃밭을 만든 주인은 지나가는 사람들에게 아무런 보상 없이 이익을 준다. 또 오염물질을 배출하는 공장은 인근 주민들에게 아무런 보상 없이 손해를 끼친다. 외부효과가 없을 경우 시장에 맡겨두면 사회적으로 최적의 생산량을 산출하지만 외부효과가 있는 경우 그렇게 되지 않는다. 시장에 맡겨둘 경우 손해를 끼치는 활동은 사회적으로 바람직한 양보다 더 많이 생산되고, 이익을 주는 활동은 바람직한 양보다 더 적게 생산된다.

미술활동도 그 수요자가 아닌 다른 많은 사람들에게 긍정적 외부효과를 제공할 수 있다. 예를 들어 어떤 음악그룹Hold Your Horses!이 유명 미술작품을 소재로 삼은 뮤직비디오 「70 Million」, 2011를 만들어 사람들에게 큰 즐거움을 주었다면, 원작 생산자인 미술가는 뮤직비디오를 만든 음악그룹이나 그 소비자들에게 아무런 보상 없이 이익을 제공한 셈이다. 대부분의 미술활동이 그러한 외부효과를 지닌다면, 시장에 맡겨두었을 때 사회적으로 바람직한 양보다 미술이 적게 생산될 것이다. 그러므로 미술시장에 맡겨두는 대신 공공지원을 통해 더 많은 양의 미술이 생산되도록 해야 한다.

그렇다면 미술활동은 어떠한 긍정적 외부효과를 사람들에게 제공하는가?

우선 미술활동의 외부효과로서 국가나 지역사회에 대한 경제적 기여를 고려할 수 있다. 미술활동으로부터 얼마나 경제적 이익을 얻을 수 있느냐는 파급효과 연구impact study를 통해 측정할 수 있다. 파급효과 연구는 미술활동으로부터 창출되는 금전적 수입을 측정하는 것이다. 비엔날레 같은 행사나 미술관 같은 시설이 국가나 지역경제에 미치는 파급효과에 관한 많은 연구가 있다. 예를 들어 미술관은 건설 과정에서 고용과 소득을 증대시킨다. 또 미술행사나 미술관을 관람하기 위해 외부로부터 관람자들이 방문하면 그 지역 관광산업의 수입을 증대시킨다. 그들은 입장료만 지불하는 것이 아니라 그 지역의 호텔, 식당, 상점에도 지출한다.

그러나 이러한 파급효과 연구의 결과는 해석상 오해될 소지가 있다. 이 연구들은 미술이 경제적으로 중요한 분야임을 내세우지만 그것은 지출의 대체가능성substitutability을 간과한 것이다. 똑같은 논리는 미술 이외의 다른 분야, 스포츠 행사나 놀이공원 시설에도 적용될 수 있다. 소비자들은 미술행사가 없더라도 스포츠 행사에 지출할 것이고, 정부가 미술관이 아닌 놀이공원 시설에 지원하더라도 고용과 소득을 증대시킬 수 있다. 사실 미술 쪽보다 더 큰 파급효과를 가진 행사나 시설도 많이 있다. 수많은 사람들이 꼭 방문하고 싶어 하는 스타 미술관star art museum의 사례들이 있긴 하지만, 일반적으로 미술에 우호적인 모든 정부개입은 경제 활성화와 소득과 고용 증대 같은 목적을 달성하는데 가장 적합한 수단은 아니다. 미술의 긍정적 외부효과는 그것의 경제적 중요성에서 곧바로 입증되지 않는 것이다.

미술이 공공지원을 받는다면 그 이유는 경제적으로 중요해서가 아니라 다른 측면에서 국민이나 지역주민의 후생 증대에 기여를 하기 때문이다. 그러므로 비경제적 측면 혹은 문화적 측면에서 미술이 제공하는 이익에 관해 고려할 필요가 있다.

파급효과 연구는 시장에 반영되지 않은 가치들을 고려하지 못하는 한계가 있다. 미술의 총 가치는 사용가치 외에 시장에 반영되지 못하는 비사용가치를 포함한다. 사용가치 use value는 미술품을 직접 구매하고 관람하거나 미술행사에 참가하는 사람들이 누리는 효용이고, 비사용 가치non use value는 그 외의 다른 사람들이 누리는 효용이다, 비사용가치는 유효수요의 형태를 취하지 않으므로 시장에서 드러나지 않는다.

미술을 직접 소비하지 않는 사람들이 누리는 비사용가치로는 선택가치, 존재가치, 유산가치 등이 있다.

선택가치option value는 자신이 현재는 미술을 소비하고 있지 않더라도 미래에 소비할 가능성이 있기 때문에 부여한 가치다. 예를 들어 지역에서 열리는 비엔날레 행사에 간적이 없지만 앞으로 언젠가 갈 수도 있기 때문에 그 행사를 유지하는데 동의하고 그에 필요한 약간의 금액(세금)을 지불할 의사를 갖는 것이다.

〈10-1〉 미술의 사용가치와 비사용가치

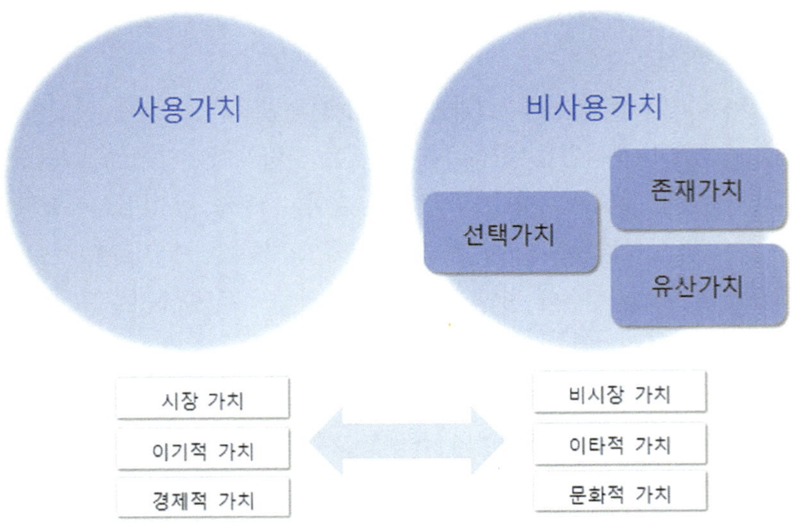

존재가치existence value는 현재는 물론 미래에도 미술을 소비할 가능성은 없지만 미술품이 존재한다는 사실에 자부심을 느끼고 부여하는 가치다. 이것은 선택가치보다 더 이타적 가치altruistic value다. 예를 들어 미술에 대해서는 흥미가 없고 앞으로도 미술관에는 갈 생각이 없지만 세계적인 작품이 소장된 그 지역 미술관을 유지하는데 대해서는 지불의사를 갖는 것이다. 예술은 국가와 지역의 정체성을 보존하고 고양시키기 때문에 예술을 소비하지도 않는 사람에게도 국민 혹은 주민으로서의 자긍심을 갖게 하는 원천이 된다.

유산가치bequest value는 자신은 현재나 미래에 미술 소비에 참여하지 않겠지만 미래 세대가 그것을 소비할 가능성이 있기 때문에 부여하는 가치다. 존재가치와 마찬가지로 이타적 성격을 지닌 가치다. 미술활동에 참가하지 않더라도 후손이 미술을 즐길 수 있도록 해주는 사실로 인해 만족을 얻으며, 후손에게 물려주기 위해 미술관이나 비엔날레 같은 미술행사를 유지하는데 지불의사를 갖는 것이다. 만일 미술활동이 보존되지 않는다면 미래 세대는 그것을 경험할 수 없다. 미래 세대는 자신들의 선호를 현재 시장에 표현할 방법이 없으므로 이 유산가치가 문제가 된다.

비사용가치는 조건부 가치평가법contingent valuation method(CVM)을 통해 측정할 수 있다. 이것은 주로 설문조사를 통해서 사람들이 미술에 대해 갖고 있는 최대 지불의사 maximum willingness to pay를 측정하는 것이다(Douglas S. Noonan, 2002). 사람들은 이기적인 존재이고 공공재에 관한 한 무임승차자free-rider가 되려는 동기를 갖고 있기 때문에 자신의 지불의사를 축소하여 나타낼 수 있다. 이 경우 이타적인 성격의 유산가치나 존재가치 뿐만 아니라 선택가치까지 포함하여 전체 비시장가치가 실제보다 과소평가된다. 그럼에도 불구하고 많은 실증적 연구에서 미술활동이 비사용가치를 지니고 있음은 충분히 입증되고 있다.

대부분의 사람들은 미술에 대한 공공지원에 우호적이다. 스스로 미술행사에 참가하거나 미술관에 가지는 않더라도 조세를 통한 정부의 미술지원에 대해 찬성하는 사람들이 많다. 이들은 세금을 납부하는 대신 미래에 그것을 소비할 가능성, 국민이나 주민으로서의 자긍심, 미래 세대의 후생 등으로부터 이익을 얻는다.

미술에 대한 공공지원에서는 선택가치, 존재가치, 유산가치 등 비시장적 외부효과에 대한 고려가 있어야 한다. 가령 미술관 지원에서도 단순히 수입과 지출의 차이에 근거한 방식이 아니라 미술관이 창출하는 긍정적 외부효과를 근거로 해서 보조금을 지급하도록 하는 방식이 바람직하다.

10.2. 미술정책과 민주주의

미술에 대한 공공지원을 민주적으로 결정하는 것 즉 미술정책 결정에 대중이 참여하는 것에 대해 많은 사람들이 비판적이다. 일반 대중은 좋은 예술이 무엇인지 판단할 능력이 부족하고 예술적 취향이 저급하므로 순수미술에 관련된 정책 결정을 대중에게 맡겨서는 안 된다는 것이다.

경제제도인 시장은 다수자의 취향뿐만 아니라 소수자의 취향도 잘 반영할 수 있다. 그러나 정치제도인 민주주의는 다수결 원리를 기본으로 하기 때문에 다수자의 취향만 반영한다.

미술전문가들은 미술에서 민주주의 방식의 정책 결정을 우려하거나 반대한다. 다수자의 결정이란 미술에 무지한 대중의 선택에 따르는 것이고 결국 저급한 취향의 예술만 조장할 가능성이 크다는 것이다.

이런 이유로 많은 국가에서 일반 대중이 아니라 소수의 엘리트가 미술정책의 결정권을 행사하고 있다. 보통 세 부류의 엘리트가 미술정책과 관련을 맺고 있다.

첫째는 정치적 엘리트 즉 선거를 통해 선출된 정치가들이다. 정책을 입안하고 결정하는 것은 정치가들의 고유한 임무에 속하고 미술정책도 이들이 결정한다. 하지만 정치가들이 예술적 취향 면에서 일반 대중보다 우월하다고 할 수 없다. 또 이들은 늘 유권자를 중시해야 하고 정치적 힘을 가진 미술계 이익집단과 연계될 가능성이 크다

둘째는 중앙정부나 지방정부의 공무원들이다. 이들은 정책 그 자체를 결정하기 보다는 주로 정책의 집행을 책임지는 사람들이다. 어떤 미술가와 미술단체를 지원할 것인가를 결정하는데 실질적인 영향력을 행사한다. 이들 중 상당수는 예술 분야의 업무에 오랫동안 종사해 왔고 예술적 취향도 일반 대중보다 높다. 하지만 지금까지 지원해온 미술과 이해관계를 지니고 있다. 새로운 비주류 미술보다는 기존의 주류 미술을 보호하는 정책으로 편향될 가능성이 크다.

셋째는 미술계의 엘리트들이다. 미술협회와 미술가 단체의 대표, 대학의 미술전공 교수, 미술전문지를 비롯한 각종 매체의 유명 미술비평가 등이다. 그런데 이들은 제도권 미술계에 속하며, 비주류 미술에 적대적이지는 않더라도 기성 미술을 지키는데 더 큰 이해관계를 갖고 있다. 아카데미와 인상주의 간의 고전적 갈등 사례를 들지 않더라도, 이들이 새로운 양식에 특별히 호의를 가져야할 유인은 없다. 결과적으로 미술계 엘리트들은 자기중심적인 결정을 내릴 가능성이 크다.

대부분의 나라에서 미술정책은 이 세 부류의 엘리트 즉 정치가, 공무원, 미술계 엘리트가 서로 긴밀한 네트워크를 형성하면서 결정하고 있다. 그렇지만 이들 엘리트로부터는 대체로 기성 미술을 지키는 것 이상을 기대하기 어렵다.

미술계 엘리트들은 미술계의 주변부로 갓 진입한 다수의 미술가들에게로 정책 지원이 분산되는 것을 바라지 않는다. 예술적 가치가 제대로 정립되지 않는 신진들에게 지원금을 제공하는 것은 국민들의 세금을 낭비하는 것이다. 정치가나 공무원으로서도 정치적으로 부담이 되는 미술을 지원하기는 어렵다. 혁신이란 기존의 가치관에서 벗어나 새로운 시각으로 사물을 보는 데서 출발한다. 기존사회의 가치관을 뒤흔들고 비판하는 혁신적 미술은 위험스럽고 불안한 존재로 간주될 수 있다. 결국 엘리트의 정책결정은 기성 미술을 지키는데 도움은 되겠지만 혁신적 미술을 촉진하는데 한계가 있다.

예술적 자유의 외연을 넓히고 여러 다양한 미술의 발전을 촉진하기 위해서는 비주류 미술가와 대중의 참여를 확대하는 방향으로 미술정책 결정주체가 바뀔 필요가 있다.

예술을 꽃피우는데 중요한 정치적 원칙은 예술적 자유의 보장이다. 민주주의는 예술의 자유가 가장 잘 작동하는 제도이다. 물론 창조적이고 혁신적인 예술이 민주주의 환경에서만 가능하다는 생각은 편협한 것이다. 권위주의 환경 하에서도 위대한 예술은 탄생했다. 그 예가 르네상스 시대다. 그렇더라도 예술의 자유는 권위주의가 아니라 민주주의에서 더 잘 보장된다는 것은 변함없는 사실이다.

일반 대중의 선택에 맡기면 저급한 취향의 예술만 남게 될 것이라는 생각도 섣부른 편견일 수 있다. 순수미술에 대해서도 대중과 민주주의가 반드시 적대적인 것은 아니다.

1967년 스위스 바젤 시의 주민투표 결과는 그러한 점을 시사해주는 사례가 될 수 있다. 바젤 미술관Kunstmuseum Basel은 시 소유의 가장 오래된 공립미술관으로 1661년에 설립되었다. 「무덤 속 죽은 그리스도의 몸」Der tote Christus im Grab, 1522년, 32x202cm을 비롯하여 홀바인Hans Holbein the Younger, 1497-1543의 최대 컬렉션이 있는 곳이다. 이 미술관에 피카소Pablo Picasso, 1881-1973의 두 작품을 대여하고 있던 소유주가 그것들을 처분하고자 했으며, 미술관은 840만 프랑에 두 작품을 구입해 미술관에서 계속 전시할 수 있기를 희망했다. 문제의 작품은 피카소의 「두 형제」Les deux frères, 1906, 141x97cm와 「앉아 있는 아를캥」L'Arlequin assis, 1923, 83x61cm이다. 이에 바젤 시 정부와 의회는 240만 프랑을 개인과 기업으로부터 모금하는 것을 조건으로 600만 프랑을 지원하기로 하고 이 안을 주민투표에 부쳤다. 이 주민투표는 순수미술에 관한 정책결정을 일반 대중에게 맡긴 첫 번째 사례다(Bruno S. Frey and Werner W. Pommerehne, 1995). 그 결과 찬성 54%로 가결되었다. 이것은 엘리트만이 순수미술에 우호적인 의사결정을 내릴 수 있다는 생각과 부합되지 않는 결과이다. 일반 대중이 엘리트에 비해 낮은 수준의 예술적 취향을 가진 것이 사실이라 하더라도, 그것이 고급 예술에 적대적인 정책 결정으로 이어지지는 않는 것이다. 피카소도 이 결과에 기뻐하며 자신의 다른 작품 2점(「남자, 여자, 아이」,Homme, femme et enfant, 1906과 「'아비뇽의 아가씨들' 습작」L'étude sur 'Les demoiselles d'Avignon', 1907)을 바젤 시민들에게 헌사했다.

바젤 근교에 있는 바이엘러 재단 미술관Fondation Beyeler에 대한 지방정부의 지원에 관해서도 1993년 주민투표가 실시되었다. 이 때도 역시 주민 61%가 지원에 찬성했다. 에른스트 바이엘러Ernst Beyeler 1921-2010는 20세기 후반의 대표적인 아트딜러이자 수집가의 한 사람이며, 세계 최대 아트페어인 아트바젤을 키워낸 주역이다. 모네Claude Monet, 1840-1926의 「수련 연못」Le bassin aux nymphéas. 1917-1920, 200.5x301cm을 비롯하여 그가 수집한 작품들이 전시된 미술관 건물은 렌초 피아노Renzo Piano, 1937-가 설계해 1997년 완공했다.

10.3. 미술정책 성과

엘리트에 의해 결정되었든 보다 민주적인 방식으로 결정되었든, 공공지원은 미술가의 생산활동에 외적 동기를 제공한다. 그러한 지원이 없었더라면 하지 않았을 생산활동을 미술가가 하게 되고 미술가 활동 방식에 영향을 미치게 된다.

정부의 미술지원은 그 대상에 따라 크게 생산자에 대한 지원과 소비자에 대한 지원으로 구분할 수 있다. 여기서는 미술생산자인 미술가 지원정책의 성과에 관해 검토하고자 한다. 먼저 공공지원이 미술가의 내적 심리적 상황에 미치는 효과를 살펴보고, 다음으로 미술가의 외적 경제적 상황에 미치는 효과를 살펴보기로 한다. 전자는 미술가의 창조성과 관련된 것이고, 후자는 미술가의 빈곤과 실업에 관련된 것이다. 끝으로 유럽 국가를 중심으로 도입되고 있는 미술가 추급권 제도의 의의를 검토한다.

10.3.1. 창조성

공공지원이 미술품의 산출량을 늘림으로써 미술생산 확대에 기여하는 것은 분명하다. 그러나 질적 측면에서 미술 생산에 어느 정도 기여하는 것인지는 분명하지 않다. 만일 공공지원이 창조적 미술 생산에 도움이 되지 못하고 평범한 미술을 양산하는데 그친다면 그것이 지니는 의미는 축소될 것이다.

전통적인 심리학 이론에 의하면 창조성은 내적 동기intrinsic motivation에 의해 생성된다. 미술에서 창조성과 예술적 혁신도 미술가의 내적 동기에 결정적으로 의존한다(Bruno S. Frey and Reto Jegen, 2000). 미술가가 예술적 작업에 자발적으로 헌신하는 과정에서 창조적 성과들이 나타나는 것이다. 그러면 공공지원 즉 외적 동기는 이러한 미술가의 내적 동기와 어떻게 연관되는가?

공공지원은 미술가의 창조성에 대해 양면적인 영향을 미칠 수 있다.

첫째, 공공지원이 미술가의 내적 동기를 높이는 효과를 가질 수도 있다. 이것을 밀어넣기 효과 혹은 구인효과crowding-in effect라고 한다. 외부 지원으로 작품 제작에서 경제적 제약이 완화되면, 미술가가 더 다양한 예술적 실험을 할 수 있고 예술적 성과를 높일 수 있다.

밀어넣기 효과를 극대화하는 것은 미술가의 자율성을 완전한 수준으로 보장하는 조건 없는 지원이다. '지원은 하되 간섭은 않는다'는 팔길이 원칙arm's length principle이 제대로 준수되는 경우다. 미술가에게 자율성을 부여하고 보상에 수반된 규제를 최소화하는 경우 외부 지원은 내적 동기를 높이는 결과를 가져온다.

오늘날 정부는 작품제작을 지원하면서 구체적인 사항까지 일일이 정하지 않는다. 이런 면에서 정부 지원을 받는 현대 미술가들은 전근대 후원제도 하에서 지원을 받은 미술가들에 비해 상대적으로 많은 자유를 누리고 있다. 20세기 이후 미술의 다양성이 증대하고 창조성이 폭발한 것은 미술가들의 자율성이 신장된 결과다.

둘째, 미술가처럼 과제를 수행하는 데 높은 내적 동기를 가진 사람에게 외부의 보상은 내적 동기를 감소시키는 경향이 있다. 이것을 쫓아내기 효과 혹은 구축효과crowding-out effect라고 한다. 외적 보상이 증가하면 미술가의 혁신 노력을 감소시키는 쫓아내기 효과가 발생한다. 외부 유인의 도입으로 내적 동기가 더 이상 작동할 필요가 없어지는 것이다. 이것은 '보상의 숨은 비용'hidden costs of reward으로 불리는 심리적 효과다(Mark R. Lepper & David Greene, 1978).

공공지원이 미술가의 내적 동기를 저해하고 그로 인해 창조성을 훼손하는 것은, 지원이 특정한 규제를 수반한 경우 빈번하게 발생한다. 창조성이 제대로 발현된 작업을 수행하려면 상당한 시일이 필요한데도 작품 제출 기한을 못 박는다든가, 지원을 받는 중에 수시로 중간보고를 하게 만든다든가 하는 식이다. 이처럼 특정한 조건을 붙여 외적 보상을 제공하면 미술가들은 그 조건에 집중하게 되므로 창조적 성과로 이어질 다양한 실험을 자기 주도적으로 수행하기 어렵다. 자발적인 창조활동이 아니라 보상을 받기 위한 의무적인 과제수행 활동이 되는 것이다.

미술가가 외적 유인을 우호적으로 느끼면 밀어넣기 효과가 발생하고, 그것을 억압적으로 느끼면 쫓아내기 효과가 발생한다.

자유로운 창작의 주체로서 미술가의 자율성을 얼마나 존중하는지가 공공지원의 성과를 가늠하는 관건이지만, 현실적으로 정부가 미술가에게 높은 자율성을 보장할 수 없다. 동일한 지원을 받고도 성과를 내지 않은 것은, 다른 경쟁적 미술가들로부터 옹호되기 어렵고 납세자들로부터 용납되기 어렵다. 정책당국으로서는 지원금의 유용을 감독할 책임이 있기 때문에 규제를 하지 않을 수 없다. 공공지원에서는 미술가의 개별성과 다양성을 고려하기 어렵고 하나의 기준에 따라 정책을 집행할 수밖에 없다.

공공지원에 내적 동기를 저해하는 요소가 불가피하게 포함된다면 공공지원을 통해 예술성 높은 작품을 산출하는 데는 한계가 있다. 외적 유인에 의한 보상은 미술가의 자율성을 훼손하지 않는다면 창조적 생산활동을 촉진할 수 있지만, 공공지원은 규제를 필수

〈10-2〉 공공지원과 창조성

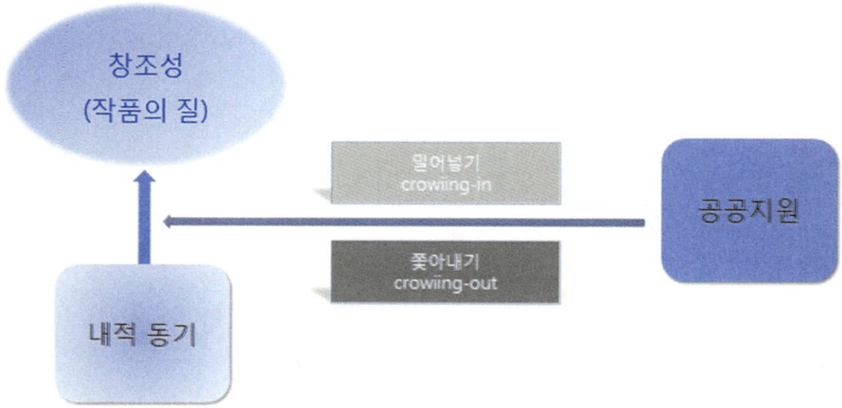

적으로 수반한다. 결국 공공지원은 미술 생산을 양적으로 늘리기는 하지만 질적으로 평균적인 성과를 만들어내는데 그치는 경우가 많다.

공공지원을 받아 제작하는 작품의 질에 대해서는 여러 나라에서 문제가 되고 있다. 네덜란드 정부는 가치 없는 작품으로 보관창고가 넘쳐나자 대대적으로 작품을 선별해 폐기처분했다. 미술가들이 자신의 작품 가운데 가치가 있는 것은 화랑 등을 통해 미술시장에 판매하고 그렇게 할 수 없는 것은 공공지원을 받는 용도로 사용하기도 한다.

공공지원은 미술시장이 지닌 문제를 보완하는 수준에서 부차적인 역할로서 고려될 필요가 있다. 그러나 그것을 넘어 주도적인 역할을 부여한다면 다른 문제를 야기할 것이다.

10.3.2. 빈곤과 실업

공공지원이 미술가의 심리적 상황(창조성)에 미치는 효과에 이어서, 여기서는 미술가 경제적 상황(빈곤과 실업)에 미치는 효과를 검토해보기로 한다.

〈10-3〉 공공지원의 경제적 효과

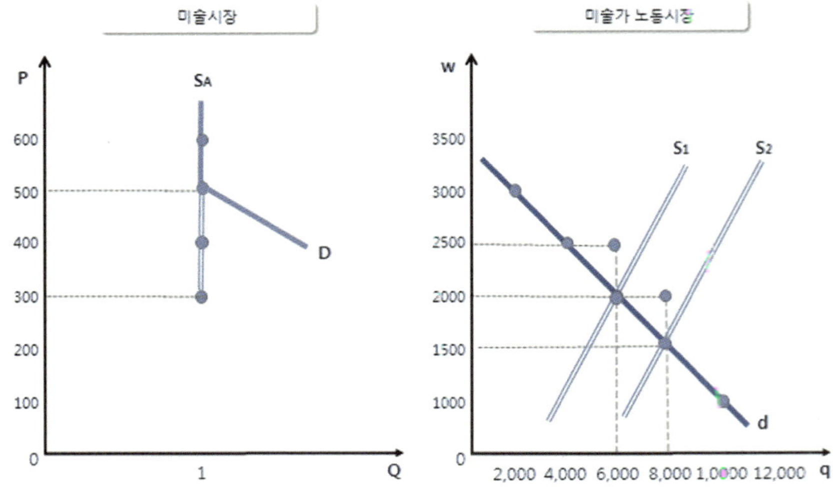

이를 위하여, 앞 장들에서 이미 살펴보았던 비용과 공급 조건으로 다시 돌아가 보자(제7장의 그림 〈7-6〉 미술품의 비용과 공급, 제8장의 그림 〈8-4〉 화랑의 가격결정 부분을 참고할 것).

그러한 상황에서 정부가 미술가에게 연간 500만을 지원할 때 발생하는 효과를 〈10-3〉에서 살펴볼 수 있다. 정부는 500만 원으로 미술가의 작품 1점을 구입할 수도 있고, 순수한 보조금으로 미술가에게 지급할 수도 있다고 하자.

첫째, 500만 원으로 작품 1점을 구입하는 경우다. 미술가는 그것으로 인건비를 포함한 제작비(200만 원)를 충당하고, 별도의 판매비가 들지 않으므로 300만 원의 추가 수입이 발생한다. 정부지원으로 작품 생산량은 1점 늘어난다.

둘째, 500만 원을 순수 보조금으로 지급하는 경우다. 미술가는 보조금을 활용하여 시장에서 더 낮은 가격에 작품을 팔 수 있다. 정부 보조금을 받아 작품가격을 100만 원 낮춘다고 가정(작품을 연간 5점을 생산하고 정부보조금 500만 원으로 각 작품가격을 100만 원씩 낮춘다는 가정)해보자.

작품의 유보가격은 400만 원에서 300만 원으로, 판매가격은 600만원에서 500만으로 내려간다. 〈10-3〉의 왼쪽 그래프에서 수요곡선이 D와 같다면 과거에는 작품을 팔 수 없지만, 정부 보조금을 활용한 결과 이제는 작품을 팔 수 있게 되었다. 미술품을 팔지 못하던 과거에는 실질적인 직업 미술가라 할 수 없었으나, 보조금을 활용함으로써 직업 미술가의 지위를 획득하게 되었다. 결과적으로 공공지원은 미술생산(판매)과 직업 미술가 수를 늘리는 효과를 갖는다.

〈10-3〉의 오른쪽 그래프는 공공지원의 효과를 미술가 노동시장에서 다시 살펴보기 위한 것이다. 정부가 지원하기 전에는 6,000명의 미술가가 있었고, 이들의 연간 소득은 2,000만 원이었다고 하자. 그런데 정부가 미술가에게 연간 500만 원씩 지원하면, 미술가의 총소득이 2,500만 원으로 상승한다. 그러나 이것은 단기적으로 미술가 수가 고정되어 있을 때 나타나는 현상이다.

정부가 500만 원씩 지원할 경우, 미술가는 연간 1,500만 원의 수입만 있어도 총소득이 2,000만 원이 되므로 미술가 직업에 종사할 수 있다. 공공지원이 낮은 소득을 보전해 줌으로써 미술가 수를 늘리는 것이다. 그래프에서 미술가 공급곡선이 S_1에서 S_2로 이동하고 미술가수는 6,000명에서 8,000명으로 늘어난다. 그 결과 미술가 노동시장에서 연간 소득은 2,000만 원에서 1,500만 원으로 하락하게 된다.

정부가 500만 원씩 계속 지원하기 때문에 미술가의 총소득은 원래와 동일한 2,000만 원이다. 이렇게 되기 위해서는 미술가 수가 늘어난 만큼 정부의 지원예산 총액이 늘어나야 한다. 하지만 정부가 지원예산 총액을 늘릴 수 없다면, 미술가의 총소득은 2,000만 원 이하로도 떨어진다. 과거 지원예산 총액이 300억 원(=500만 원 x 6,000명)이었다. 만일 그 총액을 그대로 유지한다면 미술가 1인당 지원금은 500만 원에서 375만 원으로 줄어들고, 미술가의 총소득도 1,875만 원(=1,500만 원+375만 원)으로 줄어든다.

단기적으로 미술가의 수가 일정하게 고정된 상태에서, 공공지원이 증가하면 미술가들의 소득 수준이 상승한다. 그러나 장기적으로 공공지원이 증가하면 미술가 수가 늘어난다. 결과적으로 공공지원은 단기적으로 미술가의 소득 증대에 기여할 수 있으나, 장기적으로는 그러한 효과를 갖지 못한다.

미술가 노동시장은 미술시장과 밀접한 연관이 있으며 따로 떼어서 생각할 수 없다. 시장 영역에 비해 공공지원 영역의 규모가 커지면 커질수록 미술가의 공급은 증가하고 빈곤과 실업 문제는 악화된다.

20세기 후반에는 복지국가의 관점 즉 국민들에게 최소한의 생활수준을 보장하는 것을 국가의 의무라는 생각이 널리 확산되었다. 이와 관련하여 각국 정부는 빈곤문제 해소를 목표로 예술가 지원을 확대했다. 특히 다른 분야보다 예술가의 빈곤을 해결하는 것은 사회적으로 가치 있는 일이라는 인식이 있었다. 예술지원은 예술가 한 사람을 도와주는 것이 아니라 인류 문명에 기여할 것이라는 기대 때문이다. 각국 정부는 사회보장제도 외에 다양한 형태로 재정적 지원을 지속했다. 공공지원으로 많은 미술가들이 일자리를 얻을 수 있었고, 미술단체들은 거의 돈 한 푼 안들이고 미술가를 고용할 수 있었다.

20세기 후반 내내 예술가의 낮은 소득상태를 개선하기 위한 목적으로 각국의 공공지원은 지속되었다. 미술 분야에서도 공공지원 규모와 국민 1인당 지출 규모가 크게 증가했다. 그럼에도 미술가의 소득수준은 정체되었거나 오히려 감소했다(Hans Abbing, 2004).

미술가들은 사회보장과 실업수당 외에 각종 지원 프로그램에 의해 생존한계를 충족시키면 경제적 보상을 기꺼이 포기하고자 하는 성향이 강하다. 공공지원이 증가할수록 미술시장에서 필요로 하는 수준 이상으로 미술가 수를 증가시키고 미술가의 과잉공급 즉 실업 문제를 심화시킨다.

순수미술에 대한 수요와 시장은 크게 확장되었지만. 미술가 공급은 항상 수요를 앞질러 왔다. 낮은 경제적 보상을 감수하면서까지 작품 활동을 지속하는 미술가들의 성향 때문에 과잉공급 현상은 지속되었다. 결과적으로 미술시장의 확대에도 불구하고 미술가들의 소득 수준은 평균적으로 매우 낮으며 많은 미술가들이 빈곤에 시달린다.

각국의 미술가 지원정책은 미술가의 소득 수준을 개선하지 못한 채 미술가의 빈곤과 실업 문제를 심화시켰다. 미술의 문제는 과잉공급에 있지 결코 과소공급에 있지 않다. 미술가의 과잉공급에 따른 빈곤과 실업이라는 문제를 해결하기 위한 정부개입은 오히려 그러한 문제를 심화시키는 결과를 초래한다. 시장실패와 대비되는 이러한 상황을 정부실패 혹은 정책실패government failure or policy failure라고 할 수 있다.

10.3.3. 추급권

추급권droit de suite, resale right은 원 저작자인 미술가가 자기 작품이 다시 판매될 때마다 그것으로부터 발생하는 수익의 일부를 저작권료로 청구할 수 있는 재판매 저작권을 말한다(프랑스어의 'droit de suite'는 영어로 'right to follow'의 뜻이다). 추급권 제도는 프랑스에서 1920년에 처음 도입되었다

밀레Jean-François Millet, 1814-1875의 「저녁종」L'Angelus, 1859, 55.5x66cm을 사고판 거래자들은 높은 수익을 올렸으나 미술가의 유족들은 곤궁하게 살고 있다는 사실이 알려지고 동정적인 여론 분위기가 형성된 시절이었다(밀레는 1860년에 이 작품을 1,000프랑에 팔았으나 밀레가 죽고 15년 후인 1890년 750,000프랑에 거래되었다). 또한 이 제도는 제1차 세계대전에서 전사한 미술가 가족들을 돌봐주기 위한 조치이기도 했다. 도입 당시 추급권료, 즉 재판매 저작권료는 판매가의 1% 내지 3% 수준이었는데 1957년 법개정을 통해 판매가의 3%로 통일되었다(이준형, 2008).

추급권 제도는 1965년 독일에 도입되었고, 2001년 지적재산권에 관한 베른 협약을 거쳐 덴마크에 도입된 후 2006년부터 영국 등 다른 유럽연합 국가들에 확대되었다.

유럽연합 국가들의 추급권 제도는, 원 저작자로부터 직접 미술품을 취득한 후 3년 이내의 경우나 판매가가 1만 유로 이하인 경우를 제외한 모든 미술품 거래에 적용된다. 추급권료는 작가에게 지급되며, 작가가 죽은 지 70년이 안된 경우는 그 상속자에게 지급된다.

스위스는 추급권 제도를 도입하지 않았고, 러시아는 1993년에 도입했으나 실제 적용은 되지 않고 있다. 유럽 국가들을 제외하고 캐나다, 중국 등 다른 지역 국가들은 이러한 제도가 없다. 미국에서는 1976년부터 캘리포니아 주에서만 예외적으로 이 제도를 시행하고 있다. 캘리포니아 주에서는 최초 판매이거나 미술품 가격이 1,000달러 미만인 경우를 제외한 모든 미술품에 대해 추급권이 적용되며 추급권료는 판매가의 5%다. 미국 시민권자이거나 2년 이상 캘리포니아 주 주민으로 생활한 작가에 한해서 생존 시와 사후

〈10-4〉 주요 국가의 추급권 제도 운영 현황

		도입시기	적용대상 최저 판매가	최대 추급권료율
1	프랑스	1920년	€ 750	4%
2	독일	1965년	€ 400	4%
3	러시아	1993년	-	5%
4	덴마크	2001년	€ 300	5%
5	영국	2006년	€ 3,000	4%
8	이탈리아	2006년	€ 3,000	4%
9	네덜란드	2006년	€ 3,000	4%
10	벨기에	2006년	€ 2,000	4%
7	오스트리아	2006년	€ 2,500	4%
6	스페인	2009년	€ 1,200	-
11	스위스	도입안함	-	-

자료 : Alessia Zorloni (2013)에서 작성.

20년간 적용한다.

문학 작품 등과 달리, 미술 작품은 원 저작자가 다른 사람에게 한번 판매하고 나면 어떤 권리도 추가적으로 갖지 못한다. 미술품의 원 저작자에게 추급권을 인정하는 것은 이러한 특성을 고려한 것이다. 작품 가격의 상승에 따른 이익의 일부를 지속적으로 미술가에게 배분함으로써 미술가의 창작 의욕을 고취하고 창작 활동을 촉진할 목적을 갖는다.

그러나 추급권 제도는 문제점도 지니고 있다.

첫째, 그것은 미술시장의 거래를 위축시키는 효과가 있다. 미술품 재판매에 대해 원 저작자에게 추급권료를 지불하는 것은, 재판매에 대해 세금resale tax을 내는 것과 유사한 효과를 지닌다. 다만 세금은 국가에 납부하지만 추급권료는 원 저작자에게 지불한다는 차이만 있다. 미술품 재판매에 대해 추급권료를 부과하면 미술품 구매자의 기대수익이 그만큼 달라지고 이것이 거래에 영향을 미치게 된다.

예를 들어 어떤 그림의 화랑 판매가가 1,000만 원이고, 1년 후에 거래비용을 제외하고 1,200만 원에 그림을 되팔 수 있을 것으로 기대된다고 하자. 이 경우 그림의 기대수익은 200만 원이다. 다른 자산을 구입할 때의 기대수익이 200만 원보다 적다면 사람들은 그림을 구입할 것이다.

그런데 판매가의 5%에 해당되는 추급권료를 부과한다면 구매자의 1년 후 기대수익은 200만 원이 아니라 추급권료 60만 원(=1,200x0.05)을 공제한 140만 원이 된다. 이제는 다른 자산의 기대수익이 140만 원보다 적을 때라야 그림을 구매할 것이다. 그러므로 이전보다는 그림을 구매할 가능성은 적어지며 미술시장의 거래는 그만큼 위축된다.

둘째, 추급권 제도가 모든 미술가에게 이익이 되는 것은 아니다. 추급권이 도입되면 일단 미술품의 최초 판매가가 낮아진다. 미래에 발생할 것으로 기대되는 추급권료의 현재가치present value만큼 공제하고 거래가 이루어지기 때문이다. 그런데 미래의 추급권료가 현재 기대한대로 발생할지는 불확실하다. 1년 후 되팔 때 판매가격이 20%가 오를 것으로 기대하고 그에 맞춰 추급권료를 공제하고 거래했는데, 실제로 50%가 올랐다면 미술가는 미리 공제한 것보다 많은 추급권료를 받는다. 그러나 10%밖에 오르지 않았다면 미리 공제한 추급권료를 다 회수할 수 없고 그만큼 손해를 본다. 추급권 제도로 미술가가 이익을 볼지 손해를 볼지 여부는 미래의 기대 판매가격과 실제 판매가격의 차이에 달려있다. 당초 기대 이상으로 판매가격이 올라간 미술가는 이익을 보지만 그보다 적게 올라간 미술가는 손해를 본다.

재판매 횟수도 문제가 된다. 미래에 재판매가 2회 이상 일어나면 미술가에게 추가적인 이익이 발생한다. 그러나 재판매가 이루어질 것으로 기대하고 거래했는데, 한 번도 재판매 되지 않는다면 미리 공제한 추급권료만큼 손해를 보게 된다.

결과적으로 추급권 제도는 미술생산자 지원 정책으로서 일정한 한계를 지닌다. 또 추급권료를 산정할 때 판매가격의 증가분이 아니고 판매가격 자체를 기준으로 삼는 것도 불합리할 수 있다. 똑같이 2,000만 원에 팔린 작품이라 하더라도, 원래 500만 원에 구입한 작품과 1,500만 원에 구입한 작품은 투자수익 대비 추급권료 부담 비율에 큰 차이가 있다.

그러나 추급권 제도는 미술생산자의 창조적 노력을 촉진하는 측면이 있다. 판매가격이 계속 오르고 여러 번 재판매될 작품을 생산하면 큰 이익을 누리게 되므로, 미술가들은 뛰어난 작품을 만들고 자신의 명성을 높이기 위해 더 많이 노력하게 된다. 이와 함께 추급권 제도가 미술품 거래의 투명성을 높임으로써 미술시장의 발전에 기여하는 측면도 간과할 수 없다.

10.4. 미술정책 방향

미술생산자에 대한 직접지원은 과거 미술정책의 주된 부분을 구성한 것이었지만, 앞서 검토한대로 미술가의 창조적 동기 유발에 미치는 효과가 불확실하며 장기적으로 미술가의 빈곤과 실업 상태를 개선할 수 없다. 시장실패에 정부가 과도하게 개입함으로써 오히려 정부실패가 문제로 대두되었다. 그와 관련하여 오늘날 두 가지 측면에서 미술정책의 새로운 흐름이 형성되고 있다.

첫째, 미술정책은 생산자 지원 위주에서 벗어나 소비자를 포함하는 지원으로 바뀌고 있다. 소비자가 참여하는 공공미술도 발전하고 있다.

둘째, 미술정책은 정부의 직접지원 위주에서 벗어나 간접지원 위주로 바뀌고 있다. 정부 대신 민간이 지원주체가 되고, 정부의 직접 개입 대신 미술시장을 활성화시키는 방향으로 나아가고 있다. 소비자의 미술 향유와 참여를 증진시키기 위한 미술교육 또한 미술정책에서 중요한 요소로 부각되고 있다.

공공미술

오늘날 공공지원에서 미술소비자의 위상이 점점 중요해지는 추세다. 이것은 종래 생산자 중심 공공지원의 한계와 더불어 미술 외부적 여건의 변화 때문이다.

생산자 지원은 미술가의 창조성과 빈곤 해결에 큰 도움을 주지 못하는 문제도 있지만 더 큰 문제는 미술소비의 역진성을 조장하는 것이다.

일반적으로 미술 작품을 구입하거나 화랑과 미술관을 방문하는 미술소비자들은 교육수준이 높고 부유하기 때문에 생산자 지원은 본질적으로 가장 적게 보조를 받아야할 사람들을 보조하는 셈이 된다. 이것은 형평성 문제를 야기한다(Kevin F. McCarthy, 2005). 정부가 국민으로부터 세금을 거둬 미술가나 미술관을 지원하는 경우, 상위계층이 하위계층의 부담으로 이득을 누리는 결과가 된다. 복권기금으로 미술을 지원하는 경우도 마찬가지이다. 복권은 하위계층 사람들이 많이 구입하는데, 미술품 구입과 미술 관람은 상위계층에서 주로 이루어진다. 따라서 미술에 대한 공공지원이 미술 소비의 공평성을 저해하지 않으려면, 하위계층까지 분명하게 그 편익이 도달하도록 공공지원이 이루어져야 한다. 하위계층이 참가하고 즐길 수 있도록 만드는 미술정책이 필요한 것이다.

미술을 둘러싼 외부적 여건도 변화되었다. 인터넷과 모바일의 발달은 생산자와 소비자의 경계를 무너뜨렸다. 모든 이용자들이 자신이 제작한 콘텐츠User Generated Content(UGC)를 인터넷에 올리고 있다. 인터넷 이용자는 소비자인 동시에 생산자인 프로슈머prosumer (producer + consumer)가 되었다. 사진을 비롯한 시각예술 분야에서도 그동안 수동적 역할을 해오던 소비자들이 생산자로 나서고 있다. 과거의 미술활동은 '미술가=생산과 창작' '일반인=소비와 감상'이란 이분법적 사고에 기반을 두고 이루어졌다. 그러나 오늘날의 일반인은 단순한 미술소비자가 아니라 아마추어 미술생산자가 되고 있으며, 전문가와 아마추어의 경계도 사실상 사라지고 있다.

이런 상황에서 그동안 제도권 미술을 제대로 이용하지 못한 계층에게 미술에 접할 기회를 확대하는 일은 미술정책의 핵심 과제가 된다. 하위계층까지 포함한 일반인을 위한 공공미술public art이나 공동체 미술community art이 미술정책의 우선 대상이 된 것은 자연스러운 일이다.

공공미술은 미술가의 작업실에서 제작되어 폐쇄된 전시공간에 걸리는 기존 미술과는 상이하지만, 그 내부적으로 공공성을 어느 수준에서 어떻게 정의하느냐에 따라 여러 형태로 존재할 수 있다. 공공성은 작품이 존재하는 공간을 의미할 수도 있고 작품의 소비와 생산 주체를 의미할 수도 있다.

첫째, 공공미술은 장소특정 미술site specific art, locational art이다. 공공미술은 공공의 장소에 설치되는 작품이고, 흔히 처음부터 작품이 놓일 공간과 그 주변 환경을 고려하여 제작된다. 작품을 직접 사서 개인적으로 향유하는 수집가, 미술관과 다른 전시행사를 자주 찾는 관람자를 대상으로 삼는 기존 미술과 달리 공공미술은 불특정 다수의 일반인이 소비 주체가 된다. 이들이 일상적으로 접할 수 있는 공간에 설치되거나 전시된다.

둘째, 공공미술은 소비뿐만 아니라 생산 측면에서도 공공성을 지닌 주민참여 미술citizen's participation art로 진행될 수 있다. 주민참여 미술은 지역 주민이 주체가 되어 미술작품 구상에서부터 제작의 모든 과정에 참여하는 것이다. 지역 주민은 수동적인 관람자 지위에서 벗어나 능동적인 생산자 지위를 갖는다. 생산은 대개 직업 미술가의 주도 하에 이루어지지만 주민 스스로 생산을 주도할 수도 있다. 전문가와 아마추어, 생산자와 소비자가 대등한 지위에서 결합함으로써 새로운 형식의 미술을 발전시킬 수 있다. 직업적 생산자가 미술 생산을 독점하는 것이 아니라, 생산자와 소비자가 민주적으로 소통하며 참여하는 가운데 과거와 단절된 미술의 탄생이 가능해질 것이다. 그러나 모든 공공미술이 주민참여 성격을 가질 수 없고 그것이 꼭 바람직한 것도 아니다. 공공미술은 다양한 형식으로 존재할 수 있으며, 미술소비자 또한 다양한 방식으로 공공미술과 관계를 형성하는 것이 바람직하다.

공공미술은 20세기 후반에 시작되었다. 1960년대부터 모더니즘 미술에 대한 반대로서, 장소특정 미술이 대지미술, 퍼포먼스아트 등의 형식으로 발전했다. 미술관이나 화랑이 아닌 외부의 다른 공간에서 실행되는 이들 미술은 대개 일정한 시간 동안만 작품으로 존재하는 한시적 성격을 갖는다. 다만 로버트 스미스슨Robert Smithson, 1938-1973의 「나선형 방파제」Spiral Jetty, 1970, 4.57x457m나 월터 드 마리아Walter De Maria, 1935-2013의 「번개치는 들판」The Lightning Field, 1977 등 일부 작품은 그 후로도 보존되었다.

20세기 후반에 제작된 공공미술에는 장 팅겔리, 클래스 올덴버그, 조나단 브롭스키 등의 작품이 포함된다. 장 팅겔리Jean Tinguely, 1925-1991는 취리히에 「유레카」Heureka, 1964, 파리에 「스트라빈스키 분수」La Fontaine Stravinski, 1983(니키 드 생팔 Niki de Saint Phalle,

1930-2002과 협업) 등을 설치했다. 클래스 올덴버그Claes Oldenburg, 1929- 는 필라델피아에 「빨래집게」Clothespin, 1976, 미니애폴리스에 「스푼브리지와 체리」Spoonbridge and Cherry, 1988, 도쿄에 「톱, 톱질」Saw, Sawing, 1996 등을 설치했다. 조나단 브롭스키Jonathan Borofsky, 1942-는 뉴욕에 「노동자」Worker(「망치질 하는 사람」Hammering Man으로 명칭 변경됨), 1979, 뮌헨에 「걷는 사람」Walking Man, 1994 등을 설치했다.

1970년대 뉴욕에서 하위문화subculture의 하나로 엄청난 파장을 일으키며 등장한 그라피티아트graffiti art도 공공미술의 영역에 들 수 있다. 장미셸 바스키아Jean-Michel Basquiat, 1960-1988와 키스 해링Keith Haring, 1958-1990 등으로부터 오늘날 뱅크시Banksy, 1974?-에 이르는 미술 흐름이다. 그라피티아트는 일반 공공미술과 다른 특성도 지닌다. 첫째는 청년세대가 주도하는 미술이고 둘째는 사회적으로 비합법적 혹은 불법적인 미술로 간주된다는 점이다. 그러나 1980년대부터 그라피티아트는 제도권 미술로 일부 편입되어 도시거리미술street art로 자리 잡았다.

2000년대 이후에는 각국에서 중앙정부, 지방정부, 공공기관이 개입하거나 주도하는 공공미술 프로젝트가 늘어났다. 여기에는 크리스토와 장클로드Christo and Jeanne-Claude, 1935- & 1935-2009의 뉴욕 센트럴파크 「더 게이츠」The Gates, 2005, 아니쉬 카푸어Anish

〈10-5〉 뉴욕 공공미술기금의 록펠러센터 프로젝트 (2015년)

	작가	작품	전시(설치)기간
1	Auguste Rodin (1840-1917, 프랑스)	Rodin at Rockefeller Center (The Gates of Hell, The Burghers of Calais 등)	1998.6.17-8.31
2	Paul Howard Manship (1885-1966, 미국)	Cycle of Life 등	1999.6.23-9.6
3	Ilya & Emilia Kabakov (1933- & 1945- , 우크라이나)	The Palace of Projects	2000.6.11-7.31
4	Jeff Koons (1955- , 미국)	Puppy	2000.6.6-9.5
5	Louise Bourgeois (1911-2010, 프랑스)	Maman and Spiders	2001.6.21-9.4
6	Nam June Paik (1932-2006, 한국)	Transmission	2002.6.26-9.2
7	Takashi Murakami (1963- , 일본)	Reversed Double Helix	2003.9.9-10.12
8	Jonathan Borofsky (1942- , 미국)	Walking to the Sky	2004.9.14-10.15
9	Anish Kapoor (1954- , 인도·영국)	Sky Mirror	2006.9.19-10.27
10	Chris Burden (1946- , 미국)	What My Dad Gave Me	2008.6.11-7.19
11	Ugo Rondinone (1964- , 스위스)	Human Nature	2013.4.23-7.7
12	Jeff Koons (1955- , 미국)	Split-Rocker	2014.6.25-9.18
13	Thomas Houseago (1972- , 영국)	Masks (Pentagon)	2015.4.28-6.24

자료: 공공미술기금 홈페이지(www.publicartfund.org)에서 작성.

Kapocr, 1954-의 시카고 밀레니엄파크 「클라우드 게이트」Cloud Gate, 2006 등이 포함된다.

뉴욕 공공미술기금Public Art Fund은 공공미술 지원에서 오랜 역사를 가지고 있으며, 록펠러센터, 배터리파크, 센트럴파크 등 뉴욕 곳곳에서 미술품을 전시함으로써 도시 면모를 일신하는데 기여했다. 1977년 프리드먼Doris C. Freedman에 의해 설립된 후 2015년까지 총 496건의 프로젝트를 진행했고, 그 중 13건은 〈10-5〉에 나타난 대로 록펠러센터 앞에서 진행했다. 7만 송이 생화로 장식한 제프 쿤스의 강아지 작품(「Puppy」, 2000)과 16대의 클래식 자동차와 송신기를 이용한 백남준의 설치 작품(「Transmission」, 2002)이 여기에 포함되었다.

공공미술은 공공장소에 설치되기 때문에 공공성과 예술성 사이에 긴장관계가 나타날 수 있다. 리처드 세라Richard Serra, 1939-의 「기울어진 호」Tilted Arc, 1981가 그 한 예다. 이 작품은 미국 연방정부 건물 신축 시 건축비의 0.5%에 해당하는 미술품을 설치하도록 한 규정에 따라 연방정부가 17만 5,000달러에 주문했다. 길이 36미터의 거대한 강철판으로 된 작품이다. 1981년 뉴욕의 연방정부 광장에 설치되자마자 이 작품으로 인해 불편을 겪게 된 사람들의 반발이 이어졌다. 1985년에 철거를 둘러싸고 청문회가 개최되었다. 58명이 철거에 찬성했고, 122명이 그 작품의 유지에 찬성했다. 주로 연방정부나 연방광장 근처에서 근무하는 사람들은 이 작품이 사람들의 자유로운 보행을 가로막고 휴식처를 빼앗았다는 등의 이유로 철거를 주장했다. 미술계 사람들은 철거에 반대했다. 광장을 가로지르게 설치함으로써, 광장을 두 개의 전혀 다른 지역으로 구분해 사람들이 완전히 새로운 공간 경험과 인식을 하도록 의도한 것이며 이 작품이 연방정부의 권위적인 성격을 약화시키는 의미도 지닌다고 주장했다. 그러나 배심원은 4대1로 철거를 결정했고 1989년에 작품은 철거되었다. 이 작품은 공공미술의 공공성 문제를 환기시켰다. 그렇지만 예술성과 대중성의 대립은 예술이 존재하는 한 필연적인 것이고, 처음에 환영받지 못하고 철거가 예정되었던 파리의 에펠탑Tour Eiffel, 1889처럼 실험적인 작품이 대중들에게 인정받기까지 더 시간이 필요할 수 있다.

한편 2000년대 이후 정부 주도적으로 추진된 공공미술에서는 미술생산자 지원이 일반적으로 지니는 '정부실패'의 문제가 나타나고 있다. 우선 작품의 품질이 자주 문제가 된다. 미술관이나 화랑에서 전시되고 판매되는 작품보다 정부주도로 공공장소에 설치되는 작품의 예술성이 낮아서는 곤란하다. 물론 공공미술에 대해서는 다양한 관점과 평가기준이 있고, 실내 전시와 달리 야외에서 주변 환경과 조화를 이루어야 하는 제약조건도 있다. 그럼에도 미술관에서는 찾아보기 어려운 질 낮은 작품을 거리에서 전시하는 것은 예술가로서 양식 문제를 넘어서 납세자와 예술 소비자에 대한 무책임한 행위라 할 수 있다. 기존 미술과 공공미술이 근본적으로 다르지 않다. 미술작품으로서 지닌 본래적 가치와 질이 가장 중요한 것이다. 로스코Mark Rothko, 1903-1970의 작품은 미술관에서나 로스코 예배당Rothko Chapel에서나 감동을 주고, 재니트 카디프Janet Cardiff, 1957-의 「40파트의 모데트」Forty Part Motet, 2013도 마찬가지로 미술관이든 다른 공공장소든 장소는 부차적인 문제가 된다.

정부주도적 공공미술에서 종종 나타나는 지대추구rent-seeking행위도 문제다. 공공미술 정책담당자와 미술생산자 간의 유착관계는 공공미술의 본래적 취지를 훼손하고 작품의 질을 떨어뜨리며 다른 미술생산자와 일반 미술소비자의 이익을 침해할 수 있다.

이런 점에서 2010년 빅 무니스Vik Muniz, 1961-가 진행한 프로젝트는 주목할 만하다. 그는 브라질 리우 외곽의 쓰레기 매립지Jardim Gramacho에서 쓰레기를 주우면서 살아가는 사람들과 함께 미술 작업을 하고, 작업의 성과를 산출해 주민들에게 돌려주었다. 이로써 일부 주민들의 삶 자체를 변화시키는 진정한 영향을 미칠 수 있었다. '꿈이 있는 삶이 모든 걸 가진 삶보다 낫다. 무언가를 간절히 원할 때 삶에 의미가 생기고 가치가 있다.' 이 작업을 진행하면서 그가 한 말이다.

민간지원, 미술시장, 미술교육

미술생산에 대한 정부의 직접 개입을 줄이는 대신 민간지원과 미술시장 활성화를 위한 정책수단을 강구하고 미술교육 지원을 통해 미래의 미술소비자를 확충하는 일은 미술정책의 바람직한 방향이고 오늘날 미술정책 흐름도 대체로 그러한 방향으로 나아가고 있다.

미술에 대한 공공지원에는 정부가 직접 지원주체로 나서는 방식만 있는 것이 아니다. 민간의 기업, 재단, 개인을 지원주체로 하고 이들의 미술 지원에 대해 조세감면tax reduction or exemption이나 조세환급tax rebate을 통해 지원하는 간접적인 방식도 있다.

간접지원에서 공공지원의 크기는 민간지원 크기에 세율을 곱한 것이 된다. 가령 세율이 40%일 때 어떤 기업이 국제비엔날레 행사를 위해 5억 원을 지원했다면 이 기업은 실제 3억 원을 지원한 것이고 나머지 2억 원(40%)은 조세감면을 해준 정부가 지원한 셈이다. 정부는 세율을 조절함으로써 민간지원의 크기에 영향을 미칠 수 있다.

과거 대부분의 나라에서는 직접지원이 중심이 되어왔다. 공공지원이 큰 비중을 차지하고 민간지원은 비중이 작았다. 미국만 예외적으로 간접지원이 중심이고 공공지원의 비중은 매우 작았다.

그러나 미술에 대한 정부 직접지원이 지닌 여러 폐해가 드러나면서 많은 나라에서 간접지원과 민간지원을 활용하려는 노력이 늘고 있다. 미술지원을 위한 민간기구의 설립도 늘었고 민간지원 비중도 커지고 있다. 민간지원에 전적으로 의존하는 것도 그에 따른 문제점이 있으나, 정부지원을 줄이고 미술지원의 방식을 다양화하고 그들 사이의 적절한 균형을 유지할 필요가 있다.

이와 함께 오늘날 미술의 시장성을 높이기 위한 노력도 증대하고 있다. 미술에 대한 공공지원은 미술에서 시장실패를 근거로 이루어지는 것이다. 그러나 미술시장의 기능에 대한 새로운 평가가 확산되고 있다. 특히 예술적 혁신과 관련해서는 시장이 공공지원보다 우수한 제도로서 작동한다. 공공지원은 흔히 미술계에서 기성의 제도적 미술을 강화하는데 쓰이고 혁신적이고 창조적인 미술을 새롭게 육성하는데 큰 도움이 되지 않는다. 반면 시장은 다양성을 기반으로 하고 소수자 미술에 대해서도 작동할 수 있다.

미술시장 활성화 정책은 미술가들의 생산과 판매 여건을 개선하고 미술수요자들의 시장 접근을 용이하게 만드는 일이다. 그 가운데 하나가 지적 재산권 보호이다. 직접지원에 비해 이런 것은 그다지 많은 재정자원을 필요로 하지 않는다.

또 미술시장에 대한 개입이 정책 목표에 부합되는지 검토하여 미술생산자나 매개자에 대한 불합리한 개입은 폐지해 나가야 한다. 예를 들어 공공미술관은 수익창출금지의 규제를 받는다. 수익이 발생하더라도 그것을 보유하거나 원하는 곳에 사용하지 못하며 일반 공공예산에 편입시켜야 한다. 따라서 수익을 창출할 인센티브가 없다. 공공미술관의 소장품 판매를 금지하는 정부의 규제는 막대한 기회비용을 발생시키고 미술관의 적자 개선 노력을 무산시킨다.

끝으로 미술교육에 관해 보기로 하자. 그동안 생산자 중심의 공공지원으로, 하위계층에 대한 미술교육은 거의 이루어지 못했고 이들의 미술적 취향 형성에 도움이 되지 못했다. 미술가 수에서 과잉현상이 보이는 오늘날 미술의 생산능력을 높이기 위한 공공지원 필요성은 거의 사라졌다. 그 대신 미술의 수요기반을 확충하는데 정책의 초점이 두어지고 있는데, 공공 서비스로서 미술교육은 그 핵심 영역이다.

미술교육은 장기적 차원이나 단기적 차원 모두에서 미술에 대한 일반인의 접근성을 높이는데 가장 효과적인 수단이다. 미술에 대한 공적 개입에서 필수적인 부분은 첫째, 어린이나 청소년 시절에 미술에 대한 조기 노출early exposure을 촉진하는 것과 둘째, 일반 사람들의 미술에 대한 지식과 이해력을 함양하는 것이다(Kevin F. McCarthy, 2005)

미술에 대한 공공정책에서 어린이와 청소년의 미술에 대한 접근권과 이들을 위한 미술교육이 강화될 필요가 있다. 어린 시절부터 예술적 경험을 통해 미술에 대한 선호를 갖게게 되고 오랜 기간에 걸쳐 미적 향수능력을 개발함으로써 미술의 취향은 형성된다. 그것을 기초로 미래의 미술소비자로서 혹은 미술생산자로서 성장하게 된다. 미술교육에 대한 공공지원과 병행하여 미술관의 자체 미술교육도 강화되어야 한다. 공공 또는 민간 미술관 차원에서 학교교육과 연계를 내실화하고, 미술교육을 받지 않은 일반인들을 위한 프로그램이나 소외계층을 위한 교육 프로그램을 효과적으로 운영할 필요가 있다.

부 록

참고문헌

강명관 (1999), '조선 후기 예술품시장의 성립,' 「조선시대 문학예술의 생성 공간」, 소명출판.

고정민 (2010), 「주요 국가 문화예술통계 실태 분석」, 한국문화관광연구원.

곽아람 (2015), 「미술 출장」, 아트북스.

국사편찬위원회 편 (2008), 「근대와 만난 미술과 도시」, 두산동아.

권상춘 (2007), '한국 미술품가격 결정요인과 가격지수에 관한 연구: Hedonic 가격모형과 품질조정가격지수를 중심으로,' 경원(가천)대학교 박사논문.

기혜경 (2006), '반도화랑과 아세아재단(Asia Foundation)의 문화계 후원,' 국립현대미술관, 「근대미술연구」.

기해경 (2013), ''90년대 한국미술의 새로운 좌표 모색,' 미술사학연구회, 「미술사학」, 제41집.

김경임 (2009), 「클레오파트라의 바늘 – 세계 문화유산 약탈사」, 홍익출판사.

김달진미술연구소 (2007), 「2006 시각예술인 실태조사 및 분석」, 김달진미술연구소.

김달진미술자료박물관 (2011), 「한국 현대미술의 해외진출 60년 1950–2010」, 김달진미술자료박물관.

김달진미술자료박물관 (2012), 「외국미술 국내전시 60년 1950–2011」, 김달진미술자료박물관.

김달진미술자료박물관 (2013), 「한국 미술단체 100년」, 김달진미술자료박물관.

김달진미술자료박물관 (2014), 「한국미술공모전의 역사」, 김달진미술자료박물관.

김달진미술자료박물관 (2015), 「한국미술 전시공간의 역사」, 김달진미술자료박물관.

김도연 (2014), 「북경 예술 견문록」, 생각을담는집.

김미정 (2012), '모더니즘과 국가주의의 패러독스 정치・사회적 관점으로 본 전후(戰後) 한국현대미술,' 미술사학연구회, 「미술사학보」 제39집.

김보름 (2010), 「뉴욕 미술시장: 예술과 경제가 만나는 곳」, 미술문화.

김봉수 (2013), '국내 미술시장 현황 연구: 미술시장실태조사를 중심으로,' 성신여자대학교 경영연구소 「경영관리연구」 제6권 제1호.

김상엽 (2014), '경성의 미술시장과 일본인 수장가,' 한국근현대미술사학회, 「한국근현대미술사학」 제27권.

김상엽 (2015), 「미술품 컬렉터들: 한국의 근대 수장가와 수집의 문화사」, 돌베개.

김성희 (2003), '미술시장의 특수성에 관한 연구,' 한국예술경영학회 「예술경영연구」, 제4집.

김성희 (2006), '미술시장 내에서 갤러리 만족도에 관한 연구,' 한국예술경영학회 「예술경영연구」 제10집.

김성희 (2013), '신진작가 발굴 시스템이 한국 현대미술계에 미친 영향에 관한 연구,' 한국예술경영학회, 「예술경영연구」 제26집.

김순응 (2006), 「돈이 되는 미술」, 학고재.

김영나 (1995), '해방이후 한국현대미술의 전개: 전통과 서구미술 수용의 갈등 및 방향모색,' 미술사연구회, 「미술사연구」, 제9집.

김영나 (1998), 「20세기의 한국미술」, 예경.

김영나 (2010), 「20세기의 한국미술2: 변화와 도전의 시기」, 예경.

김영석 (2015), '한국 근현대 회화의 경매가격 분석에 의한 가격지수 연구: 2005년부터 2014년까지의 한국 경매시장을 중심으로,' 홍익대학교 대학원 박사논문.

김윤수 등 40인 (2006), 「한국미술 100년 1」, 한길사.

김재준 (1997), 「그림과 그림값」, 자음과 모음.

김재준 (2000), '시각 예술 산업의 발전방안,' 구문모 외, 「문화산업의 발전방안」, 산업연구원.

김재준 · 김재범 (1999), '한국 미술시장의 구조와 가격,' 한국문화경제학회 「문화경제연구」, 제2권 2호.

김주원 · 박소현 (2011), '1960년대 한국미술에서 '구상추상 논쟁'과 '리얼리티'의 문제,' 미술사학연구회, 「미술사학보」 제36집.

김지연 (2013), 「중국 현대미술의 얼굴들 – 베이징과 상하이, 두 도시와 함께 걸어온 중국 현대미술의 어제와 오늘」, 두성북스.

김형숙 (2001a), 「미술, 전시, 미술관」, 예경.

김형숙 (2010), 「미술교육, 사회와 만나다」, 교육과학사.

김혜진 (2010), '2000년대 이후 한국의 공공미술 프로젝트 유형,' 한국콘텐츠학회, 「한국콘텐츠학회논문지」, 제10권 제8호.

김홍희 (2003), '한국화단과 현대미술」, 눈빛.

남준우 (2008), '미술품(그림) 가격의 결정 요인 분석: 호당가격제가 성립하는가,' 한국경제학회, 「경제학연구」, 제56집 제2호.

남준우 (2011), '미술품 가격 결정 요인과 투자 수익률 분석,' 한국경제학회, 「경제학연구」, 제59집 제1호.

목수현 (2000), '일제하 이왕가 박물관(李王家博物館)의 식민지적 성격,' 한국미술사학회, 「미술사학연구」 제227호.

목수현 (2009), '1930년대 경성의 전시공간,' 한국근현대미술사학회, 「한국근현대미술사학」, 제20호.

목수현 (2012), '한국근현대미술사에서 제도에 관한 연구의 검토,' 한국근현대미술사학회, 「한국근현대미술사학」 제24호.

문화체육관광부, 「전국 문화기반시설 총람」, 2003-2015.

문화체육관광부 · 예술경영지원센터, 「미술시장 실태조사」, 2008-2015.

문화체육관광부 · 한국문화관광연구원, 「문화예술인 실태조사」, 2000, 2003, 2006, 2009, 2012.

문화체육관광부 · 한국문화관광연구원, 「문화예술정책백서」, 각년도

문화체육관광부 · 한국문화관광연구원, 「문화예술통계」, 2001, 2004, 2007.

문화체육관광부 · 한국문화관광연구원, 「문화향수 실태조사」, 2000, 2003, 2006, 2008, 2010, 2012.

민희정 (2013), '한국 미디어아트에 관한 연구,' 국민대학교 대학원 석사논문.
박남수 · 류주희 외 (2009),「한국의 예술 지원사: 고대에서 조선 시대까지」, 미메시스.
박미화 (2006), '1970년대 이후의 한국 미술 시장과 패러다임의 변화,' 국립현대미술관「근대미술연구」.
박삼철 (2006),「왜 공공미술인가: 미술, 살 만한 세상을 꿈꾸다」, 학고재.
박세훈 외 (2011),「도시재생을 위한 문화클러스터 활용방안 연구」, 국토연구원.
박수강 · 주은영 (2015),「아트마켓 홍콩 – 아트 바젤은 왜 홍콩에 갔을까?」, 아트북스.
박영정 (2010), '예술인력의 현황과 양성 방향,' 한국문화예술위원회,「예술정책의 현안과 대안 모색: 정책으로 답하다」.
박일호 (2007), '블록버스터 전시의 의의와 과제,' 현대미술학회「현대미술학 논문집」, 제11호.
박정민 (2005),「경매장 가는 길: 그림감정사 박정민의 행복한 뉴욕 경매일기」, 아트북스.
박정수 (2014),「아트 & 더 마켓: 그림 파는 남자의 발칙한 미술시장 이바구」, 재원.
박정애 (2001),「포스트모던 미술, 미술교육론: 한국의 현대미술, 21세기 미술교육에의 도전」, 시공사.
박지영 (2014),「아트 비즈니스: 마케팅과 투자 그리고 미술 법까지 미술시장의 모든 것」, 아트북스.
박효은 (2006), '17–19세기 조선화단과 미술시장의 다원성,' 국립현대미술관「근대미술연구」.
배명지 (2013), '세계화 지형도에서 바라본 2000년대 한국현대미술전시 – 글로벌 이동, 사회적 관계, 그리고 현실주의,' 미술사학연구회,「미술사학보」제41집.
배빈아 (2013), '아트 콜라보레이션의 활용과 미술창작의 상호관계에 관한 연구,' 한양대학교 대학원 박사논문.
서민수 (2012), '아트마케팅–기업과 예술의 창조적 콜라보레이션,' 삼성경제연구소.
서성록 (1992), '모노톤 회화와 일본 모노파의 관계,'「한국미술과 포스트모더니즘」, 미진사.
서성록 (2006),「한국 현대회화의 발자취」, 문예출판사.
서성록 · 오광수 (2001),「우리미술 100년」, 현암사.
서울현대미술연구소 ICAS (2000),「한국현대미술 다시 읽기 – 80년대 소그룹 운동의 비평적 재조명」, 청음사.
서울현대미술연구소 ICAS (2002),「한국현대미술 다시 읽기 II – 6,70년대 미술운동의 비평적 재조명」vol.1&2, ICAS.
서울현대미술연구소 ICAS (2003),「한국현대미술 다시 읽기 III – vol.1 70년대 단색조 회화의 비평적 재조명」, ICAS.
서울현대미술연구소 ICAS (2003),「한국현대미술 다시 읽기 III – vol.2 70년대 한국과 일본의 현대미술 담론 연구」, ICAS.
서울현대미술연구소 ICAS (2004),「한국현대미술 다시 읽기 IV – 초기 추상미술의 비평적 재조명 」, vol.1,2,3, ICAS.
서진수 (2009), '한국 미술시장과 경기변동: 2005–2009년 미술시장을 중심으로,' 현대미술학회「현대미술학 논문집」제13호.
서진수 (2011), '중국 미술시장의 성장요인에 관한 연구,' 현대미술학회,「현대미술학 논문집」, 제15집

제2호.

소병희 (2006), 「문화예술 지원 및 저작권」, 국민대 출판부.

손영옥 (2010), 「조선의 그림 수집가들」, 글항아리.

송지원 · 박남수 외, 「새로 쓰는 예술사: 한국 문화 이천년을 이끈 예술후원자들」, 글항아리.

신형덕 외 (2012), '미술품 가격 추정에 있어서의 예술적 가치의 의의: 경매와 비경매 시장의 비교,' 한국산학기술학회, 「한국산학기술학회논문지」, 제13권, 제10호.

심상민 (2002), '「문화마케팅」의 부상과 성공전략,' 삼성경제연구소.

아트프라이스 (2003.11), '일반인은 미술품 가격을 어떻게 생각하는가?,' 「아트프라이스」, 2003.11.

안길상 외 (2008), 「문화마케팅」, 한경사.

안창남 외 (2012), '미술품 양도차익과세의 필요성과 과제,' 한국세법학회, 「조세법연구」, 제18집 제2호.

안희경 (2014), 「여기, 아티스트가 있다 – 세상의 안부를 묻는 거장 8인과의 대화」, 아트북스.

양건열 외 (2004), 「미술창작스튜디오 운영활성화 방안」, 한국문화관광연구원.

양건열 외 (2011a), 「국립박물관 교육의 방향과 발전 방안 연구」, 한국문화관광연구원.

양건열 외 (2011b), 「미술품 양도소득세 부과에 대비한 정책방안 연구」, 한국문화관광연구원.

양지연 (2003), '미술관 관람객 연구의 성과와 과제: 20세기 이후 미국의 연구를 중심으로,' 한국예술경영학회, 「예술경영연구」, 제3집.

양지연 (2012), '뮤지엄의 성공 기준과 성과 지표에 대한 연구,' 한국예술경영학회 , 「예술경영연구」, 제22집.

양지연 · 김혜인 (2011), '미술관 관람자의 미적인지 단계적 특성: 국내 성인 관람자를 중심으로,' 한국미술교육학회, 「미술교육논총」, 제25권 제2호.

양현미 (2009), 「공공미술 진흥사업 운영방안 연구」, 한국문화예술위원회.

양혜원 외 (2011), 「OECD 주요 국가의 문화예산 비교연구」, 한국문화관광연구원.

오광수 (2000), 「한국 현대미술사 – 1900년대 도입과 정착에서 1990년대 오늘의 상황까지」, 열화당.

오사키 신이치로 · 문정희 (2013), '중단된 회화사: 戰後 일본의 추상회화,' 한국미술연구소, 「미술사논단」, 제37호.

오세권 (2006), '문예연감으로 본 한국미술 30년사,' 한국문화예술위원회, 「문예연감」, 2006.

용호성 (2010), 「예술경영」, 개정판, 김영사.

윤난지 (1990), ''움직이는 조각'과 공연예술,' 서양미술사학회, 「서양미술사학회 논문집」 제2집.

윤난지 (1994), '20세기 미술과 후원: 미국 모더니즘 정착에 있어서 구겐하임 재단의 역할을 중심으로,' 서양미술사학회, 「서양미술사학회논문집」 제6집.

윤난지 (2002), '성전과 백화점 사이: 후기자본주의시대의 미술관,' 윤난지 엮음, 「전시의 담론: 모더니즘 이후 미술의 화두 2」, 눈빛.

윤난지 (2012), '단색조 회화운동 속의 경쟁구도: 박서보와 이우환,' 현대미술사학회, 「현대미술사연구」 제32집.

윤난지 (2013), '또 다른 후기자본주의, 또 다른 문화논리 – 최정화의 플라스틱 기호학,' 한국근현대미술사학회, 「한국근현대미술사학」, 제26집.
윤범모 (1984), 「한국 현대미술 100년」, 현암사.
윤주 외 (2008), 「2008년 주요 외국의 문화예산(II) 비교연구」, 한국문화관광연구원.
윤진섭 (2000), 「한국 모더니즘미술 연구」, 재원.
윤진섭 (2014), 「글로컬리즘과 아시아의 현대미술」, 사문난적.
이경성 (1974), 「한국근대미술연구」, 동화출판공사.
이경성 (1974), 「근대한국미술가논고」, 일지사.
이구열 (1992), 「근대한국미술사의 연구」, 미진사.
이구열 (2001), 「북한미술 50년 – 작품으로 만나는 주체미술」, 돌베개.
이구열 (2005), 「우리 근대미술 뒷이야기」, 돌베개.
이규현 (2006), 「그림쇼핑」, 공간사.
이규현 (2010), 「그림쇼핑 2」, 앨리스.
이동기 · 김솔하 (2009), '유럽의 추급권 제도 운영과 우리나라에의 도입 여부에 관한 연구,' 「저작권」 제22권 1호.
이동연 외 (2007), 「한국의 대안공간 실태 연구」, 문화사회연구소.
이보연 (2008), 「이슈, 중국현대미술 – 찬란한 도전을 선택한 중국 예술가 12인의 이야기」, 시공아트.
이상정 (2009), 「미술과 법」, 세창출판사.
이선영 (2007), '대한민국 미술대전의 문제와 그 대안,' 「미술평단」, 제86호, 2007년 가을.
이성혜 (2014), 「한국 근대 서화의 생산과 유통」, 해피북미디어.
이연식 (2008), 「위작과 도난의 미술사」, 한길아트.
이은기 (1995), '미술관의 성립과 후원자의 역할: 역사적 전개와 의의,' 국립현대미술관 「현대미술관 연구」 제6집.
이재희 (2003), '17세기 네덜란드 미술시장,' 한국사회경제학회, 「사회경제평론」, 제21호.
이재희 · 이미혜 (2004), 「예술의 역사: 경제적 접근」, 경성대학교 출판부.
이재희 · 이미혜 (2011), 「이미지의 시대: 경제적 접근」, 경성대학교 출판부.
이재희 (2012), 「미술경제학」, 탑북스.
이주현 (2010), '後文革시대(1977~1984)의 중국현대미술 : 星星畵會를 중심으로,' 미술사연구회, 「미술사연구」, 제24집.
이 준 (2012), '현대미술제도와 전시공간의 문화정치학 연구,' 홍익대학교 대학원 박사논문.
이준형 (2008), '문화예술 시장과 법적 · 제도적 규제: 경매 시장과 추급권에 관한 최근 프랑스의 논의를 중심으로,' 한국문화관광연구원 「문화정책론집」, 제20집.
이준희 (2006), '한국 현대미술에 나타난 '신세대 미술' 연구: 1985~1995년에 열린 소그룹 전시를 중심으로,' 홍익대학교 대학원 석사논문.
이중희 (2008), 「한국 근대미술사 심층연구」, 예경.
이중희 (2010), 「일본 근현대 미술사」, 예경.

이지영 (2014), 「아트마켓 바이블: 미술시장, 미술품 컬렉터, 미술품 재테크에 대한 모든 것」, 미진사.

이진화 (2015), '헤도닉모형을 이용한 조각품 가격의 결정요인 분석: 경매시장과 건축물미술작품시장을 중심으로,' 중앙대학교 대학원 박사논문.

장민한 (2006), '아서 단토의 표상으로서의 예술에 관한 연구: 미술의 종말과 다원주의 미술로의 귀결,' 서울대학교 대학원 박사논문.

전영백 (2009), '1960년대 이후 한국 현대미술에 관한 사회학적 논의: 브르디외(Pierre Bourdieu)의 '자본' 개념을 활용한 사회구조적 분석,' 「미술사연구」, 제23호.

정무정 (2001), '추상표현주의와 한국 앵포르멜,' 미술사연구회, 「미술사연구」 제15집.

정병표 (2000), '미술품 가격결정구조에 관한 연구,' 전주대학교 대학원 박사논문.

정수기 (2008), '하우젠(Housen)의 미적 발달 단계가 미술 비평 교육에 주는 시사점,' 「미술교육논총」, 제22권 2호.

정영목 (2001), 「장욱진 Catalogue Raisonné 유화」, 학고재.

정영숙 (2014), '미술품 구대 목적에 따른 미술소비자 유형에 관한 연구,' 추계예술대학교 대학원 박사논문.

정윤아 (2003), 「뉴욕 미술의 발견: 갤러리, 경매장, 미술관 그리고 아트 스타들」, 아트북스.

정윤아 (2007), 「미술시장의 유혹: 미술시장으로 본 현대미술」, 아트북스.

정윤아 (2008), '국내외 미술 전시 환경과 소비자 특성,' 강윤주 외 「한국의 예술 소비자」, 룩스문디.

정정숙 외 (2006), 「OECD 주요국가의 문화경쟁력 분석」, 한국문화관광연구원.

조은정 (2005), '대한민국 제1공화국의 권력과 미술의 관계에 대한 연구,' 이화여자대학교 대학원 박사논문.

조현승 · 김종호 (2009), '미술품 경매시장에서의 가격결정요인 분석,' 한국산업조직학회 「산업조직연구」, 제17권 4호.

채주희 (2007), '한국 대안공간의 특성과 발전방향에 관한 연구,' 홍익대학교 대학원 석사논문.

최광진 (2004), 「현대미술의 전략」, 아트북스.

최병식 (2008a), 「미술시장 트렌드와 투자」, 동문선.

최병식 (2008b), 「미술시장과 아트딜러」, 동문선.

최병식 (2014), 「미술품감정학: 진위 · 가격 감정과 위작의 세계」, 동문선.

최완수 (2006), '간송 전형필', 「간송문화 70」, 한국민족미술연구소.

최정표 (2009a), '한국의 그림가격지수 추정에 관한 연구,' 건국대학교 경제경영연구소, 「상경연구」, 제34집 제2호.

최정표 (2009b), 「한국의 그림가격지수 2008」,아트벨류연구소.

최정표 (2009-2013), 「한국의 그림가격지수」, 2009-2013, 해남.

최정표 (2012), '한국의 그림시장과 그림가격,' 한국산업조직학회, 「산업조직연구」, 제20집 제4호.

최정표 (2014a), 「재벌들의 특별한 외도」, 해남.

최정표 (2014b), '2013년 한국 그림시장 총결산,' 아트벨류연구소.

최열 (2011), '한국 근현대미술 기점에 관한 인식,' 한국근현대미술사학회, 「한국근현대미술사학」 제 22집.

캐슬린 김 (2013), 「예술법 - 문화 융합 시대에 예술계 종사자를 위한 가이드」, 학고재.

하수봉 (2012), '박수근 회화의 표현기법 연구: 진위문제, 편년 재조정 그리고 재현작업을 중심으로,' 명지대학교 대학원 박사논문.

한국근대미술연구소 (1981), 「국전 30년」, 수문서관.

한국메세나협회 (2014), 「2013년도 연차보고서」.

한국문화예술위원회 (2011), 「도시계획과 연계한 공공미술 추진 방안 연구」, 한국문화예술위원회.

한국문화예술위원회 (2013), 「한국문화예술위원회 40년사」, 한국문화예술위원회.

한국문화예술위원회 (2014a), 「2013 베니스비엔날레 한국관 백서」, 한국문화예술위원회.

한국문화예술위원회 (2014b), 「건축물 미술작품제도의 운영개선 연구」, 한국문화예술위원회.

한국문화예술진흥원/한국문화예술위원회, 「문예연감」, 1976-2015.

한국문화예술법학회 (2014), 「문화예술법의 현주소」, 준커뮤니케이션즈.

한국미술시가감정협회 (2015), 「2015 작품가격」, 한국미술시가감정협회 · 아트프라이스.

한국미술품감정평가원 (2013), 「한국 근현대미술 감정 10년」, 사문난적.

한국사립미술관협회 (2009), 「아티스트 매니지먼트 매뉴얼」, 한국사립미술관협회.

한여훈 (2012), '투자로서 미술품의 가치 분석,' 한국예술경영학회, 「예술경영연구」, 제22집.

홍선표 (2009), 「한국근대미술사: 갑오개혁에서 해방 시기까지」, 시공사.

呂澎(뤼펑, 2010), 「美术的故事: 从晚清到今天 (The story of "art" in China)」, 北京大学出版社, 이보연 옮김, 「20세기 중국미술사」, 한길아트, 2013.

椹木野衣(사와라기 노이, 1998), 「日本 · 現代 · 美術」, 新潮社, 김정복 옮김, 「일본현대미술」, 두성북스, 2012

池上惇 外(이케가미 준 외, 1998), 「文化經濟學」, 有斐閣, 황현탁 옮김, 「문화경제학」, 나남출판, 1999.

Abbé-Decarroux, François (1995), 'Demande artistique et préférences endogènes,' *Revue économique*, vol.46, no.3.

Abbing, Hans (2004), *Why Are Artists Poor?: The Exceptional Economy of the Arts*, Amsterdam University Press, 박세연 옮김, 「왜 예술가는 가난해야 할까: 예술경제의 패러독스」, 21세기북스, 2009.

Adams, Laurie Schneider (2009), *The Methodologies of Art*, Second Edition, Westview Press, 박은영 옮김, 「미술사 방법론」, 서울하우스, 2014.

Adler, Moshe (2006), 'Stardom and Talent,' in Victor A. Ginsburgh and David Throsby eds.

Agnello, Richard J. and Renée K. Pierce (1996), 'Financial returns, price determinants, and genre effects in American art investment' *Journal of Cultural Economics*, Vol

20, No 4.

Akerlof, George A.(1970), 'The Market for Lemons: Quality Uncertainty and the Market Mechanism,' *The Quarterly Journal of Economics*, Vol.84, No.3,

Alcántara-Pilar, Juan Miguel ed (2015), *Analyzing the Cultural Diversity of Consumers in the Global Marketplace*, Idea Group U S.

Alexander, Victoria D. (1996), 'Pictures at an Exhibition: Conflicting Pressures in Museums and the Display of Art,' *American Journal of Sociology*, vol.101, no.4.

Alper, Neil O. and Gregory H. Wassall (2006), 'Artists' Careers and Their Labor Markets,' in Victor A. Ginsburgh and David Throsby eds.

Altshuler, Bruce (2008), *Salon to Biennial – Exhibitions that Made Art History, Volume 1: 1863–1959*, Phaidon Press.

Altshuler, Bruce (2013), *Biennials and Beyond: Exhibitions that Made Art History: 1962–2002*, Phaidon Press.

Anderson, Robert C.(1974) 'Paintings as an Investment,' *Economic Inquiry* vol.12.

Artprice (2002–2014), *Art Market Trends*, 2002–2011, *The Art Market in 2012–2014*, 2012–2014.

Artprice (2007–2015), *Contemporary Art Market*, 2007–2014. *The Contemporary Art Market Report 2015*, 2015

Artprice (2011), *Top 500 artists by auction revenue in 2010*.

ArtTatic (2014), *Art and Finance Report 2014*.

Arts Council England (1998), *International Data on Public Spending on the Arts in Eleven Countries*.

Arts Council England (2003), *Artists in Figures: A Statistical Portrait of Cultural Occupations*.

Ashenfelter, Orly (1989), 'How Auctions Work for Wine and Art,' *Journal of Economic Perspectives*, vol.3, Summer.

Ashenfelter, Orly and Kathryn Garddy (2002), 'Art Auctions: A Survey of Empirical Studies,' *NBER Working Paper*, no.8997.

Ashenfelter, Orly and Kathryn Garddy (2003), 'Auctions and the Price of Art,' *Journal of Economic Literature*, Vol. 41, No. 3.

Ashenfelter, Orly and Kathryn Garddy (2004), 'Anatomy of the Rise and Fall of a Price-Fixing Conspiracy: Auctions at Sotheby's and Christie's,' *NBER Working Paper*, no.10795.

Ashenfelter, Orly and Kathryn Garddy (2006), "Art Auctions," in Victor A. Ginsburgh and David Throsby eds.

Barker, Emma (1999), *Contemporary Cultures of Display*, Yale University Press.

Barthes, Roland (1980), *La Chambre claire: Note sur la photographie*, Gallimard.

Baumol, William J. (1986), 'Unnatural Value: Or Art Investment as Floating Crap Game,' *American Economic Review*, vol.76, May.

Baumol, William J. (2006), 'The Arts in the "New Economy",' in Victor A. Ginsburgh and David Throsby eds.

Becker, Gary S. (1996), *Accounting for Tastes*, Harvard University Press.

Becker, Howard S. (1982), *Art Worlds*, University of California Press.

Benhamou, Françoise (2000), *L'économie de la culture*, 2nd ed., La Découverte & Syros.

Benhamou, Françoise and Ginsburgh Victor (2004), 'Is There a Market for Copies?' in Gianfranco Mossetto and Marilena Vecco eds.

Benhamou-Huet, Judith (2001), *Art business: Le marché de l'art ou l'art du marché*, tr., by Charles Penwarden, *The Worth of Art: Pricing the Priceless*, Assouline Publishing, 2001.

Benhamou-Huet, Judith (2008) *Worth of Art: v. 2*, Assouline Publishing.

Benhamou-Huet, Judith et Regan Kramer (2008), *Global Collectors: Collectionneurs du monde*, Phébus.

Benhamou-Huet, Judith (2012), *Les artistes ont toujours aimé l'argent: D'Albrecht Dürer à Damien Hirst*, Grasset.

Blaug, Mark ed.(1976), *The Economics of the Arts*, Martin Robertson.

Baucheron, Elea & Diane Routex (2013), *The Museum of Scandals: Art that Shocked the World*, Prestel, 박선영 옮김, 「스캔들 미술관: 예술의 규범과 질서를 파괴한 70점의 작품」, 2014.

Bazley, Thomas D. (2010), *Crimes of the Art World*, Praeger.

Bonham-Carter, Charlotte et David Hodge (2013), *Le grand livre de l'art contemporain: 200 artistes expliqués*, 2e édition, Eyrolles.

Bonus, Holger and Dieter Ronte (1997), 'Credibility and Economic Value in the Visual Arts,' *Journal of Cultural Economics*, vol.21.

Bourdieu, Pierre (1993), *The Field of Cultural Production. Essays on Art and Literature*, Polity Press.

Bourdieu, Pierre(1979), *La distinction: critique sociale du jugement*, Editions de Minuit, 최종철 옮김, 「구별짓기: 문화와 취향의 사회학」, 새물결, 1995-1996.

Bourdieu, Pierre and A. Darbel (1990), *The Love of Art*, Stanford University Press.

Bourgeois, Laurence (2012), *Profession artiste: Vivre de son art*, Eyrolles.

Bowness, Alan (1990), *The Conditions of Success: How the Modern Artist Rises to Fame*,

Thames and Hudson.

Bryan, Michael F. (1985), 'Beauty and the Bulls: The Investment Characteristics of Paintings,' *Economic Review*, Federal Reserve Bank of Cleveland, vol.21, no.1.

Bryant, William D. A. and David Throsby, 'Creativity and the Behavior of Artists,' in Victor A. Ginsburgh and David Throsby eds., 2006.

Buelens, Nathalie and Victor Ginsburgh (1993), 'Revisiting Baumol's 'Art as a Floating Crap Game,' *European Economic Review* vol.37.

Bystryn, Marcia(1978), 'Art Galleries as Gatekeepers: The Case of the Abstract Expressionists,' Social Research, vol.45, no.2.

Candela, G. and A. Scorcu (1997), 'A Price Index for Art Market Auctions,' *Journal of Cultural Economics*, 21, 1997.

Capgemini and Merrill Lynch, *World's Wealth Report*, 2006–2011.

Capgemini and Merrill Lynch, *Asia-Pacific Wealth Report*, 2008–2011.

Caplin, Lee (1989), *The Business of Art*, Prentice-Hall.

Cavaliero, Sophie, Frédéric Elkaïm et Claire Pirlot de Corbion (2013), *Les métiers du marché de l'art. Une passion sinon rien!*, Gualino.

Chanel, Olivier (1995), 'Is Art Market Behavior Predictable?,' *European Economic Review*, vol. 39 no.3-4.

Chanel, Olivier, Louis-André Gérard-Varet and Victor Ginsburgh (1996), 'The Relevance of Hedonic Price Indices: The case of paintings,' *Journal of Cultural Economics*, vol. 20, no.1.

Conklin, John E. (1994), *Art Crime*, Praeger.

Coomber, Jarrett (2013), 'The Economic Impact of Art Theft: A Quantitative Study of the Economic Effects of Art Theft on Art Prices and Returns,' Master's Thesis, Erasmus University.

Cornette de Saint Cyr, Pierre et Arnaud Cornette de Saint Cyr (2011), *Le musée (privé) le plus cher du monde*, La Martiniere, 김주경 옮김, 「세상에서 가장 비싼 그림들: 500년 미술사와 미술 시장의 은밀한 뒷이야기」, 시공사, 2012.

Cowen, Tyler (1996), 'Why Women Succeed, and Fail in the Arts,' *Journal of Cultural Economics*, vol.20, no.2.

Cowen, Tyler (1998), *In Praise of Commercial Culture*, Harvard University Press, 임재서 · 이은주 옮김, 「상업 문화 예찬」, 나누리, 2003.

Cowen, Tyler (2000), *What Price Fame?*, Harvard University Press.

Crane, Diana (1987), *Transformation of the Avant-Garde*, University of Chicago Press.

Czujack, Corinna (1997), 'Picasso Paintings at Auction, 1963-1994,' *Journal of Cultural*

Economics, Vol.21, No.3.

Danto, Arthur C. (1998), *After the End of Art: Contemporary Art and the Pale of History*, Princeton University Press, 이성훈 · 김광우 옮김, 「예술의 종말 이후: 컨템퍼러리 미술과 역사의 울타리」, 미술문화, 2004.

Davis, Ron (2005), *Art Dealer's Field Guide: How to Profit in Art, Buying And Selling Valuable Paintings*, Capital Letters Press, 최리선 옮김, 「론 데이비스의 미술투자 노하우」, 아르타, 2008.

De la Barre, Madeleine, Sophie Docclo, and Victor Ginsburgh (1994), 'Returns of Impressionist, Modern and Contemporary European Paintings 1962-1991,' *Annales d'economie et de Statistique*, Vol.35.

De Marchi, Neil and Hand J. Van Miegroet (2006), 'The history of Art Markets,' in Victor A. Ginsburgh and David Throsby eds.

Dearborn, Mary V. (2004), *Mistress of Modernism: The Life of Peggy Guggenheim*, Houghton Mifflin Harcourt, 최일성 옮김, 「페기 구겐하임 – 모더니즘의 여왕」, 을유문화사, 2006.

Dossi, Piroschca (2007), *Hype! Kunst und Geld*, Deutscher Taschenbuch Verlag, 김정근 · 조이한 옮김, 「이 그림은 왜 비쌀까」, 웅진지식하우스, 2007.

DuBoff, Leonard D. and Christy O. King (2006), *Art Law in a Nutshell*, 4th edition, Thomson/West.

Espitallier, Jean-Michel (2012), *De la célébrité*, 10/18.

Elkins, James (2001), *Pictures and Tears: A History of People Who Have Cried in Front of Painting*, Routledge, 정지인 옮김, 「그림과 눈물 – 그림 앞에서 울어본 행복한 사람들의 이야기」, 아트북스, 2007.

Elkins, James (2002), *Stories of Art*, Routledge, 정지인 옮김, 「과연 그것이 미술사일까?: 서양 미술사 400년의 편견과 오류」, 아트북스, 2005.

Elkins James (2006), 'Writing about Modernist Painting outside Western Europe and North America', in John Onians ed.

Esterow, Milton (2005), 'The 10 Most Faked Artists,' *ARTnews*, 2005.6.1.

Fase, Martin M. G. (1996), 'Purchase of Art: Consumption and Investment,' *Economist*, vol.144, no.4.

Fichner-Rathus, Lois (2004), *Understanding Arts*, 7th ed., Wadsworth Publishing, 최기득 옮김, 「새로운 미술의 이해」, 예경, 2005.

Filer, Randall K. (1986), 'The "Starving Artist" – Myth or Reality?: Earnings of Artists in the United States,' *The Journal of Political Economy*, vol.94, no.1.

Filer, Randall K. (1990), 'Arts and Academe: The Effect of Education on Earnings of

Artists,' *Journal of Cultural Economics*, vol.14, no.2.

Findlay, Michael (2014), *The Value of Art: Money, Power, Beauty*, Revised edition, Prestel USA. 이유정 옮김, 「예술을 보는 눈」, 다빈치, 2015.

Fitzgerald, Michael C. (1996), *Making Modernism: Picasso and the Creation of the Market for Twentieth-Century Art*, University of California Press, 이혜원 옮김, 「피카소 만들기: 모더니즘의 성공과 20세기 미술시장의 해부」, 다빈치, 2007.

Fletcher, Pamela and Anne Helmreich eds (2011), *The Rise of the Modern Art Market in London, 1850-1939*, Manchester University Press.

Flôres Jr., Renato G., Victor Ginsburgh, and, Philippe Jeanfils (1999), 'Long-and Short-Term Portfolio Choices of Paintings,' *Journal of Cultural Economics*, Vol.23, Issue 3.

Frank, Björn (2004), 'Art Price Research for Fakes and Imitations,' in Gianfranco Mossetto and Marilena Vecco eds.

Frank, Robert H. and Philip J. Cook (1995), *The Winner-Take-All Society*, Free Press, 권영경 · 김양미 옮김, 「승자독식사회」, 웅진지식하우스, 2008.

Frey, Bruno S. (1994), 'Cultural Economics and Museum Behaviour,' *Scottish Journal of Political Economy*, vol.41, no.3.

Frey, Bruno S. (1997), 'Art Markets and Economics: Introduction', *Journal of Cultural Economics*, vol.21.

Frey, Bruno S. (1998), 'Superstar Museums: An Economic Analysis,' *Journal of Cultural Economics*, vol.22, no.2.

Frey, Bruno S. (1999), 'Art Fakes -What Fakes?, An Economic View,' Institute for Empirical Economic Research(University of Zurich), *Working Paper*, no.14.

Frey, Bruno S. (2002), 'Creativity, Government and the Arts,' *De Economist*, vol. 150, no.4.

Frey, Bruno S. (2004), *Arts and Economics: Analysis and Cultural Policy*, 2nd ed., Springer, 주수현 외 옮김, 「문화예술경제학」, 시그마프레스, 2007.

Frey, Bruno S. and Reiner Eichenberger (1995), 'On the Return of Art Investment Return Analyses,' *Journal of Cultural Economics*, vol.19.

Frey, Bruno S. and Reto Jegen (2000), Motivation Crowding Theory: A Survey of Empirical Evidence, *Zurich IEER Working Paper*, no.26.

Frey, Bruno S. and Werner W. Pommerehne (1988), 'Is Art Such a Good Investment?,' *Public Interest*, vol.91, Spring.

Frey, Bruno S. and Werner W. Pommerehne (1989a), 'Art Investment: An Empirical Inquiry,' *Southern Economic Journal*, vol. 56, no.2.

Frey, Bruno S. and Werner W. Pommerehne (1989b), *Muses and Markets*, Basil Blackwell.

Frey, Bruno S. and Werner W. Pommerehne (1995), 'Public Expenditure on the Arts and Direct Democracy: The Use of Referenda in Switzerland,' *The European Journal of Cultural Policy,* vol.2, no.1.

Galenson, David W. (2000a), 'Age and the quality of work: The case of modern American painters,' *Journal of Political Economy,* vol.108, no.4.

Galenson, David W. (2000b), 'The Careers of Modern Artists: Evidence from Auction of Contemporary Art,' *Journal of Cultural Economics*, vol. 24, no.2.

Galenson, David W. (2001), *Painting Outside the Lines,* Harvard University Press.

Galenson, David W. (2009), 'Old Masters and Young Geniuses: The Two Life Cycles of Human Creativity,' *Journal of Applied Economics*, vol.12, no.1.

Galenson, David W. (2010), 'Understanding Creativity,' *Journal of Applied Economics*, vol.13, no.2.

Galenson, David W. and Robert Jensen (2001), *Young Geniuses and Old Masters: The Life Cycles of Great Artists from Masaccio to Jasper Johns*, NBER Working Paper, no.8368.

Gao Minglu (2005), *The Wall: Reshaping Contemporary Chinese Art*, China Renmin University Press, 이주현 옮김, 「중국현대미술사 –장벽을 넘어서」, 미진사, 2009.

Gill, Anton (2002), Peggy Guggenheim: *The Life of an Art Addict*, HarperCollins, 노승림 옮김, 「페기 구겐하임: 예술과 사랑과 외설의 경계에서」, 한길아트, 2008.

Ginsburgh Victor A. and Anne–Françoise Penders (1997), 'Land Artists and Art Markets', *Journal of Cultural Economics*, vol.21, no.3.

Ginsburgh, Victor, Jianping Mei, and Michael Moses (2006), 'On the computation of price indices,' in Victor A. Ginsburgh, and David Throsby, eds.

Ginsburgh, Victor A. and David Throsby eds. (2006), *Handbook of the Economics of Art and Culture*, North Holland.

Ginsburgh, Victor A. and Pierre M. Menger eds. (1996), *Economics of the Arts: Selected Essays,* Elsevier.

Ginsburgh, Victor A. and Sheila Weyers (2006), 'Creativity and Life Cycles of Artists,' *Journal of Cultural Economics,* vol.30, no.2.

Goetzmann, William N. (1993), 'Accounting for Taste: Art and the Financial Markets over Three Centuries,' *American Economic Review,* vol.83, no.5.

Goetzmann, William N. (1996), 'How costly is the fall from fashion? Survivorship bias in the painting market,' in Victor A. Ginsburgh, and Pierre M. Menger eds. *Economics of the Arts: Selected Essays*. Elsevier, 1996.

Goetzmann, William, Luc Renneboog and Christophe Spaenjers(2011), 'Art and Money,'

American Economic Review, AEA Papers and Proceedings, 101.
Grampp, William D. (1989), *Pricing the Priceless: Art, Artists and Economics*, Basic Books.
Grams, Diane M. (2007), 'No Longer Just an Elite Experience for All: New Models To Democratize the Arts,' Paper presented at the annual meeting of the American Sociological Association, Aug. 11.
Granet, Danièle et Catherine Lamour (2011), *Grands et petits secrets du monde de l'art*, Pluriel.
Greffe, Xavier (2002), *Arts and Artists from an Economic Perspective*, Economica/UNESCO.
Grovier, Kelly (2013), *100 Works of Art That Will Define Our Age*, Thames & Hudson
Haag, Ernest van den(1979), 'Should the Government Subsidize the Arts?,' *Policy Review*, vol.10.
Heilbrun, James and Charles M. Gray (2001), *The Economics of Art and Culture*, 2nd ed., Cambridge University Press.
Heinich, Nathalie (1991), *La gloire de Van Gogh: Essai d'anthropologie de l'admiration*, Minuit, 이세진 옮김, 「반 고흐 효과 – 무명 화가에서 문화 아이콘으로」, 아트북스, 2006.
Heinich, Nathalie (2004), *La sociologie de l'art*, La Découverte.
Heinich, Nathalie (2014), *Le paradigme de l'art contemporain: Structures d'une révolution artistique*, Gallimard.
Heinich, Nathalie, Jean-Marie Schaeffer et Carole Talon-Hugon (2014), *Par-delà le beau et le laid: Enquêtes sur les valeurs de l'art*, PU Rennes.
Helguera, Pablo (2007), *Manual of Contemporary Art Style*, Jorge Pinto Books, 이수안 옮김, 「현대미술 스타일 매뉴얼」, 현대문학, 2010.
Hill, Elizabeth, Terry O'Sullivan and Catherine O'Sullivan (2003), *Creative Arts Marketing*, 2nd ed., Butterworth-Heinemann.
Hirsch, Fred(1977), *The Social Limits to Growth*, Routledge & Kegan Paul.
Hodgkin, Beatrice (2011), *Affordable Contemporary Art: A Guide to Buying and Collecting*, Artis, 이현정 옮김, 「쉽게 하는 현대미술 컬렉팅」, 마로니에북스, 2014.
Hoffmann, Jens ed. (2014), *Show Time: The 50 Most Influential Exhibitions of Contemporary Art*, D.A.P.(Distributed Art Publishers).
Hook, Philip (2009), *The Ultimate Trophy: How the Impressionist Painting Conquered the World*, Prestel. 유예진 옮김, 「인상파 그림은 왜 비쌀까?」, 현암사, 2011.
Hoving, Thomas (1996), *False Impressions: The Hunt for Big-Time Art Fakes*, Simon & Schuster, 1996. 이정연 옮김, 「짝퉁미술사: 위작 감정의 대가 토머스 호빙이 들려주는 위조 기술의 역사」, 이마고, 2010.
Hutter, Michael and David Throsby ed. (2008), *Beyond price: Value in Culture, Economics,*

and the Arts, Cambridge University Press.

Janssen, Susanne (2001), 'The Empirical Study of Careers in Literature and the Arts,' in D. H. Schram and G. J. Steen eds., *Psychology and Sociology of Literature*, John Benjamins.

Jeffri, Joan (1991), *The Artists Training and Career Project: Painters*, Columbia University Research Center for Arts and Culture.

Kerlau, Yann (2014), *Chercheurs d'art: les marchands d'arts hier et aujourd'hui*, Flammarion.

Johnson, Peter & Barry Thomas (1998), 'The Economics of Museums: A Research Perspective,' *Journal of Cultural Economics*, vol.22, no.2.

Kuhn, Anette(1977), 'Post-war Collecting: the Emergence of Phase III.' *Art in America*, 65, September.

Laneyrie-Dagen, Nadeije (2002), *Lire La Peinture – Dans L'intimité des Oeuvres*, Larousse, 박규현 · 김연실 옮김, 「아트 오브 페인팅 Art of Painting」, 다빈치, 2008.

Laneyrie-Dagen, Nadeije (2011), *Lire La Peinture – Tome 2, Dans le secret des ateliers*, Larousse.

Laneyrie-Dagen, Nadeije (2011), *Histoire De L'art Pour Tous*, Hazan.

Larroche, Caroline (2012), *Qui copie qui? – La peinture sous influence*, Solar. 김성희 옮김, 「누가 누구를 베꼈을까? – 명작을 모방한 명작들의 이야기」, 윌컴퍼니, 2015.

Lazzaro, Elisabetta, Nathalie Moureau and Dorninique Sagot-Duvaroux (2004), 'From the Market of Copies to the Market of Fakes: Adverse Selection and Moral Hazard in the Market of Paintings,' in Gianfranco Mossetto and Marilena Vecco eds.

Lee, Hye-Kyung (2005), When Arts Met Marketing Arts marketing theory embedded in Romanticism, *International Journal of Cultural Policy*, vol.11, no.3.

Leibenstein, Harvey(1950), 'Bandwagon, Snob, and Veblen Effects in the Theory of Consumers' Demand,' *Quarterly Journal of Economics* vol.64, no.2.

Lemoine, Serge (2013), *L'art moderne et contemporain*, Larousse.

Lepper, Mark R. & David Greene (1978), *The Hidden Costs of Reward: New Perspectives on the Psychology of Human Motivation*, John Wiley and Sons.

Lindemann, Adam (2010), *Collecting Contemporary Art*, Taschen, 이현정 옮김, 「컬렉팅 컨템포러리 아트」, 마로니에북스, 2013.

Kotler, Neil and Philip Kotler (1998), *Museum Strategy and Marketing: Designing Missions, Building Audiences, Generating Revenue and Resources*, Jossey-Bass, 한종훈 · 이혜진 옮김, 「박물관 미술관학: 뮤지엄 경영과 전략」, 박영사, 2005.

Kwon, Miwon (권미원, 2002), *One Place After Another: Site-Specific Art and Locational*

Identity, MIT Press, 김인규 외 옮김, 「장소 특정적 미술」, 현실문화, 2013.

Mariani-Rousset, Sophie (2001), 'Espace public et publics d'expositions. les parcours: Une affaire a suivre,' in Michèle Grosjean et Jean-Paul Thibaud éd, *L'espace urbain en méthodes*, Parenthèses.

Marincola, Paula ed. (2006), *What Makes a Great Exhibition?*, Philadelphia Exhibition Initiative, 주조현 옮김, 「위대한 전시는 어떻게 탄생하는가」, 미메시스, 2011.

McCarthy, Kevin F. et al. (2005) *A Portrait of the Visual Arts: Meeting the Challenges of a New Era*, RAND.

Macdonald, Deanna and Geoffrey Smith (2008), *100 best paintings in New York*, Arris Books, 송연승 옮김, 「뉴욕에서 꼭 봐야할 100점의 명화」, 마로니에북스 2010.

Macdonald, Deanna and Geoffrey Smith (2010), *100 best paintings in Paris*, Arris Books.

McNulty, Tom (2014), *Art Market Research: A Guide to Methods and Sources*, Second Edition, McFarland.

Mei, Jianping and Michael Moses (2002), 'Art as an Investment and the Underperformance of Masterpieces,' *American Economic Review*, vol.92, no.5.

Menger, Pierre-Michel (2006), 'Artistic Labor Markets: Contingent Work, Excess Supply and Occupational Risk Management,' in Victor A. Ginsburgh, and David Throsby, eds.

Meneguzzo, Marco (2005), *Il Novecento. Arte contemporanea*, Mondadori Electa, 노윤희 옮김, 「현대미술 – 대중성과 다양성의 예술」, 마로니에북스, 2010.

Milgrom, Paul and John Roberts (1992), *Economics, Organization and Management*, Prentice Hall.

Mokwa, Michael P., William M. Dawson, and E. Arthur Prieve eds. (1980), *Marketing The Arts*, Praeger.

Montias, Michael, J. (2002), *Art at Auction in 17th Century Amsterdam*, Amsterdam University Press.

Mossetto, Gianfranco and Marilena Vecco eds. (2002), *The Economics of Art Auction*, FrancoAngeli.

Mossetto, Gianfranco and Marilena Vecco eds. (2004), *The Economics of Copying and Counterfeiting*, FrancoAngeli.

Morin, Edgar(1972), *Les Stars*, Seuil.

Moulin, Raymonde (1987), *The French Art Market. A Sociological View*. Rutgers University Press.

Moulin Raymonde (1992), *L'artiste, l'institution et le marché*, Paris, Flammarion.

Moulin, Raymonde (1994), 'The Construction of Art Values,' *International Sociology*, vol.9, no. 1.

Moulin, Raymonde (2009), *Le marché de l'art: Mondialisation et nouvelles technologies*, Flammarion.

National Endowment for the Arts, *Annual Report*, each year.

National Endowment for the Arts (1996), *Effects of Arts Education on Participation in the Arts*.

National Endowment for the Arts (2000), *A Brief Chronology of Federal Support for the Arts, 1965–2000*.

National Endowment for the Arts (2004, 2007), *How the United States Funds the Arts*.

National Endowment for the Arts (2008), *Artists in the Workforce: 1990–2005*.

National Endowment for the Arts (2009), *2008 Survey of Public Participation in the Arts*.

National Endowment for the Arts (2011), *Artists and Art Workers in the United States: Findings from the American Community Survey (2005–2009) and the Quarterly Census of Employment and Wages (2010)*.

National Endowment for the Arts (2013), *Survey of Public Participation in the Arts*, 2012.

National Endowment for the Arts (2015), *A Decade of Arts Engagement: Findings From the Survey of Public Participation in the Arts, 2002-2012*.

Noonan, Douglas S. (2002), 'Contingent Valuation Studies in the Arts and Culture: An Annotated Bibliography,' Working Paper Series, vol. 3–4, Cultural Policy Center, University of Chicago.

Oakley, Kate (2009), 'From Bohemia to Britart – art students over 50 years,' *Cultural Trends*, vol. 18, no. 4, December.

O'Brien, Jane & Andy Feist (1995), *Employment in the arts and cultural industries: An analysis of the 1991 Census*, Arts Council of England.

O'Brien, Jane & Andy Feist (1997), *Employment in the arts and cultural industries: An analysis of the Labour Force Survey and other sources*, Arts Council of England.

Onians, John ed. (2006), *Compression vs. Expression: Containing the World's Art*, Clark Art Institute.

O'Neill, Paul et al. (2007), *Curating Subjects*, Open Editions, 변현주 옮김, 「큐레이팅이란 무엇인가」, 현실문화, 2013.

Owen, Virginia L. and William S. Hendon eds. (1985), *Managerial Economics for the Arts*, Association for Cultural Economics.

Parsons, Michael J. (1987), *How we understand art: A Cognitive Developmental Account of Aesthetic Experience*, Cambridge University Press.

Parsons, Michael J. and H. Gene Blocker (1991), *Aesthetics and Art Education*, 김광명 옮김,

「미학과 예술교육」, 현대미학사, 1998.

Passell, Peter (1990), 'Vincent Van Gogh, Meet Adam Smith,' *New York Times*, February 4.

Peacock, Alan T. (2000), 'Public financing of the arts in England,' *Fiscal Studies*, vol.21, no.2.

Peacock, Alan T. and Godfrey, C. (1974), 'The Economics of Museums and Galleries,' *Lloyds Bank Review* 111.

Peacock, Alan T. and Ilde Rizzo eds. (1994), *Cultural Economics and Cultural Policies*. Kluwer Academic Publishers.

Pesando, James E. (1993), 'Art as an Investment: The Market for Modern Prints,' *American Economic Review*, vol.83, no.5.

Pesando, James E. and P. Shum (1999), 'The Returns to Picasso's Print and to Traditional Financial Assets, 1977 to 1996,' *Journal of Cultural Economics*, 23.

Platt, Susan N. (1988), 'Modernism, Formalism, and Politics: The "Cubism and Abstract Art" Exhibition of 1936 at the Museum of Modern Art,' *Art Journal*, Vol. 47, No. 4.

Plattner, Stuart (1996), *High Art Down Home. An Economic Ethnography of a Local Art Market*. Chicago University Press.

Polsky, Richard (2003), *I Bought Andy Warhol*, Harry N. Abrams, 박상미 옮김, 「앤디 워홀 손안에 넣기」, 마음산책, 2006.

Polsky, Richard (2011), *I sold Andy Warhol (too soon)*, Other Press, 배은경 옮김, 「나는 앤디 워홀을 너무 빨리 팔았다」, 아트북스, 2012.

Pommerehne, Werner W. and J. Martin Granica (1995), 'Perfect reproductions of works of art: Substitutes or heresy?' *Journal of Cultural Economics*, vol.19, no.3.

Pommerehne, Werner W. and Lars P. Feld (1997), 'The Impact of Museum Purchase on the Auction Prices of Paintings,' *Journal of Cultural Economics*, vol.21, no.3.

Quemin, Alain (2013), *Les stars de l'art contemporain: Notoriété et consécration artistiques dans les arts visuels*, CNRS.

Rampley, Matthew et al. (2012) *Art History and Visual Studiesin Europe: Transnational Discourses and National Frameworks*, Brill

Reitlinger, Gerald (1982), *The Economics of Taste*, Hacker Art Books.

Rengers, Merijn and Christopher Madden (2000), 'Living Art: Artists between Making Art and Making a Living,' *Australian Bulletin of Labour*, vol.26, no.4.

Rengers, Merijn and Erik Plug (2001), 'Private or Public', *Journal of Cultural Economics*, vol.25, no.1.

Renneboog, Luc and Christophe Spaenjers (2013), 'Buying Beauty: On Prices and Returns in the Art Market,' *Management Science*, vol.59 no.1.

Resch, Magnus (2015), *Management of Art Galleries*, Hatje Cantz.

Reyburn, Scott (2014), 'For the Love of Art, and Money,' *The New York Times*, 2014.2.17.

Robertson, Iain ed. (2005), *Understanding International Art Markets and Management*, Routledge.

Rouget, Bernard, Dominique Sagot-Duvauroux, and Sylvie Pflieger (1991), *Le marché de l'art contemporain en France: Prix et stratégies*, La documentation Française.

Rushton, Michael (2000), 'Public Funding of Controversial Art,' *Journal of Cultural Economics*, vol.24, no.4.

Sagot-Duvauroux, Dominique et Nathalie Moureau (2010), *Le marché de l'art contemporain*, La Découverte.

Sagot-Duvauroux, Dominique, Sylvie Pflieger, and Rouget, Bernard (1992), 'Factors Affecting Price on the Contemporary Art Market,' in Ruth Towse and Abdul Khakee eds., *Cultural Economics*, Springer.

Schmitt, Jean-Marie et Antonia Dubrulle (2014), *Le marché de l'art*, La Documentation française.

Schneider, Friedrich and Werner W. Pommerehne (1983), 'Analyzing the Market of Works of Contemporary Fine Arts: An Exploratory Study,' *Journal of Cultural Economics*, vol.7, no.2.

Schulze, Günther G. (2005), 'Superstars,' in Ruth Towse ed.

Scitovsky, Tibor(1976), *The Joyless Economy: An Inquiry into Human Satisfaction and Consumer Dissatisfaction*, Oxford University Press.

Shaw, Phillida (2004), 'Researching artists' working lives,' *Arts Research Digest*, Vol.30, Fall.

Simonton, Dean K. (1988), 'Age and Outstanding Achievement: What Do We Know after a Century of Research?' *Psychological Bulletin*, vol.104, no.2.

Singer, Leslie(1978), 'Microeconomics of the Art Market,' *Journal of Cultural Economics*, vol.2, no.1.

Singer, Leslie (1981a), 'Supply Decisions of Professional Artist's,' *American Economic Review*, vol.71.

Singer, Leslie (1981b), 'Rivalry and Externalities in Secondary Arts Markets,' *Journal of Cultural Economics*, vol.5, no.2.

Singer, Leslie (1990), 'The Utility of Arts vs. Fair Bets in the Investment Market,' *Journal of Cultural Economics*, vol.14, no.2.

Singer, Leslie and Gary Lynch (1994), 'Public choice in the tertiary art market,' *Journal of Cultural Economics*, vol.18, no.3.

Smith, Geoffrey (2005), *100 best paintings in London*, Arris Books.

Smith, Terry (2009), *What is Contemporary Art*, The University of Chicago Press, 김경운 옮김, 「컨템포러리 아트란 무엇인가」, 마로니에북스, 2013.

Staniszewski, Mary Anne (1995), *Believing Is Seeing: Creating the Culture of Art*, Penguin Books, 박이소 옮김, 「이것은 미술이 아니다」, 현실문화연구, 2011.

Stein, John P.(1977), The Monetary Appreciation of Paintings, *Journal of Political Economy*, vol.85.

Stiglitz, Joseph E. (1987), 'The Causes and Consequences of the Dependence of Quality on Price,' *Journal of Economic Literature*, Vol.25, No.1.

Strauss, Michel (2011), *Pictures, Passions and Eye: A Life at Sotheby's*, Second Edition, Halban.

Taylor, Stephanie, & Karen Littleton (2008), 'Art work or money: Conflicts in the construction of a creative identity,' *Sociological Review*, vol.56 no.2.

TEFAF(The European Fine Art Foundation) (2010), *The International Art Market 2007–2009: Trends in the Art Trade during Global Recession*, TEFAF.

TEFAF(The European Fine Art Foundation) (2011), *The Global Art Market in 2010: Crisis and Recovery*, TEFAF.

TEFAF(The European Fine Art Foundation) (2012–2015), *Art Market Report*, TEFAF.

Thompson, Donald N. (2008), *The $12 Million Stuffed Shark: The Curious Economics of Contemporary Art*, Palgrave Macmillan Trade, 김민주 · 송희령 옮김, 「은밀한 갤러리 – 현대미술을 움직이는 작가와 경매, 갤러리의 르포르타주」, 리더스북, 2010.

Thompson, Don(Donald N.) (2014), *The Supermodel and the Brillo Box: Back Stories and Peculiar Economics from the World of Contemporary Art*, Palgrave Macmillan Trade.

Thornton, Sarah (2008), *Seven Days in the Art World*, W. W. Norton & Company, 배수희 · 이대형 옮김, 「걸작의 뒷모습 – 옥션에서 비엔날레까지 7개 현장에서 만난 현대미술의 은밀한 삶」, 세미콜론, 2011.

Thornton, Sarah (2014), *33 Artists in 3 Acts*, W. W. Norton & Company.

Throsby, David C. (1994a), 'A Work-Preference Model of Artist Behaviour,' in Alan T. Peacock and Ilde Rizzo eds.

Throsby, David C. (1994b), 'The Production and Consumption of the Arts: A View of Cultural Economics,' Journal of Economic Literature, vol.32, no.1

Throsby, David C. (1996), 'Disaggregated Earnings Functions for Artists,' in Victor A. Ginsburgh and Pierre M. Menger eds.

Throsby, David C. (2001), *Economics and Culture*, 성제환 옮김, 「문화 경제학」, 한울아카데미,

2004.

Towse, Ruth (1996), 'Economics of Training Artists,' in Victor A. Ginsburgh and Pierre M. Menger eds.

Towse, Ruth ed. (2005), *A Handbook of Cultural Economics*, Edward Elgar.

Towse, Ruth (2006), 'Human Capital and Artists' Labour Markets,' in Victor A. Ginsburgh and David Throsby eds.

Towse, Ruth ed. (2007), *Recent Developments in Cultural Economics*, Edward Elgar.

U.S. Department of Commerce (1997, 2002), *Statistics of U.S. Businesses*.

U.S. Department of Commerce (2007), *National Income and Product Accounts of the United States*.

Velthuis, Olav (2005), *Talking Prices: Symbolic Meanings of Prices on the Market for Contemporary Art*, Princeton University Press.

Véron, Eliséo et Martine Levasseur (1983), *L'espace, le corps, le sens: ethnographie d'une exposition*, BPI, Centre Georges Pompidou.

Vickrey, William, 'Counterspeculation, Auctions and Sealed Tenders,' *Journal of Finance*, 1961, vol.16.

Waits, C. Richard and Edward M. McNertney (1984), 'An Economic Model of Artistic Behavior,' *Journal of Cultural Economics*, vol.8, no.1.

Zolberg, Vera L. (1981), 'Conflicting Visions in American Art Museums,' *Theory and Society*, vol.10, no.1.

Zolberg, Vera L. (1990), *Constructing a Sociology of the Arts*, Cambridge University Press.

Zolberg, Vera L. (1994), 'An Elite Experience for Everyone: Art Museums, the Public, and Cultural Literacy,' in D. J. Sherman and I. Rogoff eds. *Museum Culture: Histories, Discourses, Spectacles*, University of Minnesota Press. 유승민 옮김, '모든 사람을 위한 엘리트 경험: 미술관, 대중, 문화적 교양,' 윤난지 엮음, 「전시의 담론: 모더니즘 이후 미술의 화두 2」, 눈빛, 2002.

Zorloni, Alessia (2013), *The Economics of Contemporary Art: Markets, Strategies and Stardom*, Springer.

찾아보기

ㄱ

ㅅ

ㅇ

저자 이재희

경성대학교 상경대학 경제금융물류학부 교수이며, 대학원 문화기획행정이론학과 교수이다. 서울대학교 경제학과를 졸업하고, 서울대학교 대학원에서 경제학 석사와 박사 학위를 받았다. 프랑스 파리 응용경제연구소의 초청 연구원과 미국 매사추세츠 주립대학 경제학과의 객원 교수로서 연구활동을 하고, 경성대학교 상경대학 학장, 경성대학교 문화발전연구소 소장, 부산문화재단 이사, 한국지역사회학회 회장 등을 역임했다.
그동안 문화예술 경제학 분야의 연구와 강의를 해왔으며, 「예술과 경제」, 「예술의 역사: 경제적 접근」, 「이미지의 시대: 경제적 접근」, 「미술경제학」 등의 저서와 '17세기 네덜란드 미술시장,' '자료포락분석을 이용한 비수도권 지역 미술관의 효율성 연구' 등의 논문을 썼다.

저자와의 협의하에 인지생략

현대미술의 경제학
The Economics of Contemporary Art Markets

2016년 3월 15일 초판 1쇄 인쇄
2016년 3월 25일 초판 1쇄 발행

저 자 이 재 희
발행인 김 광 식
조 판 아 람 기 획

04162
발행처 서울특별시 마포구 대흥로2길 5, 202호
도서출판 **탑 북 스**
등 록 2009.12.21 제 2013-000101 호
전 화 02)365-2223 팩스 02)365-2224

정가 22,000원
ISBN 979-11-85647-96-8-93320